SISTEMA INTEGRADO DA AVALIAÇÃO DO DESEMPENHO DA ADMINISTRAÇÃO PÚBLICA (SIADAP)

Soledade Ribeiro • Jaime Alves • Sílvia Matos
Juristas da Administração Pública

SISTEMA INTEGRADO DA AVALIAÇÃO DO DESEMPENHO DA ADMINISTRAÇÃO PÚBLICA (SIADAP)

ANOTADO
2006

SISTEMA INTEGRADO DA AVALIAÇÃO DO DESEMPENHO DA ADMINISTRAÇÃO PÚBLICA (SIADAP)

AUTORES
SOLEDADE RIBEIRO
JAIME ALVES
SÍLVIA MATOS

EDITOR
EDIÇÕES ALMEDINA SA
Rua da Estrela, n.º 6
3000-161 Coimbra
Telef.: 239 851 905
Fax: 239 851 901
www.almedina.net
editora@almedina.net

EXECUÇÃO GRÁFICA
G.C. – GRÁFICA DE COIMBRA, LDA.
Palheira – Assafarge
3001-453 Coimbra
producao@graficadecoimbra.pt

Janeiro 2006

DEPÓSITO LEGAL
234600/05

Os dados e as opiniões inseridos na presente publicação
são da exclusiva responsabilidade dos autores.

ÍNDICE

PREFÁCIO 11

LEI N.º 10/2004, DE 22 DE MARÇO 13

Artigo 1.º – Objecto 13
Artigo 2.º – Âmbito de aplicação 15
Artigo 3.º – Princípios 24
Artigo 4.º – Objectivos 29
Artigo 5.º – Ciclo anual de gestão 30
Artigo 6.º – Direitos, deveres e garantias 32
Artigo 7.º – Consideração da avaliação de desempenho 36
Artigo 8.º – Processo de avaliação dos recursos humanos 41
Artigo 9.º – Intervenientes no processo 43
Artigo 10.º – Requisitos para a avaliação 45
Artigo 11.º – Periodicidade 49
Artigo 12.º – Confidencialidade 50
Artigo 13.º – Fases do procedimento 51
Artigo 14.º – Prazos para reclamação e recurso 62
Artigo 15.º – Diferenciação e reconhecimento do mérito e excelência   63
Artigo 16.º – Necessidades de formação 70
Artigo 17.º – Avaliação dos dirigentes de nível intermédio 71
Artigo 18.º – Avaliação dos serviços e organismos 73
Artigo 19.º – Gestão e acompanhamento do SIADAP 74
Artigo 20.º – Publicitação de dados 76
Artigo 21.º – Flexibilidade do sistema de avaliação do desempenho   76
Artigo 22.º – Regulamentação 77
Artigo 23.º – Norma revogatória 78
Artigo 24.º – Entrada em vigor 79

6 *Sistema Integrado da Avaliação do Desempenho da Administração Pública*

DECRETO REGULAMENTAR N.° 19-A/2004, DE 14 DE MAIO 83

REGULAMENTO DA AVALIAÇÃO DO DESEMPENHO DOS TRABALHADORES E DIRIGENTES INTERMÉDIOS DA ADMINISTRAÇÃO PÚBLICA 85

CAPÍTULO I – Objecto e âmbito de aplicação

Artigo 1.° – Objecto e âmbito de aplicação 85

CAPÍTULO II – Estrutura e conteúdo
do sistema de avaliação do desempenho

SECÇÃO I – Componentes para a avaliação

Artigo 2.° – Componentes para a avaliação 86
Artigo 3.° – Objectivos 86
Artigo 4.° – Competências comportamentais 92
Artigo 5.° – Atitude pessoal 94

SECÇÃO II – Sistema de classificação

Artigo 6.° – Escala de avaliação 95
Artigo 7.° – Sistema de classificação 98
Artigo 8.° – Expressão da avaliação final 99
Artigo 9.° – Diferenciação de mérito e execlência 100
Artigo 10.° – Fichas de avaliação 106

CAPÍTULO III – Competência para avaliar e homologar

Artigo 11.° – Intervenientes no processo de avaliação 108
Artigo 12.° – Avaliadores 108
Artigo 13.° – Conselho de coordenação da avaliação 113
Artigo 14.° – Dirigente máximo do serviço 115

CAPÍTULO IV – Processo de avaliação do desempenho

SECÇÃO I – Modalidades

Artigo 15.º – Avaliação ordinária 116
Artigo 16.º – Avaliação extraordinária 118
Artigo 17.º – Casos especiais 119
Artigo 18.º – Suprimento da avaliação 120
Artigo 19.º – Ponderação curricular 123

SECÇÃO II – Do processo

Artigo 20.º – Periodicidade.. 124
Artigo 21.º – Confidencialidade 124

SECÇÃO III – Fases do processo

Artigo 22.º – Fases do processo 126
Artigo 23.º – Auto-avaliação 126
Artigo 24.º – Avaliação prévia 127
Artigo 25.º – Harmonização das avaliações 128
Artigo 26.º – Entrevista de avaliação 129
Artigo 27.º – Homologação 130
Artigo 28.º – Reclamação... 131
Artigo 29.º – Recurso 132

CAPÍTULO V – Formação

Artigo 30.º – Necessidades de formação 132

CAPÍTULO VI – Avaliação dos dirigentes

Artigo 31.º – Regime especial.. 133
Artigo 32.º – Componentes da avaliação 133
Artigo 33.º – Avaliadores 135
Artigo 34.º – Início da avaliação 135
Artigo 35.º – Efeitos da avaliação 135

8 *Sistema Integrado da Avaliação do Desempenho da Administração Pública*

CAPÍTULO VII – Gestão e acompanhamento do sistema de avaliação do desempenho

Artigo 36.° – Monitorização e controlo 137
Artigo 37.° – Base de dados 138
Artigo 38.° – Auditorias 139

CAPÍTULO VIII – Disposições finais e transitórias

Artigo 39.° – Delegação de competências 139
Artigo 40.° – Avaliação do desempenho de 2003 141
Artigo 41.° – Avaliação do desempenho de 2004 142
Artigo 42.° – Entrada em vigor 145

Mapa comparativo entre o SIADAP e o Regime da Classificação de Serviço por ele revogado 147

Esquematização da Lei n.° 10/2004, de 22 de Março, e do Decreto Regulamentar n.° 19-A/2004, de 14 de Maio 171

Circular n.° 1/DGAP/2004, de Maio de 2004 – Avaliação do desempenho dos recursos humanos da Administração Pública. Aplicação do novo sistema de avaliação 219

Circular n.° 1/DGAP/2005, de 29 de Março – Aplicação do SIADAP em 2005 – Lei n.° 10/2004, de 22 de Março e Decreto Regulamentar n.° 19--A/2004, de 14 de Maio 223

Orientação Técnica n.° 6/DGAP/2004, de 12 de Julho – Aplicação do Sistema de Avaliação do Desempenho. Situações de aplicabilidade directa e situações especiais 227

Orientação Técnica n.° 3/DGAP/2005, de 27 de Maio – Avaliação do Desempenho dos Recursos Humanos da Administração Pública. Adaptações do SIADAP 235

Portaria n.° 509-A/2004, de 14 de Maio – modelos das fichas de avaliação do desempenho e respectivas instruções de preenchimento 239

Ficha de auto-avaliação dos dirigentes de nível intermédio 243

Ficha de avaliação do desempenho dos dirigentes de nível intermédio 247

Instruções para preenchimento da ficha de avaliação do desempenho dos dirigentes de nível intermédio 257

Ficha de auto-avaliação do pessoal técnico superior e técnico 265

Ficha de avaliação do desempenho do pessoal dos grupos técnico superior e técnico 669

Ficha de auto-avaliação do pessoal dos grupo técnico-profissional e administrativo 279

Ficha de avaliação do desempenho do pessoal dos grupos técnico--profissional administrativo 283

Ficha de auto-avaliação do pessoal do grupo operário 293

Ficha de avaliação do desempenho do pessoal do grupo operário 297

Ficha de auto-avaliação do pessoal do grupo auxiliar 307

Ficha de avaliação do desempenho do pessoal do grupo auxiliar 311

Instruções para preenchimento das fichas de avaliação do desempenho dos funcionários, agentes e demais trabalhadores 321

Cronologia para 2004/2005 do procedimento de avaliação ordinária do desempenho dos trabalhadores da Administração Pública..................... 331

Cronologia para 2004/2005 do procedimento de avaliação do desempenho dos titulares de cargos de direcção intermédia 335

Resolução do Conselho de Ministros n.º 53/2004, de 21 de Abril – operacionalização da Reforma da Administração Pública..................... 339

Resolução do Conselho de Ministros n.º 95/2003, de 30 de Julho – linhas de orientação da Reforma da Administração Pública 403

Decreto Legislativo Regional n.º 11/2005/M, de 29 de Junho – regulamento da avaliação do desempenho dos trabalhadores e dirigentes intermédios dos serviços da administração regional autónoma da Madeira 413

10   *Sistema Integrado da Avaliação do Desempenho da Administração Pública*

Resolução da Assembleia da República n.° 83/2004, de 29 de Dezembro – regulamento do sistema de avaliação de desempenho da Assembleia da República (SIADAR) 437

Despacho Normativo n.° 13/2005, de 21/2/2005 – regulamento das carreiras da UMIC 449

Decreto Regulamentar n.° 10/2005, de 12 de Setembro – adaptação do Sistema Integrado de Avaliação do Desempenho ao pessoal da carreira técnica superior de inspecção da Inspecção-Geral de Educação 465

Despacho Normativo n.° 42/2005, de 18 de Agosto – aplicação do SIADAP às unidades orgânicas do Ministério dos Negócios Estrangeiros 471

Resolução do Conselho de Ministros n.° 17/2005, de 19 de Janeiro – Intervenção Operacional da Administração Pública (IOAP) 477

Resolução do Conselho de Ministros n.° 102/2005, de 24 de Junho – reestruturação da Administração Pública 485

Resolução do Conselho de Ministros n.° 109/2005, de 30 de Junho – gestão da Função Pública 499

Lei n.° 2/2004, de 15 de Janeiro, na redacção dada pela Lei n.° 51/2005, de 30 deAgosto – Estatuto do Pessoal Dirigente 507

Decreto-Lei n.° 93/2004, de 20 de Abril – adaptação do Estatuto do Pessoal Dirigente à Administração Local 539

Lei n.° 3/2004, de 15 de Janeiro, na redacção dada pela Lei n.° 51/2005, de 30 de Agosto – lei-quadro dos institutos públicos 551

Lei n.° 4/2004, de 15 de Janeiro, na redacção dada pela Lei n.° 51/2005, de 30 de Agosto – organização da administração directa do Estado 581

Resolução do Conselho de Ministros n.° 199/2005, de 29 de Dezembro – procedimentos visando garantir a aplicação do SIADAP em 2006 603

PREFÁCIO

Da Reforma da Administração Pública, encetada pelo XV Governo Constitucional e continuada pelos subsequentes XVI e XVII Governos, por, reconhecidamente, se tratar de um processo necessário e irreversível, faz parte um conjunto de diplomas legais que alteraram por completo a realidade jurídico-administrativa até então vigente.

De entre os diplomas em questão destacam-se, pela sua relevância, a Lei n.º 10/2004, de 22 de Março, que instituiu o Sistema Integrado de Avaliação do Desempenho da Administração Pública (SIADAP), e o Decreto Regulamentar n.º 19-A/2004, de 14 de Maio, que regulamenta a mesma lei, no que se refere ao sistema de avaliação do desempenho dos funcionários, agentes e dirigentes de nível intermédio dos serviços e organismos da administração directa do Estado e dos institutos públicos.

A juventude dos diplomas em referência, e o carácter inovador do regime neles ínsito no panorama do nosso Direito Administrativo/ramo Direito da Função Pública, aconselha, desde já, a realização de um estudo que permita identificar as suas implicações jurídicas e práticas e que constitua uma reflexão sobre algumas das suas normas/soluções mais problemáticas.

Neste contexto, o presente estudo pretende constituir uma ferramenta útil, de cariz gestionário e jurídico, para os diversos intervenientes no processo de aplicação do Sistema Integrado de Avaliação do Desempenho da Administração Pública, nomeadamente para os profissionais da Função Pública que trabalham na área da gestão de recursos humanos.

Resta acrescentar que este manual nasceu das principais dificuldades que encontrámos na implementação, operacionalização e interpretação jurídica do SIADAP. E, sobretudo, da convicção firme de que trabalhar com seriedade na Administração Pública é, apesar de tudo, uma aposta que vale a pena.

LEI N.º 10/2004, DE 22 DE MARÇO

**Cria o Sistema Integrado de Avaliação do Desempenho
da Administração Pública**

A Assembleia da República decreta, nos termos da alínea c) do artigo 161.º da Constituição, para valer como lei geral da República, o seguinte:

ARTIGO 1.º
Objecto

1 – A presente lei cria o sistema integrado de avaliação do desempenho da Administração Pública, adiante designado por SIADAP, o qual integra a avaliação de desempenho dos funcionários, agentes e demais trabalhadores, dos dirigentes de nível intermédio e dos serviços e organismos da administração directa do Estado e dos institutos públicos.

2 – O SIADAP visa o desenvolvimento coerente e integrado de um modelo global de avaliação que constitua um instrumento estratégico para a criação de dinâmicas de mudança, de motivação profissional e de melhoria na Administração Pública.

Anotações

I – O Sistema Integrado de Avaliação do Desempenho da Administração Pública (SIADAP), instituído através da presente lei, integra a avaliação do desempenho dos funcionários, agentes e demais trabalhadores, dos dirigentes de nível intermédio (directores de serviços e chefes de divisão e equiparados) e dos serviços e organismos da administração directa do Estado e dos institutos públicos.

14 *Sistema Integrado da Avaliação do Desempenho da Administração Pública*

Daqui se infere, desde já, o âmbito de aplicação subjectiva do SIADAP, repetido no artigo seguinte, que constitui uma novidade relativamente ao regime anteriormente vigente, constante do Decreto Regulamentar n.° 44-B/83, de 1 de Junho, com as alterações que lhe foram introduzidas pelo artigo único do Decreto Regulamentar n.° 40/85, de 1 de Julho, aplicável somente aos funcionários com categoria igual ou inferior a assessor, ou equivalente, e a agentes. Chama-se a atenção para o quadro comparativo entre estes dois regimes, inserto neste livro.

Ainda no plano da compreensão deste artigo, mais concretamente para efeitos de determinação do significado dos conceitos de *"demais trabalhadores, dos dirigentes de nível intermédio e dos serviços e organismos da administração directa do Estado e dos institutos públicos"*, há que ter presente o disposto respectivamente nas Leis n.os 23/2004, de 22 de Junho (regime do contrato individual de trabalho na Administração Pública), 2/2004, na redacção dada pela Lei n.° 51/2005, de 30 de Agosto (estatuto do pessoal dirigente), 3/2004 (lei quadro dos institutos públicos), e 4/2004 (organização da administração directa do Estado), todas de 15 de Janeiro. Todas estas leis fazem parte da Reforma da Administração Pública, tendo as duas últimas também sido alteradas pela Lei n.° 51/2005.

II – O n.° 2 permite ao intérprete, no trabalho de aplicação prática deste diploma, alcançar as soluções que melhor se adequam aos fins visados pelo legislador com a aprovação deste diploma legal.

III – No que concerne à avaliação dos estagiários, entende a Direcção--Geral da Administração Pública: *"Relativamente ao pessoal que ingresse em estágio, nas carreiras que instituem o estágio como forma ingresso, cuja avaliação deva incluir a classificação de serviço obtida durante o estágio, devem os serviços:*
- *Atribuir a ficha de avaliação correspondente ao respectivo grupo de pessoal;*
- *O avaliador é o coordenador/orientador de estágio ou outro, nos termos do regulamento de estágio de cada serviço;*
- *Os objectivos devem ser fixados, no início do estágio, pelo coor-denador/orientador de estágio com a colaboração do(s) superior(es) hierárquico(s) do(s) departamento(s)/serviço(s) onde o estagiário vai exercer funções durante o estágio;*

A avaliação de desempenho tem lugar no termo do período de estágio e só é aplicável aos estágios com duração superior a seis meses" [1].

---

[1] Texto constante do *site* da Direcção-Geral da Administração Pública, com o endereço www.dgap.gov.pt.

Lei n.º 10/2004, de 22 de Março

IV – Relativamente à avaliação no âmbito dos órgãos de soberania, a Direcção-Geral da Administração Pública tem o seguinte entendimento: *"Os órgãos de soberania são órgãos do Estado não integrados na administração pública e, enquanto tal, não integram o âmbito de aplicação do novo sistema de avaliação de desempenho. No entanto, no que respeita à sua actividade materialmente administrativa, o SIADAP aplica-se:*

– *Imediatamente aos funcionários e agentes, classificados ao abrigo do regime revogado, nos termos em que os respectivos Estatutos orgânicos mandem aplicar o regime geral da função pública;*
– *A partir de 2005, aos funcionários e agentes anteriormente abrangidos por um sistema de avaliação específico, sistema esse que, nos termos do n.º 5 do art. 41.º do Dec-Regulamentar n.º 19-A/2004, deverá ser adaptado ao novo modelo SIADAP até ao final do corrente ano de 2004"* [2].

V – No que toca à aplicação do SIADAP no âmbito das Unidades e Estruturas de Missão, a Direcção-Geral da Administração Pública perfilha o seguinte entendimento: *"Nos termos do disposto no art. 28.º da Lei n.º 4/2004, de 15 de Janeiro, as Estruturas de Missão são estruturas temporárias que se enquadram no âmbito da administração directa do Estado. Face ao âmbito de aplicação objectiva da Lei n.º 10/2004 as Estruturas de Missão estão também elas obrigadas à avaliação de desempenho"* [3].

ARTIGO 2.º
Âmbito de aplicação

1 – A presente lei é aplicável a todos os organismos da administração directa do Estado e dos institutos públicos, a todos os seus funcionários e agentes bem como aos dirigentes de nível intermédio.

2 – A aplicação da presente lei abrange ainda os demais trabalhadores da administração directa do Estado e dos institutos públicos, independentemente do título jurídico da relação de trabalho, desde que o respectivo contrato seja por prazo superior a seis meses.

---

[2] Texto transcrito do *site* da Direcção-Geral da Administração Pública, com o endereço www.dgap.gov.pt.

[3] Texto inserto no *site* da Direcção-Geral da Administração Pública, com o endereço www.dgap.gov.pt.

16 Sistema Integrado da Avaliação do Desempenho da Administração Pública

3 – O regime previsto na presente lei é aplicável a todo o território nacional, sem prejuízo da sua adaptação aos funcionários, agentes e demais trabalhadores da administração local e da administração regional autónoma, através, respectivamente, de decreto regulamentar e decreto regulamentar regional das Assembleias Legislativas Regionais.

Anotações

I – O n.º 1, do artigo 2.º, da Lei n.º 10/2004, circunscreve o seu âmbito de aplicação subjectiva a todos os organismos da administração directa do Estado e aos institutos públicos, a todos os trabalhadores (em sentido lato) destes dois tipos de serviços públicos e, bem assim, a todos os seus dirigentes de nível intermédio (directores de serviços, chefes de divisão e equiparados).

II – O primeiro aspecto que importa ver aclarado em sede de interpretação desta norma prende-se com a determinação, em concreto, dos organismos que integram a administração directa do Estado. Tarefa interpretativa que se encontra hoje, em virtude da recente entrada em vigor da Lei n.º 4/2004, de 15 de Janeiro, bastante simplificada.

Atente-se ao critério legal materializado no artigo 2.º da referida lei:

"Artigo 2.º
Âmbito

1 – Integram a administração directa do Estado os serviços centrais e periféricos que, pela natureza das suas competências e funções, devam estar sujeitos ao poder de direcção do respectivo membro do Governo.

2 – Incluem-se no disposto no número anterior os serviços de cujas atribuições decorra, designadamente, o exercício de poderes de soberania, autoridade e representação política do Estado ou o estudo e concepção, coordenação, apoio e controlo ou fiscalização de outros serviços administrativos.

3 – A aplicação da presente lei às Forças Armadas, às forças militarizadas e aos serviços do Sistema de Informações da República Portuguesa faz-se sem prejuízo das necessárias adaptações constantes das respectivas leis orgânicas".

III – No que se refere à avaliação dos serviços integrados na administração directa do Estado, veja-se o disposto nos artigos 18.º, da Lei n.º 10/2004, e 30.º, da Lei n.º 4/2004, de 15 de Janeiro, este último com a seguinte redacção: *"Os serviços que integram a administração directa do Estado são objecto de avaliação da prossecução das suas funções e dos objectivos a que estão adstritos, determinada por despacho conjunto do Ministro das Finanças e do ministro da tutela e realizada por auditores externos ou por órgãos de controlo oficiais".*

Lei n.º 10/2004, de 22 de Março 17

IV – A sujeição dos organismos integrados na administração directa do Estado a avaliação constitui uma novidade no panorama do nosso Direito Administrativo, que carece, ainda, de regulamentação para poder ser posta em prática. A Resolução do Conselho de Ministros n.º 109/2005, de 30 de Junho, prevê, na alínea b) do seu n.º 5, que a respectiva entrada em vigor ocorra em 1 de Janeiro de 2007.

V – De acordo com o artigo 2.º, n.º 1, em anotação, também os institutos públicos, que fazem parte da administração indirecta do Estado, se encontram obrigados ao cumprimento das disposições legais da Lei n.º 10/2004.

Para efeitos de apreensão do conceito de instituto público é imprescindível ter em conta a Lei n.º 3/2004, de 15 de Janeiro, que aprovou a lei quadro dos institutos públicos, mormente o que se encontra disposto nos seus artigos 2.º e 3.º:

"Artigo 2.º
Âmbito de aplicação

1 – Os institutos públicos integram a administração indirecta do Estado e das Regiões Autónomas.

2 – A presente lei é aplicável aos institutos públicos da Administração do Estado e será aplicável aos institutos públicos das Regiões Autónomas dos Açores e da Madeira, com as necessárias adaptações estabelecidas em decreto legislativo regional.

Artigo 3.º
Tipologia

1 – Para efeitos da presente lei, consideram-se institutos públicos, independentemente da sua designação, os serviços e fundos das entidades referidas no artigo 2.º, quando dotados de personalidade jurídica.

2 – Quer os serviços personalizados, quer os fundos personalizados, também designados como fundações públicas, podem organizar-se em um ou mais estabelecimentos, como tal se designando as universalidades compostas por pessoal, bens, direitos e obrigações e posições contratuais do instituto afectos em determinado local à produção de bens ou à prestação de serviços no quadro das atribuições do instituto.

3 – Não se consideram abrangidas nesta lei as entidades públicas empresariais previstas no Decreto-Lei n.º 558/99, de 17 de Dezembro.

4 – As sociedades e as associações ou fundações criadas como pessoas colectivas de direito privado pelo Estado, Regiões Autónomas ou autarquias locais não são abrangidas por esta lei, devendo essa criação ser sempre autorizada por diploma legal".

18 Sistema Integrado da Avaliação do Desempenho da Administração Pública

VI – Ainda no domínio da avaliação dos institutos públicos, importa trazer à colação o artigo 40.°, da Lei n.° 3/2004, de 15 de Janeiro:

"Artigo 40.°
Sistema de indicadores de desempenho

1 – Os institutos públicos devem utilizar um sistema coerente de indicadores de desempenho, o qual deverá reflectir o conjunto das actividades prosseguidas e dos resultados obtidos.

2 – O sistema deve englobar indicadores de economia, eficiência, eficácia e também de qualidade, caso prestem serviços directamente ao público.

3 – Compete aos órgãos de controlo sectorial respectivos aferir a qualidade desses sistemas, bem como avaliar, anualmente, os resultados obtidos pelos institutos públicos em função dos meios disponíveis, cujas conclusões são reportadas ao ministro da tutela".

VII – À semelhança do que acontece com os serviços integrados na administração directa do Estado, a efectivação da avaliação dos institutos públicos depende da publicação/vigência da respectiva regulamentação.

VIII – O Sistema Integrado de Avaliação do Desempenho na Administração Pública é também aplicável aos funcionários e agentes administrativos (estes últimos são os que celebraram com a Administração um contrato administrativo de provimento).

A Lei n.° 10/2004, não reveste, neste aspecto específico, um carácter profundamente inovador face ao que se encontrava consagrado no hoje revogado Decreto Regulamentar n.° 44-B/83, de 1 de Junho (anterior regime da classificação de serviço dos funcionários e agentes).

IX – Relativamente ao conceito de funcionário público, *vide* os artigos 3.° e 4.°, do Decreto-Lei n.° 427/89, de 7 de Dezembro, com alterações.

X – Quanto ao conceito e admissibilidade de celebração de contratos administrativos de provimento atente-se ao disposto no artigo 15.°, do Decreto-Lei n.° 427/89, de 7 de Dezembro:

"1 – O contrato administrativo de provimento é o acordo bilateral pelo qual uma pessoa não integrada nos quadros assegura, a título transitório e com carácter de subordinação, o exercício de funções próprias do serviço público, com sujeição ao regime jurídico da função pública.

2 – O contrato administrativo de provimento é celebrado nos seguintes casos:

a) Quando se trate de serviços em regime de instalação, salvo se o interessado já possuir nomeação definitiva;

Lei n.º 10/2004, de 22 de Março 19

b) *Quando se trate de pessoal médico em regime de internato geral ou complementar, docente e de investigação, nos termos dos respectivos estatutos;*
c) *Para frequência de estágio de ingresso na carreira, salvo se o interessado já possuir nomeação definitiva".*

XI – Relativamente à aplicação do SIADAP ao pessoal que tenha exercido, no período em avaliação, funções em Gabinetes de membros do Governo, mormente ao abrigo do disposto nos artigos 10.º e 11.º, do Decreto-Lei n.º 262/88, de 23 de Julho[4][5], entende a Direcção-Geral da Administração Pública:

"Tal como acontecia com o anterior sistema de classificação de serviço não é aplicável o sistema de avaliação aos conselheiros técnicos e especialistas uma vez que o exercício de funções nos Gabinetes é feito na qualidade de agentes políticos e não de funcionários.

Não dispondo os Gabinetes de estrutura orgânica que permita operacionalizar o processo de avaliação, nos termos e para os efeitos do Decreto Regulamentar n.º 19-A/2004, os funcionários destacados nos Gabinetes nos termos do artigo 10.º do Dec-Lei n.º 262/88, de 23 de Julho, poderão não ser submetidos ao processo de avaliação do desempenho.

Para efeitos de progressão e promoção ao pessoal em exercício de funções nos Gabinetes é aplicável o mecanismo de suprimento da avaliação previsto no artigo 18.º do Decreto Regulamentar n.º 19-A/2004"[6].

XII – Outro dos aspectos inovadores introduzidos pela Lei n.º 10/2004 prende-se com a avaliação do desempenho dos dirigentes de nível intermédio (directores de serviços, chefes de divisão e equiparados).

No anterior sistema, constante do Decreto Regulamentar n.º 44-B/83, o desempenho dos dirigentes de nível intermédio não era objecto de avaliação, nos

---

[4] Orgânica dos Gabinetes Ministeriais e regime do respectivo pessoal.

[5] Com a seguinte redacção:

Artigo 10.º: *"O apoio administrativo aos gabinetes é prestado pela secretaria-geral ou serviços equiparados dos respectivos departamentos governamentais, podendo recorrer-se ao destacamento de funcionários dos quadros respectivos para apoio aos gabinetes".*

Artigo 11.º: *"Os membros do Governo podem recorrer ao destacamento ou à requisição de funcionários e agentes da administração directa do Estado, incluindo empresas públicas, bem como da administração regional e local, para o exercício de funções de apoio técnico e administrativo nos respectivos gabinetes, ou recorrer a contratos em regime de prestação de serviços, os quais caducam automaticamente com a cessação de funções do membro do Governo".*

[6] Texto constante do *site* da Direcção-Geral da Administração Pública, com o endereço www.dgap.gov.pt.

20 *Sistema Integrado da Avaliação do Desempenho da Administração Pública*

termos do respectivo artigo 1.º, n.º 2. No regime anterior, os chefes de repartição (categoria de topo da carreira administrativa, hoje praticamente extinta, que constitui um cargo de chefia) também não eram classificados.

Na vigência do Decreto Regulamentar n.º 44-B/83, a classificação de serviço obtida no último ano de exercício no lugar de origem, por parte do pessoal em exercício de funções dirigentes, reportava-se igualmente aos anos seguintes relevantes para efeitos de promoção – *vide* o artigo 19.º, n.º 1, daquele diploma.

Esta solução era igualmente aplicável às situações de exercício de cargo ou função de reconhecido interesse público, bem como de funções sindicais ou de prestação de serviço militar obrigatório, desde que impeditivas de atribuição de classificação de serviço (*vide* o artigo 19.º, n.º 2, do Decreto Regulamentar n.º 44-B/83).

XIII – Para efeitos de determinação do conceito de dirigente de nível intermédio, veja-se o disposto no artigo 2.º, da Lei n.º 2/2004, de 15 de Janeiro, republicada com alterações em anexo à Lei n.º 51/2005, de 30 de Agosto, que aprovou o actual Estatuto do Pessoal Dirigente:

"Artigo 2.º
Cargos dirigentes

1 – São cargos dirigentes os cargos de direcção, gestão, coordenação e controlo dos serviços e organismos públicos abrangidos pela presente lei.

2 – Os cargos dirigentes qualificam-se em cargos de direcção superior e cargos de direcção intermédia e subdividem-se, respectivamente, em dois graus, em função do nível hierárquico, das competências e das responsabilidades que lhes estão cometidas.

3 – São, designadamente, cargos de direcção superior de 1.º grau os de director-geral, secretário-geral, inspector-geral e presidente e de 2.º grau os de subdirector-geral, adjunto do secretário-geral, subinspector-geral, vice- -presidente e vogal de direcção.

4 – São, designadamente, cargos de direcção intermédia de 1.º grau o de director de serviços e de 2.º grau o de chefe de divisão.

5 – Excluem-se do disposto nos n.ºˢ 1 e 2 os cargos de direcção integrados em carreiras, bem como o de secretário-geral da Assembleia da República".

XIV – Estão igualmente sujeitos ao SIADAP todos os demais trabalhadores dos organismos integrados na administração directa do Estado e dos institutos públicos, independentemente do título jurídico da respectiva relação de trabalho, desde que o respectivo contrato tenha duração igual ou superior a seis meses. Significa isto que a lei exige a existência de subordinação jurídica do trabalhador à Administração para que esta possa/deva avaliar aquele.

Ou seja, tendo em conta as figuras jurídicas legalmente admissíveis para vincularem um indivíduo à Administração por forma a aquele ficar juridicamente subordinado a esta, encontram-se sujeitos ao SIADAP todos os trabalhadores vinculados à Administração Pública mediante contrato individual de trabalho e contrato de trabalho a termo resolutivo certo (*vide* a Lei n.º 23/2004, de 22 de Junho, que aprovou o regime jurídico do contrato individual de trabalho na Administração Pública).

A norma em análise exige, para aplicação do SIADAP ao trabalhador, que o respectivo contrato de trabalho tenha uma duração mínima de seis meses. Tal exigência explica-se à luz do disposto nos artigos 10.º, n.º 2, da Lei n.º 10/2004, e 12.º, n.º 2, do Decreto Regulamentar n.º 19-A/2004, que dispõem respectivamente:

"Artigo 10.º
Requisitos para a avaliação

(...)
2 – A avaliação ordinária respeita aos trabalhadores que contem, no ano civil anterior, mais de seis meses de serviço efectivo prestado, em contacto funcional com o respectivo avaliador.
(...)

Artigo 12.º
Avaliadores

(...)
2 – Só podem ser avaliadores os superiores hierárquicos imediatos ou os funcionários com responsabilidades de coordenação sobre os avaliados que, no decurso do ano a que se refere a avaliação, reúnam o mínimo de seis meses de contacto funcional com o avaliado.
(...)".

XV – Questão um pouco mais complexa consiste em saber se o SIADAP é igualmente aplicável aos avençados e aos tarefeiros.

A este respeito atente-se no que se encontra disposto no artigo 17.º, do Decreto-Lei n.º 41/84, de 3 de Fevereiro, na redacção que lhe foi dada pelo artigo único do Decreto-Lei n.º 299/85, de 29 de Julho:

"Artigo 17.º
Contrato de prestação de serviço

1 – Os serviços e organismos poderão celebrar contratos de tarefa e de avença sujeitos ao regime previsto na lei geral quanto a despesas públicas em matéria de aquisição de serviços.

22 Sistema Integrado da Avaliação do Desempenho da Administração Pública

2 – O contrato de tarefa caracteriza-se por ter como objecto a execução de trabalhos específicos, de natureza excepcional, sem subordinação hierárquica, não podendo exceder o termo do prazo contratual inicialmente estabelecido, apenas se admitindo aos serviços recorrer a tal tipo de contrato quando no próprio serviço não existam funcionários ou agentes com as qualificações adequadas ao exercício das funções objecto da tarefa e a celebração de contrato de trabalho a prazo certo prevista no Decreto-Lei n.° 280/85, de 22 de Julho, for desadequada.

3 – O contrato de avença caracteriza-se por ter como objecto prestações sucessivas no exercício de profissão liberal, apenas podendo os serviços recorrer a tal tipo de contrato quando no próprio serviço não existam funcionários ou agentes com as qualificações adequadas ao exercício das funções objecto de avença.

4 – Os serviços prestados em regime de contrato de avença serão objecto de remuneração certa mensal.

5 – O contrato de avença, mesmo quando celebrado com cláusula de prorrogação tácita, pode ser feito cessar a todo o tempo por qualquer das partes, com aviso prévio de 60 dias e sem obrigação de indemnizar.

6 – Os contratos de tarefa e avença não conferem ao particular outorgante a qualidade de agente.

7 – Os contratos de tarefa e avença ficam sujeitos a autorização prévia do membro do Governo de que dependa o serviço contratante, a qual poderá ser delegada sem poderes de subdelegação".

Ainda no que concerne aos contratos de tarefa e avença veja-se o artigo 1154.°, do Código Civil:

"Contrato de prestação de serviço é aquele em que uma das partes se obriga a proporcionar à outra certo resultado do seu trabalho intelectual ou manual, com ou sem retribuição".

Conforme decorre das normas acima transcritas nos contratos de prestação de serviços, nas modalidades de tarefa e avença, não existe subordinação hierárquica de quem presta serviço àquele que dele beneficia, isto é, não existe um superior hierárquico que possa proceder a avaliação.

Acresce que os tarefeiros e os avençados não estabelecem qualquer relação jurídica de emprego com a Administração, isto é, não são *"trabalhadores da Administração"* pelo que se deve concluir que os mesmos não se subsumem ao âmbito de aplicação subjectiva da Lei n.° 10/2004.

A Direcção-Geral da Administração Pública também se pronuncia neste sentido: *"Nos termos do âmbito de aplicação no art. 2.° da Lei n.° 10/2004, de 22 de Março estão sujeitos a avaliação de desempenho funcionários, agentes e pessoal contratado por prazo superior a seis meses. A avença caracteriza-se por ter como objecto prestações sucessivas no exercício de profissão liberal,*

Lei n.° 10/2004, de 22 de Março 23

com autonomia, sem sujeição a disciplina ou hierarquia e não implicando o cumprimento de um horário de trabalho. Assim, em razão da sua natureza jurídica, esta forma de prestação de serviços cai fora do âmbito de aplicação do diploma relativo à avaliação de desempenho". [7]

XVI – No n.° 3, do artigo 2.°, determina-se que o SIADAP é aplicável a todo o território nacional, sem prejuízo da sua adaptação aos funcionários e demais trabalhadores da administração local e da administração regional autónoma, através, respectivamente, de decreto regulamentar e de decreto regional das Assembleias Legislativas Regionais. De entre os diplomas previstos nesta norma, até à data apenas foi publicado o Decreto Legislativo Regional n.° 11/2005/M, de 29 de Junho, que aprova o regulamento da avaliação do desempenho dos trabalhadores e dirigentes intermédios dos serviços da administração regional autónoma da Madeira.

XVII – De acordo com a Direcção-Geral da Administração Pública, não é possível haver lugar à atribuição das menções de mérito excepcional previstas no hoje revogado artigo 30.°, do Decreto-Lei n.° 184/89, de 2 de Junho, no âmbito da Administração Local enquanto não for promovida a adaptação do SIADAP à mesma: *"Uma vez que não foi expressamente ressalvado em sede da norma transitória constante do art. 41.° do Decreto Regulamentar n.° 19-A/2004, de 14 de Maio a possibilidade de atribuição desta menção de mérito excepcional e tendo presente que esta mesma menção não integra o sistema de classificação de serviço mantido transitoriamente em vigor, para a Administração Local até que venha a ser aprovado o decreto regulamentar de adaptação do SIADAP à Administração Local (cf. art. 2.° da Lei n.° 10/2004 conjugado com a norma transitória do art. 41.° n.° 5 do Decreto Regulamentar19-A/2004) não há já a possibilidade, porque revogada a norma habilitante (art. 30.° do Decreto-Lei n.° 184/89) de atribuição de menções de mérito excepcional".* [8]

XVIII – O n.° 3 deste artigo 2.° corresponde aos n.ºs 3 e 4, do artigo 1.°, do hoje revogado Decreto Regulamentar n.° 44-B/83, de 1 de Junho.

---

[7] Texto constante do *site* da Direcção-Geral da Administração Pública, com o endereço www.dgap.gov.pt

[8] Texto inserto no *site* da Direcção-Geral da Administração Pública, com o endereço www.dgap.gov.pt

ARTIGO 3.º
Princípios

O SIADAP rege-se pelos seguintes princípios:

a) **Orientação para resultados, promovendo a excelência e a qualidade do serviço;**
b) **Universalidade, assumindo-se como um sistema transversal a todos os serviços, organismos e grupos de pessoal da Administração Pública;**
c) **Responsabilização e desenvolvimento, assumindo-se como um instrumento de orientação, avaliação e desenvolvimento dos dirigentes, trabalhadores e equipas para a obtenção de resultados e demonstração de competências profissionais;**
d) **Reconhecimento e motivação, garantindo a diferenciação de desempenhos e promovendo uma gestão baseada na valorização das competências e do mérito;**
e) **Transparência, assentando em critérios objectivos, regras claras e amplamente divulgadas;**
f) **Coerência e integração, suportando uma gestão integrada de recursos humanos, em articulação com as políticas de recrutamento e selecção, formação profissional e desenvolvimento de carreira.**

Anotações

Neste artigo enunciam-se, de forma exaustiva, os princípios que regem o SIADAP:

1. Orientação para resultados, promovendo a excelência e a qualidade do serviço

Este princípio significa que os serviços da Administração Pública deverão nortear a sua actividade em função de resultados e altos padrões de qualidade (neste sentido *vide* o ponto 5 do programa do XV Governo Constitucional).

1.1 *Desenvolvimento de actividade em função dos objectivos estratégicos previamente fixados*

O processo de avaliação do desempenho dos trabalhadores e dos dirigentes de nível intermédio da Administração Pública pressupõe, na sua fase inicial, a definição de objectivos que aqueles têm de cumprir, uma vez que são avaliados

Lei n.º 10/2004, de 22 de Março 25

em função do respectivo cumprimento (e, bem assim, das respectivas competências comportamentais e atitude no desempenho das funções).

A avaliação do cumprimento dos objectivos previamente fixados visa, conforme disposto no artigo 3.º, n.º 1, do Decreto Regulamentar n.º 19-A/2004, comprometer os avaliados com os objectivos estratégicos do organismo.

Os serviços públicos devem proceder, no respectivo Plano Anual de Actividades, à definição de objectivos estratégicos a levar a cabo no ano seguinte (cfr. artigos 1.º, n.º 2, do Decreto-Lei n.º 183/96, de 27 de Setembro e 7.º, n.º 1, alínea a), da Lei n.º 2/2004, de 15 de Janeiro, republicada com alterações em anexo à Lei n.º 51/2005, de 30 de Agosto, e o artigo 5.º da Lei n.º 10/2004).

Na definição dos respectivos objectivos estratégicos os serviços públicos deverão ter necessariamente em conta a missão que legalmente lhes está confiada pela respectiva lei orgânica.

A necessidade de definição de objectivos estratégicos a serem alcançados pelos serviços públicos é uma decorrência lógica do princípio enunciado na alínea a), do n.º 1, do artigo 3.º, desta lei.

Relativamente à definição de objectivos dos organismos e dos trabalhadores e dirigentes de nível intermédio, *vide* a Resolução do Conselho de Ministros n.º 53/2004, de 21 de Abril, designadamente o respectivo n.º 2.2.1 – critérios gerais para definição de objectivos.

1.2 *Promoção da excelência e da qualidade do serviço*

A concretização deste objectivo implica a avaliação da qualidade dos serviços prestados pelos organismos da Administração Pública.

A avaliação da excelência e da qualidade do organismo será aferida, nos serviços integrados na administração directa do Estado, através da avaliação da prossecução das respectivas atribuições e objectivos, e, nos institutos públicos, mediante a utilização de um sistema coerente de indicadores de desempenho, que deverá reflectir o conjunto das actividades prosseguidas e dos resultados obtidos (sobre esta matéria *vide*, respectivamente, os artigos 30.º, da Lei n.º 4/2004, e 40.º, da Lei n.º 3/2004, ambas de 15 de Janeiro).

Relativamente à avaliação em concreto dos organismos da Administração Pública, vejam-se as anotações ao artigo 18.º, da Lei n.º 10/2004.

No que se refere à implementação de uma cultura de mérito e de excelência nos trabalhadores da Administração Pública, veja-se o disposto nos artigos 15.º, da Lei n.º 10/2004, e 9.º, do Decreto Regulamentar n.º 19-A/2004.

2. Universalidade

Através deste princípio pretendeu-se assegurar a aplicabilidade do SIADAP a toda a Administração Pública, isto é, a todos os organismos integrados na

26 *Sistema Integrado da Avaliação do Desempenho da Administração Pública*

administração directa do Estado, aos institutos públicos e a todos os funcionários, agentes administrativos, demais trabalhadores com contrato por prazo superior a seis meses, e dirigentes de nível intermédio daqueles serviços públicos.

O princípio da universalidade implica, ainda, que o SIADAP seja aplicado a nível nacional, sem prejuízo da sua adaptação às administrações local e regional autónoma. Adaptação esta que ainda não foi plenamente efectuada, uma vez que, até à data, ainda só foi publicado o Decreto Legislativo Regional n.° 11/2005/M, de 29 de Junho, que aprova o regulamento da avaliação do desempenho dos trabalhadores e dirigentes intermédios dos serviços da administração regional autónoma da Madeira.

3. *Responsabilização e desenvolvimento*

O que se pretende através da consagração deste princípio é que o SIADAP seja entendido, também, como um instrumento de orientação, avaliação e desenvolvimento dos dirigentes, trabalhadores e equipas para a obtenção de resultados e demonstração de competências profissionais.

É neste princípio que radica a contratualização de objectivos entre os dirigentes de nível intermédio, os trabalhadores da Administração Pública e os avaliadores de ambos. A contratualização visa responsabilizar os avaliandos pelo cumprimento dos objectivos que lhes foram fixados.

Este princípio explica a existência da auto-avaliação, que pretende garantir que cada um dos avaliandos faça um juízo responsável do grau de cumprimento dos objectivos que assumiu cumprir e seja co-responsável no processo de avaliação.

Explica também a avaliação prévia, pois exige que o avaliador faça uma apreciação responsável e justa dos avaliandos.

Explica a necessidade de realização da entrevista de avaliação porquanto se exige ao avaliador e ao avaliado que, nesta fase, assumam a avaliação do grau do cumprimento dos objectivos e das competências comportamentais previamente estabelecidos.

Explica a necessidade de os avaliadores fundamentarem convenientemente a atribuição das classificações de *Muito Bom* e de *Excelente*, por forma a evidenciar os factores que contribuíram para o resultado final, e, nas classificações de *Excelente*, de indicarem os contributos relevantes para o serviço prestados pelo avaliado, tendo em vista a sua inclusão na base de dados sobre boas práticas, residente na UMIC – Agência para a Sociedade do Conhecimento, IP.

Explica, por último, a responsabilização dos dirigentes dos serviços pela aplicação e divulgação do sistema de avaliação do desempenho.

4. Reconhecimento e motivação

Este princípio enforma a diferenciação dos avaliados em função dos respectivos níveis de desempenho, e o objectivo do legislador de institucionalizar uma cultura de exigência, motivação e de reconhecimento do mérito.

Em matéria de avaliação de cumprimento dos objectivos previamente contratualizados, sem dúvida a mais importante das componentes da avaliação do desempenho, a diferenciação dos níveis de desempenho demonstrados pelos avaliados faz-se, na prática, através da aplicação da seguinte escala (*vide* o artigo 3.°, n.° 2, do Decreto Regulamentar n.° 19-A/2004):

a) Nível 5 – superou claramente o objectivo;

b) Nível 3 – cumpriu o objectivo;

c) Nível 1 – não cumpriu o objectivo.

A institucionalização de uma cultura de exigência, de motivação e de reconhecimento do mérito, foi concretizada através da fixação de percentagens máximas para as classificações de *Muito Bom* e de *Excelente*, respectivamente de 20% e 5% – cfr. artigo 9.°, do Decreto Regulamentar n.° 19-A/2004 – e da institucionalização de recompensas profissionais para os funcionários que as obtenham (cfr. artigo 15.°, da Lei n.° 10/2004).

5. Transparência

Com a consagração deste princípio pretende-se que a aplicação do SIADAP seja clara e assente em critérios objectivos atempadamente conhecidos por avaliador e avaliando.

Em nosso entender o princípio da transparência assume uma vertente interna e outra externa.

Na vertente interna, há que distinguir dois patamares:

5.1 *Ao nível dos intervenientes directos no processo de avaliação:*

A divulgação dos objectivos do organismo e das respectivas unidades orgânicas, a contratualização de objectivos com descrição do seu conteúdo e indicação das respectivas ponderações e indicadores de cumprimento/desempenho e, bem assim, o facto de os dirigentes terem o dever de divulgar o SIADAP, são, entre outras, evidentes manifestações do princípio da transparência ínsitas no regime jurídico em análise.

A este nível, o princípio em causa manifesta-se com maior intensidade em dois momentos:

- na contratualização, entre avaliador e avaliando, dos objectivos a prosseguir em determinado ano por este último. Desta forma garante-se o

28 *Sistema Integrado da Avaliação do Desempenho da Administração Pública*

prévio conhecimento, por parte do avaliando, dos objectivos por cujo cumprimento será avaliado.

* o segundo tem, igualmente, lugar na fase da entrevista de avaliação, onde avaliador e avaliado procedem à análise conjunta dos factores tidos em conta na auto-avaliação levada a cabo pelo avaliado e na avaliação feita pelo avaliador. Garante-se, desta forma, que o avaliado conhece as razões da avaliação que lhe foi atribuída.

5.2 *Ao nível do organismo e do ministério em que aquele se encontra integrado:*

Prende-se com a obrigatoriedade de divulgação interna do resultado global da avaliação do desempenho, com menção das avaliações qualitativas atribuídas por grupo profissional e do número de casos de avaliação extraordinária e de suprimento da avaliação, e de apresentação, por parte de cada organismo, ao membro do Governo da tutela, de um Relatório Anual dos Resultados da Avaliação do Desempenho, que evidencie o cumprimento das regras estabelecidas na Lei n.° 10/2004, nomeadamente através da indicação das classificações atribuídas aos diferentes grupos profissionais (cfr. artigos 20.° n.° 1, da Lei n.° 10/2004, e 36.°, n.° 1, do Decreto Regulamentar n.° 19-A/2004).

Ainda a este nível, compete à Secretaria-Geral de cada Ministério elaborar um relatório síntese da forma como o sistema de avaliação foi aplicado, com base no relatório de cada organismo sobre a matéria para o membro do Governo competente (*vide* o artigo 36.°, n.° 2, do Decreto Regulamentar n.° 19-A/2004).

Na vertente externa, compete à Direcção-Geral da Administração Pública publicitar, na respectiva página electrónica, os dados globais da aplicação do SIADAP a nível da Administração Pública, dados esses obtidos mediante a elaboração de um relatório anual de acompanhamento (*vide* os artigos 20.°, n.° 2, da Lei n.° 10/2004, e 37.°, do Decreto Regulamentar n.° 19-A/2004).

Garante-se, deste forma, o acesso, por parte da generalidade dos trabalhadores, dirigentes da Administração Pública e dos cidadãos, a informação sobre a forma como está a ser efectuada a aplicação do SIADAP na Administração Pública e os respectivos resultados.

6. Coerência e integração

Através da institucionalização deste princípio pretende-se, a nosso ver, que o SIADAP sirva, também, para identificar necessidades de formação e de desenvolvimento profissional adequadas à melhoria do desempenho dos organismos, dos seus dirigentes e trabalhadores, e para criar, para os dois últimos, oportunidades de mobilidade e de progressão profissional (em sentido lato).

Paralelamente, e mediante a criação de uma base de dados junto da Direcção-Geral da Administração Pública, pretende-se que os resultados da aplicação do SIADAP sirvam de suporte à definição da política de emprego público e de um sistema de gestão e desenvolvimento de recursos humanos tendo por objectivo responder à evolução das necessidades da Administração Pública.

ARTIGO 4.º
Objectivos

O SIADAP tem como objectivos:

a) **Avaliar a qualidade dos serviços e organismos da Administração Pública, tendo em vista promover a excelência e a melhoria contínua dos serviços prestados aos cidadãos e à comunidade;**

b) **Avaliar, responsabilizar e reconhecer o mérito dos dirigentes, funcionários, agentes e demais trabalhadores em função da produtividade e resultados obtidos, ao nível da concretização de objectivos, da aplicação de competências e da atitude pessoal demonstrada;**

c) **Diferenciar níveis de desempenho, fomentando uma cultura de exigência, motivação e reconhecimento do mérito;**

d) **Potenciar o trabalho em equipa, promovendo a comunicação e cooperação entre serviços, dirigentes e trabalhadores;**

e) **Identificar as necessidades de formação e desenvolvimento profissional adequadas à melhoria do desempenho dos organismos, dirigentes e trabalhadores;**

f) **Fomentar oportunidades de mobilidade e progressão profissional de acordo com a competência e o mérito demonstrados;**

g) **Promover a comunicação entre as chefias e os respectivos colaboradores;**

h) **Fortalecer as competências de liderança e de gestão, com vista a potenciar os níveis de eficiência e qualidade dos serviços.**

Anotações

Esta norma enuncia os objectivos pretendidos com a aprovação da Lei n.º 10/2004. O respectivo conteúdo normativo serve ao intérprete como auxiliar interpretativo de outras normas do SIADAP.

ARTIGO 5.°
Ciclo anual de gestão

O SIADAP integra-se no ciclo anual da gestão de cada serviço e organismo da Administração Pública e integra as seguintes fases:

a) **Estabelecimento do plano de actividades para o ano seguinte, tendo em conta os objectivos estratégicos, as orientações da tutela e as atribuições orgânicas;**

b) **Estabelecimento dos objectivos de cada unidade orgânica, a prosseguir no ano seguinte;**

c) **Estabelecimento dos objectivos a atingir por cada trabalhador e ou equipa no ano seguinte;**

d) **Elaboração do relatório de actividades;**

e) **Avaliação dos desempenhos.**

Anotações

Segundo esta norma, o SIADAP faz parte do ciclo anual de gestão de cada serviço e organismo da Administração Pública.

O ciclo anual de gestão dos serviços públicos integra:

a) **A elaboração de um plano de actividades para o ano seguinte, tendo em conta os objectivos estratégicos, as orientações da tutela e as atribuições orgânicas**

O primeiro passo a executar no que se refere ao ciclo anual de gestão consiste na definição dos objectivos estratégicos de cada serviço ou organismo da Administração Pública.

A definição dos objectivos estratégicos deverá, nos termos do disposto conjugadamente nos artigos 1.°, n.° 2, do Decreto-Lei n.° 183/96, de 27 de Setembro, 7.°, n.° 1, alínea a), da Lei 2/2004, de 15 de Janeiro, republicada com alterações em anexo à Lei n.° 51/2005, de 30 de Agosto, e 38.°, n.° 1, da Lei n.° 97/2001, de 20 de Agosto, republicada em anexo à Lei n.° 48/2004, de 24 de Agosto (lei de enquadramento orçamental), ter lugar após 15 de Outubro do ano anterior àquele a que se reporta o plano de actividades no qual ficará materializada, e terá, obrigatoriamente, de articular-se com a missão que legalmente se encontra confiada ao serviço ou organismo.

b) **Estabelecimento dos objectivos de cada unidade orgânica, a prosseguir no ano seguinte**

Fixados os objectivos estratégicos do serviço ou organismo da Administração Pública, deverá proceder-se à fixação dos objectivos das respectivas unidades orgânicas. Estes objectivos deverão articular-se com os objectivos estratégicos do serviço ou organismo e, bem assim, com as atribuições que estejam confiadas às unidades orgânicas em causa – a este propósito veja-se o disposto no artigo 12.°, n.° 1, alínea a), do Decreto Regulamentar n.° 19-A/2004.

c) **Estabelecimento dos objectivos a atingir por cada trabalhador e ou equipa no ano seguinte**

Depois de fixados os objectivos das diversas unidades orgânicas, o superior hierárquico imediato ou, no caso de inexistência deste, o funcionário que possua responsabilidades de coordenação sobre o avaliando deve fixar-lhe os objectivos a prosseguir nesse mesmo ano, com o acordo deste último – *vide* o artigo 12.°, n.° 1, alínea a), do Decreto Regulamentar n.° 19-A/2004. Em caso de desacordo entre avaliador e avaliando sobre os objectivos a prosseguir em determinado ano civil, eles são fixados unilateralmente pelo avaliador.

De referir que na fixação de objectivos dos avaliandos dever-se-á ter em conta os objectivos previamente fixados para a unidade orgânica a que se encontram afectos.

Nos termos do disposto no artigo 26.°, do Decreto Regulamentar n.° 19-A/2004, a fixação dos objectivos a prosseguir em cada ano deverá ser efectivada aquando da realização da entrevista de avaliação, que deve ter lugar durante o mês de Fevereiro.

Em nosso entender, os objectivos dos avaliandos podem e devem ser fixados em momento anterior, autónomo, ou em Dezembro do ano anterior ou logo em Janeiro do ano a que respeitam, pois, se a avaliação e os objectivos dizem respeito à totalidade do ano civil, não há razão para que sejam fixados somente no decurso do mês de Fevereiro. Fixar objectivos é planificar. E a planificação deve ser feita com antecedência em relação ao momento da execução.

d) **Elaboração do relatório de actividades**

Relativamente à elaboração do Relatório Anual de Actividades de cada serviço ou organismo da Administração Pública, até 31 de Março do ano seguinte àquele a que respeita, *vide* o artigo 1.°, n.° 3, do Decreto-Lei n.° 183/96, de 27 de Setembro.

e) **Avaliação dos desempenhos**

Fixados os objectivos a prosseguir pelos dirigentes de nível intermédio e pelos trabalhadores (em sentido lato) dos diversos serviços e organismos da Administração Pública, torna-se necessário proceder à avaliação do respectivo cumprimento dentro dos prazos e com observância das formalidades legalmente estabelecidas na Lei n.° 10/2004 e no Decreto Regulamentar n.° 19-A/2004.

32 *Sistema Integrado da Avaliação do Desempenho da Administração Pública*

Nesta sede cabe realçar que o procedimento avaliativo se desenrola essencialmente nos meses de Janeiro a Abril do ano seguinte àquele a que se refere a avaliação ordinária. A avaliação extraordinária obedece a timings específicos, uma vez que abrange os casos em que os mais de seis meses de contacto funcional entre avaliador e avaliando para que possa haver avaliação são perfeitos, não no ano anterior, mas no próprio ano de atribuição da avaliação.

ARTIGO 6.º
Direitos, deveres e garantias

1 – Em cumprimento dos princípios enunciados na presente lei é direito do avaliado e dever do avaliador proceder à análise conjunta dos factores considerados para a avaliação e da auto-avaliação, através da realização de uma entrevista anual.

2 – Constitui igualmente dever do avaliado proceder à respectiva auto-avaliação como garantia de envolvimento activo e responsabilização no processo.

3 – Os dirigentes dos serviços são responsáveis pela aplicação e divulgação em tempo útil do sistema de avaliação, garantindo o cumprimento dos seus princípios e a diferenciação do mérito.

4 – É garantida, no âmbito do processo de avaliação do desempenho, a divulgação aos interessados dos objectivos, fundamentos, conteúdo e sistema de funcionamento e de classificação.

5 – É garantido o direito de reclamação e recurso, não constituindo fundamento atendível deste último a invocação de meras diferenças de classificação com base na comparação entre classificações atribuídas.

Anotações

I – Relativamente à entrevista anual de avaliação a que se refere o n.º 1, veja-se o disposto no artigo 26.º, do Decreto Regulamentar n.º 19-A/2004, de 14 de Maio:

"Durante o mês de Fevereiro realizam-se as entrevistas individuais dos avaliadores com os respectivos avaliados, com o objectivo de analisar a auto--avaliação do avaliado, dar conhecimento da avaliação feita pelo avaliador e de estabelecer os objectivos a prosseguir pelos avaliados nesse ano".

A realização da entrevista de avaliação constitui simultaneamente um direito do avaliado e um dever do avaliador. O que significa que:

– O avaliador não poderá recusar a análise conjunta dos factores considerados para a avaliação e a auto-avaliação;

Lei n.º 10/2004, de 22 de Março   33

– O avaliado poderá, se assim o desejar, dispor, nos termos do artigo 110.º, do Código do Procedimento Administrativo[9], do direito que lhe assiste de análise conjunta dos factores considerados para a avaliação e a auto-avaliação, renunciando ao mesmo.

II – O n.º 2 do artigo em referência estabelece a obrigatoriedade de o avaliado proceder à respectiva auto-avaliação.

No que tange à auto-avaliação, dispõe o artigo 23.º, do Decreto Regulamentar n.º 19-A/2004:

"1 – A auto-avaliação tem como objectivo envolver o avaliado no processo de avaliação e fomentar o relacionamento com o superior hierárquico de modo a identificar oportunidades de desenvolvimento profissional.

2 – A auto-avaliação tem carácter preparatório da entrevista de avaliação, não constituindo componente vinculativa da avaliação de desempenho.

3 – A auto-avaliação concretiza-se através do preenchimento de ficha própria[10] a partir de 5 de Janeiro, devendo esta ser presente ao avaliador no momento da entrevista.

4 – Nos processos de avaliação extraordinária, o preenchimento da ficha de auto-avaliação será feito pelo avaliado nos primeiros cinco dias úteis do mês de Julho".

III – Da leitura conjugada dos n.os 1 e 2, do artigo em anotação, parece decorrer que constitui dever do avaliado proceder à respectiva auto-avaliação. O avaliado não tem, contudo, o dever de proceder à análise da auto-avaliação conjuntamente com o avaliador. O que bem se compreende, pois o avaliado pode, face à avaliação que lhe tiver sido atribuída, nem sequer ter interesse em trazer à colação, na entrevista de avaliação, a respectiva auto-avaliação.

IV – Relativamente à competência dos dirigentes máximos dos serviços em matéria de SIADAP, *vide* o artigo 14.º, n.º 2, do Decreto Regulamentar n.º 19-A/2004, com a seguinte redacção:

"2 – Compete ao dirigente máximo do serviço:

a) Garantir a adequação do sistema de avaliação do desempenho às realidades específicas do serviço ou organismo;

---

[9] Com a seguinte redacção: *"1 – Os interessados podem, mediante requerimento escrito, desistir do procedimento ou de alguns dos pedidos formulados, bem como renunciar aos seus direitos ou interesses legalmente protegidos, salvo nos casos previstos na lei. 2 – A desistência ou renúncia dos interessados não prejudica a continuação do procedimento, se a Administração entender que o interesse público assim o exige".*

[10] De modelo aprovado pela Portaria n.º 509-A/2004, de 14 de Maio.

34 Sistema Integrado da Avaliação do Desempenho da Administração Pública

b) *Coordenar e controlar o processo de avaliação anual de acordo com os princípios e regras definidas no presente diploma;*
c) *Homologar as avaliações anuais;*
d) *Decidir das reclamações dos avaliados, após parecer do conselho de coordenação da avaliação;*
e) *Assegurar a elaboração do relatório anual da avaliação do desempenho".*

Ainda neste domínio importa atender, nomeadamente, ao disposto nos artigos 7.°, n.° 2, alínea a), 8.°, n.° 1, alíneas a) e b), e n.° 2, alínea d), da Lei n.° 2/2004, de 15 de Janeiro, republicada com alterações em anexo à Lei n.° 51/2005, de 30 de Agosto (estatuto do pessoal dirigente):

"Artigo 7.°
Competências dos titulares dos cargos de direcção superior

(...)
2 – No âmbito da gestão dos recursos humanos, compete aos titulares dos cargos de direcção superior de 1.° grau, designadamente:
a) *Dinamizar e acompanhar o processo de avaliação do mérito dos funcionários, garantindo a aplicação uniforme do regime de avaliação no âmbito do respectivo serviço ou organismo.*
(...)

Artigo 8.°
Competência dos titulares dos cargos de direcção intermédia

1 – Compete aos titulares de cargos de direcção intermédia de 1.° grau:
a) *Definir os objectivos de actuação da unidade orgânica que dirigem, tendo em conta os objectivos gerais estabelecidos;*
b) *Orientar, controlar e avaliar o desempenho e a eficiência dos serviços dependentes, com vista à execução dos planos de actividades e à prossecução dos resultados obtidos e a alcançar.*
(...)
2 – Compete aos titulares dos cargos de direcção intermédia de 2.° grau:
(...)
d) *Proceder de forma objectiva à avaliação do mérito dos funcionários, em função dos resultados individuais e de grupo e à forma como cada um se empenha na prossecução dos objectivos no espírito de equipa*
(...)".

V – O disposto no n.° 4 do artigo em anotação é uma decorrência lógica do princípio da transparência, consagrado no artigo 3.°, alínea e), desta Lei n.° 10/2004.

Lei n.º 10/2004, de 22 de Março 35

VI – Quanto à reclamação, dispõe o artigo 28.º, do Decreto Regulamentar n.º 19-A/2004:

"1 – Após tomar conhecimento da homologação da sua avaliação, o avaliado pode apresentar reclamação por escrito, no prazo de cinco dias úteis, para o dirigente máximo do serviço.

2 – A decisão sobre a reclamação será proferida no prazo máximo de 15 dias úteis, dependendo de parecer prévio do conselho de coordenação da avaliação.

3 – O conselho de coordenação da avaliação pode solicitar, por escrito, a avaliadores e avaliados, os esclarecimentos que julgar convenientes".

Relativamente ao previsto no n.º 2, do artigo 28.º, do Decreto Regulamentar n.º 19-A/2004, existe uma especificidade no caso de o reclamante ser dirigente de nível intermédio: *"A apreciação das reclamações da avaliação dos dirigentes é feita em conselho coordenador da avaliação restrito, composto apenas pelos dirigentes de nível superior do organismo e pelo dirigente máximo do departamento responsável pela organização e recursos humanos, quando se trate de serviço partilhado"* – *vide* o artigo 33.º, n.º 3, do Decreto Regulamentar n.º 19-A/2004.

A reclamação não pode fundar-se em meras diferenças de classificação, isto é, na comparação entre classificações de desempenho atribuídas ao reclamante e a outros avaliados.

Ainda no que tange à reclamação da avaliação, *vide* os artigos 159.º e seguintes, do Código do Procedimento Administrativo, publicado em anexo ao Decreto-Lei n.º 6/96, de 31 de Janeiro. Quanto à contagem do prazo para reclamação cfr. artigos 72.º e 73.º, do Código do Procedimento Administrativo.

VII – Quanto à possibilidade de interposição de recurso hierárquico do acto administrativo de avaliação, estabelece o artigo 29.º, do Decreto Regulamentar n.º 19-A/2004:

"1 – Da decisão final sobre a reclamação cabe recurso hierárquico para o membro do Governo competente, a interpor no prazo de cinco dias úteis contando do seu conhecimento.

2 – A decisão deverá ser proferida no prazo de 10 dias úteis contados da data de interposição de recurso, devendo o processo de avaliação encerrar-se a 30 de Abril.

3 – O recurso não pode fundamentar-se na comparação entre resultados de avaliações".

No que tange ao recurso hierárquico em referência veja-se, com as devidas adaptações, o disposto nos artigos 166.º e seguintes, do Código do Procedimento Administrativo. É de salientar que em sede de recurso hierárquico da avaliação não há lugar à audiência dos contra-interessados prevista no artigo 171.º, do Código do Procedimento Administrativo, por não existirem contra-interes-

36 *Sistema Integrado da Avaliação do Desempenho da Administração Pública*

sados. Acerca desta matéria vejam-se, ainda, as anotações ao artigo 13.°, da Lei n.° 10/2004.

ARTIGO 7.°
Consideração da avaliação de desempenho

1 – A avaliação do desempenho é obrigatoriamente considerada para efeitos de:

a) **Promoção e progressão nas carreiras e categorias;**
b) **Conversão da nomeação provisória em definitiva;**
c) **Renovação de contratos.**

2 – Para efeitos do disposto no número anterior é exigida, no mínimo, a classificação de *Bom*, excepto nos casos em que legalmente seja indispensável a classificação de *Muito bom*, e, em qualquer das situações, pelo tempo de serviço legalmente estabelecido.

3 – Para efeitos de promoção e progressão nas carreiras e categorias as avaliações atribuídas deverão ser em número igual ao número de anos de serviço exigidos como requisito de tempo mínimo de permanência na categoria ou escalão anteriores e reportados aos anos imediatamente precedentes relevantes para aqueles efeitos.

4 – No caso de funcionários e agentes que exerçam cargo ou funções de reconhecido interesse público, bem como actividade sindical, a classificação obtida no último ano imediatamente anterior ao exercício dessas funções ou actividades reporta-se, igualmente, aos anos seguintes relevantes para efeitos de promoção e progressão.

5 – A renovação da comissão de serviço dos dirigentes de nível intermédio depende do resultado da avaliação de desempenho e do grau de cumprimento dos objectivos fixados.

6 – A avaliação dos serviços e organismos é fundamento para a redefinição das suas atribuições e organização, afectação de recursos e definição de políticas de recrutamento de pessoal.

Anotações

I – A avaliação do desempenho dos trabalhadores deve ser obrigatoria-mente considerada para os seguintes efeitos:

a) Promoção (subida de categoria) – avaliação mínima de *Bom*, excepto quando a lei exija *Muito Bom* (relativamente aos requisitos para promoção nas carreiras de regime geral, *vide* o Decreto-Lei n.° 404-A/98, de 18 de Dezembro, com alterações);

b) Progressão na categoria (mudança de escalão) – avaliação mínima de *Bom*;

c) Mudança de nível nas carreiras do grupo de pessoal informático – avaliação mínima de *Muito Bom* (*vide* o artigo 5.°, do Decreto-Lei n.° 97/2001, de 26 de Março);

d) Renovação de contratos (a termo resolutivo certo e administrativo de provimento) – avaliação mínima de *Bom*;

e) Conversão da nomeação provisória em definitiva, nos casos em que para ingresso na carreira não há estágio (ex. carreira de assistente administrativo) – avaliação mínima de *Bom*, excepto quando lei especial exija *Muito Bom*.

II – As avaliações a considerar para efeitos de promoção, de progressão e (achamos nós) de mudança de nível, têm de ser sempre em número igual ao número de anos de serviço exigidos como tempo mínimo de permanência na categoria, escalão ou nível anteriores, e reportadas aos anos imediatamente precedentes relevantes para estes efeitos.

A este propósito importa observar o disposto no artigo 8.°, n.° 2, do Decreto Regulamentar n.° 19-A/2004, com a seguinte redacção:

"Para efeitos dos n.ᵒˢ 1 a 3 do artigo 7.° da Lei n.° 10/2004, de 22 de Março, os anos relevantes são seguidos, admitindo-se um único ano interpolado com avaliação inferior à legalmente requerida, desde que não seja o da última menção atribuída".

Ou seja, é admissível que num dos anos imediatamente precedentes à promoção/progressão, que não o último, a avaliação do desempenho seja inferior à mínima exigida por lei (sem dispensa da posse do tempo de serviço legalmente exigido para o efeito, classificado, no mínimo, de *Bom*).

Exemplificando, é legalmente admissível a promoção de um funcionário que tenha obtido as seguintes avaliações: 1.° ano – *Bom*; 2.° ano – *Bom*; 3.° ano – *Necessita de Desenvolvimento*; 4.° ano – *Bom*, estando em causa a promoção de um técnico superior de 2.ª classe.

Em nosso entender, o artigo 8.°, n.° 2, do Decreto Regulamentar n.° 19-A/2004, é aplicável, com as necessárias adaptações, à mudança de nível nas carreiras do grupo de pessoal informático. Isto é, um funcionário de uma carreira de informática pode mudar de nível desde que obtenha duas avaliações subsequentes de *Muito Bom*, ainda que possua, por hipótese, três anos de antiguidade no nível anterior, sendo que o primeiro ano foi classificado de *Bom*.

III – Porém, estamos em crer que a obtenção das avaliações de *Excelente* e de *Muito Bom* não modifica o número de anos necessários para a mudança de

38 Sistema Integrado da Avaliação do Desempenho da Administração Pública

nível do pessoal das carreiras de informática (especialista de informática e técnico de informática), pois esta não é, em sentido técnico-jurídico, nem uma promoção nem uma progressão, embora seja uma figura mais próxima desta última. A recompensa pela obtenção das avaliações máximas só incide nas promoções e nas progressões.

IV – Os n.os 1, 2 e 3 deste artigo 7.° devem ser conjugados com o disposto nos artigos 16.°, 19.°, e 20.°, do Decreto-Lei n.° 353-A/89, de 16 de Outubro, com alterações, com a seguinte redacção:

"Artigo 16.°
Promoção

1 – A promoção a categoria superior depende da existência de vaga de concurso e da prestação de serviço na categoria imediatamente inferior durante o tempo e com a classificação de serviço legalmente previstos na regulamentação da respectiva carreira.

2 – São abertos obrigatoriamente concursos de acesso quando existam, pelo menos, três vagas orçamentadas na mesma categoria e conforme o plano de actividades, desde que existam no serviço candidatos que satisfaçam os requisitos de promoção.

3 – O disposto no número anterior não se aplica nos casos em que as carreiras são dotadas globalmente.

Artigo 19.°
Progressão

1 – A progressão nas categorias faz-se por mudança de escalão.

2 – A mudança de escalão depende da permanência no escalão imediatamente anterior dos seguintes módulos de tempo:
a) Nas carreiras horizontais, quatro anos;
b) Nas carreiras verticais, três anos.

3 – A atribuição de classificação de serviço de Não satisfatório ou equivalente determina a não consideração do tempo de serviço prestado com essa classificação para efeitos de progressão [11].

4 – O disposto nos números anteriores não prejudica a fixação de regras próprias de progressão para carreiras de regime especial e corpos especiais.

---

[11] Norma hoje derrogada pelo n.° 2 do artigo 7.° em análise e pelo artigo 23.°, n.° 2, da Lei n.° 10/2004; assim, onde se lê *classificação de serviço de Não satisfatório ou equivalente deve hoje ler-se inferior a Bom.*

Artigo 20.º
Formalidades

1 – A progressão é automática e oficiosa.

2 – A progressão não depende de requerimento do interessado, devendo os serviços proceder com diligência ao processamento oficioso das progressões[12].

3 – O direito à remuneração pelo escalão superior vence-se no dia 1 do mês seguinte ao do preenchimento dos requisitos estabelecidos no artigo anterior, dependendo o seu abono da simples confirmação das condições legais por parte do dirigente máximo do serviço a cujo quadro o funcionário pertence ou o agente está vinculado.

(...)"

V – Ainda ao nível da relevância das avaliações do desempenho obtidas pelos funcionários e agentes, cfr. o disposto nos artigos 15.º, da Lei n.º 10/2004, e 9.º, do Decreto Regulamentar n.º 19-A/2004.

VI – Relativamente à avaliação do desempenho dos trabalhadores que exerçam cargos de reconhecido interesse público ou actividade sindical, dispõe o artigo 17.º, do Decreto Regulamentar n.º 19-A/2004:

"Aos trabalhadores que exerçam cargo ou funções de reconhecido interesse público, bem como actividade sindical, a classificação obtida no último ano imediatamente anterior ao exercício dessas funções ou actividades reporta- -se, igualmente, aos anos seguintes relevantes para efeitos de promoção e progressão".

Entendemos que esta norma também se aplica aos anos relevantes para mudança de nível do pessoal pertencente às carreiras de informática.

VII – No que tange à relevância da avaliação do desempenho dos dirigentes de nível intermédio (directores de serviços, chefes de divisão e equiparados), dispõe o artigo 35.º, do Decreto Regulamentar n.º 19-A/2004:

"1 – A renovação da comissão de serviço depende da classificação mínima de Bom no último ano da respectiva comissão de serviço.

2 – Os resultados da avaliação do desempenho contam para a evolução na carreira de origem, de acordo com as regras e os critérios de promoção e progressão aplicáveis, sem prejuízo de outros direitos especialmente previstos no Estatuto dos Dirigentes da Administração Pública".

---

[12] Como veremos a propósito da análise da figura do suprimento da avaliação, consignada nos artigos 18.º e 19.º do Decreto Regulamentar n.º 19-A/2004, nos casos em que haja necessidade de suprimento da avaliação, a progressão depende de requerimento do interessado.

40 *Sistema Integrado da Avaliação do Desempenho da Administração Pública*

O facto de um dirigente de nível intermédio ser classificado, no último ano da comissão de serviço, de *Necessita de Desenvolvimento* não obsta, de um ponto de vista estritamente jurídico, a que possa ser provido, no mesmo, ou em organismo diferente, em cargo dirigente igual ou superior ao que detinha até à obtenção daquela avaliação, pois o que a lei determina, nesta norma, é a impossibilidade de renovação da comissão de serviço no cargo dirigente no qual foi obtida a avaliação inferior a *Bom*.

Ainda no plano jurídico, observa-se que a classificação relevante para renovação da comissão de serviço em cargo dirigente de nível intermédio é apenas a obtida no último ano daquela. Assim, é irrelevante, para efeitos de renovação deste tipo de comissão de serviço, aferir das classificações de serviço obtidas pelos dirigentes de nível intermédio nos dois primeiros anos da respectiva comissão de serviço. O que a nosso ver não está certo, pois para se ser dirigente há que satisfazer um padrão mínimo de qualidade. A avaliação mínima de Bom deveria ser exigível relativamente à duração da comissão de serviço e não só em relação ao último ano desta.

Quanto às repercussões das avaliações de desempenho obtidas pelos dirigentes de nível intermédio, *vide* os artigos 9.º, n.º 5, do Decreto Regulamentar n.º 19-A/2004, e 15.º, da Lei n.º 10/2004 (neste último caso no que concerne à respectiva carreira de origem).

VIII – Quanto à avaliação dos serviços e organismos da Administração Pública, *vide* os artigos 18.º, da Lei n.º 10/2004, e 30.º, da Lei n.º 4/2004, de 15 de Janeiro.

Note-se que ainda não foi aprovada legislação específica regulamentadora da avaliação dos serviços e organismos da Administração Pública, sendo, por isso, impossível proceder à respectiva avaliação de forma legalmente balizada e uniforme.

A Resolução do Conselho de Ministros n.º 109/2005, de 30 de Junho, dispõe, todavia, nas alíneas b) e c) do seu n.º 5, que é intenção do XVII Governo Constitucional apresentar à Assembleia da República uma proposta de lei relativa ao SIADAP contendo a *"programação da concepção de um sistema de avaliação de serviços em 2006 para entrar em vigor a partir de 1 de Janeiro de 2007"* e a *"reafirmação da gestão por objectivos como uma das características fundamentais da modernização da Administração Pública"*. No 8.º parágrafo do preâmbulo da mesma Resolução, afirma-se, ainda, com interesse nesta sede: *"Consciente da importância fundamental que um sistema integrado de avaliação dos trabalhadores e dos serviços ocupa no processo de reforma das metodologias de trabalho da Administração Pública, mas conhecendo as dificuldades de aplicação que o sistema recentemente instituído tem vindo a encontrar, reafirma-se a sua imprescindibilidade (…)"*.

IX – Importa salientar nesta sede que já existe, a nível da União Europeia, uma estrutura informatizada para auto-avaliação dos organismos públicos, denominada Estrutura Comum de Avaliação/*Common Assessment Framework* (CAF), a funcionar desde o ano 2000 (foi apresentada e adoptada na 1.ª Conferência da Qualidade das Administrações Públicas da União Europeia, tendo a sua última versão sido apresentada na 2.ª Conferência subordinada à mesma temática, em 2002), que visa permitir-lhes melhorarem o respectivo desempenho. A sua utilização não é obrigatória. Actualmente é utilizada nomeadamente no âmbito dos seguintes serviços da Administração Pública Portuguesa: Secretaria--Geral do Ministério da Justiça, Secretaria-Geral do Ministério da Educação, Programa Qualidade para o Ministério da Segurança Social e do Trabalho, Câmara Municipal de Sintra e Câmara Municipal de Espinho.

A CAF está disponível na versão inglesa no *site* do *European Institute of Public Administration (*www.eipa.nl) e, na versão portuguesa, no *site* da Direcção-Geral da Administração Pública (www.dgap.gov.pt.).

ARTIGO 8.º
Processo de avaliação dos recursos humanos

1 – A avaliação de desempenho na Administração Pública incide sobre as seguintes componentes:

a) **Os contributos individuais para a concretização dos objectivos;**

b) **Competências comportamentais, tendo em vista avaliar características pessoais relativamente estáveis que diferenciam os níveis de desempenho numa função;**

c) **Atitude pessoal, tendo em vista avaliar o empenho pessoal para alcançar níveis superiores de desempenho, incluindo aspectos como o esforço realizado, o interesse e a motivação demonstrados.**

2 – A ponderação relativa de cada uma das componentes depende da especificidade de cada serviço ou organismo, grupo profissional ou carreira, com vista à adaptação às exigências e objectivos de cada sector.

3 – Os objectivos devem ser redigidos de forma clara e concretamente definidos de acordo com os principais resultados a obter pelos trabalhadores, tendo em conta a proporcionalidade entre os resultados visados e os meios disponíveis para a sua concretização.

42 *Sistema Integrado da Avaliação do Desempenho da Administração Pública*

Anotações

I – Quanto às componentes da avaliação do desempenho dos trabalhadores da Administração Pública (objectivos a cumprir, competências comportamentais e atitude), *vide* os artigos 2.º a 5.º, do Decreto Regulamentar n.º 19-A/2004.

II – Relativamente às componentes da avaliação do desempenho dos dirigentes de nível intermédio (objectivos a cumprir e competências comportamentais), *vide* os artigos 17.º, n.º 2, desta Lei n.º 10/2004 e 32.º, n.ºs 1 e 2, do Decreto Regulamentar n.º 19-A/2004.

III – As ponderações de cada uma das componentes da avaliação do desempenho dos trabalhadores da Administração Pública na respectiva classificação final (isto é, o peso da avaliação de cada uma na determinação daquela classificação), encontram-se fixadas no artigo 7.º, do Decreto Regulamentar n.º 19-A/2004.

IV – Quanto às ponderações de cada uma das componentes da avaliação do desempenho dos dirigentes de nível intermédio da Administração Pública na respectiva classificação final (isto é, o peso da avaliação de cada uma na determinação daquela classificação), *vide* o artigo 32.º, do Decreto Regulamentar n.º 19-A/2004.

V – No que se refere à fixação da componente objectivos, *vide* a Resolução do Conselho de Ministros n.º 53/2004, de 21 de Abril, designadamente o respectivo n.º 2.2.1 – critérios gerais para a definição de objectivos.

VI – A descrição das competências comportamentais de cada grupo profissional encontra-se feita nas correspondentes fichas de avaliação, aprovadas pela Portaria n.º 509-A/2004, de 14 de Maio.

VII – Consideramos que, embora as componentes da avaliação competências comportamentais e atitude pessoal estejam mais directamente relacionadas com o cumprimento dos objectivos previamente fixados aos avaliandos, também englobam o comportamento profissional destes no seu todo, designadamente no que toca às tarefas que lhes são cometidas para além das respeitantes aos objectivos fixados, muitas das quais indetermináveis à data da fixação destes últimos. Isto porque nos parece que o SIADAP não pode ter o efeito perverso de fazer com que os avaliandos só se preocupem com o cumprimento dos respectivos objectivos anuais, com desprezo pelas demais tarefas a seu cargo e inerente eventual prejuízo para o serviço. Se assim suceder, o saldo da inovação SIADAP será maioritariamente negativo. Um funcionário / dirigente de nível intermédio muito bom ou excelente não se limita a superar os respectivos objectivos, tem uma atitude geral/comportamento proactivo do ponto de vista profissional.

ARTIGO 9.°
Intervenientes no processo

1 – São intervenientes no processo de avaliação o avaliado, o avaliador e o dirigente máximo do serviço, devendo ser prevista uma instância de consulta, apoio e apreciação das reclamações.
2 – A ausência ou impedimento de avaliador directo não constitui fundamento para a falta de avaliação.

Anotações

I – Quanto aos intervenientes no processo de avaliação, *vide* o artigo 11.°, do Decreto Regulamentar n.° 19-A/2004, com a seguinte redacção:
"Intervêm no processo de avaliação do desempenho no âmbito de cada organismo:
  a) Os avaliadores;
  b) O Conselho de coordenação da avaliação;
  c) O dirigente máximo do respectivo serviço ou organismo".

II – A competência de cada um dos intervenientes no processo de avaliação está fixada nos artigos 12.°, 13.° e 14.°, do Decreto Regulamentar n.° 19-A/2004.

III – O Conselho de Coordenação da Avaliação apenas intervém no processo de avaliação dos dirigentes de nível intermédio em caso de reclamação. A apreciação das reclamações das avaliações dos dirigentes de nível intermédio é feita em Conselho Coordenador da Avaliação restrito, composto apenas pelos dirigentes de nível superior do organismo e pelo dirigente máximo do departamento responsável pela organização e recursos humanos, quando se trate de serviço partilhado (*vide* o artigo 33.°, n.os 2 e 3, do Decreto Regulamentar n.° 19-A/2004.

IV – Segundo o n.° 2 do artigo em anotação, a ausência ou impedimento de avaliador directo, isto é, de superior hierárquico/coordenador, não constitui fundamento para não se proceder a avaliação.
Esta norma deve ser conjugada com o disposto nos artigos 12.°, n.° 3, parte final e 13.°, n.° 1, alínea d), do Decreto Regulamentar n.° 19-A/2004, segundo os quais cabe ao Conselho de Coordenação da Avaliação proceder à avaliação de desempenho nos casos de ausência de superior hierárquico. Uma vez que o legislador apenas se refere, neste artigo 13.°, n.° 1, alínea d), às situações de ausência, deixando de fora as de impedimento, poder-se-á colocar a questão de saber se, neste último caso, o trabalhador deverá igualmente ser avaliado pelo Conselho de Coordenação da Avaliação.

44 *Sistema Integrado da Avaliação do Desempenho da Administração Pública*

Parece-nos inequivocamente que sim: tendo em conta a *ratio* da alínea b), do n.° 1, do artigo 11.°, do Decreto Regulamentar n.° 19-A/2004, e do artigo 9.°, da Lei 10/2004, são igualmente avaliados pelo Conselho de Coordenação da Avaliação os funcionários cujo avaliador (superior hierárquico imediato) se encontre numa situação de impedimento, desde que não exista superior hierárquico seguinte em condições de avaliar.

Assim e em nosso entender, o Conselho de Coordenação da Avaliação é avaliador residual em duas situações: nos casos de inexistência *ab initio* de superior hierárquico imediato/coordenador, nos quais se substitui a estes na própria fixação de objectivos e competências comportamentais aos avaliandos, e nas situações de ausência/impedimento do avaliador com mais de seis meses de contacto funcional com o avaliando na altura de atribuição da avaliação, isto é, no ano seguinte.

Relativamente à avaliação dos dirigentes de nível intermédio dispõe o artigo 33.°, n.° 4, do Decreto Regulamentar n.° 19-A/2004, que: *"Em caso de impedimento do avaliador, a competência cabe ao superior hierárquico seguinte"*.

V – Caso nem o superior hierárquico imediato nem o seguinte (ex. director de serviços e subdirector-geral) nem o funcionário com funções de coordenação possuam mais de seis meses de contacto funcional com o avaliando num determinado ano, não haverá lugar a avaliação, a não ser que o Conselho de Coordenação da Avaliação se tenha substituído *ab initio* àqueles, isto é, tenha mais de seis meses de contacto funcional com o avaliando. Achamos que não faz qualquer sentido que o Conselho de Coordenação da Avaliação seja avaliador substituto em quaisquer circunstâncias, sob pena de avaliar às cegas. Pense-se na hipótese de um funcionário que teve, num ano civil, dois dirigentes de nível intermédio e dois dirigentes de nível superior diferentes durante seis meses. O Conselho de Coordenação da Avaliação não pode/deve avaliar, em nosso entender, pois não tem qualquer base para o fazer. Solução contrária seria, em nosso entender, demasiado artificiosa.

VI – Para delimitarmos o conceito de impedimento, e face à inexistência de norma especial sobre esta matéria no Decreto Regulamentar n.° 19-A/2004, deveremos atender designadamente ao disposto no artigo 44.°, do Código do Procedimento Administrativo, cuja redacção é a seguinte:

"Artigo 44.°
Casos de impedimento

1 – Nenhum titular de órgão ou agente da Administração Pública pode intervir em procedimento administrativo ou em acto ou contrato de direito público ou privado da Administração Pública nos seguintes casos:

a) Quando nele tenha interesse, por si, como representante ou como gestor de negócios de outra pessoa;

Lei n.º 10/2004, de 22 de Março 45

b) *Quando, por si ou como representante de outra pessoa, nele tenha interesse o seu cônjuge, algum parente ou afim em linha recta ou até ao 2.º grau da linha colateral, bem como qualquer pessoa com quem viva em economia comum;*

c) *Quando, por si ou como representante de outra pessoa, tenha interesse em questão semelhante à que deva ser decidida, ou quando tal situação se verifique em relação a pessoa abrangida pela alínea anterior;*

d) *Quando tenha intervindo no procedimento como perito ou mandatário ou haja dado parecer sobre questão a resolver;*

e) *Quando tenha intervindo no procedimento como perito ou mandatário o seu cônjuge, parente ou afim em linha recta ou até ao 2.º grau da linha colateral, bem como qualquer pessoa com quem viva em economia comum;*

f) *Quando contra ele, seu cônjuge ou parente em linha recta esteja intentada acção judicial proposta por interessado ou pelo respectivo cônjuge;*

g) *Quando se trate de recurso de decisão proferida por si, ou com a sua intervenção, ou proferida por qualquer das pessoas referidas na alínea b) ou com intervenção destas.*

2 – Excluem-se do disposto no número anterior as intervenções que se traduzam em actos de mero expediente, designadamente actos certificativos".

Estamos contudo em crer que o conceito de impedimento ínsito no preceito em anotação e noutros do SIADAP será bem mais amplo do que o consignado no Código do Procedimento Administrativo, abrangendo, por exemplo, situações de ausência prolongada do avaliador por motivo de doença ou de serviço. Isto é: este conceito aproxima-se mais do sentido comum do termo do que do correspondente sentido técnico-jurídico. O conceito de ausência de avaliador contido no SIADAP refere-se, por seu turno, aos casos de inexistência de avaliador (*vide*, por exemplo, o artigo 12.º, n.º 3, do Decreto Regulamentar n.º 19-A/2004, para além do artigo em anotação).

ARTIGO 10.º
Requisitos para a avaliação

1 – A avaliação do desempenho pode ser ordinária ou extra-ordinária.

2 – A avaliação ordinária respeita aos trabalhadores que contem, no ano civil anterior, mais de seis meses de serviço efectivo prestado, em contacto funcional com o respectivo avaliador.

3 – A avaliação ordinária reporta-se ao tempo de serviço prestado no ano civil anterior e não avaliado.

46 *Sistema Integrado da Avaliação do Desempenho da Administração Pública*

4 – Em situações excepcionais, poderá ter lugar avaliação extraordinária ou ser adoptadas formas de suprimento da avaliação.

Anotações

I – De acordo com o disposto neste artigo, a avaliação do desempenho dos trabalhadores da Administração Pública pode revestir as formas ordinária ou extraordinária.

II – Os dirigentes de nível intermédio não são objecto de avaliação extraordinária, tendo em conta o disposto no artigo 34.º, do Decreto Regulamentar n.º 19-A/2004.

III – Estão sujeitos a avaliação ordinária os trabalhadores que contem, no ano civil anterior, mais de seis meses (seis meses e um dia) de serviço efectivo prestado em contacto funcional com o respectivo avaliador – *vide* o artigo 15.º, do Decreto Regulamentar n.º 19-A/2004.

IV – Os trabalhadores que não tenham sido objecto de avaliação ordinária, e que só venham a perfazer seis meses de contacto funcional com o respectivo avaliador durante o ano em que é atribuída a avaliação e até 30 de Junho, poderão solicitar, por escrito, no decurso do mês de Junho, ao dirigente máximo do serviço, a respectiva avaliação extraordinária.

V – A distinção entre avaliação ordinária e extraordinária não constitui, em si, qualquer novidade no panorama do nosso Direito Administrativo/Direito da Função Pública, pois igual qualificação já era utilizada nos artigos 13.º a 17.º, do Decreto Regulamentar n.º 44-B/83.

VI – É de referir que, tendo em conta a globalidade do novo sistema de classificação de serviço, a existência da figura da avaliação extraordinária não parece fazer muito sentido, se pensarmos que o SIADAP está gizado por forma a que a avaliação ordinária se reporte a todo o ano civil, ainda que o período efectivamente avaliado seja inferior. Não parece ter muita lógica, tendo em conta esta previsão legal, a coexistência, num mesmo ano civil, de uma avaliação extraordinária com uma avaliação ordinária que, todavia, é legalmente possível hoje em dia.

VII – O artigo 10.º, da Lei 10/2004, para além de instituir as formas de avaliação de desempenho ordinária e extraordinária, permite a adopção de formas de suprimento da falta de avaliação.

O suprimento da avaliação encontra-se actualmente regulado nos artigos 18.º e 19.º, do Decreto Regulamentar n.º 19-A/2004.

Lei n.º 10/2004, de 22 de Março 47

Ao abrigo do artigo 18.º, do Decreto Regulamentar n.º 19-A/2004, os trabalhadores que não se enquadrem numa das situações previstas no artigo 17.º, do mesmo diploma, cujo desempenho não possa ser avaliado de forma ordinária ou extraordinária, poderão ser avaliados *ad hoc*, mediante ponderação do respectivo currículo profissional, relativamente ao período que não foi objecto de avaliação, para efeitos de admissão a concurso de promoção ou de progressão na categoria (mudança de escalão).

Comparativamente com o artigo 20.º, do hoje revogado Decreto Regulamentar n.º 44-B/83, o legislador, no artigo 17.º, n.º 1, do Decreto Regulamentar n.º 19-A/2004, optou por não enunciar as situações susceptíveis de conduzir ao suprimento da avaliação, estamos em crer que com a intenção de abarcar o maior número possível de situações de ausência de avaliação de desempenho supríveis mediante avaliação curricular *ad hoc*.

Relativamente aos elementos a ter em conta na ponderação do currículo profissional para efeitos de suprimento da avaliação, dever-se-á atentar no disposto no artigo 19.º, do Decreto Regulamentar n.º 19-A/2004.

Ainda de acordo com o artigo 19.º, do Decreto Regulamentar n.º 19-A/2004, a ponderação curricular será expressa através de uma valoração que respeite a seguinte escala quantitativa e qualitativa de avaliação:

Excelente – de 4,5 a 5 valores;

Muito Bom – de 4 a 4,4 valores;

Bom – de 3 a 3,9 valores;

Necessita de desenvolvimento – de 2 a 2,9 valores;

Insuficiente – de 1 a 1,9 valores.

Por fim, nos casos de atribuição de classificação de *Muito Bom* ou de *Excelente*, em sede de suprimento da avaliação, a mesma deve ser fundamentada, nos termos previstos no artigo 9.º, do Decreto Regulamentar n.º 19-A/2004.

VIII – A avaliação do desempenho ordinária reporta-se sempre à totalidade do ano civil, desde que haja mais de seis meses de contacto funcional entre avaliador e avaliado (condição *sine qua non* para atribuição de avaliação). Isto independentemente de o período efectivamente avaliado poder ser inferior (por exemplo, de apenas seis meses e um dia), nos casos em que o contacto funcional entre avaliador e avaliado se tenha verificado por período inferior a um ano. O suporte legal desta interpretação consta dos artigos 10.º, n.ºs 2 e 3 e 11.º, da Lei n.º 10/2004, de 22 de Março, conjugados com o artigo 41.º, n.º 4, do Decreto Regulamentar n.º 19-A/2004, de 14 de Maio e com o 12.º parágrafo do preâmbulo deste último diploma.

No artigo 41.º, n.º 4, do Decreto Regulamentar n.º 19-A/2004, determina-se que a avaliação do desempenho a atribuir em 2005 abrange todo o serviço prestado durante o ano civil de 2004 e, ainda, o prestado no ano civil de 2003 e não classificado, isto apesar de os objectivos fixados para 2004, que constituem

48   *Sistema Integrado da Avaliação do Desempenho da Administração Pública*

uma componente essencial da avaliação do desempenho, se reportarem somente ao segundo semestre de 2004.

O facto de 2003 também ser abrangido denota a intenção do legislador de não deixar tempo de serviço por classificar, e de anualizar, para o futuro, a avaliação do desempenho.

Porquê reportar a avaliação do desempenho relativa a 2004 a todo o ano civil, quando relativamente a este ano em concreto se trata de uma medida mais forçada e radical, uma vez que os objectivos dos avaliandos foram fixados somente para o segundo semestre de 2004, se não houvesse a intenção de, para futuro, ela ser sempre anualizada, isto é, reportada ao ano inteiro, ainda que o período de real contacto funcional entre avaliador e avaliado seja inferior, com o limite mínimo de seis meses e um dia?

IX – Caso os superiores hierárquicos que a lei qualifica como avaliadores (superior hierárquico imediato ou superior hierárquico seguinte), hajam mantido, com os respectivos subordinados, contacto funcional por período inferior a um ano, mas superior a seis meses, num determinado ano civil, devem atribuir avaliação do desempenho, uma vez que, nos termos da lei, é avaliador o superior hierárquico mais próximo, na escala hierárquica, do avaliando, que tenha tido contacto funcional com este por um período superior a seis meses (seis meses e um dia).

Nestes casos, porém, se, na altura de atribuir a avaliação, o avaliador considerar que não se encontra em condições de aferir do cumprimento dos objectivos por parte do avaliando, porque, por exemplo, aqueles tinham de ser cumpridos somente em data posterior à da cessação do contacto funcional entre ambos, deverá declará-lo por escrito (por exemplo em ficha de avaliação), devendo a avaliação do desempenho ser efectuada pelo superior hierárquico seguinte ou pelo Conselho de Coordenação da Avaliação, em caso de inexistência/ausência/impedimento daquele.

Seria absurdo ficcionar que se pode efectivamente aferir do cumprimento de objectivos se, quando estes deviam estar cumpridos, não havia contacto funcional entre avaliador e avaliando.

É ainda mais absurdo atribuir, em casos como estes, uma avaliação do desempenho "às cegas", isto é, fictícia, sem real avaliação do grau do cumprimento dos objectivos, de *Bom*, que é a avaliação mediana que não traz problemas de maior, mas pode prejudicar o avaliado (por exemplo se este necessitar de *Muito Bom* para ser promovido).

Também não faz sentido que o novo dirigente/avaliador atribua uma avaliação extraordinária se, até 30 de Junho do ano seguinte, perfizer seis meses de contacto funcional com o avaliando, e, relativamente ao período entre 1 de Julho e 31 de Dezembro do mesmo ano, atribua novamente avaliação, desta vez ordinária, que diz respeito ao tempo de serviço prestado em cada ano e não avaliado (normalmente o ano inteiro): a ser assim, em caso de promoção na carreira e/ou progressão na categoria, qual a avaliação a considerar para esse ano civil, se ambas não fossem exactamente iguais? A superior? A média de ambas? Com que legitimidade/base legal? Podendo haver atribuição de avaliação ordinária num determinado ano civil, não faz sentido atribuir, no mesmo ano, avaliação extraordinária. Aliás em nosso entender não se justifica a existência desta no SIADAP, nem o Conselho de Coordenação da Avaliação deveria ser avaliador, tendo em conta que o novo sistema assenta no contacto funcional entre avaliador e avaliado. Contacto este que só funciona realmente entre pessoas.

X – Os períodos de faltas por doença, justificadas embora, não podem ser considerados como de contacto funcional/efectivo serviço para efeitos de avaliação do desempenho, pois o legislador do SIADAP pretendeu garantir um *real contacto* entre avaliador e avaliando no período em avaliação (ano civil). Uma vez que para haver avaliação do desempenho é necessário existir contacto funcional *efectivo* entre avaliador e avaliando por um período superior a seis meses (seis meses e um dia), um funcionário que falte por doença, em deter-minado ano civil, por um período igual ou superior a seis meses, não será avaliado no que toca ao mesmo ano. A não ser assim, e considerando uma hipótese extrema, um funcionário ausente por doença durante a totalidade do ano civil teria de ser avaliado (com fixação prévia de objectivos e de competências com-portamentais), o que não faz qualquer sentido.

ARTIGO 11.º
Periodicidade

A avaliação do desempenho é de carácter anual, sem prejuízo do disposto na presente lei para a avaliação extraordinária.

Anotações
I – *Vide* o artigo 20.º, do Decreto Regulamentar n.º 19-A/2004, com a seguinte redacção: *"A avaliação do desempenho é anual e o respectivo processo terá lugar nos meses de Janeiro a Março, sem prejuízo do disposto no presente diploma para a avaliação extraordinária"*.

II – Nas situações em que o período efectivamente avaliado seja inferior ao ano civil em avaliação (ex: contacto funcional entre avaliador e avaliando apenas entre 1 de Janeiro e 30 de Novembro) o *resultado* da avaliação do desempenho reporta-se a todo o ano civil.

Isto é, nos termos da lei, a avaliação do desempenho reporta-se a todo o ano civil, pese embora o facto de o período efectivamente avaliado poder ser inferior.

50   *Sistema Integrado da Avaliação do Desempenho da Administração Pública*

Neste sentido dispõe o artigo 15.°, do Decreto Regulamentar n.° 19-A/2004: *"A avaliação ordinária respeita aos trabalhadores que contem, no ano civil anterior, mais de seis meses de serviço efectivo prestado em contacto funcional com o respectivo avaliador e reporta-se ao tempo de serviço prestado naquele ano e não avaliado".* Esta norma reporta a avaliação não ao período de efectivo contacto funcional entre avaliador e avaliado, mas ao de prestação de trabalho, isto é, ao ano civil avaliado.

No que concerne ao ano de 2004 em particular, atente-se, ainda, ao disposto no artigo 41.°, n.° 4, do Decreto Regulamentar n.° 19-A/2004: *"A avaliação do desempenho efectuada nos termos dos números anteriores abrange todo o serviço prestado no ano de 2004, assim como o serviço prestado e não classificado no ano de 2003".*

Esta solução legislativa tem vantagens, designadamente a da simplificação, pois não permite que haja períodos por avaliar em determinado ano civil, nem permite a atribuição de mais de uma avaliação ordinária por ano civil (ainda que se verifique uma sucessão, num mesmo ano civil, de superiores hierárquicos imediatos, pois só é avaliador aquele que tiver contacto funcional com o avaliando por um período *superior* a seis meses; caso haja contacto funcional durante seis meses com dois superiores hierárquicos diferentes, não há, em nosso entender, lugar a avaliação do desempenho). Contudo, esta intenção não foi levada até às últimas consequências pelo legislador, que, ao consagrar a figura da avaliação extraordinária, veio afinal permitir a coexistência, num mesmo ano civil, de uma avaliação ordinária com uma extraordinária. A nosso ver, neste regime esta última figura deveria desaparecer.

ARTIGO 12.°
Confidencialidade

1 – Sem prejuízo das regras de publicidade previstas na presente lei, o SIADAP tem carácter confidencial, devendo os instrumentos de avaliação de cada trabalhador ser arquivados no respectivo processo individual.

2 – Todos os intervenientes nesse processo, à excepção do avaliado, ficam obrigados ao dever de sigilo sobre a matéria.

Anotações

I – No mesmo sentido do disposto no artigo em anotação, veja-se o artigo 21.°, do Decreto Regulamentar n.° 19-A/2004:

"1 – O processo da avaliação do desempenho tem carácter confidencial, devendo os instrumentos de avaliação de cada trabalhador ser arquivados no respectivo processo individual.

Lei n.º 10/2004, de 22 de Março 51

2 – Todos os intervenientes no processo, excepto o avaliado, ficam obrigados ao dever de sigilo sobre a matéria.

3 – Sem prejuízo do disposto nos números anteriores, é divulgado no organismo o resultado global da avaliação contendo o número das menções qualitativas atribuídas por grupo profissional, bem como o número de casos em que se verificou avaliação extraordinária ou suprimento de avaliação".

II – A violação do dever de sigilo previsto no n.º 2 deste artigo 12.º faz o infractor incorrer em responsabilidade disciplinar.

III – Em nosso entender, só a ficha de avaliação do desempenho é que deve ser arquivada no processo individual do avaliado. Fica assim de fora a ficha de auto-avaliação, que, depois de preenchida, é um documento da autoria do avaliado, que só a ele diz respeito, não possuindo qualquer valor probatório ou outro. Proceder ao seu arquivamento seria aliás multiplicar a burocracia, o acumular de papéis.

ARTIGO 13.º
Fases do procedimento

O procedimento de avaliação dos recursos humanos compreende as seguintes fases:

   a) **Definição de objectivos e resultados a atingir;**
   b) **Auto-avaliação;**
   c) **Avaliação prévia;**
   d) **Harmonização das avaliações;**
   e) **Entrevista com o avaliado;**
   f) **Homologação;**
   g) **Reclamação;**
   h) **Recurso hierárquico.**

Anotações
   I – Definição dos objectivos e resultados a atingir
   Nesta fase do procedimento de avaliação, que ocorre aquando da realização da entrevista de avaliação do ano anterior com o avaliado, até ao final de Fevereiro de cada ano, procede-se à fixação dos objectivos, dos correspondentes indicadores de medida (para aferição do respectivo cumprimento), das competências comportamentais e da ponderação de ambos, dentro dos limites legalmente fixados – *vide* os artigos 3.º, n.º 1, alíneas a) a f), 4.º e 26.º do Decreto Regulamentar n.º 19-A/2004.

52 Sistema Integrado da Avaliação do Desempenho da Administração Pública

Pensamos que os objectivos e as competências comportamentais, as respectivas métrica e ponderações deveriam ser definidos no mês de Dezembro de cada ano, relativamente ao ano seguinte, ou, no máximo, no decurso do mês de Janeiro do ano para o qual são válidos. Não faz, de facto, sentido deixar os avaliandos sem objectivos e competências comportamentais até ao final de Fevereiro de cada ano civil, quando estes são as componentes essenciais do novo sistema de classificação de serviço.

II – Auto-avaliação

A fase da auto-avaliação vem regulada no artigo 23.º, do Decreto Regulamentar n.º 19-A/2004:

"1 – A auto-avaliação tem como objectivo envolver o avaliado no processo de avaliação e fomentar o relacionamento com o superior hierárquico de modo a identificar oportunidades de desenvolvimento profissional.

2 – A auto-avaliação tem carácter preparatório da entrevista de avaliação, não constituindo componente vinculativa da avaliação de desempenho.

3 – A auto-avaliação concretiza-se através de preenchimento de ficha própria a partir de 5 de Janeiro, devendo esta ser presente ao avaliador no momento da entrevista.

4 – Nos processos de avaliação extraordinária, o preenchimento da ficha de auto-avaliação será feito pelo avaliado nos primeiros cinco dias úteis do mês de Julho".

A auto-avaliação é feita em ficha própria, de modelo aprovado pela Portaria n.º 509-A/2004, de 14 de Maio, diferente para os grupos profissionais técnico superior e técnico, técnico profissional e administrativo, operário e auxiliar.

A auto-avaliação não tem qualquer relevo na atribuição da avaliação do desempenho, sendo do conhecimento do avaliador somente na entrevista de avaliação, quando esta já se encontra atribuída e, no caso de ser superior a *Bom*, também depois de devidamente validada pelo Conselho de Coordenação da Avaliação. Nem deveria ter, obviamente. Quem avalia é o avaliador. Perguntamo-nos por isso: qual a sua utilidade prática? Não será apenas mais uma burocracia susceptível, muitas vezes, de causar mal-estar/conflitualidade entre avaliador e avaliado, uma vez que é consabido que os seres humanos tendem, regra geral, a sobreavaliar-se?

Em nossa opinião, esta fase da avaliação do desempenho poderia desaparecer sem consequências nefastas. Aliás, o regime do SIADAP já tem uma componente menos agradável, para não dizer iníqua, de um ponto de vista humano: as quotas para as avaliações superiores a *Bom*, que impõem, por exemplo, pelo menos algumas vezes, que alguns funcionários muito bons sejam avaliados como apenas bons. Ou até o contrário, que em nosso ver ainda é mais grave: que, apenas para "aproveitamento" de quotas, um funcionário meramente bom seja avaliado de *Muito Bom*. Porquê torná-lo ainda mais desagradável com uma fase que ainda por cima é perfeitamente inútil? A única vantagem que

Lei n.° 10/2004, de 22 de Março　　53

reconhecemos à auto-avaliação é a de obrigar o avaliando a reflectir sobre o seu desempenho. Vantagem rapidamente atropelada pelas "desvantagens" inerentes à natureza humana (cada um pensa/quer o melhor para si).

III – Avaliação prévia

"A avaliação prévia consiste no preenchimento das fichas de avaliação do desempenho pelo avaliador, a realizar entre 5 e 20 de Janeiro, com vista à sua apresentação na reunião de harmonização das avaliações" – cfr. artigo 24.°, do Decreto Regulamentar n.° 19-A/2004.

A avaliação prévia consiste no preenchimento das fichas de avaliação do desempenho, de modelo aprovado pela Portaria n.° 509-A/2004, de 14 de Maio, para os diferentes grupos profissionais, para apresentação na reunião de harmonização das avaliações do Conselho de Coordenação de Avaliação.

Nesta fase o avaliador deve proceder à identificação das acções de formação profissional de suporte ao desenvolvimento do trabalhador.

IV – Harmonização das avaliações de desempenho

Vide o disposto sobre esta fase no artigo 25.°, do Decreto Regulamentar n.° 19-A/2004:

"1 – Entre 21 e 31 de Janeiro realizam-se as reuniões do conselho coordenador da avaliação tendo em vista a harmonização das avaliações e a validação das propostas de avaliação final correspondentes às percentagens máximas de mérito e excelência.

2 – A validação das propostas de avaliação final correspondentes às percentagens máximas de mérito e excelência implica declaração formal, assinada por todos os membros do conselho coordenador da avaliação, do cumprimento daquelas percentagens".

V – Entrevista com o avaliado

"Durante o mês de Fevereiro realizam-se as entrevistas individuais dos avaliadores com os respectivos avaliados, com o objectivo de analisar a auto- -avaliação do avaliado, dar conhecimento da avaliação feita pelo avaliador e de estabelecer os objectivos a prosseguir pelos avaliados nesse ano" – cfr. artigo 26.°, do Decreto Regulamentar n.° 19-A/2004.

Não faz sentido, em nossa opinião, que os objectivos e as competências comportamentais sejam fixados na entrevista da avaliação, que pode ter lugar até ao termo do mês de Fevereiro de cada ano, porque a avaliação do desempenho se reporta à globalidade do ano civil, ainda que o período de efectivo contacto funcional entre avaliador e avaliando seja inferior (desde que superior a seis meses). Os objectivos e as competências comportamentais deveriam ser fixados autonomamente em Dezembro do ano anterior, no máximo em Janeiro do ano a que digam respeito.

54 Sistema Integrado da Avaliação do Desempenho da Administração Pública

VI – Homologação

"As avaliações de desempenho ordinárias devem ser homologadas até 15 de Março" – cfr. artigo 27.°, do Decreto Regulamentar n.° 19-A/2004.

Relativamente à competência para homologar as avaliações da generalidade dos trabalhadores, *vide* o disposto no artigo 14.°, n.° 2 alínea c), do Decreto Regulamentar n.° 19-A/2004: *"Compete ao dirigente máximo do serviço: c) Homologar as avaliações anuais"*.

É de referir que se o dirigente máximo do serviço não concordar com a classificação atribuída pelo avaliador, não a homologando, deverá, ele próprio, mediante despacho fundamentado, estabelecer a classificação a atribuir – cfr. artigo 14.°, n.° 3, do Decreto Regulamentar n.° 19-A/2004.

Quando esteja em causa a homologação da avaliação de dirigentes de nível intermédio, deve ter-se em conta o artigo 33.°, n.° 1, do Decreto Regulamentar n.° 19-A/2004, com a seguinte redacção: *"A competência para avaliar cabe ao superior hierárquico imediato, carecendo sempre de homologação conjunta dos respectivos dirigentes de nível superior, excepto quando um deles tenha sido avaliador"*.

Em nosso entender, esta solução é igualmente aplicável aos casos em que o dirigente máximo do organismo seja avaliador de funcionários: a homologação das avaliações que aquele tiver atribuído deverá ser feita por todos os dirigentes de nível superior de 2.° grau. Não se afigura curial que a entidade avaliadora e a homologadora coincidam nestes casos, sobretudo tendo em conta que existe, no texto da lei, solução diferente para situação paralela.

Note-se que é com o acto de homologação que a avaliação assume a qualidade de acto administrativo, por isso da autoria do órgão homologante e não do avaliador, facto relevante para efeitos da respectiva impugnação graciosa (reclamação) ou contenciosa (recurso contencioso). Tem toda a lógica que assim seja, até porque a lei admite que, em caso de inexistência de superior hierárquico imediato (dirigente), a avaliação dos trabalhadores seja atribuída por funcionários que desempenhem funções de coordenação (não dirigentes).

VII – Reclamação

Esta fase, meramente eventual, encontra-se regulada no artigo 28.°, do Decreto Regulamentar n.° 19-A/2004:

"1 – Após tomar conhecimento da homologação da sua avaliação, o avaliado pode apresentar reclamação por escrito, no prazo de cinco dias úteis, para o dirigente máximo do serviço.

2 – A decisão sobre a reclamação será proferida no prazo máximo de 15 dias úteis, dependendo de parecer prévio do conselho de coordenação da avaliação.

3 – O conselho de coordenação da avaliação pode solicitar, por escrito, a avaliadores e avaliados, os elementos que julgar convenientes".

Lei n.º 10/2004, de 22 de Março 55

O parecer prévio do Conselho de Coordenação da Avaliação sobre a petição de reclamação a que se refere o artigo 28.º, n.º 2, do Decreto Regulamentar n.º 19-A/2004, constituindo embora uma formalidade essencial para a validade do processo de avaliação quando haja interposição de reclamação, não assume carácter vinculativo.

Relativamente aos prazos para interposição e decisão de eventuais reclamações *vide*, para além do artigo 28.º, do Decreto Regulamentar n.º 19-A/2004, o disposto no artigo 14.º, desta Lei n.º 10/2004.

Na ausência de norma sobre esta matéria, entendemos que uma avaliação de *Muito Bom* ou de *Excelente*, obtida em sede de reclamação, não está sujeita às percentagens máximas estabelecidas para estas avaliações (20% e 5%, respectivamente). Não poderia ser de outra forma, sob pena de o direito à reclamação ser desprovido de qualquer efeito útil.

À reclamação em análise é aplicável, com as necessárias adaptações, o que se encontra disposto nos artigos 159.º a 161.º e 163.º, do Código do Procedimento Administrativo, publicado em anexo ao Decreto-Lei n.º 6/96, de 31 de Janeiro, que se transcrevem:

"Artigo 159.º
Fundamentos da impugnação

Salvo disposição em contrário, as reclamações e os recursos podem ter por fundamento a ilegalidade ou a inconveniência do acto administrativo impugnado.

Artigo 160.º
Legitimidade

1 – Têm legitimidade para reclamar ou recorrer os titulares de direitos subjectivos ou interesses legalmente protegidos que se consideram lesados pelo acto administrativo.

2 – É aplicável à reclamação e aos recursos administrativos o disposto nos n.ᵒˢ 2 a 4 do artigo 53.º.

Artigo 161.º
Princípio geral

1 – Pode reclamar-se de qualquer acto administrativo, salvo disposição legal em contrário.

2 – Não é possível reclamar de acto que decida anterior reclamação ou recurso administrativo, salvo com fundamento em omissão de pronúncia.

56 Sistema Integrado da Avaliação do Desempenho da Administração Pública

Artigo 163.°
Efeitos da reclamação

1 – A reclamação de acto de que não caiba recurso contencioso tem efeito suspensivo, salvo nos casos em que a lei disponha em contrário ou quando o autor do acto considere que a sua não execução imediata causa grave prejuízo ao interesse público.

2 – A reclamação de acto de que caiba recurso contencioso não tem efeito suspensivo, salvo nos casos em que a lei disponha em contrário ou quando o autor do acto, oficiosamente ou a pedido dos interessados, considere que a execução imediata do acto causa prejuízos irreparáveis ou de difícil reparação ao seu destinatário.

3 – A suspensão da execução a pedido dos interessados deve ser requerida à entidade competente para decidir no prazo de cinco dias a contar da data em que o processo lhe for apresentado.

4 – Na apreciação do pedido verificar-se-á se as provas revelam uma probabilidade séria de veracidade dos factos alegados pelos interessados, devendo decretar-se, em caso afirmativo, a suspensão da eficácia.

5 – O disposto nos números anteriores não prejudica o pedido de suspensão de eficácia perante os tribunais administrativos, nos termos da legislação aplicável."

Salienta-se, finalmente, a obrigatoriedade de reclamar antes de interpor recurso hierárquico do acto de homologação da avaliação atribuída, decorrente do disposto no artigo 29.°, n.° 1, do Decreto Regulamentar n.° 19-A/2004: *"Da decisão final sobre a reclamação cabe recurso hierárquico para o membro do Governo competente (...)"*. O que faz sentido, pois o legislador pretendeu dar ao autor do acto uma oportunidade de o rever em primeira linha.

VIII – Recurso hierárquico

O recurso hierárquico da avaliação atribuída vem regulamentado no artigo 29.°, do Decreto Regulamentar n.° 19-A/2004:

"1 – Da decisão final sobre a reclamação cabe recurso hierárquico para o membro do Governo competente, a interpor no prazo de cinco dias úteis contado do seu conhecimento.

2 – A decisão deverá ser proferida no prazo de 10 dias úteis contados da data de interposição de recurso, devendo o processo de avaliação encerrar-se a 30 de Abril.

3 – O recurso não pode fundamentar-se na comparação entre resultados de avaliações".

No que tange aos prazos para interposição e decisão dos eventuais recursos hierárquicos *vide*, para além do artigo 29.°, do Decreto Regulamentar n.° 19-A/2004, o disposto no artigo 14.° desta Lei n.° 10/2004.

Lei n.º 10/2004, de 22 de Março 57

Na ausência de norma especial sobre a matéria, entendemos que uma avaliação de *Muito Bom* ou de *Excelente* obtida em sede de recurso hierárquico não está sujeita às percentagens máximas estabelecidas na lei para estas avaliações (20% e 5%, respectivamente), sob pena de o direito a recorrer hierarquicamente ficar desprovido de qualquer efeito útil.

Ao recurso hierárquico em referência é aplicável, com as necessárias adaptações, o que se encontra disposto nos artigos infra transcritos do Código do Procedimento Administrativo, publicado em anexo ao Decreto-Lei n.º 6/96, de 31 de Janeiro:

"Artigo 164.º
Prazos de recurso

1 – A reclamação de actos insusceptíveis de recurso contencioso suspende o prazo de interposição do recurso hierárquico necessário.

2 – A reclamação dos demais actos não suspende nem interrompe o prazo de interposição do recurso que no caso couber.

SUBSECÇÃO III
Do recurso hierárquico

Artigo 166.º
Objecto

Podem ser objecto de recurso hierárquico todos os actos administrativos praticados por órgãos sujeitos aos poderes hierárquicos de outros órgãos, desde que a lei não exclua tal possibilidade.

Artigo 167.º
Espécies e âmbito

1 – O recurso hierárquico é necessário ou facultativo, consoante o acto a impugnar seja ou não insusceptível de recurso contencioso.

2 – Ainda que o acto de que se interpõe recurso hierárquico seja susceptível de recurso contencioso, tanto a ilegalidade como a inconveniência do acto podem ser apreciadas naquele.

Artigo 169.º
Interposição

1 – O recurso hierárquico interpõe-se por meio de requerimento no qual o recorrente deve expor todos os fundamentos do recurso, podendo juntar os documentos que considere convenientes.

58 Sistema Integrado da Avaliação do Desempenho da Administração Pública

2 – O recurso é dirigido ao mais elevado superior hierárquico do autor do acto, salvo se a competência para a decisão se encontrar delegada ou subdelegada.

3 – O requerimento de interposição do recurso pode ser apresentado ao autor do acto ou à autoridade a quem seja dirigido.

Artigo 170.º
Efeitos

1 – O recurso hierárquico necessário suspende a eficácia do acto recorrido, salvo quando a lei disponha em contrário ou quando o autor do acto considere que a sua não execução imediata causa grave prejuízo ao interesse público.

2 – O órgão competente para apreciar o recurso pode revogar a decisão a que se refere o número anterior, ou tomá-la quando o autor do acto o não tenha feito.

3 – O recurso hierárquico facultativo não suspende a eficácia do acto recorrido.

Artigo 172.º
Intervenção do órgão recorrido

1 – No mesmo prazo referido no artigo anterior [15 dias] deve também o autor do acto recorrido pronunciar-se sobre o recurso e remetê-lo ao órgão competente para dele conhecer, notificando o recorrente da remessa do processo.

2 – Quando os contra-interessados não hajam deduzido oposição e os elementos constantes do processo demonstrem suficientemente a procedência do recurso, pode o autor do acto recorrido revogar, modificar ou substituir o acto de acordo com o pedido do recorrente, informando da sua decisão o órgão competente para conhecer do recurso.

Artigo 173.º
Rejeição do recurso

O recurso deve ser rejeitado nos casos seguintes:
a) Quando haja sido interposto para órgão incompetente;
b) Quando o acto impugnado não seja susceptível de recurso;
c) Quando o recorrente careça de legitimidade;
d) Quando o recurso haja sido interposto fora do prazo;
e) Quando ocorra qualquer outra causa que obste ao conhecimento do recurso.

Lei n.º 10/2004, de 22 de Março 59

Artigo 174.º
Decisão

1 – O órgão competente para conhecer do recurso pode, sem sujeição ao pedido do recorrente, salvas as excepções previstas na lei, confirmar ou revogar o acto recorrido; se a competência do autor do acto recorrido não for exclusiva, pode também modificá-lo ou substituí-lo.

2 – O órgão competente para decidir o recurso pode, se for caso disso, anular, no todo ou em parte, o procedimento administrativo e determinar a realização de nova instrução ou de diligências complementares.

Artigo 175.º
Prazo para a decisão

1 – Quando a lei não fixe prazo diferente, o recurso hierárquico deve ser decidido no prazo de 30 dias contado a partir da remessa do processo ao órgão competente para dele conhecer.

2 – O prazo referido no número anterior é elevado até ao máximo de 90 dias quando haja lugar à realização de nova instrução ou de diligências complementares.

3 – Decorridos os prazos referidos nos números anteriores sem que haja sido tomada uma decisão, considera-se o recurso tacitamente indeferido".

Relativamente à admissibilidade da audiência de contra-interessados em sede de recurso hierárquico no âmbito de processo avaliativo, importa chamar à colação o disposto sobre esta figura no artigo 171.º, do Código do Procedimento Administrativo:

"Interposto o recurso, o órgão competente para dele conhecer deve notificar aqueles que possam ser prejudicados pela sua procedência para alegarem, no prazo de 15 dias, o que tiverem por conveniente sobre o pedido e os seus fundamentos".

Deve notar-se, antes de analisarmos a questão da aplicabilidade desta norma ao processo avaliativo, que este comporta regulamentação específica, nomeadamente ao nível do recurso hierárquico necessário do acto de homologação da avaliação do desempenho a interpor junto do membro do Governo competente.

Pela sua relevância na matéria, atente-se aos artigos 6.º, n.º 5, e 14.º, da Lei n.º 10/2004, e ao artigo 29.º, do Decreto Regulamentar n.º 19-A/2004:

"Artigo 6.º
Direitos, deveres e garantias

5 – É garantido o direito de reclamação e recurso, não constituindo fundamento atendível deste último a invocação de meras diferenças de classificação com base na comparação entre classificações atribuídas.

60 Sistema Integrado da Avaliação do Desempenho da Administração Pública

Artigo 14.º
Prazos para reclamação e recurso

1 – O prazo para apresentação de reclamação do acto de homologação é de 5 dias úteis, a contar da data do seu conhecimento, devendo a respectiva decisão ser proferida no prazo máximo de 15 dias úteis.

2 – O prazo para interposição de recurso hierárquico é de cinco dias úteis a contar da data do conhecimento da decisão da reclamação.

3 – A decisão do recurso deverá ser proferida no prazo de 10 dias úteis contados da data da sua interposição.

Artigo 29.º
Recurso

1 – Da decisão final sobre a reclamação cabe recurso hierárquico para o membro do Governo competente, a interpor no prazo de cinco dias úteis contado do seu conhecimento.

2 – A decisão deverá ser proferida no prazo de 10 dias úteis contados da data de interposição de recurso, devendo o processo de avaliação encerrar-se a 30 de Abril.

3 – O recurso não pode fundamentar-se na comparação entre resultados de avaliações".

Da leitura conjugada dos artigos acima transcritos é possível retirar as seguintes conclusões:

a) Os prazos para interposição e apreciação de recurso hierárquico interposto no âmbito do procedimento de avaliação são, manifestamente, incompatíveis com os prazos estabelecidos para os mesmos efeitos no Código do Procedimento Administrativo;

b) O acto recorrido é o acto de homologação de uma avaliação concreta. Ao contrário do que acontece, por exemplo, num concurso interno de acesso, em que o acto de homologação da lista de classificação final dos candidatos por parte do dirigente máximo do serviço produz efeitos na esfera jurídica dos vários oponentes ao concurso, no processo avaliativo cada avaliação é objecto de uma homologação individualizada, isto é, a relação jurídica avaliativa apenas comporta, nesta fase, dois sujeitos processuais: o avaliado e o órgão homologador da avaliação.

O que significa que o objecto do recurso é um acto administrativo que afecta a esfera jurídica de um único sujeito (o avaliado), tal como acontece com o acto de nomeação de um funcionário aprovado em concurso que tenha obtido classificação bastante para ser abrangido pelas vagas postas a concurso.

c) Por fim, o recurso hierárquico no âmbito do processo avaliativo não pode, tal como a reclamação, ter por fundamento a comparação entre avaliações. Atentemos agora ao conteúdo normativo do artigo 171.°, do Código do Procedimento Administrativo, que nos dá uma definição legal de contra-interessados. Segundo este artigo, são contra-interessados aqueles que podem vir a ser prejudicados pela procedência do recurso.

Quem poderiam ser os contra-interessados no processo de avaliação? Todos os funcionários pertencentes ao mesmo grupo profissional e organismo? Todos os funcionários afectos à unidade orgânica do recorrente? Todos os intervenientes no processo avaliativo no organismo em causa? Todos os funcionários do serviço ou organismo em questão?

Como poderiam estes "contra-interessados" exercer o contraditório sem terem acesso à avaliação do recorrente e à dos restantes funcionários, tendo em conta que o processo de avaliação do desempenho está coberto pelo manto do sigilo?

Como poderiam determinar objectivamente se as competências comportamentais e a atitude pessoal do recorrente foram bem ou mal avaliadas?

Imagine-se que o que está em causa é um recurso de uma avaliação de desempenho de *Insuficiente*, sendo que a procedência do recurso conduziria a uma avaliação de *Muito Bom*.

Nestes casos, deveria proceder-se à notificação de todos os funcionários com uma avaliação do desempenho superior à originária do recorrente? Note-se que o dever de notificar os contra-interessados, consignado no artigo 171.°, do Código do Procedimento Administrativo é prévio à análise do próprio recurso, o que inviabiliza, nesta fase, a possibilidade de diferenciação de recursos cuja procedência poderia conduzir a avaliações de desempenho de *Muito Bom* e de *Excelente*.

Em suma e em nosso entender, a audiência dos contra-interessados no âmbito de recurso hierárquico de avaliação não faz qualquer sentido. Porque no processo de avaliação não existem contra-interessados.

A procedência de recurso hierárquico, quando conduza a uma avaliação do desempenho de *Muito Bom* ou de *Excelente,* não conduz à supressão de uma outra avaliação de *Muito Bom* ou de *Excelente* já atribuída e homologada, isto é, já consolidada na esfera jurídica do avaliado. Aliás, atento o objectivo que presidiu à reforma do processo de avaliação, de premiar os desempenhos de mérito e de excelência, é impensável alterar uma avaliação já concluída e incontestada pelo próprio avaliado.

Por isso, caso o recorrente obtenha, por força do provimento do respectivo recurso, uma avaliação de *Muito Bom* ou de *Excelente*, não está submetido às quotas para estas avaliações.

Entendemos, deste modo, sem prejuízo de nos parecer que esta solução deveria estar legalmente consagrada, que na fase de recurso no processo

62 *Sistema Integrado da Avaliação do Desempenho da Administração Pública*

avaliativo não há lugar à notificação de contra-interessados. O mesmo se aplica, aliás, à fase da reclamação.

ARTIGO 14.°
Prazos para reclamação e recurso

1 – O prazo para apresentação de reclamação do acto de homologação é de 5 dias úteis, a contar da data do seu conhecimento, devendo a respectiva decisão ser proferida no prazo máximo de 15 dias úteis.

2 – O prazo para interposição de recurso hierárquico é de cinco dias úteis a contar da data do conhecimento da decisão da reclamação.

3 – A decisão do recurso deverá ser proferida no prazo de 10 dias úteis contados da data da sua interposição.

Anotações

A contagem dos prazos fixados no artigo 14.°, da Lei n.° 10/2004, deve efectuar-se de acordo com as regras plasmadas nos artigos 72.° e 73.°, do Código do Procedimento Administrativo que se reproduzem:

"Artigo 72.°
Contagem dos prazos

À contagem dos prazos são aplicáveis as seguintes regras:
a) Não se inclui na contagem o dia em que ocorrer o evento a partir do qual o prazo começa a correr;
b) O prazo começa a correr independentemente de quaisquer formalidades e suspende-se nos sábados, domingos e feriados;
c) O termo do prazo que caia em dia em que o serviço perante o qual deva ser praticado o acto não esteja aberto ao público, ou não funcione durante o período normal, transfere-se para o primeiro dia útil seguinte".

Artigo 73.°
Dilação

1 – Se os interessados residirem ou se encontrarem fora do continente e neste se localizar o serviço por onde o procedimento corra, os prazos fixados na lei, se não atenderem já a essa circunstância, só se iniciam depois de decorridos:
a) 5 dias, se os interessados residirem ou se encontrarem no território das regiões autónomas;

Lei n.° 10/2004, de 22 de Março 63

b) 15 dias, se os interessados residirem ou se encontrarem em país estrangeiro europeu;
c) 30 dias, se os interessados residirem ou se encontrarem em Macau ou em país estrangeiro fora da Europa.

2 – A dilação da alínea a) do número anterior é igualmente aplicável se o procedimento correr em serviço localizado numa região autónoma e os interessados residirem ou se encontrarem noutra ilha da mesma região autónoma na outra região autónoma ou no continente.

3 – As dilações das alíneas b) e c) do n.° 1 são aplicáveis aos procedimentos que corram em serviços localizados nas regiões autónomas".

ARTIGO 15.°
Diferenciação e reconhecimento do mérito e excelência

1 – A aplicação do SIADAP implica a diferenciação de desempenhos numa perspectiva de maximização da qualidade dos serviços prestados, devendo em conformidade ser estabelecidas percentagens máximas para atribuição das classificações mais elevadas em cada organismo.

2 – O reconhecimento da excelência confere direito a benefícios no desenvolvimento da carreira ou outras formas de reconhecimento de mérito associadas ao desenvolvimento profissional.

3 – A atribuição de Excelente na avaliação de desempenho traduz-se no reconhecimento do mérito excepcional do trabalhador, sendo-lhe concedido o direito a:

a) **Redução de um ano no tempo de serviço para efeitos de promoção nas carreiras verticais ou progressão nas carreiras horizontais;**
b) **Promoção na respectiva carreira independentemente de concurso, caso esteja a decorrer o último ano do período de tempo necessário à promoção.**

4 – A atribuição de Muito bom na avaliação de desempenho, durante dois anos consecutivos, reduz em um ano os períodos legalmente exigidos para promoção nas carreiras verticais ou progressão nas carreiras horizontais.

5 – Os direitos conferidos nos termos dos números anteriores não dispensam o preenchimento de requisitos especiais de acesso exigidos em legislação especial.

Anotações

I – O SIADAP procurou garantir a diferenciação de desempenhos mediante a fixação de percentagens máximas para as classificações de *Muito Bom* (20%) e de *Excelente* (5%). Embora a explicação para esta solução resida parcialmente no facto de, ao abrigo do regime de classificação de serviço anterior, a esmagadora maioria dos funcionários públicos ter a classificação máxima de *Muito Bom*, com variações meramente quantitativas dentro desta classificação, a verdade é que se trata de solução geradora de iniquidade.

A conservar-se este sistema, parece-nos que seria pelo menos de ponderar um aumento das percentagens das quotas em referência. Também se deveria equacionar a sua flexibilização. É claro que por detrás da solução adoptada pela Lei n.º 10/2004 residem também (senão mesmo sobretudo) razões de cariz orçamental, pois a atribuição das avaliações de *Muito Bom* e de *Excelente* implica despesas públicas, tendo em conta os benefícios hoje delas decorrentes. Previsão esta que obrigou o legislador a dar com uma mão (os benefícios decorrentes da obtenção das avaliações mais elevadas) e a tirar com a outra (ao instituir quotas, por forma a garantir o controlo das despesas inerentes às avaliações mais elevadas). É claro que o SIADAP surgiu num contexto de contenção orçamental que tende a cronicizar-se e que explica o próprio sistema. A Administração Pública está em mutação, ainda que desordenadamente, por força deste cenário orçamental.

Mas, se no sistema anterior quem trabalhava mais e com melhor qualidade se sentia defraudado ao obter a mesma classificação de serviço que os demais (*Muito Bom*), a verdade é que hoje em dia quem trabalha mais e melhor pode continuar a não ser recompensado, podendo, mesmo, vir a ser penalizado (pense--se no caso de um funcionário de uma carreira de informática que, para promoção, progressão e mudança de nível necessita sempre de uma avaliação mínima de *Muito Bom*), devido à existência das quotas para as avaliações de *Muito Bom* e de *Excelente*.

Todos sabemos que o sistema de classificação de serviço anterior não era mau. Má era a utilização que dele se fazia (*laissez faire, laissez passer…*), risco que permanece, quiçá agudiza-se, neste novo sistema. Uma boa aplicação de qualquer dos modelos em causa passa por uma mudança de mentalidades, trabalho de gerações. A não ser que o enquadramento orçamental restritivo opere milagres.

II – É de salientar que os funcionários que se encontrem no topo da carreira e no último escalão da respectiva categoria em nada beneficiam com a atribuição de avaliação de *Muito Bom* ou de *Excelente*. Pensamos que uma boa solução seria aditar o número de dias de férias a que têm direito no ano da atribuição de avaliação de *Muito Bom/Excelente*.

III – Relativamente à diferenciação do mérito (*Muito Bom*) e da excelência (*Excelente*), dispõe o artigo 9.°, n.° 1, do Decreto Regulamentar n.° 19-A/2004:
"A diferenciação dos desempenhos de mérito e excelência é garantida pela fixação de percentagens máximas para as classificações de Muito bom e Excelente, respectivamente de 20% e 5%, numa perspectiva de maximização da qualidade do serviço".

IV – A atribuição da avaliação de desempenho de Muito Bom deve ser fundamentada por forma a serem evidenciados os factores que contribuíram para o resultado final isto é, e sobretudo, para a superação dos objectivos, para a obtenção da avaliação em causa, genericamente falando (cfr. corpo e alínea c), do artigo 3.°, do Decreto Regulamentar n.° 19-A/2004 e o n.° 4, do artigo em anotação).

V – Na atribuição da avaliação do desempenho de *Excelente*, para além de identificar os factores que contribuíram para o resultado final, isto é, e sobretudo, para a superação dos objectivos, para a obtenção da avaliação em causa, genericamente falando (cfr. corpo e alínea c), do artigo 3.°, do Decreto Regulamentar n.° 19-A/2004), o avaliador deve especificar os contributos relevantes para o organismo prestados pelo avaliado, para efeitos de inclusão na Base de Dados sobre Boas Práticas gerida pela UMIC – Agência para a Sociedade do Conhecimento, IP (cfr. artigo 9.°, n.° 5, do Decreto Regulamentar n.° 19-A/2004).

VI – Importa trazer nesta sede à colação algumas regras relativas à atribuição das avaliações de desempenho de *Muito Bom* e de *Excelente* – *vide* o artigo 9.°, n.° 2, do Decreto Regulamentar n.° 19-A/2004:
* Quando, num organismo, o número total de funcionários de um determinado grupo profissional for inferior a 20, este grupo pode / deve ser agrupado a outro(s) que tenha(m), igualmente, um número de funcionários inferior a 20.
* Segundo a Direcção-Geral da Administração Pública *"A decisão de agregação, ou não, de grupos profissionais para efeitos de aplicação das percentagens máximas de mérito e excelência é da competência do dirigente máximo de cada organismo, podendo ser fixada em acta do Conselho de Coordenação da Avaliação. Deverá contudo procurar fazer-se a agregação dos grupos profissionais tendo presente alguma proximidade dos grupos quer ao nível habilitacional quer ao nível do tipo de funções exercidas"* [12].

---

[12] Texto inserto no site da Direcção-Geral da Administração Pública, com o endereço www.dgap.gov.pt.

66 Sistema Integrado da Avaliação do Desempenho da Administração Pública

- O sistema de percentagens instituído pelo SIADAP para as avaliações de desempenho de *Muito Bom* e de *Excelente* é aplicado por organismo. Tal não obvia, contudo, a que, internamente e numa primeira fase (anterior à harmonização das avaliações por parte do Conselho de Coordenação da Avaliação), a aplicação destas quotas se faça por unidade orgânica. Isto porque, de outra forma, cada avaliador se sentiria desobrigado de cumprir estas percentagens, vinculado que estava somente às (mais confortáveis) do organismo. Com o efeito pernicioso de, contrariamente ao pretendido pelo legislador, fazer do Conselho de Coordenação da Avaliação, em sede de harmonização das avaliações, avaliador em primeira linha, pois a quantidade de avaliações de *Muito Bom* e de *Excelente* que teria de expurgar para garantir o cumprimento das quotas em causa seria certamente muito superior à resultante da aplicação das mesmas quotas por unidade orgânica. A aplicação das quotas por unidade orgânica constitui uma metodologia que visa assegurar o resultado final observância das quotas a nível de cada organismo. Aliás esta aplicação pode ser feita tendo por base metodologias diversas (pode constituir uma aplicação pura das percentagens máximas para as avaliações superiores ou uma aplicação diferenciada consoante a *performance* global da unidade orgânica, a qualidade dos resultados por ela produzidos no ano imediatamente anterior, etc.).
- As mencionadas percentagens máximas para as avaliações do desempenho de *Muito Bom* e de *Excelente* devem ser aplicadas, necessariamente, de modo equitativo, isto é, de modo equilibrado e justo, aos diferentes grupos profissionais. O que significa que não têm de ser aplicadas de modo exactamente igual a todos os grupos profissionais, podendo haver diferenças tendo em conta, por exemplo, os grupos numericamente mais representativos.
- As percentagens máximas fixadas na lei para as avaliações de *Excelente* e de *Muito Bom* devem ser do conhecimento dos avaliados, sendo a sua aplicação da responsabilidade dos organismos da Administração Pública, mais concretamente dos respectivos dirigentes máximos e Conselhos de Coordenação da Avaliação (artigos. 13.º, n.º 1, alínea b), e 14.º, n.º 1, alínea b), do Decreto Regulamentar n.º 19-A/2004)

VII – A avaliação do desempenho é atribuída em fichas de modelo aprovado pela Portaria n.º 509-A/2004, de 14 de Maio. Em nosso entender estas fichas pecam por não terem, na parte relativa à componente da avaliação objectivos, campos autónomos para os indicadores de desempenho ou de medida daqueles (que permitem aferir do respectivo cumprimento) e para indicar se se trata, ou não, de objectivos partilhados (cfr. artigo 3.º, n.º 1, alíneas a), d) e e), do Decreto Regulamentar n.º 19-A/2004).

VIII – A avaliação do desempenho dos trabalhadores que exerçam cargos de reconhecido interesse público ou actividade sindical (igual à avaliação obtida no ano imediatamente anterior ao do início do exercício destas funções) não está sujeita às percentagens máximas fixadas para as avaliações do desempenho de *Muito Bom* e de *Excelente*. Esta solução é aceitável e compreensível, na medida em que não prejudica os demais trabalhadores em exercício efectivo de funções no organismo em causa. Seria de facto pouco razoável que aqueles trabalhadores, além de beneficiarem porventura do privilégio de obterem sem esforço uma avaliação de *Muito Bom*, hoje com repercussões palpáveis no respectivo percurso profissional, designadamente por transposição de avaliação obtida ao abrigo do regime anterior, consumissem parte da percentagem máxima desta avaliação no âmbito do respectivo organismo de origem, em detrimento dos demais trabalhadores do mesmo organismo.

IX – Da mesma forma, as avaliações obtidas em sede de suprimento nos termos dos artigos 18.° e 19.°, do Decreto Regulamentar n.° 19-A/2004, não se encontram sujeitas à observância das percentagens máximas fixadas para as avaliações de *Muito Bom* e de *Excelente*. Solução correcta, a nosso ver, até porque este tipo de avaliação só é considerada para os efeitos para que seja atribuída, isto é, para efeitos de promoção no âmbito de concurso a que o interessado se haja candidatado, ou para efeitos de mudança de escalão no âmbito de procedimento para o efeito, sendo que qualquer destes procedimentos pode ocorrer em qualquer altura do ano, independentemente da calendarização fixada na lei para o processo de avaliação ordinária, numa altura em que a validação das avaliações mais elevadas por parte do Conselho de Coordenação da Avaliação já se encontra porventura concluída.

X – Também nas fases de reclamação e de recurso hierárquico interpostos das avaliações do desempenho, nem o dirigente máximo do serviço, nem o membro do Governo competente, estão, respectivamente, vinculados ao cumprimento das percentagens máximas legalmente fixadas para as avaliações de *Muito Bom* e de *Excelente*. Solução a que também aderimos, até porque solução contrária paralisaria a marcha do procedimento da avaliação do desempenho. Depois de realizada a harmonização das avaliações pelo Conselho de Coordenação da Avaliação, isto é, de verificado o cumprimento das quotas para as avaliações máximas a nível do organismo, não faz qualquer sentido que uma tramitação posterior venha alterar o equilíbrio encontrado por aquele Conselho. Se assim fosse, colocar-se-ia aliás a questão de como determinar quais as avaliações que teriam de ser alteradas para baixo para integração das avaliações de *Muito Bom* e de *Excelente* obtidas em sede de reclamação ou de recurso hierárquico. E o procedimento da avaliação do desempenho, já de si bastante burocrático (esta é aliás uma das suas pechas principais), eternizar-se-ia. Ora a avaliação do desempenho só tem interesse e razão de ser como instrumento

68　*Sistema Integrado da Avaliação do Desempenho da Administração Pública*

visando melhorar a actuação da Administração junto dos respectivos utentes, não como instrumento gerador de apenas mais trabalho com a própria Administração, de "introversão" impeditiva de melhoramentos virados para o exterior. Se a Administração prolongar excessivamente o seu "balanço", os respectivos utentes são os únicos perdedores, uma vez que nem sequer se podem voltar para outras entidades para obterem os serviços que aquela presta.

XI – Cabe mencionar que a avaliação do desempenho dos dirigentes de nível intermédio não se encontra sujeita ao cumprimento das percentagens máximas legalmente fixadas para as avaliações do desempenho de *Muito Bom* e de *Excelente* – *vide* o artigo 17.º, n.º 3, da Lei n.º 10/2004. Contudo, estas avaliações devem ser fundamentadas, à semelhança do que sucede com as equivalentes atribuídas aos trabalhadores.

XII – Benefícios para os funcionários classificados de *Excelente* – artigo 15.º, n.º 3, da Lei n.º 10/2004:
* A avaliação do desempenho de *Excelente*, quando atribuída a funcionários integrados em carreiras verticais, determina a redução de um ano no módulo de tempo de serviço legalmente exigido para efeitos de promoção (subida de categoria);
* Porém, caso esteja a decorrer, no ano de atribuição da avaliação de *Excelente*, o último ano do módulo de tempo necessário à promoção em carreira vertical, o avaliado tem direito a ser promovido independentemente de concurso. Isto sem prejuízo de os avaliados de *Excelente* terem sempre de possuir eventuais requisitos especiais para acesso na respectiva carreira – ex. aproveitamento em formação específica. Ou seja, a promoção automática fica, em caso de exigência legal de requisitos especiais para promoção, condicionada à sua posse.
* Nas carreiras horizontais ou unicategoriais, a avaliação do desempenho de *Excelente* reduz em um ano o tempo de serviço legalmente exigido para efeitos de progressão na categoria (mudança de escalão);
* Em nosso entender, nas carreiras verticais, quando o funcionário já tenha atingido o topo da carreira, a atribuição da avaliação do desempenho de *Excelente* reduz em um ano o tempo de serviço legalmente exigido para efeitos de progressão na categoria (mudança de escalão), por se tratar da única forma de compensar o avaliado. É claro que este entendimento deveria constar expressamente da lei.

XIII – Benefícios decorrentes da obtenção da classificação de *Muito Bom* – *vide* o artigo 15.º, n.º 4, do Decreto Regulamentar n.º 19-A/2004:
* A avaliação de *Muito Bom,* obtida durante dois anos consecutivos, reduz em um ano o módulo de tempo legalmente exigido para promoção nas

carreiras verticais *ou* progressão na categoria, para os funcionários integrados em carreiras horizontais;

Em nosso entender, as duas avaliações consecutivas de *Muito Bom* a que se refere esta norma têm de ser atribuídas na vigência do SIADAP, isto é, relativamente aos anos de 2004 e seguintes, sob pena de desvirtuamento da intenção do legislador (ao abrigo da lei anterior – Decreto Regulamentar n.º 44-B/83, de 1 de Junho, mais de 90% dos funcionários obtinham anualmente uma classificação de *Muito Bom*).

• Nos casos de promoção em tempo reduzido em virtude da obtenção de avaliações de *Muito Bom* ao abrigo do SIADAP, os avaliados têm também de reunir eventuais requisitos especiais de acesso na carreira previstos nomeadamente nas leis orgânicas dos organismos a que pertençam ou nos regimes das respectivas carreiras (ex. aproveitamento em formação específica).

XIV – Os benefícios decorrentes da obtenção das avaliações de *Muito Bom* e de *Excelente* traduzem uma inovação positiva, no sentido da promoção da qualidade. Que é de louvar. Mas têm como contraponto as injustiças geradas pela imposição legal de percentagens máximas a nosso ver muito baixas para as avaliações de *Muito Bom* e de *Excelente*. Se a respectiva soma atingisse os 50%, em vez dos actuais 25%, já representariam uma profunda (e razoável) inovação no seio da Administração, com um índice de mais de 90% de *Muito Bons* no regime anterior. Aliás a Administração Pública respondeu a este impacto negativo com a sua capacidade inultrapassável de incumprimento. A implementação do SIADAP foi, até agora, um reconhecido fiasco. Talvez a solução para o problema sério vigente na Função Pública que se pode expressar através do mote "para trabalho desigual, salário igual", seja antes a existência de remunerações diferenciadas em função do desempenho individual dentro da mesma categoria, à semelhança do que sucede no sector privado. A Resolução do Conselho de Ministros n.º 109/2005, de 30 de Junho, aponta neste sentido, no seu n.º 1, alíneas f), g), h) e i), quando prevê *"Permitir a evolução de um sistema fundamentalmente apoiado numa concepção de carreira para um sistema fundamentalmente apoiado numa concepção de emprego com regime aproximado ao regime geral de trabalho", "Reservar tendencialmente o regime público de carreira para as funções relacionadas com o exercício de poderes soberanos e de poderes de autoridade", "Criar alternativas aos mecanismos automáticos de evolução profissional e remuneratória que permitam uma rigorosa planificação da evolução orçamental em matéria de despesas de pessoal"* e, finalmente, *"Ponderar a introdução de prémios, designadamente de natureza pecuniária, em articulação com os desempenhos demonstrados".*

ARTIGO 16.°
Necessidades de formação

1 – O sistema de avaliação do desempenho deve permitir a identificação das necessidades de formação e desenvolvimento dos trabalhadores, devendo igualmente ser consideradas no plano de formação anual de cada organismo.

2 – A identificação das necessidades de formação deve associar as necessidades prioritárias dos trabalhadores e a exigência das funções que lhes estão atribuídas, tendo em conta os recursos disponíveis para esse efeito.

Anotações

I – O legislador não fixou expressamente, dentro do procedimento da avaliação do desempenho, qual o *timing* para a identificação das necessidades de formação associadas ao desenvolvimento dos trabalhadores.

No entanto, tendo em conta o acervo normativo que rege a avaliação do desempenho, é possível concluir que a identificação das eventuais necessidades de formação do avaliado visando o respectivo desenvolvimento profissional pode ser efectuada em dois momentos:

– Pelo avaliado, na respectiva ficha de auto-avaliação;

– E pelo avaliador, na ficha de avaliação prévia. O avaliador deve indicar, quando entenda necessário, as acções de formação de suporte ao desenvolvimento do trabalhador.

II – Em nosso entender, sempre que o desempenho de determinado trabalhador seja avaliado com *Necessita de Desenvolvimento* ou *Insuficiente*, deverá o respectivo avaliador identificar, na correspondente ficha de avaliação, as áreas a desenvolver e as acções de formação que deverão ser frequentadas pelo funcionário.

III – A identificação das necessidades de formação em sede de avaliação do desempenho, no máximo de três acções de formação, deve associar as necessidades prioritárias dos funcionários à exigência das funções que desempenham, tendo em conta os recursos financeiros disponíveis para o efeito. E aqui temos um grande obstáculo à prossecução das boas intenções do legislador. Numa altura de clara contenção orçamental, sem perspectiva de melhoria a breve trecho, é evidente que cada vez mais escasseiam/escassearão verbas para a formação, pois a própria subsistência dos organismos (pagamento de remunerações e despesas de funcionamento em geral) é evidentemente prioritária. Não deixa pois de ser paradoxal a importância dada teoricamente à formação numa altura em que

Lei n.° 10/2004, de 22 de Março 71

justamente escasseia o dinheiro para a levar para a frente. Sendo caso para perguntar muito a sério: a formação obrigatória para os funcionários não deveria ser promovida pela Administração gratuitamente / a baixo custo? Só assim (tendencialmente gratuita) a formação terá o importante papel que se pretende para ela: de motor de desenvolvimento das capacidades/potencialidades dos funcionários. Os organismos públicos que promovem formação têm mesmo de cobrar verbas pela respectiva realização? Em caso afirmativo, têm mesmo de ser tão elevadas?

ARTIGO 17.°
Avaliação dos dirigentes de nível intermédio

1 – A avaliação dos dirigentes de nível intermédio faz-se sem prejuízo das especificidades próprias da função, tendo como objectivo reforçar a capacidade de liderança e as competências de gestão.

2 – São especificidades do processo de avaliação dos dirigentes de nível intermédio, designadamente a não integração da atitude pessoal nas componentes da avaliação e a não sujeição a percentagens máximas para atribuição das classificações mais elevadas, sem prejuízo da necessária garantia de harmonização das avaliações.

3 – Os resultados da avaliação do desempenho dos dirigentes de nível intermédio relevam para a evolução na carreira de origem, de acordo com as regras e critérios de promoção e progressão aplicáveis, sem prejuízo de outros direitos especialmente previstos no Estatuto dos Dirigentes da Administração Pública ou em legislação especial aplicável.

Anotações

A avaliação do desempenho dos dirigentes de nível intermédio reveste-se de algumas especificidades, reguladas nos artigos 31.° a 35.° do Decreto Regulamentar n.° 19-A/2004, que se podem sintetizar da seguinte forma:

Na avaliação dos dirigentes de nível intermédio não é considerada a componente atitude pessoal, contrariamente ao que sucede em relação aos trabalhadores da Administração Pública – *vide* o artigo 17.°, n.° 2, da Lei n.° 10/2004.

Na avaliação dos dirigentes não existem percentagens máximas para atribuição das avaliações de *Muito Bom* e de *Excelente* – *vide* o artigo 17.°, n.° 2, da Lei n.° 10/2004.

Ao contrário do que acontece em relação à generalidade dos trabalhadores, a garantia da diferenciação dos desempenhos dos dirigentes e a garantia de

72 Sistema Integrado da Avaliação do Desempenho da Administração Pública

harmonização das respectivas avaliações são da responsabilidade do dirigente máximo do organismo e não do Conselho de Coordenação da Avaliação – cfr. artigo 32.°, n.° 3, do Decreto Regulamentar n.° 19-A/2004.

Na avaliação dos dirigentes, o Conselho de Coordenação da Avaliação só intervém em caso de reclamação, sobre a qual emite parecer prévio – *vide* o artigo 33.°, n.ºs 2 e 3 do Decreto Regulamentar n.° 19-A/2004. Nestes casos funciona um Conselho de Coordenação da Avaliação restrito, composto apenas pelos dirigentes de nível superior do organismo e pelo dirigente máximo do departamento responsável pela organização e recursos humanos do ministério, quando se trate de serviço partilhado – cfr. artigo 33.°, n.° 3, do Decreto Regulamentar n.° 19-A/2004.

A primeira avaliação dos dirigentes de nível intermédio é feita, no 2.° ano da comissão de serviço do dirigente, relativamente ao trabalho prestado no 1.° ano civil da mesma comissão, desde que o início de funções dirigentes se tenha verificado antes de 1 de Junho – *vide* o artigo 34.°, do Decreto Regulamentar n.° 19-A/2004.

Os dirigentes de nível intermédio não são, em caso algum, avaliados extraordinariamente – neste sentido dispõe o artigo 34.°, do Decreto Regulamentar n.° 19-A/2004: *"No 2.° ano da comissão de serviço, a avaliação ordinária só terá lugar quando o início de funções ocorra antes de 1 de Junho, não havendo recurso a avaliação extraordinária".*

A renovação da comissão de serviço dos dirigentes de nível intermédio depende da obtenção da classificação mínima de *Bom* no último ano da mesma. Estas comissões têm a duração de três anos, nos termos do disposto no artigo 21.°, n.° 8, da Lei n.° 2/2004, de 15 de Janeiro, na redacção dada pela Lei n.° 51/2005, de 30 de Agosto (Estatuto do Pessoal Dirigente). Já dissemos supra que esta exigência se deveria estender a todos os anos de duração da comissão de serviço, pois não faz sentido que o sistema permita que um dirigente que não tem *Bom* de avaliação continue a dirigir.

A avaliação do desempenho dos dirigentes de nível intermédio releva para a evolução da respectiva carreira de origem, nos termos do Estatuto do Pessoal Dirigente – Lei n.° 2/2004, de 15 de Janeiro, republicada com alterações em anexo à Lei n.° 51/2005, de 30 de Agosto (artigo 29.°) e do Estatuto Remuneratório – Decreto-Lei n.° 353-A/89, de 16 de Outubro, com alterações – direito a promoção independentemente de concurso, com observância dos requisitos legais para promoção, designadamente os especiais (ex. aprovação em formação específica) e direito à progressão na categoria de origem (mudança de escalão) em função do número de anos continuado de desempenho de cargos dirigentes.

A competência para proceder à avaliação dos dirigentes de nível intermédio é do respectivo superior hierárquico imediato (ex. no caso dos chefes de divisão, em princípio, os avaliadores são os respectivos directores de serviços). Em caso

Lei n.º 10/2004, de 22 de Março 73

de impedimento ou ausência do superior hierárquico imediato, a competência para avaliar caberá ao superior hierárquico seguinte. O Conselho de Coordenação da Avaliação nunca avalia os dirigentes.

Por último, a avaliação do desempenho dos dirigentes de nível intermédio carece sempre de homologação conjunta dos respectivos dirigentes de nível superior, com excepção daquele que tenha sido avaliador – cfr. artigo 32.º, n.º 1, do Decreto Regulamentar n.º 19-A/2004.

ARTIGO 18.º
Avaliação dos serviços e organismos

1 – A avaliação dos serviços e organismos pressupõe a informação sobre recursos humanos e materiais afectos a cada unidade orgânica que o integra, bem como a apresentação de resultados, efectuando-se através de:

a) **Auto-avaliação;**

b) **Serviços de controlo e auditoria;**

c) **Entidades externas.**

2 – A avaliação deve incluir a apreciação por parte dos beneficiários da quantidade e qualidade dos serviços prestados, com especial relevo quando se trate de unidades prestadoras de serviços externos.

Anotações

I – A forma como os serviços e organismos da Administração Pública serão avaliados ainda não foi objecto de regulamentação. O XVII Governo prevê que esta regulamentação venha a entrar em vigor em 1 de Janeiro de 2007 (cfr. o n.º 5, alínea b), da Resolução do Conselho de Ministros n.º 109/2005, de 30 de Junho).

Atento o conteúdo do artigo 18.º, da Lei n.º 10/2004, é possível concluir que a avaliação dos organismos públicos se baseará nos recursos humanos e materiais afectos a cada uma das respectivas unidades orgânicas e na apresentação de resultados, e que será efectuada por entidades externas ao organismo avaliado.

II – No contexto da avaliação dos serviços integrados na Administração directa do Estado importa atender ao artigo 30.º, da Lei 4/2004, de 15 de Janeiro: *"Os serviços que integram a administração directa do Estado são objecto de avaliação da prossecução das suas funções e objectivos a que estão adstritos,*

74 Sistema Integrado da Avaliação do Desempenho da Administração Pública

determinada por despacho conjunto do Ministro das Finanças e do ministro da tutela e realizada por auditores externos ou por órgãos de controlo oficiais".

III – Relativamente à avaliação do desempenho dos institutos públicos, *vide* o artigo 11.°, da Lei 3/2004, de 15 de Janeiro, com o seguinte conteúdo: *"Para além das medidas previstas na lei de enquadramento orçamental referentes ao controlo da despesa pública, pode ser determinada, por despacho conjunto dos Ministros das Finanças e da tutela, uma avaliação do grau de cumprimento da missão e dos objectivos de cada instituto público, a realizar por auditores externos ou por órgãos de controlo oficiais".*

IV – A avaliação dos serviços e organismos da Administração Pública comporta as seguintes fases:
– Auto-avaliação;
– Controlo e auditoria;
– Apreciação, por parte dos respectivos beneficiários, da quantidade / / qualidade dos serviços prestados, particularmente quando se trate de organismos que prestem serviços externos (ex. serviços de saúde, serviços de educação).

V – Sobre a avaliação dos serviços públicos vejam-se ainda as anotações ao artigo 7.°, da Lei n.° 10/2004.

ARTIGO 19.°
Gestão e acompanhamento do SIADAP

1 – Com fins de controlo e permanente avaliação da aplicação do SIADAP é criada, junto da Direcção-Geral da Administração Pública, uma base de dados que servirá, ainda, de suporte à definição da política de emprego público e de um sistema de gestão e desenvolvimento de recursos humanos apto a responder à evolução das necessidades da Administração Pública.

2 – Para efeitos do disposto no número anterior o SIADAP será aplicado com base em suporte informático, sem prejuízo do rigoroso cumprimento das exigências legais relativas a dados pessoais e organizacionais.

Anotações
I – Sobre esta matéria, *vide* os artigos 20.°, da Lei n.° 10/2004 e 36.°, 37.° e 38.°, do Decreto Regulamentar n.° 19-A/2004.

Lei n.° 10/2004, de 22 de Março 75

Sumariando o regime constante das normas supra citadas:

- Após 30 de Abril de cada ano civil, cada organismo deve apresentar ao membro do Governo da tutela o Relatório Anual dos Resultados da Avaliação do Desempenho, com indicação das classificações atribuídas aos diferentes grupos profissionais, o número de casos de avaliação extraordinária e de casos de suprimento da avaliação. Este relatório é remetido à Direcção-Geral da Administração Pública (DGAP) em suporte informático para tratamento estatístico e constituição de uma base de dados de gestão e acompanhamento do SIADAP.
- Após 30 de Abril de cada ano civil, a Secretaria-Geral de cada Ministério elabora um Relatório Síntese sobre a Aplicação do Sistema de Avaliação do Desempenho no respectivo Ministério, logicamente com base nos Relatórios dos organismos que o integram. Este relatório obedece a um modelo aprovado por portaria do membro do Governo responsável pela Administração Pública, ainda não publicada. É remetido à DGAP em suporte informático para tratamento estatístico e constituição de uma base de dados do SIADAP.
- A DGAP elabora, no decurso do terceiro trimestre de cada ano, um Relatório Global sobre a aplicação do Sistema de Avaliação do Desempenho no âmbito da Administração Pública, que servirá de suporte à definição da política de emprego público e à implementação de um sistema de gestão e desenvolvimento de recursos humanos.

<u>Observações</u>: se os serviços públicos já enviam à Direcção-Geral da Administração Pública os respectivos Relatórios Anuais dos Resultados da Avaliação do Desempenho, porquê obrigar as Secretarias-Gerais a fazerem Relatórios Anuais dos Resultados da Avaliação do Desempenho a nível ministerial a enviar igualmente àquela Direcção-Geral? Isto significa que os organismos têm de fornecer duplamente os Relatórios que produzem. Não deveria ser só uma entidade (a DGAP) a tratar os mesmos dados, com exactamente o mesmo fim? Não será o processo previsto na lei para este fim também ele excessivamente burocrático, pesado, *interminável*? A Lei n.° 10/2004 parece apontar, no seu artigo 20.°, num sentido que o respectivo regulamento se encarregou de bifurcar em excesso, parece-nos.

II – Relativamente à aplicação informática Sistema de Apoio ao SIADAP, elaborada conjuntamente pelo Instituto de Informática e pela Direcção-Geral da Administração Pública por forma a dar execução ao disposto no n.° 2 deste artigo 19.°, achamos que os organismos que a aplicaram em 2004/2005 deveriam ser ouvidos, no sentido de sugerirem aperfeiçoamentos à mesma. Representando embora sem dúvida um esforço notável por parte dos serviços envolvidos na respectiva concepção, a verdade é que este Sistema padece de alguma rigidez de funcionamento e tem arestas a limar. Quem melhor do que os respec-

76 *Sistema Integrado da Avaliação do Desempenho da Administração Pública*

tivos utilizadores para darem contributos para o respectivo aperfeiçoamento? Referimo-nos sobretudo aos serviços de recursos humanos de cada organismo.

ARTIGO 20.º
Publicitação de dados

1 – Sem prejuízo do disposto no artigo anterior, é divulgado no organismo o resultado global da avaliação contendo o número das menções qualitativas atribuídas por grupo profissional, bem como o número de casos em que se verificou avaliação extraordinária ou suprimento de avaliação.

2 – Os dados globais da aplicação do SIADAP são publicitados externamente, a partir da elaboração de um relatório anual de acompanhamento a efectuar pela Direcção-Geral da Administração Pública, nomeadamente através de página electrónica.

Anotações
Vejam-se as anotações ao artigo anterior e, bem assim, aos artigos 36.º, 37.º e 38.º, do Decreto Regulamentar n.º 19-A/2004.

ARTIGO 21.º
Flexibilidade do sistema de avaliação do desempenho

1 – O sistema de avaliação do desempenho estabelecido na presente lei poderá ser adaptado à situação específica dos vários organismos e serviços da Administração Pública, assim como à das carreiras de regime especial e corpos especiais, desde que observados os princípios e objectivos constantes da presente lei e as regras essenciais ao controlo e normalização de procedimentos.

2 – A adaptação do presente modelo faz-se por decreto regulamentar ou, no caso dos institutos públicos, nos termos previstos nos respectivos estatutos.

Anotações
I – Nos serviços que tenham um sistema de classificação de serviço específico, a avaliação relativa a 2004 efectua-se de acordo com a lei anterior. O SIADAP deve ser adaptado aos mesmos organismos, mediante Decreto Regula-

Lei n.º 10/2004, de 22 de Março 77

mentar, ou, no caso de institutos públicos, nos termos previstos nos respectivos estatutos, até ao termo do ano de 2004 – *vide* o artigo 41.º, n.º 5, do Decreto Regulamentar n.º 19-A/2004. Nesta adaptação devem ser observados os princípios e objectivos do SIADAP consignados na Lei n.º 10/2004, e, bem assim, as regras essenciais ao controlo e normalização de procedimentos (ex. percentagens máximas para as classificações de *Muito Bom* e de *Excelente).*

A verdade é que esta adaptação ainda não foi feita pela esmagadora maioria dos serviços abrangidos por este artigo 21.º. Até à data, temos conhecimento de apenas três adaptações do SIADAP, a saber, a Resolução n.º 83/2004, de 29 de Dezembro, da Assembleia da República (Regulamento do Sistema de Avaliação de Desempenho da Assembleia da República – SIADAR), o Despacho Normativo n.º 13/2005, de 11 de Fevereiro, (Regulamento de Carreiras da UMIC – Agência para a Sociedade do Conhecimento, IP) e o Decreto Regulamentar n.º 10/2005, de 12 de Setembro (adapta o Sistema Integrado de Avaliação do Desempenho da Administração Pública ao pessoal da carreira técnica superior de inspecção da Inspecção-Geral da Educação). Com interesse em matéria de SIADAP, veja-se, ainda, o Despacho Normativo n.º 42/2005, de 18 de Agosto (gestão por objectivos em todas as unidades orgânicas do Ministério dos Negócios Estrangeiros.

II – A adaptação do SIADAP prevista neste artigo 21.º encontra-se balizada no artigo 7.º, n.º 2, do Decreto Regulamentar n.º 19-A/2004, no que toca às ponderações das componentes da avaliação na determinação da avaliação final para os corpos especiais e as carreiras de regime especial (não pode ser inferior a 40% para os objectivos, nem inferior a 30%, no caso das competências comportamentais).

ARTIGO 22.º
Regulamentação

A regulamentação necessária à aplicação da presente lei é aprovada por decreto regulamentar.

Anotações

Em cumprimento do disposto nesta norma foi publicado o Decreto Regulamentar n.º 19-A/2004, de 14 de Maio, com entrada em vigor no dia seguinte, que procedeu à regulamentação da Lei n.º 10/2004 no que se refere ao sistema de avaliação do desempenho dos funcionários, agentes e demais trabalhadores dos serviços e organismos da administração directa do Estado, bem como ao sistema de avaliação dos dirigentes de nível intermédio dos mesmos organismos.

ARTIGO 23.°
Norma revogatória

1 – São revogados:

a) **O Decreto Regulamentar n.° 44-B/83, de 1 de Junho;**
b) **A Portaria n.° 642-A/83, de 1 de Junho;**
c) **O artigo 30.° do Decreto-Lei n.° 184/89, de 2 de Junho;**
d) **O artigo 11.° do Decreto-Lei n.° 248/85, de 15 de Julho.**

2 – São derrogadas todas as normas constantes de diplomas gerais ou especiais que prevejam classificação de serviço inferior a Bom para progressão ou promoção nas carreiras.

Anotações

I – Diplomas revogados:
– Decreto Regulamentar n.° 44-B/83, de 1 de Junho – anterior regime de classificação de serviço na Função Pública;
– Portaria n.° 642-A/83, de 1 de Junho – modelos das fichas de notação dos funcionários e agentes na vigência do Decreto Regulamentar n.° 44-B/83, de 1 de Junho.
– Artigo 30.° do Decreto-Lei n.° 184/89, de 2 de Junho, com a seguinte redacção:

"1 – Os membros do Governo podem atribuir menções de mérito excepcional em situações de relevante desempenho de funções:
a) A título individual;
b) Conjuntamente, aos membros de uma equipa.
2 – A proposta ao membro do Governo respectivo sobre a atribuição da menção de mérito excepcional cabe aos dirigentes máximos de cada ministério, constituídos, para o efeito, em júri ad hoc.
3 – A proposta é da iniciativa do dirigente máximo do serviço, que deve, no âmbito da avaliação, atender ao trabalho desenvolvido pelos efectivos de todos os grupos de pessoal do respectivo serviço.
4 – A atribuição da menção de mérito excepcional deve especificar os seus efeitos, permitindo, alternativamente:
a) Redução do tempo de serviço para efeitos de promoção ou progressão;
b) Promoção na respectiva carreira independentemente de concurso.
5 – No âmbito das autarquias locais, os órgãos executivos deliberam sobre a atribuição da menção de mérito excepcional, a qual será sujeita a ratificação do órgão deliberativo.

Lei n.º 10/2004, de 22 de Março 79

6 – As atribuições de mérito excepcional são publicadas na 2.ª série do Diário da República por extracto, que conterá, de forma sucinta, os motivos da atribuição".

– Artigo 11.º do Decreto-Lei n.º 248/85, de 15 de Julho, com a seguinte redacção:

"1 – Aos funcionários e agentes será atribuída uma classificação de serviço respeitante aos períodos determinados pela lei.

2 – A classificação de serviço deverá contribuir para um melhor aproveitamento dos recursos humanos, de molde a optimizar os resultados dos serviços e a propiciar o desenvolvimento da carreira profissional dos funcionários.

3 – A classificação de serviço é dada a conhecer ao interessado, expressa-se, em regra, numa menção, qualitativa e deverá traduzir o mérito individual evidenciado.

4 – Para efeitos de promoção e progressão nas carreiras, as menções qualitativas relevantes em cada situação poderão ser interpoladas, mas serão necessariamente em número igual ao dos anos de serviço exigidos como re-quisito de tempo mínimo de permanência na categoria anterior, não podendo a última menção atribuída ser inferior à menção mínima requerida em cada situação.

5 – É garantido aos interessados o direito de recurso nos termos legais aplicáveis".

II – Exemplo de norma derrogada:
Artigo 19.º, n.º 3, do Decreto-Lei n.º 353-A/89, de 16 de Outubro: *"A atribuição de classificação de serviço de Não Satisfatório ou equivalente determina a não consideração do tempo de serviço prestado com essa classificação para efeitos de progressão".* Esta norma, relativa à mudança de escalão, reporta-se hoje a avaliações inferiores a *Bom* (artigos 7.º, n.º 2 e 23.º, n.º 2, da Lei n.º 10/2004).

ARTIGO 24.º
Entrada em vigor

1 – A presente lei entra em vigor no dia imediato ao da sua publicação.

2 – Todas as promoções e progressões nas carreiras e categorias, a partir de 1 de Janeiro de 2005, ficam condicionadas à aplicação do sistema de avaliação de desempenho constante da presente lei, sem prejuízo de serem consideradas as classificações de serviço obtidas nos anos imediatamente anteriores, desde que necessárias para completar

80   *Sistema Integrado da Avaliação do Desempenho da Administração Pública*

os módulos de tempo respectivos, independentemente do disposto no n.° 2 do artigo anterior.

Anotações

I – Nos termos desta norma, as promoções na carreira dos funcionários que só tenham completado o tempo de serviço necessário para tal a partir de 1 de Janeiro de 2005, *inclusive,* e as progressões nas categorias dos funcionários/ /agentes que hajam completado o correspondente módulo de antiguidade no escalão anterior a partir de 1 de Janeiro de 2005, *inclusive,* ficam condicionadas à aplicação do SIADAP, sem prejuízo de serem consideradas as classificações de serviço obtidas nos anos imediatamente anteriores necessários para completar os módulos de tempo para promoção/progressão.

Relativamente aos anos de serviço anteriores a 2004, são válidas as classificações de serviço então exigidas por lei. Assim, por exemplo, no caso de progressão na categoria, basta a classificação de *Regular* para estes anos (cfr. o hoje derrogado artigo 19.°, n.° 3, do Decreto-Lei n.° 353-A/89, de 16 de Outubro).

Importa contudo salientar que os funcionários e agentes não podem ser prejudicados pelo facto de no organismo a que pertencem / onde prestam serviço não se ter procedido à aplicação do SIADAP no que toca ao ano de 2004. Assim sendo, parece-nos que nestes casos (que serão inúmeros) há que recorrer ao suprimento da avaliação no que concerne ao ano de 2004, para efeitos de promoção/progressão, nos termos e ao abrigo do disposto nos artigos 18.° e 19.°, do Decreto Regulamentar n.° 19-A/2004. Pelo menos até que exista legislação regulamentadora deste tipo de situações, isto é, que implemente uma solução para os casos em que o SIADAP não foi aplicado relativamente ao ano de 2004.

II – Relativamente às progressões a efectuar no decurso do ano de 2005, dever-se-á ter em conta o disposto nos artigos 19.° e 20.°, do Decreto--Lei n.° 353-A/89, de 16 de Outubro, sendo que o n.° 3 do artigo 19.° se encontra hoje derrogado pelos artigos 7.°, n.° 2, e 23.°, n.° 2, da Lei n.° 10/2004, na parte em que se refere a uma classificação de *Não Satisfatório,* hoje reportada a uma avaliação inferior a *Bom (Necessita de Desenvolvimento* ou *Insuficiente):*

"Artigo 19.°
Progressão

1 – A progressão nas categorias faz-se por mudança de escalão.
2 – A mudança de escalão depende da permanência no escalão imediatamente anterior dos seguintes módulos de tempo:
    a) Nas carreiras horizontais, quatro anos;
    b) Nas carreiras verticais, três anos.

Lei n.° 10/2004, de 22 de Março 81

3 – A atribuição de classificação de serviço de Não satisfatório ou equivalente determina a não consideração do tempo de serviço prestado com essa classificação para efeitos de progressão.

4 – O disposto nos números anteriores não prejudica a fixação de regras próprias de progressão para carreiras de regime especial e corpos especiais.

Artigo 20.°
Formalidades

1 – A progressão é automática e oficiosa.

2 – A progressão não depende de requerimento do interessado, devendo os serviços proceder com diligência ao processamento oficioso das progressões.

3 – O direito à remuneração pelo escalão superior vence-se no dia 1 do mês seguinte ao do preenchimento dos requisitos estabelecidos no artigo anterior, dependendo o seu abono da simples confirmação das condições legais por parte do dirigente máximo do serviço a cujo quadro o funcionário pertence ou o agente está vinculado.

4 – Mensalmente será afixada em cada serviço a listagem dos respectivos funcionários e agentes que tenham progredido de escalão.

5 – A progressão não carece de fiscalização prévia do Tribunal de Contas nem de publicação no Diário da República".

DECRETO REGULAMENTAR N.º 19-A/2004, DE 14 DE MAIO

A avaliação do desempenho é um instrumento de desenvolvimento da estratégia das organizações, fornecendo elementos essenciais para melhorar a definição das funções, ajustar a formação às necessidades dos trabalhadores, abrir oportunidades de carreira de acordo com as potencialidades demonstradas por cada um e valorizar as contribuições individuais para a equipa.

A avaliação de desempenho é também uma das mais poderosas ferramentas para a gestão de recursos humanos. O seu objectivo é melhorar os resultados, ajudando os trabalhadores a atingir níveis de desempenho mais elevados, sendo uma fonte de informação útil para desencadear medidas de desenvolvimento pessoal e profissional.

A instituição de um modelo credível de avaliação é essencial para a introdução de uma nova cultura de gestão pública, para uma correcta apreciação dos recursos alocados a cada um dos organismos e funções e para a criação de condições de maior motivação profissional, qualificação e formação permanente dos recursos humanos.

Trata-se também de um instrumento de gestão que, a ser devidamente utilizado, permitirá identificar desequilíbrios funcionais, deficiências organizacionais, responsabilizar o pessoal e os dirigentes e criar um clima de exigência, de mérito e de transparência na acção dos serviços.

Com a criação do sistema integrado de avaliação do desempenho na Administração Pública (SIADAP) pela Lei n.º 10/2004, de 22 de Março, a Administração Pública passa a dispor de um instrumento efectivo para avaliar o desempenho dos seus serviços e organismos, dirigentes e trabalhadores.

Obedecendo aos princípios e regras gerais de avaliação do desempenho definidos pelo SIADAP, é regulamentado, desde já, o processo de avaliação dos trabalhadores e dirigentes da Administração Pública.

84 *Sistema Integrado da Avaliação do Desempenho da Administração Pública*

Com esta regulamentação criam-se os mecanismos indispensáveis à aplicação do novo sistema de avaliação do desempenho, designadamente calendarizando e concretizando as diversas fases que integram o processo de avaliação e definindo regras para a sua execução e aplicação em concreto aos diversos serviços e organismos.

É ainda regulamentada a matéria referente ao conselho coordenador da avaliação, criado como instância de consulta, apoio e apreciação das reclamações, determinando-se a sua composição e forma de funcionamento, e são definidas as modalidades de avaliação do desempenho e os casos especiais de suprimento da mesma.

É dado o devido relevo à determinação específica da relação da avaliação de desempenho e o processo de desenvolvimento profissional de cada trabalhador através da adequada formação.

O presente diploma regulamenta também a avaliação dos dirigentes de nível intermédio, de modo a garantir um processo homogéneo e coerente com as especificidades próprias da função, tendo como objectivo reforçar a capacidade de liderança e as competências de gestão.

Por fim, são previstos os instrumentos de gestão e controlo do sistema de avaliação do desempenho, através da atribuição de competências para a elaboração e divulgação dos relatórios dos resultados obtidos.

Quanto à entrada em vigor e aplicação do diploma no 1.º ano, determina-se que serão fixados objectivos para o 2.º semestre de 2004, a ser avaliados em 2005, e que o resultado dessa avaliação será considerado para o ano completo de 2004.

Este modelo de avaliação do desempenho é, assim, um novo instrumento de gestão no sentido de promover uma cultura de mérito, exigência, motivação e reconhecimento, por forma a potenciar os níveis de eficiência e qualidade dos serviços públicos, com base em objectivos de qualidade e excelência, de liderança e responsabilidade e de mérito e qualificação.

Foram observados os procedimentos decorrentes da Lei n.º 23/98, de 26 de Maio.

Assim:

Nos termos do artigo 22.º da Lei n.º 10/2004, de 22 de Março, e da alínea c) do artigo 199.º da Constituição, o Governo decreta o seguinte:

REGULAMENTO DA AVALIAÇÃO DO DESEMPENHO DOS TRABALHADORES E DIRIGENTES INTERMÉDIOS DA ADMINISTRAÇÃO PÚBLICA

CAPÍTULO I
Objecto e âmbito de aplicação

ARTIGO 1.º
Objecto e âmbito de aplicação

1 – O presente diploma regulamenta a Lei n.º 10/2004, de 22 de Março, no que se refere ao sistema de avaliação do desempenho dos funcionários e agentes dos serviços e organismos da administração directa do Estado, bem como ao sistema de avaliação aplicável aos dirigentes de nível intermédio.

2 – A aplicação do presente diploma abrange ainda os demais trabalhadores da administração directa do Estado, independentemente do título jurídico da relação de trabalho, desde que o respectivo contrato seja por prazo superior a seis meses.

3 – A aplicação do presente diploma aos institutos públicos faz-se sem prejuízo das adaptações necessárias.

Anotações
Vide as anotações aos artigos 1.º e 2.º, da Lei n.º 10/2004, de 22 de Março.

CAPÍTULO II
Estrutura e conteúdo do sistema de avaliação de desempenho

SECÇÃO I
Componentes para a avaliação

ARTIGO 2.º
Componentes para a avaliação

A avaliação de desempenho na Administração Pública integra as seguintes componentes:

a) Objectivos;
b) Competências comportamentais;
c) Atitude pessoal.

Anotações

I – *Vide* as anotações efectuadas ao artigo 8.º, da Lei n.º 10/2004.

II – Nos termos do artigo 17.º, n.º 2, da Lei n.º 10/2004, constitui especificidade do processo de avaliação dos dirigentes de nível intermédio o facto de a atitude pessoal não fazer parte das respectivas componentes da avaliação. Talvez porque seja impensável que um titular de um cargo dirigente não tenha uma atitude profissional proactiva, francamente empenhada, no desempenho das respectivas funções. Por isso não deveria, a nosso ver, ser admissível a continuação em funções de um dirigente classificado com nota inferior a *Bom* em qualquer ano da respectiva comissão de serviço.

ARTIGO 3.º
Objectivos

1 – A avaliação dos objectivos visa comprometer os trabalhadores com os objectivos estratégicos da organização e responsa-bilizar pelos resultados, promovendo uma cultura de qualidade, responsabilização e optimização de resultados, de acordo com as seguintes regras:

Decreto Regulamentar n.º 19-A/2004, de 14 de Maio

a) **O processo de definição de objectivos e indicadores de medida, para os diferentes trabalhadores, é da responsabilidade de cada organismo;**

b) **Os objectivos devem ser acordados entre avaliador e avaliado no início do período da avaliação prevalecendo, em caso de discordância, a posição, do avaliador;**

c) **A definição dos objectivos deve ser clara e dirigida aos principais resultados a obter pelo colaborador no âmbito do plano de actividades do respectivo serviço;**

d) **Os objectivos a fixar devem ser no máximo cinco e no mínimo três, dos quais pelo menos um é de responsabilidade partilhada;**

e) **São objectivos de responsabilidade partilhada os que implicam o desenvolvimento de um trabalho em equipa ou esforço convergente para uma finalidade determinada;**

f) **Os objectivos devem ser sujeitos a ponderação, não podendo cada um deles ter valor inferior a 15% ou a 20%, consoante tenham sido fixados, respectivamente, em cinco ou menos objectivos.**

2 – De acordo com os indicadores de medida de concretização previamente estabelecidos, cada objectivo é aferido em três níveis:

Nível 5 – superou claramente o objectivo;

Nível 3 – cumpriu o objectivo;

Nível 1 – não cumpriu o objectivo.

3 – A avaliação desta componente resulta da média ponderada dos níveis atribuídos.

Anotações

I – A avaliação do grau de observância dos objectivos previamente fixados aos trabalhadores/dirigentes de nível intermédio visa, na intenção do legislador, envolvê-los na prossecução dos objectivos estratégicos do organismo e da unidade orgânica onde exercem funções e promover uma cultura de mérito e de excelência na Função Pública, sendo a implementação desta garantida mediante a previsão de compensações, a nível da carreira, para os avaliados de *Muito Bom* e de *Excelente* (cfr. artigo 15.º, da Lei n.º 10/2004) e, no caso dos trabalhadores, também através da fixação de quotas (respectivamente de 20% e de 5%) para estas avaliações máximas, por forma a garantir que apenas alguns (os melhores) tenham estas avaliações. Já dissemos supra que as quotas em causa, nos valores vigentes, são fortemente susceptíveis de gerar iniquidade.

88 Sistema Integrado da Avaliação do Desempenho da Administração Pública

Em suma, o que se pretende é avaliar os contributos de cada avaliado para a concretização da missão que legalmente se encontra confiada ao organismo onde exercem funções (objectivos estratégicos do organismo).

II – O processo de definição e avaliação dos objectivos dos trabalhadores obedece a um conjunto de regras previamente estabelecidas na lei:
- Os objectivos individuais de cada trabalhador são contratualizados entre avaliador e avaliando na entrevista de avaliação a ter lugar no mês de Fevereiro do ano a que se reportam. Neste sentido dispõe o artigo 26.°, do Decreto Regulamentar n.° 19-A/2004: *"Durante o mês de Fevereiro realizam-se as entrevistas individuais dos avaliadores com os respectivos avaliados, com o objectivo de analisar a auto-avaliação do avaliado, dar conhecimento da avaliação feita pelo avaliador e de estabelecer os objectivos a prosseguir pelos avaliados nesse ano"*. Curiosamente esta norma parece contrariar o disposto neste artigo 3.°, n.° 1, alínea b), no qual se refere expressamente que os objectivos são fixados no início do período de avaliação, isto é, de acordo com o disposto no artigo 23.°, n.° 3, do Decreto Regulamentar n.° 19-A/2004, a partir de 5 de Janeiro. Uma vez que esta solução é consagrada na lei apenas indirectamente e que o supra citado artigo 26.° dispõe expressamente em contrário, pensamos que prevalece o nele disposto (até ao final de Fevereiro de cada ano civil), isto sem embargo de considerarmos que esta solução não é muito feliz, pois a planificação importa, por natureza, antecedência: os objectivos dos avaliandos deveriam ser fixados no mês de Dezembro de cada ano, relativamente ao ano seguinte, ou, quando muito, no mês de Janeiro de cada ano. Este é sem dúvida um aspecto do SIADAP a rever.
  Nos termos da lei, só a definição dos objectivos é que está sujeita a contratualização entre avaliador e avaliado. Ao avaliador, e só a ele, compete definir os indicadores de medida, isto é, os parâmetros pelos quais aferirá do cumprimento ou não dos objectivos fixados e, bem assim, a ponderação ou peso relativo de cada um dos objectivos previamente estabelecidos na respectiva avaliação (relativamente à definição da ponderação dos objectivos exclusivamente por parte do avaliador, *vide* as instruções de preenchimento das fichas de avaliação do desempenho publicadas em anexo à Portaria n.° 509-A/2004, de 14 de Maio).
  Não se vê todavia obstáculo a que estes aspectos sejam objecto de diálogo entre avaliador e avaliado. Aliás, em nosso entender, atentos os objectivos visados com a aprovação do SIADAP, designadamente a promoção do trabalho em equipa, a definição dos indicadores de medida e a ponderação de cada um dos objectivos poderá/deverá igualmente ser objecto de contratualização entre avaliador e avaliando aquando da

Decreto Regulamentar n.º 19-A/2004, de 14 de Maio 89

realização da entrevista de avaliação. Até porque, em caso de discordância, prevalece a vontade do avaliador.

- A definição dos objectivos dos trabalhadores/dirigentes de nível intermédio deve resultar de um processo "negocial" entre avaliador e avaliando (*vide* os artigos 3.º, alínea b), 12.º, n.º 1, alíneas a) e b), 26.º e 31.º, do Decreto Regulamentar n.º 19-A/2004).
Quando entre avaliador e avaliando não seja possível estabelecer um acordo quanto à definição dos objectivos a prosseguir por este último no período em causa, prevalece a posição do avaliador – cfr. parte final do artigo 3.º, alínea b), do Decreto Regulamentar n.º 19-A/2004.

- Os objectivos dos trabalhadores/dirigentes de nível intermédio deverão ser fixados tendo como pano de fundo os objectivos previamente estabelecidos para o organismo e para a unidade orgânica a que se encontrem afectos – cfr. artigos 12.º, n.º 1, alínea a), e 31.º, do Decreto Regulamentar n.º 19-A/2004.
Os objectivos devem ser redigidos de forma clara e definidos de acordo com os principais resultados a obter pelos avaliandos no período em avaliação. Ou seja, os objectivos devem representar as principais actividades levadas a cabo pelos trabalhadores/dirigentes de nível intermédio. As actividades levadas a cabo pelos avaliandos que não se enquadrem nos respectivos objectivos deverão, em nosso entender, ser valoradas em sede das componentes da avaliação do desempenho competências comportamentais e (no caso dos trabalhadores), atitude pessoal.

- Nos termos da lei, os objectivos dos avaliandos devem ser no máximo de cinco e no mínimo de três, sendo que, em qualquer um dos casos, um deverá ser necessariamente de responsabilidade partilhada, isto é, reportar-se a trabalho de equipa.
Se tiverem sido fixados cinco objectivos, cada um deles não poderá ter ponderação inferior a 15%, se forem três os objectivos fixados, cada um deles não pode ter ponderação inferior a 20% – *vide* o artigo 3.º, n.º 1, alíneas d), e f), do Decreto Regulamentar n.º 19-A/2004. Esta ponderação serve apenas para determinar a avaliação da componente objectivos. Para obtenção da avaliação do desempenho, a avaliação obtida em cada uma das respectivas componentes, como sejam os objectivos, é submetida a nova ponderação, desta feita fixada na lei (artigos 7.º e 32.º, n.ºs 1 e 2, do Decreto Regulamentar n.º 19-A/2004, consoante se trate de trabalhadores ou de dirigentes de nível intermédio).

III – Relativamente à fixação de objectivos aos trabalhadores e dirigentes de nível intermédio, *vide* os n.ºs 2.2.1 e 2.2.4, da Resolução do Conselho de Ministros n.º 53/2004, de 21 de Abril.

IV – Os indicadores do cumprimento dos objectivos ou indicadores de desempenho são meios de controlo da execução dos objectivos, correspondendo

90 *Sistema Integrado da Avaliação do Desempenho da Administração Pública*

a acções ou etapas para os atingir. Podem ser expressos em prazos, valores, percentagens, etc.

Exemplificando:

Objectivo – implementação de sistemas informáticos na Direcção-Geral *Y*

Indicadores de desempenho:

a) Levantamento das necessidades (Março)
b) Preparação do processo de concurso (Maio)
c) Concurso e adjudicação (Junho, Julho e Agosto)
d) Execução do projecto (Setembro e Outubro)

Objectivo – aumentar a taxa de atendimento de utentes na Direcção-Geral *Z* em 5%

Indicadores de desempenho – Relação entre o número de utentes atendidos e o número de utentes que procuraram o serviço.

V – Os indicadores de medida ou de desempenho devem ser insertos nas fichas de avaliação, no espaço a eles reservado, juntamente com a descrição dos objectivos (imediatamente a seguir a cada um destes). Consideramos que estes indicadores deveriam constar de um espaço autónomo nas fichas de avaliação.

VI – Porque há casos em que a prossecução de objectivos de responsabilidade partilhada, tendo em conta as funções concretamente desempenhadas pelo avaliando, não é possível ou é claramente forçada, afigura-se-nos que a lei deveria contemplar a possibilidade, ainda que a título excepcional, de inexistência de partilha de objectivos.

VII – Cada uma das componentes da avaliação, designadamente os objectivos, são, na determinação da avaliação final, objecto de nova ponderação, fixada nos artigos 7.°, n.° 1, do Decreto Regulamentar n.° 19-A/2004, para os trabalhadores por grupo profissional e, para os dirigentes de nível intermédio, no artigo 32.° do mesmo Decreto Regulamentar. Isto é, as componentes da avaliação objectivos e competências comportamentais são objecto de dupla ponderação, uma para atribuição da avaliação de cada uma delas (ex. avaliação dos objectivos), outra para determinação da avaliação final ou global (avaliação do desempenho).

VIII – O SIADAP veio obrigar os avaliadores a controlarem muito mais os respectivos subordinados, pois aqueles, para afirmarem se os objectivos destes últimos foram efectivamente cumpridos e de que modo, têm de acompanhar o trabalho dos avaliandos. Facto cuja necessidade parecerá uma evidência para a qual não seria necessário o SIADAP. Anteriormente, porém, este acompanhamento nem sempre se verificaria...

Decreto Regulamentar n.º 19-A/2004, de 14 de Maio 91

IX – Em relação à influência do horário praticado pelo avaliado na fixação dos respectivos objectivos, opina a Direcção-Geral da Administração Pública: *"O número máximo e mínimo de objectivos (3 e 5) impostos por lei não podem ser alterados em razão da carga horária. A carga horária não implicando, necessariamente, uma diferenciação do tipo de objectivos deverá contudo ser tida em conta quer na quantificação dos objectivos, quer na apreciação do respectivo grau de cumprimento. Assim, quaisquer reduções da carga horária legalmente autorizadas devem ser ponderadas pelo avaliador no momento da fixação de objectivos"* [14].

X – Em relação ao período a que os objectivos dos avaliados se devem reportar, entende a Direcção-Geral da Administração Pública que: *"Os objectivos podem ser fixados para períodos diferentes, tendo como limite máximo a anualidade. No caso da fixação de um objectivo anual, será aconselhável fazer associar indicadores de medida que permitam, em qualquer fase do ano, apurar do nível de cumprimento do objectivo para, designadamente, permitir a correcção de eventuais desvios"* [15].

XI – Relativamente à situação de eventual incumprimento de objectivo(s) por motivos não imputáveis ao avaliando, pensamos que o legislador poderia ter consagrado algumas soluções, designadamente a possibilidade de a respectiva ponderação ser repartida entre os demais objectivos cumpridos (isto é, só estes últimos é que seriam objecto de avaliação). Outra solução possível, provavelmente mais iníqua, seria considerar o(s) objectivo(s) não cumpridos por motivos não imputáveis ao avaliando como cumpridos.

XII – A revisão dos objectivos, legalmente admissível, tem carácter excepcional. Deve ser sempre fundamentada pelo avaliador e feita logo que seja detectada a impossibilidade de cumprimento dos objectivos previamente fixados, seja qual for a razão para tal (motivo imputável ao serviço, reafectação interna do avaliando, superveniência de previsíveis faltas por maternidade, faltas diversas). Os novos objectivos devem ser contratualizados entre avaliador e avaliando. Esta matéria deveria encontrar-se minimamente balizada na lei.

---

[14] Este texto consta do *site* da Direcção-Geral da Administração Pública, com o endereço www.dgap.gov.pt.

[15] Texto inserto no *site* da Direcção-Geral da Administração Pública, com o endereço www.dgap.gov.pt.

ARTIGO 4.°
Competências comportamentais

A avaliação das competências comportamentais visa promover o desenvolvimento e qualificação dos dirigentes e trabalhadores, maximizar o seu desempenho e promover uma cultura de excelência e qualidade, de acordo com as seguintes regras:

a) As competências são definidas em função dos diferentes grupos profissionais de forma a garantir uma melhor adequação dos factores de avaliação às exigências específicas de cada realidade;

b) O avaliado deve ter conhecimento, no início do período de avaliação, das competências exigidas para a respectiva função, assim como da sua ponderação;

c) O número de competências deve ser no mínimo de quatro e no máximo de seis;

d) A ponderação de cada competência não pode ser inferior a 10%.

Anotações

I – Relativamente a este artigo, *vide* as anotações efectuadas ao artigo 8.°, da Lei n.° 10/2004, e as fichas de avaliação dos diferentes grupos profissionais aprovadas pela Portaria n.° 509-A/2004, de 14 de Maio.

II – As competências comportamentais e respectivas ponderações são fixadas com os objectivos, na entrevista de avaliação, a realizar até ao final de Fevereiro de cada ano.

III – A ponderação a que se refere a alínea d), deste artigo 4.°, serve para obter a avaliação da componente competências comportamentais. Quanto à ponderação da avaliação obtida nas competências comportamentais para efeitos de determinação da avaliação final, cfr., para os trabalhadores, o artigo 7.°, n.° 1, do Decreto Regulamentar n.° 19-A/2004 e, para os dirigentes de nível intermédio, o artigo 32.°, do Decreto Regulamentar n.° 19-A/2004.

IV – Em nosso entender, todas as actividades desenvolvidas pelos trabalhadores no período em avaliação não compreendidas nos respectivos objectivos devem ser valoradas nesta componente e, ainda, na componente atitude pessoal. A valoração destas actividades extra-objectivos é muito importante, pois o SIADAP não pode funcionar como uma máquina redutora que faz com que os trabalhadores só cumpram os respectivos objectivos, com eventual prejuízo para o serviço. Claro

Decreto Regulamentar n.º 19-A/2004, de 14 de Maio   93

está que os trabalhadores que não cumpram os seus objectivos devido ao facto de, comprovadamente, terem estado a executar outras tarefas essenciais para o serviço por determinação superior não podem ser por isso penalizados. Em suma, na aplicação do SIADAP há que usar de bom senso e de moderação.

V – Face ao que se encontra previsto na lei, podemos concluir que as competências comportamentais:
- Se referem a características pessoais que diferenciam níveis de desempenho de funções;
- São definidas em função dos diferentes grupos profissionais – *vide* as correspondentes fichas de avaliação (Portaria n.º 509-A/2004, de 14 de Maio);
- Os factores que as integram e a descrição dos comportamentos que lhes correspondem constam das fichas de avaliação do desempenho;
- O avaliado deve ter conhecimento, na entrevista de avaliação, das competências exigidas para as respectivas funções no ano em curso e da sua ponderação;
- A fixação das competências comportamentais e das respectivas ponderações é da exclusiva competência do avaliador;
- A ponderação de cada uma não pode ser inferior a 10%;
- O número mínimo de competências comportamentais é de quatro e o número máximo é de seis;
- Há competências comportamentais aplicáveis somente a funcionários que exerçam funções de chefia ou de coordenação (é o caso da competência n.º 6 – capacidade de coordenação – do pessoal dos grupos técnico-profissional e administrativo);
- Relativamente à avaliação da componente competências comportamentais, ela pode ser a seguinte para os trabalhadores e os dirigentes de nível intermédio:

Excelente (5) — Excede claramente o modelo de comportamentos definido para a competência, destacando-se no conjunto de funcionários da mesma categoria por um desempenho especialmente relevante, contribuindo significativamente para a melhoria do serviço.

Muito Bom (4) — Supera o modelo de comportamentos definido para a competência, revelando grande qualidade de desempenho e uma actuação activa, contribuindo para a qualidade do serviço.

Bom (3) — Enquadra-se no modelo de comportamentos definido para a competência, revelando capacidade de desempenho e actuando de forma positiva, contribuindo assim para a qualidade do serviço.

Necessita de desenvolvimento (2) — Não atinge o modelo de comportamentos definido para a competência, actuando de modo irregular e variável, revelando algumas dificuldades de desempenho.

94 *Sistema Integrado da Avaliação do Desempenho da Administração Pública*

Insuficiente (1) — Está claramente abaixo do modelo de comportamentos definido para a competência, evidenciando deficiências graves de desempenho e revelando comportamentos desadequados à função/cargo.

ARTIGO 5.º
Atitude pessoal

A avaliação da atitude pessoal visa a apreciação geral da forma como a actividade foi desempenhada pelo avaliado, incluindo aspectos como o esforço realizado, o interesse e a motivação demonstrados.

Anotações

I – *Vide* as anotações ao artigo 8.º, da Lei n.º 10/2004.

II – Relativamente a esta componente da avaliação do desempenho, veja--se o disposto no artigo 17.º, n.º 2, da Lei n.º 10/2004 *"São especificidades do processo de avaliação dos dirigentes de nível intermédio, designadamente a não integração da atitude pessoal nas componentes da avaliação e a não sujeição a percentagens máximas para a atribuição das classificações mais elevadas, sem prejuízo da necessária garantia de harmonização das avaliações".*

III – A ponderação desta componente da avaliação do desempenho, exclusiva dos trabalhadores, na determinação da respectiva avaliação final, encontra-se fixada no artigo 7.º, n.º 1, do Decreto Regulamentar n.º 19-A/2004.

IV – Em nosso entender, a actividade desenvolvida pelos trabalhadores não compreendida nos objectivos previamente contratualizados deverá ser valorada na componente da avaliação do desempenho atitude pessoal e, bem assim, na componente competências comportamentais.

V – Os factores que integram a componente atitude pessoal constam sumariamente das instruções de preenchimento das fichas de avaliação do desempenho dos trabalhadores.

VI – A avaliação da componente atitude pessoal dos trabalhadores pode ser a seguinte (*vide* as instruções de preenchimento das fichas de avaliação do desempenho dos trabalhadores):
Excelente (5) — Evidenciou uma notável dinâmica na prossecução dos objectivos, demonstrou sempre elevado interesse em aprofundar os seus conhecimentos, distinguiu-se por manter um elevado nível de motivação pessoal, assim como elevados padrões de exigência em relação àquilo que faz, mantém

excelentes relações interpessoais com os colegas e promove acentuadamente o esforço da equipa a que pertence, destacando-se claramente como uma referência no grupo de trabalho.

Muito Bom (4) — Demonstrou grande dinâmica na prossecução dos objectivos, manifestou muito interesse em aprofundar os seus conhecimentos, manteve um alto nível de motivação pessoal, assim como altos padrões de exigência em relação àquilo que faz, mantém muito boas relações interpessoais com os colegas e fomenta activamente o esforço da equipa a que pertence.

Bom (3) — Revelou dinamismo na prossecução dos objectivos e interesse em aprofundar os seus conhecimentos, manteve um bom nível de motivação pessoal, assim como bons padrões de exigência em relação àquilo que faz, mantém boas relações interpessoais com os colegas e fomenta o esforço da equipa a que pertence.

Necessita de desenvolvimento (2) — Revelou pouca dinâmica na prossecução dos objectivos, não manifestou interesse em aprofundar os seus conhecimentos e melhorar as suas competências, demonstrou um baixo nível de motivação pessoal, assim como baixos padrões de exigência em relação àquilo que faz, tem uma relação cordial com os colegas e participa o esforço da equipa a que pertence.

Insuficiente (1) — Revelou passividade e negligência na prossecução dos objectivos, manifestou desinteresse em aprofundar os seus conhecimentos e melhorar as suas competências, evidenciou falta de motivação pessoal, assim como indiferença em relação àquilo que faz, tem dificuldades de relacionamento com os colegas e de integração nas equipas de trabalho.

SECÇÃO II
Sistema de classificação

ARTIGO 6.º
Escala de avaliação

1 – A avaliação de cada uma das componentes do sistema de avaliação de desempenho é feita numa escala de 1 a 5, devendo a classificação ser atribuída pelo avaliador em números inteiros.

2 – O resultado global da avaliação de cada uma das componentes do sistema de avaliação de desempenho é expresso na escala de 1 a 5 correspondente às seguintes menções qualitativas:

Excelente – de 4,5 a 5 valores;

Muito bom – de 4 a 4,4 valores;

96   *Sistema Integrado da Avaliação do Desempenho da Administração Pública*

Bom – de 3 a 3,9 valores;
Necessita de desenvolvimento – de 2 a 2,9 valores;
Insuficiente – de 1 a 1,9 valores.

Anotações

I – Quanto à avaliação da componente objectivos, *vide* o artigo 3.°, n.° 2, do Decreto Regulamentar n.° 19-A/2004. De acordo com esta norma, os objectivos são avaliados em três níveis:

Nível 5 – superou claramente o objectivo;
Nível 3 – cumpriu o objectivo;
Nível 1 – não cumpriu o objectivo.

II – A redacção do artigo 6.°, n.° 1, do Decreto Regulamentar n.° 19-A/ 2004 é susceptível de comportar duas interpretações:

Uma possível interpretação desta norma é a seguinte: a avaliação de cada uma das componentes da avaliação do desempenho (objectivos, competências comportamentais e, no caso dos trabalhadores, atitude pessoal) deve ser feita em números inteiros, numa escala de 1 a 5, com as especialidades referidas na nota I para a avaliação dos objectivos. A final, a avaliação de cada uma das componentes não é expressa num número inteiro, pois são-lhes aplicadas as ponderações previamente fixadas, não devendo o resultado assim obtido sofrer qualquer arredondamento.

Uma segunda interpretação, sufragada pela Direcção-Geral da Administração Pública, e adoptada na aplicação informática concebida por esta Direcção--Geral e pelo Instituto de Informática, Sistema de Apoio ao SIADAP, que permite aos organismos levar a cabo o procedimento da avaliação do desempenho integralmente em suporte informático, diz que a avaliação das componentes deve ser feita em números inteiros, numa escala de 1 a 5, o que implica o arredondamento do resultado obtido para a unidade seguinte, se a primeira casa decimal for igual ou superior a 0,5, ou o arredondamento para a unidade contida no resultado final, se a primeira casa decimal for inferior a 0,5.

Importa salientar que deve prevalecer e ser observada a interpretação perfilhada pela Direcção-Geral da Administração Pública, ínsita no Sistema de Apoio ao SIADAP, *software* concebido por determinação do Governo, a utilizar no âmbito de toda a Administração Pública (arredondamento por excesso da classificação de cada componente da avaliação).

Todavia, não perfilhamos esta interpretação e apontamos-lhe o defeito de tornar mais rígida a escala de avaliação, pois com os arredondamentos parcelares das avaliações das diversas componentes a avaliação final é inflacionada. É assim que muitas vezes o avaliador obtém avaliações finais que não quer, sendo forçado a escolher a mais aproximada da que pretendia (às vezes mais baixa do que esta, com prejuízo para o avaliado, porque a seguinte possível é muito mais

Decreto Regulamentar n.º 19-A/2004, de 14 de Maio

elevada ou mais elevada, com prejuízo para os demais avaliados, atendendo à existência de quotas para atribuição das avaliações de *Muito Bom* e de *Excelente*).

A utilização do Sistema de Apoio ao SIADAP na qualidade de avaliador permite uma percepção clara destas limitações, a nosso ver desnecessárias e de efeitos perniciosos, pois implicam que as avaliações atribuídas não sejam tão exactas quanto possível. Entendemos, de facto, que o artigo 6.º, n.º 1, deste Decreto Regulamentar, apenas significa que a avaliação dos itens que integram as diversas componentes da avaliação deve ser atribuída em números inteiros (por exemplo, a cada um dos objectivos deve ser atribuída uma avaliação em números inteiros) e não que a avaliação de cada uma das componentes deve ser arredondada por forma a ser expressa, a final, em números inteiros.

Mas reconhecemos que a redacção do n.º 1, do artigo 6.º, do Decreto Regulamentar n.º 19-A/2004, é equívoca e pugnamos pela respectiva reformulação no sentido que defendemos, pelas razões invocadas.

III – A avaliação das competências comportamentais dos trabalhadores/ /dirigentes de nível intermédio pode ser a seguinte (*vide* as instruções de preenchimento das fichas de avaliação):

Excelente (5) – Excede claramente o modelo de comportamentos definido para a competência, destacando-se no conjunto de funcionários da mesma categoria por um desempenho especialmente relevante, contribuindo significativamente para a melhoria do serviço.

Muito Bom (4) – Supera o modelo de comportamentos definido para a competência, revelando grande qualidade de desempenho e uma actuação activa, contribuindo para a qualidade do serviço.

Bom (3) – Enquadra-se no modelo de comportamentos definido para a competência, revelando capacidade de desempenho e actuando de forma positiva, contribuindo assim para a qualidade do serviço.

Necessita de desenvolvimento (2) – Não atinge o modelo de comportamentos definido para a competência, actuando de modo irregular e variável, revelando algumas dificuldades de desempenho.

Insuficiente (1) – Está claramente abaixo do modelo de comportamentos definido para a competência, evidenciando deficiências graves de desempenho e revelando comportamentos desadequados à função/cargo.

IV – A avaliação da atitude pessoal, componente da avaliação do desempenho dos trabalhadores, pode ser a seguinte (*vide* as instruções de preenchimento das respectivas fichas de avaliação):

Excelente (5) – Evidenciou uma notável dinâmica na prossecução dos objectivos, demonstrou sempre elevado interesse em aprofundar os seus conhecimentos, distinguiu-se por manter um elevado nível de motivação pessoal, assim como elevados padrões de exigência em relação àquilo que faz, mantém exce-

98　*Sistema Integrado da Avaliação do Desempenho da Administração Pública*

lentes relações interpessoais com os colegas e promove acentuadamente o esforço da equipa a que pertence, destacando-se claramente como uma referência no grupo de trabalho.

Muito Bom (4) – Demonstrou grande dinâmica na prossecução dos objectivos, manifestou muito interesse em aprofundar os seus conhecimentos, manteve um alto nível de motivação pessoal, assim como altos padrões de exigência em relação àquilo que faz, mantém muito boas relações interpessoais com os colegas e fomenta activamente o esforço da equipa a que pertence.

Bom (3) – Revelou dinamismo na prossecução dos objectivos e interesse em aprofundar os seus conhecimentos, manteve um bom nível de motivação pessoal, assim como bons padrões de exigência em relação àquilo que faz, mantém boas relações interpessoais com os colegas e fomenta o esforço da equipa a que pertence.

Necessita de desenvolvimento (2) – Revelou pouca dinâmica na prossecução dos objectivos, não manifestou interesse em aprofundar os seus conhecimentos e melhorar as suas competências, demonstrou um baixo nível de motivação pessoal, assim como baixos padrões de exigência em relação àquilo que faz, tem uma relação cordial com os colegas e participa do esforço da equipa a que pertence.

Insuficiente (1) – Revelou passividade e negligência na prossecução dos objectivos, manifestou desinteresse em aprofundar os seus conhecimentos e melhorar as suas competências, evidenciou falta de motivação pessoal, assim como indiferença em relação àquilo que faz, tem dificuldades de relacionamento com os colegas e de integração nas equipas de trabalho.

ARTIGO 7.º
Sistema de classificação

1 – A classificação final é determinada pela média ponderada da avaliação de cada uma das suas componentes, de acordo com a seguinte ponderação:

Grupos de pessoal	Objectivos	Competências	Atitude pessoal
Técnico superior e técnico	60	30	10
Técnico-profissional e administrativo	50	40	10
Operário	40	50	10
Auxiliar	20	60	20

Decreto Regulamentar n.º 19-A/2004, de 14 de Maio 99

2 – A adaptação desta escala a corpos especiais e carreiras de regime especial não pode prever ponderação inferior a 40%, no caso dos objectivos, ou inferior a 30%, no caso das competências.

Anotações

I – Embora a Lei n.º 10/2004 preveja que a ponderação das componentes da avaliação do desempenho depende da especificidade de cada organismo, grupo profissional ou carreira, o Decreto Regulamentar n.º 19-A/2004 estabelece um sistema de ponderações fixas.

II – Analisando o quadro ínsito no n.º 1 deste artigo 7.º, constatamos que os objectivos crescem de importância à medida que se sobe na "hierarquia" dos grupos profissionais, sucedendo com as competências comportamentais justamente o inverso. A avaliação da componente atitude pessoal tem, para determinação da avaliação final, uma ponderação de 10% para todos os grupos profissionais, com excepção do grupo de pessoal auxiliar, para o qual esta componente tem um peso de 20%.

III – As ponderações das componentes da avaliação dos dirigentes de nível intermédio (objectivos – 75% e competências comportamentais – 25%) constam do n.º 1, do artigo 32.º, do Decreto Regulamentar n.º 19-A/2004.

IV – A adaptação das ponderações constantes do quadro supra a corpos especiais e a carreiras de regime especial não pode prever ponderação inferior a 40% para os objectivos, nem inferior a 30% no caso das competências comportamentais – *vide* o artigo 7.º, n.º 2, do Decreto Regulamentar n.º 19-A/2004. Só se justifica a existência de adaptações destas ponderações em caso de regimes especiais de avaliação do desempenho. Isto é: o n.º 2 deste artigo 7.º não é mais do que uma baliza para a feitura de diplomas especiais sobre avaliação do desempenho, cuja admissibilidade se encontra prevista no artigo 21.º, da Lei n.º 10/2004.

ARTIGO 8.º
Expressão da avaliação final

1 – A avaliação global resulta das pontuações obtidas em cada uma das componentes do sistema de avaliação ponderadas nos termos do artigo anterior e expressa através da classificação qualitativa e quantitativa constante da escala de avaliação referida no n.º 2 do artigo 6.º

100 Sistema Integrado da Avaliação do Desempenho da Administração Pública

2 – Para os efeitos dos n.ᵒˢ 1 a 3 do artigo 7.º da Lei n.º 10/2004, de 22 de Março, os anos relevantes são seguidos, admitindo-se um único ano interpolado com avaliação inferior à legalmente requerida, desde que não seja o da última menção atribuída.

Anotações

I – *Vide* as anotações aos artigos 6.º, deste Decreto Regulamentar n.º 19-A/2004 e 7.º, da Lei n.º 10/2004.

II – Relativamente ao n.º 2 deste artigo 8.º, observamos o seguinte:
- As avaliações a considerar para efeitos de promoção (subida de categoria), progressão (mudança de escalão) e mudança de nível, têm de ser sempre em número igual ao número de anos de serviço exigidos como tempo mínimo de permanência na categoria, escalão ou nível anteriores;
- Estas avaliações têm de se reportar aos anos imediatamente precedentes relevantes para os efeitos em causa.

É porém admissível que num dos anos imediatamente precedentes à promoção/progressão/mudança de nível, que não o último, a avaliação obtida seja inferior à mínima exigida por lei (sem dispensa da posse do tempo de serviço legalmente exigido, classificado, no mínimo, de *Bom*).

Exemplo do previsto no n.º 2 deste artigo 8.º: 1.º ano – *Bom*; 2.º ano – *Necessita de Desenvolvimento*; 3.º ano – *Bom*; 4.º ano – *Bom*, estando em causa a promoção de um assistente administrativo, que necessita, para ser promovido a assistente administrativo principal, de possuir três anos de antiguidade na categoria, classificados de *Bom*. Isto é, o funcionário tem sempre de ter três anos subsequentes de serviço classificados de *Bom*, podendo todavia haver entre eles um quarto ano de permeio com avaliação inferior a *Bom*.

ARTIGO 9.º
Diferenciação de mérito e excelência

1 – A diferenciação dos desempenhos de mérito e excelência é garantida pela fixação de percentagens máximas para as classificações de Muito bom e Excelente, respectivamente de 20% e 5%, numa perspectiva de maximização da qualidade do serviço.

2 – O sistema de percentagens previsto no número anterior deve ser aplicado por serviço ou organismo e de modo equitativo aos diferentes grupos profissionais, os quais podem ser agregados para

Decreto Regulamentar n.º 19-A/2004, de 14 de Maio 101

esse efeito nos serviços ou organismos em que o número de avaliados por cada um dos grupos profissionais seja inferior a 20.

3 – A atribuição de percentagens máximas deve ser do conhecimento de todos os avaliados.

4 – A atribuição da classificação de Muito bom implica fundamentação que evidencie os factores que contribuíram para o resultado final.

5 – A atribuição da classificação de Excelente deve ainda identificar os contributos relevantes para o serviço, tendo em vista a sua inclusão na base de dados sobre boas práticas.

6 – A aplicação do sistema de percentagens a cada serviço ou organismo é da exclusiva responsabilidade dos seus dirigentes, cabendo ao dirigente máximo assegurar o seu estrito cumprimento.

Anotações

I – A diferenciação de desempenhos dos trabalhadores faz-se, nos termos conjugados dos artigos 15.º, da Lei n.º 10/2004, e 9.º, do Decreto Regulamentar n.º 19-A/2004, mediante a fixação de percentagens máximas para as classificações de *Muito Bom* e *Excelente* e a atribuição de benefícios a nível da carreira (promoção e progressão) para os avaliados com estas classificações máximas.

Estas percentagens máximas, vulgo designadas de quotas, para as classificações de *Muito Bom* e de *Excelente* são, respectivamente, de 20% e de 5%. Através da sua aplicação ao número de trabalhadores em efectividade de funções num determinado organismo no ano em avaliação por grupo profissional, obtém-se o número de trabalhadores que podem, no organismo e ano em causa, por grupo profissional, ser avaliados de *Muito Bom* e de *Excelente*.

II – Para além da estipulação de percentagens máximas dos desempenhos classificados de *Muito Bom* e de *Excelente,* o legislador exige ainda:

- Na atribuição da avaliação de *Muito Bom* – fundamentação que evidencie os factores que contribuíram para o resultado final, isto é, e sobretudo, para a superação dos objectivos, para a obtenção da avaliação em causa, genericamente falando (cfr. corpo e alínea c), do artigo 3.º, do Decreto Regulamentar n.º 19-A/2004).
- Na atribuição da avaliação do desempenho de *Excelente* – para além da identificação dos factores que contribuíram para o resultado final, isto é, e sobretudo, para a superação dos objectivos, para a obtenção da avaliação em causa, genericamente falando (cfr. corpo e alínea c), do artigo 3.º, do Decreto Regulamentar n.º 19-A/2004), o avaliador deve ainda proceder à identificação dos contributos relevantes para o serviço,

102 *Sistema Integrado da Avaliação do Desempenho da Administração Pública*

com vista à sua inclusão na base de dados sobre boas práticas gerida pela UMIC – Agência para a Sociedade do Conhecimento, IP.

Deve notar-se que o cumprimento destas exigências por parte dos avaliadores não se satisfaz pela mera descrição genérica das funções levadas a cabo pelos trabalhadores.

III – Da análise deste artigo é possível retirar as seguintes regras no que diz respeito à atribuição das avaliações do desempenho de *Muito Bom* e de *Excelente*:

- Quando o número de funcionários de um determinado grupo profissional for inferior a 20, este grupo pode/deve ser agrupados a outro(s), igualmente com um número de funcionários inferior a 20.

  Todavia, no caso de organismos com um número total de trabalhadores inferior a 20, afigura-se-nos que todos os grupos profissionais neles existentes podem ser agrupados para efeitos de determinação dos quantitativos das referidas quotas. É claro que esta hipótese deveria encontrar-se prevista na lei.

  Questão pertinente reside em saber se os serviços com menos de 20 funcionários poderão agrupar-se a outro(s), igualmente com um número de funcionários inferior a 20?

  Tal possibilidade, para além de não estar expressamente prevista na lei, não se compagina, parece-nos, com a letra e o espírito do regime jurídico do SIADAP.

  De facto, toda a construção do SIADAP assenta em órgãos pertencentes a um mesmo organismo, nomeadamente no dirigente máximo do serviço. Isto é, o SIADAP pressupõe uma relação de hierarquia entre os vários intervenientes no processo avaliativo (com excepção do Conselho de Coordenação da Avaliação), que, pela natureza das coisas, não existiria no caso de ser possível a agregação de trabalhadores pertencentes a organismos diferentes para efeitos de aplicação das quotas das avaliações máximas. Por outro lado, diz-se expressamente no n.° 2 deste artigo 9.° que o sistema de percentagens deve ser aplicado por organismo.

- O sistema de percentagens máximas instituído pelo SIADAP para as avaliações de desempenho de *Muito Bom* e de *Excelente* (determinação do número máximo de funcionários em efectividade de funções, que, em cada organismo e ano civil, podem obter estas avaliações) deve ser aplicado por organismo. Tal não obsta, todavia, a que, no âmbito de cada organismo e como medida ordenadora, se faça uma distribuição de quotas das avaliações máximas por unidade orgânica. Estamos aliás em crer que esta foi a solução adoptada na maioria, senão mesmo na totalidade dos organismos que aplicaram o SIADAP relativamente ao ano de 2004. Isto porque a aplicação directa das quotas em referência por organismo é susceptível de gerar desequilíbrios, gera seguramente uma desresponsa-

Decreto Regulamentar n.º 19-A/2004, de 14 de Maio 103

bilização dos avaliadores, quando o regime jurídico do SIADAP pretende o contrário (veja-se designadamente a primeira parte do n.º 6 deste artigo 9.º), e transforma o Conselho de Coordenação de Avaliação em avaliador de primeira linha, quando a lei lhe reserva um papel de avaliador residual. É, de facto, desrazoável transformar a harmonização de avaliações num processo avaliativo, devido ao facto de as percentagens máximas para as avaliações superiores terem sido largamente excedidas pelos avaliadores, o que sucederá facilmente se cada um deles aplicar despreocupadamente à sua unidade orgânica as quotas referentes a todo o organismo.

- As mencionadas percentagens máximas para as avaliações do desempenho de *Muito Bom* e de *Excelente* são aplicadas, necessariamente, de modo equitativo, isto é, de modo equilibrado e justo (não necessariamente de forma igual) aos diferentes grupos profissionais.
- As percentagens máximas das avaliações de *Excelente* e de *Muito Bom* devem ser do conhecimento dos avaliados, sendo a sua aplicação da responsabilidade dos dirigentes dos organismos, especialmente do respectivo dirigente máximo, que deve garantir o seu cumprimento. Estas avaliações são submetidas a validação do Conselho de Coordenação da Avaliação, órgão colectivo *ad hoc*, presidido pelo dirigente máximo do organismo (cfr. artigo 13.º, n.ºs 1, alínea b) e 2, do Decreto Regulamentar n.º 19-A/2004)
- A avaliação do desempenho consta de fichas de modelo aprovado pela Portaria n.º 509-A/2004, de 14 de Maio.

IV – A avaliação do desempenho dos trabalhadores que exerçam cargos de reconhecido interesse público ou actividade sindical, a que se refere o artigo 17.º, do Decreto Regulamentar n.º 19-A/2004, não está sujeita às percentagens máximas fixadas para as avaliações de *Muito Bom* e de *Excelente*. Pensamos tratar-se de uma solução equilibrada, pois seria injusto fazer entrar na competição pelas avaliações máximas os trabalhadores em efectividade de funções no organismo e os que se encontrem no exterior, a exercer cargos de reconhecido interesse público ou actividade sindical. Relativamente aos sindicalistas, esta norma vem beneficiar sobretudo os que já exerciam actividade sindical anteriormente a 2004, que conservarão a anterior classificação de *Muito Bom*, pois os demais já não obterão com facilidade uma avaliação de *Muito Bom*, por força do novo regime jurídico instituído pelo SIADAP.

V – Havendo lugar a suprimento da avaliação do desempenho, nos termos dos artigos 18.º e 19.º, do Decreto Regulamentar n.º 19-A/2004, não haverá lugar ao cumprimento das percentagens máximas fixadas para as avaliações de *Muito Bom* e de *Excelente*. O que também faz sentido, porque, por um lado, se trata de avaliações *ad hoc*, e, por outro, a harmonização das avaliações decorre numa

104 *Sistema Integrado da Avaliação do Desempenho da Administração Pública*

calendarização específica, inserta no processo avaliativo, enquanto que estas avaliações podem ser atribuídas a qualquer momento. Ora o seu cômputo para as quotas das avaliações máximas poria em causa a harmonização das avaliações eventualmente já feita pelo Conselho de Coordenação da Avaliação.

VI – Em nosso entender, também nas fases de reclamação, de recurso hierárquico e de recurso contencioso interpostos das avaliações do desempenho, não estão respectivamente o dirigente máximo do serviço, o membro do Governo competente, nem o juiz, vinculados ao cumprimento das percentagens máximas legalmente fixadas para as avaliações do desempenho de *Muito Bom* e de *Excelente*, pelas razões aduzidas na última parte da nota anterior.

Se uma avaliação do desempenho passar a ser de *Muito Bom* ou de *Excelente*, em virtude do provimento de reclamação, de recurso hierárquico ou de recurso contencioso, ela produzirá todos os efeitos legalmente previstos, nomeadamente os enunciados no artigo 15.°, da Lei n.° 10/2004 (redução de tempo para promoção/progressão).

Observa-se, ainda a este propósito, que o facto de determinada avaliação do desempenho ser alterada em sede de reclamação, de recurso hierárquico ou de recurso contencioso, não poderá conduzir, em caso algum, à alteração das avaliações de *Muito Bom* e de *Excelente* anteriormente atribuídas no âmbito do organismo em causa.

VII – A avaliação do desempenho dos dirigentes de nível intermédio não se encontra sujeita ao cumprimento das percentagens máximas legalmente fixadas para as avaliações de *Muito Bom* e de *Excelente* (artigo 17.°, n.° 3, da Lei n.° 10/2004).

VIII – Benefícios para os funcionários classificados de *Excelente* (*vide* o artigo 15.°, n.° 3, da Lei n.° 10/2004):
- A avaliação do desempenho de *Excelente*, obtida por funcionários inseridos em carreiras verticais, reduz em um ano o tempo de serviço legalmente fixado para efeitos da respectiva promoção (subida de categoria);
- Nas carreiras verticais, a atribuição da avaliação de *Excelente* é premiada com a promoção independentemente de concurso, caso esteja a decorrer, no ano de atribuição da avaliação, o último ano do módulo de tempo necessário à mesma. Note-se, no entanto, que os avaliados têm, para o efeito, de preencher eventuais requisitos especiais para acesso na respectiva carreira – ex. aproveitamento em formação específica;
- Para os funcionários integrados em carreiras horizontais ou unicategoriais, a avaliação de *Excelente* reduz em um ano o tempo de serviço legalmente exigido para efeitos de progressão na categoria (mudança de escalão);

Decreto Regulamentar n.º 19-A/2004, de 14 de Maio 105

- Em nosso entender, nas carreiras verticais, quando o funcionário já tenha atingido o topo da carreira, a atribuição da avaliação do desempenho de *Excelente* reduz em um ano o tempo de serviço legalmente exigido para efeitos de progressão, por se tratar da única forma de compensar o avaliado. De outra forma o SIADAP, que visa premiar a excelência, desincentivaria a sua prossecução. O que não faz sentido. É claro que esta solução deveria estar expressamente consagrada na lei.

IX – Benefícios decorrentes da obtenção da classificação de *Muito Bom* (*vide* o artigo 15.º, n.º 4, da Lei n.º 10/2004):

- A avaliação de *Muito Bom*, obtida durante dois anos consecutivos, reduz em um ano o módulo de tempo legalmente exigido para promoção nas carreiras verticais *ou* para progressão nas carreiras horizontais;
- Em nosso entender, as duas avaliações consecutivas de *Muito Bom* que conferem ao avaliado este prémio têm de ser atribuídas na vigência do SIADAP, isto é, relativamente aos anos de 2004 e seguintes, sob pena de desvirtuamento da intenção do legislador de premiar o mérito, ou os melhores, uma vez que, ao abrigo da lei anterior – Decreto Regulamentar n.º 44-B/83, de 1 de Junho – mais de 90% dos funcionários obtinham classificação de serviço de *Muito Bom*.

Nestes casos de promoção em tempo reduzido, os avaliados têm também de reunir eventuais requisitos especiais para acesso na carreira previstos nomeadamente nos regimes jurídicos das respectivas carreiras (ex. aproveitamento em formação específica).

Curiosamente, e embora o SIADAP seja aplicável aos trabalhadores da Administração Pública que não sejam funcionários ou agentes, desde que tenham com ela celebrado um contrato de duração superior a seis meses (contratados a termo resolutivo certo ou em regime de contrato individual de trabalho), a lei não prevê qualquer compensação para os desempenhos de *Muito Bom* e de *Excelente* destes trabalhadores. O que não faz qualquer sentido. Aliás, não fora o âmbito de aplicação subjectivo deste regime abarcar expressamente os trabalhadores não funcionários/agentes, pensar-se-ia que assim não era, pois todo ele está gizado em função dos funcionários e agentes, e especialmente dos primeiros. É que são estes os principais visados na intenção clara do legislador do SIADAP de fazer poupanças a nível orçamental mediante o retardamento das promoções para a maior parte dos funcionários, pois normalmente a promoção na carreira faz-se mediante módulos de tempo diferentes, consoante a avaliação obtida seja de *Muito Bom* ou de *Bom* (por exemplo nas carreiras de informática a promoção faz-se de quatro em quatro anos, com uma avaliação de *Muito Bom* e de seis em seis anos, com uma avaliação de *Bom* – cfr. artigo 4.º, n.º 1, do Decreto-Lei n.º 97/2001, de 26 de Março). Temos é de convir que o sistema anterior, que permitia a promoção dos excelentes e dos medíocres em simultâneo, não era de

106 *Sistema Integrado da Avaliação do Desempenho da Administração Pública*

modo algum justo. Era um *nonsense*, o premiar da mediocridade que só a força ímpar de uma conjuntura orçamental desfavorável veio inverter, embora a nosso ver de forma demasiado radical. Já tivemos ocasião de afirmar que se o somatório das quotas das avaliações máximas fosse de 50%, tal já representaria uma revolução na Administração Pública, porém estamos em crer que mais justa e, sobretudo, melhor aceite por todos, logo mais susceptível de ser cumprida.

X – Relativamente à aplicação das percentagens máximas para as avaliações de *Muito Bom* e de *Excelente*, opina a Direcção-Geral da Administração Pública: *"Nos termos do disposto no n.° 2 do art. 9.° do Dec. Regulamentar n.° 19-A/2004 as referidas percentagens devem ser aplicadas por serviço ou organismo. Assim, deverão ser aplicadas ao universo total de avaliados do organismo (incluindo-se aqui todos os trabalhadores, nomeadamente os contratados por mais de seis meses e trabalhadores em regime de requisição ou destacamento, em exercício de funções no organismo durante o ano a que se reporta a avaliação) que não estejam excepcionados da aplicação do sistema de percentagens (dirigentes)"* [16].

XI – No que toca à possibilidade de agregação das quotas de *Muito Bom* e de *Excelente*, diz a Direcção-Geral da Administração Pública: *"Caso se verifique num determinado serviço/organismo não haver nenhum trabalhador com a menção de Excelente não pode aquela percentagem "reverter" para a menção de Muito Bom, ou seja não poderá considerar-se que, pelo facto de não ser preenchida a quota de Excelente, a quota de Muito Bom passará a ser de 25%"* [17].

ARTIGO 10.°
Fichas de avaliação

1 – O sistema de avaliação do desempenho obedece a instrumentos normalizados e diferenciados em função dos grupos profissionais ou situações específicas, a aprovar por portaria conjunta dos membros do governo da tutela e do responsável pela área da Administração Pública.

---

[16] Texto inserto no *site* da Direcção-Geral da Administração Pública, com o endereço www.dgap.gov.pt.

[17] Texto constante do *site* da Direcção-Geral da Administração Pública, com o endereço www.dgap.gov.pt.

Decreto Regulamentar n.° 19-A/2004, de 14 de Maio 107

2 – Os instrumentos referidos no número anterior incluem a definição de cada um dos factores que integram as componentes de competências e atitude pessoal dos diferentes grupos profissionais, bem como a descrição dos comportamentos que lhes correspondem.

Anotações

I – As fichas de avaliação para os diferentes grupos profissionais foram aprovadas pela Portaria n.° 509-A/2004, de 14 de Maio.

II – Quanto à estrutura das fichas de avaliação, achamos que os indicadores de medida, que permitem ao avaliador aferir do cumprimento dos objectivos por parte dos avaliados, deveriam constar de um campo autónomo, do lado direito do campo descrição dos objectivos. Solução alternativa, talvez mais adequada: deveria haver um campo autónomo para descrição destes indicadores logo após a descrição de cada objectivo (objectivo n.° 1, seguido de indicador de medida n.° 1, etc). Em suma: objectivos e indicadores de medida deveriam ser autonomizados nas fichas de avaliação do desempenho.

No que toca aos objectivos e às competências comportamentais, uma vez que os campos das assinaturas respectivas se destinam a assinalar o acordo/conhecimento dos mesmos na altura da sua fixação, achamos que se deveriam situar imediatamente antes de um novo campo Total da Classificação, com manutenção do campo Total da Ponderação.

III – No entendimento da Direcção-Geral da Administração Pública, as fichas de avaliação a utilizar para o pessoal das carreiras de informática são: "• *Especialistas de informática e os Consultores de informática – Fichas dos grupos profissionais técnico superior e técnico;* • *Técnicos de informática – Fichas dos grupos profissionais técnico profissional e administrativo;* • *Coordenadores técnicos e coordenadores de projecto – Fichas correspondentes às respectivas carreiras*". Relativamente à ficha a utilizar para a avaliação dos chefes de repartição e de secção, diz a mesma Direcção-Geral que é: "*A ficha de avaliação para o pessoal dos grupos profissionais Técnico profissional e Administrativo*" [18].

---

[18] Textos constantes do *site* da Direcção-Geral da Administração Pública, com o endereço www.dgap.gov.pt

108   *Sistema Integrado da Avaliação do Desempenho da Administração Pública*

CAPÍTULO III
Competência para avaliar e homologar

ARTIGO 11.º
Intervenientes no processo de avaliação

Intervêm no processo de avaliação do desempenho no âmbito de cada organismo:

a) **Os avaliadores;**

b) **O conselho de coordenação da avaliação;**

c) **O dirigente máximo do respectivo serviço ou organismo.**

Anotações

I – *Vide* as anotações efectuadas ao artigo 9.º, da Lei n.º 10/2004.

II – Em nossa opinião, o membro do Governo competente para apreciar o recurso hierárquico da avaliação não é, face a este artigo, interveniente no processo de avaliação do desempenho.

ARTIGO 12.º
Avaliadores

1 – A avaliação é da competência do superior hierárquico imediato ou do funcionário que possua responsabilidades de coordenação sobre o avaliado, cabendo ao avaliador:

a) **Definir objectivos dos seus colaboradores directos de acordo com os objectivos fixados para o organismo e para a respectiva unidade orgânica;**

b) **Avaliar anualmente os seus colaboradores directos, cumprindo o calendário de avaliação;**

c) **Assegurar a correcta aplicação dos princípios integrantes da avaliação;**

d) **Ponderar as expectativas dos trabalhadores no processo de identificação das respectivas necessidades de desenvolvimento.**

2 – Só podem ser avaliadores os superiores hierárquicos imediatos ou os funcionários com responsabilidades de coordenação

Decreto Regulamentar n.º 19-A/2004, de 14 de Maio   109

sobre os avaliados que, no decurso do ano a que se refere a avaliação, reúnam o mínimo de seis meses de contacto funcional com o avaliado.

3 – Nos casos em que não estejam reunidas as condições previstas no número anterior é avaliador o superior hierárquico de nível seguinte ou, na ausência deste, o conselho coordenador da avaliação.

Anotações

I – No que tange à fixação dos objectivos, *vide* a Resolução do Conselho de Ministros n.º 53/2004, de 21 de Abril, designadamente o respectivo n.º 2.2.1 – critérios gerais para definição de objectivos.

II – Nos termos deste artigo, a competência para proceder à avaliação do desempenho dos trabalhadores é, numa primeira linha, do respectivo superior hierárquico imediato ou, no caso de inexistência deste, do funcionário que possua responsabilidades de coordenação sobre o avaliado. A este propósito importa frisar que o SIADAP visa responsabilizar os dirigentes avaliadores pela respectiva aplicação (vide, neste sentido, o artigo 6.º, n.º 3, da Lei n.º 10/2004 e o artigo 8.º, n.º 2, alíneas a), b), d) e e), da Lei n.º 2/2004, de 15 de Janeiro, republicada com alterações em anexo à Lei nº 51/2005, de 30 de Agosto). Estes são maioritariamente os chefes de divisão, os dirigentes mais próximos na escala hierárquica do avaliado. Por isso, os funcionários com funções de coordenação só devem ser avaliadores em última instância, nos casos de inexistência de dirigentes de nível intermédio. Achamos que esta solução deveria constar deste artigo 12.º de forma expressa. Vamos aliás mais longe: a função de avaliar deveria estar reservada aos dirigentes, pois implica o exercício de poderes de autoridade, apesar de, formalmente, o acto administrativo de avaliação ser da autoria do dirigente máximo do serviço que a homologa.

III – Consideramos que os funcionários com funções de coordenação não podem avaliar nos casos em que eles próprios pertençam ao mesmo grupo profissional/agrupamento de grupos profissionais dos avaliandos, por razões óbvias: concorrem, juntamente com estes, para o preenchimento das mesmas quotas para as avaliações de *Excelente* e de *Muito Bom*. Isto é: estamos, nesta situação, perante um caso típico de impedimento do avaliador. Este entendimento poderia estar expresso na lei.

IV – O avaliador, para o ser, tem de possuir, no ano em avaliação, mais de seis meses de contacto funcional com o respectivo avaliando.

Caso não se verifique contacto funcional entre superior hierárquico imediato e avaliando por um período superior a seis meses, a competência para avaliar passa para o superior hierárquico seguinte que tenha tido contacto

110 Sistema Integrado da Avaliação do Desempenho da Administração Pública

funcional com o avaliando por idêntico período, ou, na ausência/impedimento deste, para o Conselho de Coordenação da Avaliação. Consideramos porém que o Conselho de Coordenação da Avaliação não é avaliador nos casos em que, não tendo sido ele a fixar os objectivos e competências comportamentais por inexistência *ab initio* de avaliador, o avaliando não tenha tido mais de seis meses de contacto com um avaliador que, na altura de atribuir a avaliação se encontre ausente/impedido de o fazer. Isto é: sem haver seis meses de contacto funcional com algum avaliador, nem que seja o Conselho de Coordenação da Avaliação, não há lugar a avaliação do desempenho.

O órgão *ad hoc* Conselho de Coordenação da Avaliação é assim avaliador residual, pois a sua principal missão é garantir, quer através do estabelecimento de directrizes, quer através da validação das avaliações de *Muito Bom* e de *Excelente*, a selectividade das avaliações, isto é, assegurar, no âmbito do organismo em que se insere, o cumprimento das quotas para as avaliações máximas. Achamos aliás que a solução adoptada pelo legislador de consagrar este órgão como avaliador é francamente pouco feliz. Não faz sentido, num sistema que aposta na proximidade efectiva entre avaliador e avaliado como garante de uma melhor adequação da avaliação do desempenho à realidade. Quanto mais não seja porque se trata de um órgão colectivo. Ora a avaliação deve ser feita por pessoas. E porque há meios de suprimento da avaliação.

É importante salientar que o Conselho de Coordenação da Avaliação não é avaliador residual dos dirigentes de nível intermédio nem valida as avaliações destes dirigentes iguais ou superiores a *Muito Bom* (artigo 33.º, n.º 2, do Decreto Regulamentar n.º 19-A/2004). Parece-nos uma solução equilibrada, até porque o Conselho em causa é composto por dirigentes, designadamente de nível intermédio.

V – Entendemos que os superiores hierárquicos imediatos/funcionários com funções de coordenação que não possam ser avaliadores num determinado ano civil por não terem tido, no seu decurso, mais de seis meses de contacto funcional com os avaliandos têm o dever de colaborar com os avaliadores, transmitindo-lhes informações acerca do cumprimento dos objectivos que acompanharam e das competências comportamentais e da atitude pessoal do avaliando no período em que tiveram contacto funcional com ele. Esta solução deveria estar expressa na lei.

VI – Nas situações em que o trabalhador não possua, em determinado ano civil, contacto funcional com um seu possível avaliador (em princípio o respectivo superior hierárquico imediato) por um período superior a seis meses, não há lugar a avaliação.

VII – O avaliador é o superior hierárquico imediato (ou seguinte)/ funcionário com funções de coordenação, no caso de inexistência daquele, que

Decreto Regulamentar n.º 19-A/2004, de 14 de Maio   111

tenha tido, no ano a avaliar, mais de seis meses de contacto funcional com o avaliando.

Assim sendo, ainda que o superior hierárquico imediato haja cessado, no momento de atribuir a avaliação (normalmente no ano seguinte), funções dirigentes, será ele o avaliador, desde que tenha mantido, no período em avaliação, contacto funcional com o avaliando por mais de seis meses. Exceptuam-se, naturalmente, os casos de impedimento ou ausência deste ex-dirigente. De qualquer forma entendemos que esta solução deveria constar expressamente da lei.

Importa salientar, nesta sede, que o avaliador não é o autor do acto administrativo de avaliação. Este acto é da autoria exclusiva do órgão homologador da avaliação (dirigente máximo do serviço).

VIII – Entendemos que o dirigente máximo do serviço só deve avaliar os seus subordinados directos (por ser o respectivo superior hierárquico imediato) ou os dirigentes de nível intermédio em caso de inexistência/ausência/impedimento do respectivo avaliador (porque faz sentido que a Direcção do organismo os avalie/possa avaliar tendo em conta a proximidade entre ambos e a tipologia das funções dos avaliados, fortemente conexa com a prossecução da missão do organismo). Isto porque o dirigente máximo do serviço é, também, por excelência, o órgão homologador das avaliações, devendo evitar-se, na medida do possível, que seja também avaliador, como forma de preservar aqueloutra função. Ou seja: na interpretação da expressão superior hierárquico de nível seguinte a que se refere o n.º 3 do artigo 12.º em anotação deve, em princípio, subir-se na escala hierárquica somente até aos dirigentes de nível superior de 2º grau (suddirectores-gerais ou equiparados). Esta interpretação também merecia, a nosso ver, consagração legal.

IX – Uma das questões que se pode levantar face à redacção do artigo 41.º, n.os 1, 2 e especialmente 3, do Decreto Regulamentar n.º 19-A/2004, que mandou fixar objectivos relativos ao segundo semestre de 2004 a todos os funcionários que reunissem seis meses de contacto funcional com os respectivos avaliadores até 30 de Junho do mesmo ano, isto é, até ao termo do primeiro semestre de 2004, reside em saber quem é o avaliador para o ano de 2004 no caso de o superior hierárquico imediato ter tido contacto funcional com o avaliando durante mais de seis meses, mas num período situado maioritariamente no primeiro semestre de 2004, ou, dito de forma mais genérica, num período que não lhe tenha permitido acompanhar o cumprimento dos objectivos por parte do avaliando.

Efectivamente, uma vez que, relativamente ao ano de 2004, os objectivos dos avaliandos só foram fixados para o segundo semestre, poderão verificar-se casos em que o superior hierárquico imediato que reúna mais de seis meses de contacto funcional com o avaliando não tenha tido possibilidade de acompanhá--lo na fase de execução dos objectivos. Nestes casos, entende a Direcção-Geral da

112 *Sistema Integrado da Avaliação do Desempenho da Administração Pública*

Administração Pública que deverá ser avaliador o superior hierárquico de nível seguinte ou, na ausência deste, o Conselho de Coordenação da Avaliação, pois considera esta situação como de impedimento do superior hierárquico imediato para avaliar. Isto apesar de defender que os mais de seis meses de contacto funcional entre avaliador e avaliando que a lei exige para que haja lugar a avaliação se podem situar, no que toca a 2004, em qualquer altura do ano, com base, estamos em crer, no raciocínio interpretativo de que onde a lei não distingue não cabe ao intérprete distinguir e apoio na letra do n.º 2, do artigo 12.º, do Decreto Regulamentar n.º 19-A/2004.

Pela nossa parte concordamos com a solução encontrada pela Direcção--Geral da Administração Pública no que toca ao avaliador superior hierárquico seguinte, embora porventura com argumentos diferentes, na medida em que achamos que, nestes casos, a lei só pode ser interpretada no sentido de o contacto funcional entre avaliador e avaliado dever situar-se no período de cumprimento dos objectivos, isto é, no caso particular do ano de 2004, prevalentemente no segundo semestre do mesmo ano (seis meses neste semestre e um dia no primeiro, por exemplo). A exigência de seis meses de contacto funcional até 30 de Junho de 2004 para que haja lugar a fixação de objectivos feita no n.º 3, do artigo 41.º, do Decreto Regulamentar n.º 19-A/2004, justifica-se, a nosso ver, exclusivamente pelo facto de o legislador do SIADAP ter pretendido que o avaliador conhecesse o trabalho do avaliando para lhe fixar objectivos no primeiro ano de implementação deste regime francamente inovador. Deste modo entendemos que o superior hierárquico seguinte também só será avaliador caso tenha tido contacto funcional com o avaliando prevalentemente no segundo semestre de 2004. Caso contrário, entendemos que o Conselho de Coordenação da Avaliação também não deverá avaliar, por inexistência de contacto funcional com qualquer avaliador por período superior a seis meses coincidente com o do cumprimento dos objectivos. Não faz efectivamente sentido que o Conselho de Coordenação da Avaliação intervenha quando os demais avaliadores não o fazem por inexistência de contacto funcional, pois aquele tem, relativamente aos avaliandos, e por força da sua natureza de órgão colectivo, um distanciamento ainda maior. Já dissemos, aliás, que o Conselho de Coordenação da Avaliação nunca deveria funcionar como avaliador, dado justamente o distanciamento existente entre ele e o avaliando, mais notório no ano de 2004, no qual este órgão ainda não se encontrava constituído e em funcionamento na maior parte dos organismos.

X – Os funcionários com funções de coordenação, que, como já vimos, podem ser avaliadores em casos residuais, não são avaliados como dirigentes (que não são), mas sim como funcionários, tendo em conta o respectivo grupo profissional.

Decreto Regulamentar n.º 19-A/2004, de 14 de Maio 113

ARTIGO 13.º
Conselho de coordenação da avaliação

1 – Junto do dirigente máximo de cada serviço ou organismo funciona um conselho de coordenação da avaliação, ao qual compete:

a) **Estabelecer directrizes para uma aplicação objectiva e harmónica do sistema de avaliação do desempenho;**

b) **Garantir a selectividade do sistema de avaliação, cabendo-lhe validar as avaliações finais iguais ou superiores a Muito bom;**

c) **Emitir parecer sobre as reclamações dos avaliados;**

d) **Proceder à avaliação de desempenho nos casos de ausência de superior hierárquico;**

e) **Propor a adopção de sistemas específicos de avaliação nos termos previstos na Lei n.º 10/2004, de 22 de Março.**

2 – O conselho de coordenação da avaliação é presidido pelo dirigente máximo do organismo e integra todos os dirigentes de nível superior e os dirigentes de nível intermédio de 1.º grau, bem como outros dirigentes dependentes directamente do dirigente máximo do organismo.

3 – A composição do conselho coordenador da avaliação nos serviços de grande dimensão poderá ser reduzida, para efeitos de operacionalização do seu funcionamento, ao dirigente máximo do serviço, ao dirigente responsável pela área dos recursos humanos e a um número restrito de dirigentes, sujeitos à regra da rotatividade.

4 – Participa ainda nas reuniões do conselho coordenador da avaliação, em qualquer circunstância, o dirigente máximo do departamento responsável pela organização e recursos humanos, quando se trate de serviço partilhado, ou representante por ele indicado.

5 – O regulamento de funcionamento do conselho de coordenação da avaliação deve ser elaborado por cada serviço ou organismo tendo em conta a sua natureza e dimensão.

Anotações

I – *Vide* as anotações ao artigo 9.º, da Lei n.º 10/2004.

II – Atente-se ainda ao disposto no artigo 25.º, do Decreto Regulamentar n.º 19-A/2004, relativamente à harmonização das avaliações dos trabalhadores.

III – Embora seja compreensível que o Regulamento de Funcionamento do Conselho de Coordenação da Avaliação seja elaborado no âmbito de cada

114 Sistema Integrado da Avaliação do Desempenho da Administração Pública

organismo, atendendo designadamente às possíveis variações na sua composição, achamos que a lei poderia servir de guia para a respectiva elaboração, indicando os aspectos principais a regular.

IV – A estrutura formal de um regulamento de funcionamento de um Conselho de Coordenação da Avaliação poderá ser a seguinte:

a) Despacho aprovador do regulamento de funcionamento do Conselho de Coordenação da Avaliação, contendo um breve enquadramento de facto e de direito;

b) Articulado (matérias que poderão ser objecto de regulamentação):
- Objecto e fins
- Competências do Conselho
- Composição do Conselho (com previsão da existência de um Secretário)
- Substituição dos membros do Conselho
- Ciclo anual de funcionamento do Conselho
- Reuniões (incluindo a primeira e última reuniões ordinárias anuais e reuniões extraordinárias)
- *Quorum* para realização das reuniões
- Competência para deliberar
- Formas de deliberar
- Maioria exigível para as votações
- Solicitação de pareceres
- Reuniões alargadas e audições
- Não validação de avaliações atribuídas
- Regulação da actividade de avaliador do Conselho
- Divulgação de directrizes do Conselho
- Adopção de critérios de decisão e de propostas
- Legislação aplicável
- Alteração do Regulamento

V – O Conselho de Coordenação da Avaliação é porventura um órgão com demasiados membros. Seria de equacionar a hipótese de este Conselho ser constituído somente pela Direcção do organismo, até porque restaria sempre a hipótese de ouvir os dirigentes de nível intermédio avaliadores quando entendesse necessário fazê-lo. Quando muito entende-se a participação do dirigente responsável pela área dos recursos humanos no Conselho, sendo porém certo que aquele poderá sempre secretariar este sem ser membro dele, pois a sua função primordial será fornecer ao Conselho os dados necessários à tomada de decisões. Quando o dirigente responsável pela área dos recursos humanos seja de um serviço partilhado a nível do Ministério em causa, deve ser membro do Conselho de Coordenação da Avaliação.

Decreto Regulamentar n.° 19-A/2004, de 14 de Maio 115

VI – Achamos que o Conselho de Coordenação da Avaliação não deveria ter o papel de avaliador residual. Não faz sentido, num regime que aposta na proximidade entre avaliador (este é, regra geral, o superior hierárquico *imediato* do avaliado) e avaliado como forma de garantir a adequação ou aproximação à realidade da avaliação, que esta seja feita por um órgão colectivo, por natureza distante do avaliado. Até porque o SIADAP prevê o suprimento da avaliação nos artigos 18.° e 19.°, do Decreto Regulamentar n.° 19-A/2004, para os casos em que não seja possível atribuir avaliação ordinária ou extraordinária.

VII – Relativamente aos serviços partilhados, veja-se o disposto no artigo 8.°, da Lei n.° 4/2004, de 15 de Janeiro, com alterações (organização da administração directa do Estado).

ARTIGO 14.°
Dirigente máximo do serviço

1 – Para efeitos de aplicação do presente diploma, considera-se dirigente máximo do serviço o titular do cargo de direcção superior de 1.° grau ou outro dirigente responsável pelo serviço ou organismo directamente dependente do membro do Governo.

2 – Compete ao dirigente máximo do serviço:

a) **Garantir a adequação do sistema de avaliação do desempenho às realidades específicas do serviço ou organismo;**

b) **Coordenar e controlar o processo de avaliação anual de acordo com os princípios e regras definidos no presente diploma;**

c) **Homologar as avaliações anuais;**

d) **Decidir das reclamações dos avaliados, após parecer do conselho de coordenação da avaliação;**

e) **Assegurar a elaboração do relatório anual da avaliação do desempenho.**

3 – Quando o dirigente máximo não homologar as classificações atribuídas, deverá ele próprio, mediante despacho fundamentado, estabelecer a classificação a atribuir.

Anotações
Vide as anotações aos artigos 9.° e 13.°, da Lei n.° 10/2004, e 11.°, 27.°, e 28.° do Decreto Regulamentar n.° 19-A/2004.

CAPÍTULO IV
Processo de avaliação do desempenho

SECÇÃO I
Modalidades

ARTIGO 15.º
Avaliação ordinária

A avaliação ordinária respeita aos trabalhadores que contem, no ano civil anterior, mais de seis meses de serviço efectivo prestado em contacto funcional com o respectivo avaliador e reporta-se ao tempo de serviço prestado naquele ano e não avaliado.

Anotações

I – Relativamente à avaliação ordinária, *vide* o artigo 10.º, n.os 2 e 3, da Lei n.º 10/2004, com a seguinte redacção:

"2 – A avaliação ordinária respeita aos trabalhadores que contem, no ano civil anterior, mais de seis meses de serviço efectivo prestado, em contacto funcional com o respectivo avaliador.

3 – A avaliação ordinária reporta-se ao tempo de serviço prestado no ano civil anterior e não avaliado".

Da leitura conjugada dos artigos 15.º, do Decreto Regulamentar n.º 19-A/2004, e 10.º, da Lei n.º 10/2004, pode concluir-se que estão sujeitos a avaliação ordinária os trabalhadores que contem, no ano civil anterior, mais de seis meses de serviço efectivo prestado em contacto funcional com o respectivo avaliador e que este tipo de avaliação se reporta a todos os períodos do ano civil em causa que ainda não tenham sido objecto de avaliação (a lei permite a coexistência, num mesmo ano, de avaliação extraordinária e ordinária, solução que não nos parece razoável).

II – Outro dos aspectos que importa reter nesta sede é o facto de a avaliação do desempenho ordinária se reportar sempre à totalidade do ano civil, desde que haja mais de seis meses de contacto funcional entre avaliador e avaliado (condição *sine qua non* para que seja atribuída avaliação). Isto é: embora o período de contacto funcional entre avaliador e avaliado possa ser inferior a um ano civil, e o período efectivamente avaliado seja igual ao de contacto funcional, o resultado da avaliação, a classificação obtida, abrange todo o ano em causa.

Decreto Regulamentar n.° 19-A/2004, de 14 de Maio　　　117

Em abono desta interpretação *vide* os artigos 10.°, n.ᵒˢ 2 e 3 e 11.°, da Lei n.° 10/2004, conjugados com o artigo 41.°, n.° 4, do Decreto Regulamentar n.° 19-A/2004, e o 12.° parágrafo do preâmbulo deste último diploma.

III – Segundo a Direcção-Geral da Administração Pública, relativamente ao ano de 2004, os mais de seis meses de contacto funcional entre avaliador e avaliado necessários para que haja avaliação podem situar-se em qualquer altura do ano, apesar de os objectivos e competências comportamentais dos trabalhadores só se referirem ao segundo semestre de 2004, nos termos do artigo 41.°, n.° 2, do Decreto Regulamentar n.° 19-A/2004. Presumimos que esta interpretação assenta no n.° 2, do artigo 12.°, do Decreto Regulamentar n.° 19-A/ 2004, que exige seis meses de contacto funcional entre avaliador e avaliando para que possa haver avaliação, mediante aplicação da regra interpretativa segundo a qual onde a lei não distingue não cabe ao intérprete distinguir. Já tivemos ocasião de manifestar a nossa discordância desta interpretação. Num regime jurídico que procura (e muito bem) garantir uma efectiva proximidade entre avaliador e avaliado, não faz sentido que, relativamente ao ano de 2004, tendo sido fixados objectivos somente para o segundo semestre, devido ao facto de o Decreto Regulamentar n.° 19-A/2004 ter sido publicado somente em 14 de Maio, se defenda que o período de contacto funcional entre avaliador e avaliado se possa situar prevalentemente no primeiro semestre de 2004.

Afirmar que o contacto funcional entre avaliador e avaliado em 2004 se deveria situar essencialmente no primeiro semestre deste ano com base no n.° 3, do artigo 41.°, do Decreto Regulamentar n.° 19-A/2004, é ainda mais desrazoável. Já dissemos supra que esta norma apenas pretendeu garantir que avaliador e avaliando se conhecessem minimamente aquando da primeira fixação de objectivos e competências comportamentais.

IV – Se o funcionário/dirigente de nível intermédio prestar, num determinado ano civil, seis meses de serviço em duas unidades orgânicas diferentes, não será avaliado, por não deter mais de seis meses de contacto funcional com o respectivo superior hierárquico imediato em qualquer uma delas. Só assim não sucederá, logicamente, se avaliado e avaliador se deslocarem conjuntamente da/para a mesma unidade orgânica. Ou se o superior hierárquico seguinte for coincidentemente o mesmo. Ou seja: haverá avaliação desde que haja contacto funcional entre avaliador e avaliado por mais de seis meses (seis meses e um dia). Importa salientar que nestes casos o Conselho de Coordenação da Avaliação não intervém como avaliador residual, pois para haver lugar a avaliação do desempenho por parte deste órgão ou tem de haver fixação de objectivos e competências comportamentais feita por ele no início do período de avaliação (situações de inexistência *ab initio* de avaliador – nestes casos entende-se que o contacto funcional se estabelece com o Conselho) ou tem sempre de ter havido mais de seis

118 *Sistema Integrado da Avaliação do Desempenho da Administração Pública*

meses de contacto funcional com um avaliador que, no momento da atribuição da avaliação, se encontre ausente/impedido. Isto é: para haver avaliação tem *sempre* de haver seis meses de contacto funcional entre avaliador e avaliado.

De qualquer forma, em caso de mudança de unidade orgânica por parte do avaliado, e desde que haja possibilidade de avaliação por parte do superior hierárquico imediato ou seguinte, o que só sucederá em casos especiais como os enunciados, alertamos para a necessidade de imediata análise dos objectivos previamente fixados, por forma a ponderar a necessidade da sua revisão e a levá-la a cabo o mais rapidamente possível, caso se revele adequado, que é o mais provável.

V – Atento o disposto no artigo 10.°, n.° 3, da Lei n.° 10/2004, e na parte final do artigo em anotação, parece-nos que não é possível classificar ordinariamente tempo de serviço prestado em anos anteriores àquele a que a avaliação se reporta, com excepção da avaliação relativa ao ano de 2004, que pode abranger tempo de serviço não classificado prestado em 2003 – cfr. artigo 41.°, n.° 4, do Decreto Regulamentar n.° 19-A/2004, com a seguinte redacção: *"A avaliação do desempenho efectuada nos termos dos números anteriores abrange todo o serviço prestado no ano de 2004, assim como o serviço prestado e não classificado de 2003"*.

VI – O processo de avaliação ordinária desenrola-se de Janeiro a Março de cada ano civil.

ARTIGO 16.°
Avaliação extraordinária

1 – São avaliados extraordinariamente os trabalhadores não abrangidos no artigo anterior que só venham a reunir o requisito de seis meses de contacto funcional com o avaliador competente durante o ano em que é feita a avaliação e até 30 de Junho, devendo o interessado solicitá-la por escrito ao dirigente máximo do serviço no decurso do mês de Junho.

2 – A avaliação extraordinária obedece à tramitação prevista para a avaliação ordinária, salvo no que diz respeito às datas fixadas, sem prejuízo da observância dos intervalos temporais entre cada uma das fases do processo.

Anotações
I – *Vide* as anotações efectuadas ao artigo 10.°, da Lei n.° 10/2004.

Decreto Regulamentar n.º 19-A/2004, de 14 de Maio 119

II – A avaliação extraordinária, à semelhança do que já acontecia na vigência do Decreto Regulamentar 44-B/83, de 1 de Junho, apenas opera mediante requerimento dirigido ao dirigente máximo do organismo, a apresentar até 30 de Junho do ano em que avaliando e avaliador perfaçam mais de seis meses de contacto funcional.

III – A avaliação extraordinária deve observar, com excepção das datas fixadas, as formalidades da avaliação ordinária.

Porém, na avaliação extraordinária e em nosso entender, não devem ser tidas em conta as percentagens máximas estabelecidas para as avaliações de *Muito Bom* (20%) e de *Excelente* (5%), por razões de ordem prática, tendo em conta que esta avaliação decorre num *timing* diverso do da avaliação ordinária, numa altura em que a validação das avaliações iguais ou superiores a *Muito Bom* pelo Conselho de Coordenação da Avaliação já se encontra concluída (cfr. artigo 25.º, n.º 1, do Decreto Regulamentar n.º 19-A/2004), havendo porém que observar-se, na sua atribuição, os demais requisitos legais estabelecidos para a atribuição das avaliações máximas, nomeadamente a necessidade de fundamentação. O facto de não deverem observar-se as quotas para as avaliações máximas na avaliação extraordinária constitui mais um argumento em prol do desaparecimento desta figura, por desnecessária e susceptível de gerar injustiça.

IV – Achamos que a existência da figura da avaliação extraordinária não se justifica num regime em que há o cuidado de fazer reportar a avaliação ordinária a todo o ano civil, ainda que o período de efectivo contacto funcional entre avaliador e avaliado possa ser inferior, com o limite mínimo de seis meses e um dia. Neste contexto, não faz sentido a coexistência, hoje legalmente possível, de uma avaliação extraordinária e de uma avaliação ordinária num mesmo ano civil.

ARTIGO 17.º
Casos especiais

Aos trabalhadores que exerçam cargo ou funções de reconhecido interesse público, bem como actividade sindical, a classificação obtida no último ano imediatamente anterior ao exercício dessas funções ou actividades reporta-se, igualmente, aos anos seguintes relevantes para efeitos de promoção e progressão.

Anotações
I – Nos termos deste artigo 17.º, os trabalhadores que exerçam cargos de reconhecido interesse público ou actividade sindical não estão sujeitos a avaliação ordinária nem extraordinária.

120 *Sistema Integrado da Avaliação do Desempenho da Administração Pública*

Para os trabalhadores nestas situações, a última classificação, obtida no ano imediatamente anterior ao do início do exercício de cargo de interesse público ou de actividade sindical, reporta-se aos anos seguintes relevantes para efeitos de promoção na carreira e progressão na categoria. Já tivemos ocasião de afirmar que estas avaliações não se encontram sujeitas às quotas para as avaliações máximas de *Excelente* e de *Muito Bom*.

II – Na ausência de regulamentação da matéria, entendemos que a última classificação obtida pelos trabalhadores abrangidos por esta norma que pertençam às carreiras de informática antes de iniciarem o exercício das funções de interesse público ou sindicais releva igualmente para efeitos de mudança de nível. É claro que esta situação também deveria estar prevista na lei.

III – Estes trabalhadores não entram para o cômputo do total de efectivos sobre os quais são calculadas as quotas para as avaliações máximas, isto é, sobre o qual é determinado o número de funcionários de cada grupo profissional que, em concreto e em cada organismo e ano civil, podem ser avaliados de *Muito Bom* ou de *Excelente*.

IV – Face ao disposto no artigo em anotação, também nos parece de concluir que as avaliações atribuídas nos seus termos aos trabalhadores que exerçam funções de reconhecido interesse público ou actividade sindical têm os efeitos previstos no artigo 15.º, da Lei n.º 10/2004 (prémios decorrentes da obtenção das avaliações de *Muito Bom* e de *Excelente*).

ARTIGO 18.º
Suprimento da avaliação

1 – Quando o trabalhador permanecer em situação que inviabilize a atribuição de avaliação ordinária ou extraordinária e não lhe for aplicável o disposto no artigo anterior, terá lugar adequada ponderação do currículo profissional relativamente ao período que não foi objecto de avaliação, para efeitos de apresentação a concurso de promoção ou progressão nos escalões.

2 – O suprimento previsto no número anterior será requerido ao júri do concurso, no momento da apresentação da candidatura, nos termos previstos no respectivo aviso de abertura, ou ao dirigente máximo do serviço, quando se complete o tempo necessário para a progressão.

3 – A ponderação curricular só é relevante para fins de admissão a concurso e não prejudica, em caso de deliberação favorável do

Decreto Regulamentar n.° 19-A/2004, de 14 de Maio

respectivo júri, nova apreciação curricular para efeitos de ordenação dos candidatos.

Anotações

I – É entendimento da Direcção-Geral da Administração Pública que: *"Tal como acontecia com o anterior sistema de classificação de serviço não é aplicável o sistema de avaliação aos conselheiros técnicos e especialistas uma vez que o exercício de funções nos Gabinetes é feito na qualidade de agentes políticos e não de funcionários.*

Não dispondo os Gabinetes de estrutura orgânica que permita operacionalizar o processo de avaliação, nos termos e para os efeitos do Decreto Regulamentar n.° 19-A/2004, os funcionários destacados nos Gabinetes nos termos do artigo 10.° do Dec-Lei n.° 262/88, de 23 de Julho, poderão não ser submetidos ao processo de avaliação do desempenho.

Para efeitos de progressão e promoção ao pessoal em exercício de funções nos Gabinetes é aplicável o mecanismo de suprimento da avaliação previsto no artigo 18.° do Decreto Regulamentar n.° 19-A/2004". [19]

Pela nossa parte também estamos em crer que o exercício de funções em Gabinetes de membros do Governo e a própria estruturação destes Gabinetes se revestem de especificidade própria que não raras vezes tornaria/á muito difícil levar a cabo a avaliação do desempenho do pessoal que ali exerce funções de apoio administrativo e técnico (artigos 10.°, e 11.°, primeira parte, do Decreto-Lei n.° 262/88, de 23 de Julho), tendo em conta o actual regime do SIADAP, mais complexo de pôr em prática do que o anteriormente vigente. Assim sendo, achamos legítimo e correcto que se recorra ao suprimento da avaliação relativamente ao pessoal em exercício de funções em Gabinetes Ministeriais que não seja membro destes, isto é, que tenha de ser objecto de avaliação.

II – Não obstante o legislador apenas permitir o suprimento da avaliação para efeitos de apresentação a concurso de promoção e para mudança de escalão remuneratório, parece-nos que esta figura é igualmente admissível nas situações de mudança de nível nas carreiras de informática. É claro que esta situação, que parece ter sido esquecida pelo legislador, também deveria constar expressamente da norma em análise.

III – O suprimento da avaliação só terá lugar mediante requerimento do interessado, dirigido, consoante os casos, ao presidente do júri do concurso de promoção a que se tenha candidatado, dentro do prazo para apresentação de

---

[19] Texto constante do *site* da Direcção-Geral da Administração Pública, com o endereço www.dgap.gov.pt.

122 Sistema Integrado da Avaliação do Desempenho da Administração Pública

candidaturas, *ou* ao dirigente máximo do serviço a cujo quadro o requerente pertença à data em que complete o módulo de tempo para mudança de escalão, nos casos de progressão na categoria. Nos casos de mudança de nível, e tendo em conta o paralelismo do correspondente procedimento com o do concurso, parece-nos que o requerimento deverá ser dirigido ao presidente da comissão de selecção, dentro do prazo para apresentação de candidaturas.

Isto é, não havendo um requerimento a solicitar o suprimento da avaliação não pode, consoante os casos, o júri do concurso de promoção, o dirigente máximo do organismo ou o presidente da comissão de selecção do procedimento para mudança de nível suprir, por sua iniciativa, a falta deste requisito legal.

IV – O requerimento para suprimento de avaliação deverá ser acompanhado de currículo profissional do funcionário interessado, do qual constem os elementos referidos no artigo 19.°, n.° 1, do Decreto Regulamentar n.° 19-A/2004 (habilitações académicas e profissionais, formação profissional frequentada com relevância para as funções que exerce, conteúdo funcional da respectiva categoria e, bem assim, de categorias/cargos anteriores, classificações de serviço obtidas ao longo da vida profissional e experiência profissional em áreas de actividade conexionadas com as funções actuais).

V – Os casos em que há lugar a suprimento da avaliação têm evidente conexão directa com as situações profissionais para as quais esta é considerada, descritas no artigo 7.°, n.os 1, alínea a), e 2, da Lei n.° 10/2004 (promoção na carreira, progressão na categoria e, a nosso ver, mudança de nível, esquecida nesta sede pelo legislador, para as quais é necessário uma avaliação mínima de *Bom*, excepto nos casos em que lei especial exija avaliação superior[20]).

VI – Face ao disposto no n.° 2 deste artigo 18.°, deverá ser indeferido, por intempestividade, o requerimento a solicitar suprimento de avaliação que seja formulado antes de reunido o lapso de tempo legalmente exigido para se operar a progressão na categoria (mudança de escalão).

VII – Nas situações de suprimento da avaliação, os trabalhadores não estão sujeitos às percentagens máximas fixadas na lei para as classificações de *Muito Bom* e de *Excelente*. Isto porque o suprimento da avaliação se pode verificar em qualquer altura do ano, quando o cumprimento daquelas percentagens tem de

---

[20] É o caso das carreiras de informática, para as quais é necessária a avaliação de *Muito Bom* para promoção, progressão e mudança de nível. Por este motivo, os funcionários destas carreiras são dos mais afectados pela entrada em vigor do SIADAP.

Decreto Regulamentar n.º 19-A/2004, de 14 de Maio 123

ser aferido num *timing* específico, dentro do processo avaliativo em curso no organismo em causa. Concluída a validação das avaliações superiores a *Muito Bom* por parte do Conselho de Coordenação da Avaliação em 31 de Janeiro (cfr. artigo 25.º, n.º 1, do Decreto Regulamentar n.º 19-A/2004), não faria qualquer sentido pôr em causa os respectivos resultados por causa do suprimento da avaliação.

VIII – Note-se que as avaliações de desempenho de *Muito Bom* e de *Excelente* obtidas em sede de suprimento da avaliação devem ser fundamentadas nos termos do disposto no artigo 9.º, do Decreto Regulamentar n.º 19-A/2004, por força do disposto expressamente no n.º 3, do artigo 19.º, do mesmo diploma legal.

IX – *Vide,* ainda, as anotações ao artigo 10.º, da Lei n.º 10/2004.

ARTIGO 19.º
Ponderação curricular

1 – Na ponderação do currículo profissional, para efeitos do artigo anterior, são tidos em linha de conta:

a) **As habilitações académicas e profissionais do interessado;**
b) **As acções de formação e aperfeiçoamento profissional que tenha frequentado, com relevância para as funções que exerce;**
c) **O conteúdo funcional da respectiva categoria e, bem assim, de outros cargos que tenha exercido e as avaliações de desempenho que neles tenha obtido;**
d) **A experiência profissional em áreas de actividade de interesse para as funções actuais.**

2 – A ponderação curricular será expressa através de uma valoração que respeite a escala de avaliação quantitativa e qualitativa a que se refere o artigo 6.º
3 – Nos casos de atribuição de classificação igual ou superior a Muito bom, há lugar a fundamentação da mesma, nos termos previstos no artigo 9.º

Anotações
Vide as anotações aos artigos 10.º, da Lei n.º 10/2004, e 18.º, do Decreto Regulamentar n.º 19-A/2004.

124 *Sistema Integrado da Avaliação do Desempenho da Administração Pública*

SECÇÃO II
Do processo

ARTIGO 20.°
Periodicidade

A avaliação do desempenho é anual e o respectivo processo terá lugar nos meses de Janeiro a Março, sem prejuízo do disposto no presente diploma para a avaliação extraordinária.

Anotações
Vide as anotações ao artigo 11.°, da Lei n.° 10/2004, com a seguinte redacção *"A avaliação do desempenho é de carácter anual, sem prejuízo do disposto na presente lei para a avaliação extraordinária".*

ARTIGO 21.°
Confidencialidade

1 – O processo da avaliação do desempenho tem carácter confidencial, devendo os instrumentos de avaliação de cada trabalhador ser arquivados no respectivo processo individual.

2 – Todos os intervenientes no processo, excepto o avaliado, ficam obrigados ao dever de sigilo sobre a matéria.

3 – Sem prejuízo do disposto nos números anteriores, é divulgado no organismo o resultado global da avaliação contendo o número das menções qualitativas atribuídas por grupo profissional, bem como o número de casos em que se verificou avaliação extraordinária ou suprimento de avaliação.

Anotações
I – De igual modo dispõe o artigo 12.°, da Lei n.° 10/2004 (*vide* as respectivas anotações), com a seguinte redacção:
"1 – Sem prejuízo das regras da publicidade previstas na presente lei, o SIADAP tem carácter confidencial, devendo os instrumentos de avaliação de cada trabalhador ser arquivados no respectivo processo individual.
2 – Todos os intervenientes nesse processo, à excepção do avaliado, ficam obrigados ao dever de sigilo sobre a matéria".

II – Em obediência ao princípio da confidencialidade que rege o processo avaliativo, na divulgação do resultado global da avaliação a que se refere o

Decreto Regulamentar n.° 19-A/2004, de 14 de Maio   125

n.° 3 deste artigo 21.°, os avaliadores, os avaliados, e as avaliações do desempenho atribuídas em concreto a cada um dos trabalhadores / dirigentes de nível intermédio não podem ser identificados. Este resultado global da avaliação mais não é do que o Relatório Anual dos Resultados da Avaliação do Desempenho a enviar por cada organismo ao respectivo membro do Governo da tutela a que se refere o artigo 36.°, n.° 1, do Decreto Regulamentar n.° 19-A/2004.

III – Questão pertinente reside em saber se, tendo o recorrente chamado à colação a avaliação do desempenho de determinado funcionário (para por exemplo contestar a redacção deficiente de um objectivo comum a todos os funcionários de uma unidade orgânica do serviço em cujo âmbito foi avaliado, ou a ponderação dos objectivos de determinado funcionário, fixada fora dos limites impostos por lei), deverá o órgão recorrido enviar ao órgão com competência para decidir o recurso a ficha de avaliação deste último funcionário.

Sobre esta matéria são defensáveis, parece-nos, dois entendimentos:
– Considerar que o membro do Governo competente para apreciar o recurso da avaliação do desempenho atribuída não é, à luz do disposto no artigo 11.°, do Decreto Regulamentar n.° 19-A/2004, um interveniente no processo de avaliação e, como tal, não pode (salvo no caso específico de o recorrente trazer ao processo as avaliações do desempenho em concreto dos demais trabalhadores, por delas ter conhecimento) aceder às fichas de avaliação dos trabalhadores não recorrentes, sob pena de o órgão recorrido violar o respectivo dever de sigilo, decorrente da confidencialidade do processo avaliativo.

  Segundo este entendimento, o órgão recorrido só poderia enviar as fichas de avaliação de trabalhadores terceiros ao membro do Governo com competência para conhecer do recurso mediante consentimento do(s) avaliado(s) em questão.
– Considerar que o membro do Governo competente para apreciar o recurso é um interveniente no processo de avaliação, porquanto intervém numa das fases deste processo (recurso), e, como tal, pode ter conhecimento das fichas da avaliação do desempenho de todos os trabalhadores visados em recurso hierárquico, encontrando-se igualmente vinculado ao cumprimento do dever de sigilo consignado no n.° 2 deste artigo 21.°.

Sem prejuízo da adequação/necessidade de dimanação de norma nesta matéria, parece de defender, tendo em conta o disposto conjugadamente nos artigos 11.° e 21.°, n.° 2, do Decreto Regulamentar n.° 19-A/2004, o primeiro dos entendimentos acima explanados.

IV – A violação do dever de sigilo consignado no SIADAP faz incorrer o infractor em responsabilidade disciplinar, e, eventualmente, civil e criminal.

126 *Sistema Integrado da Avaliação do Desempenho da Administração Pública*

SECÇÃO III
Fases do processo

ARTIGO 22.º
Fases do processo

O processo de avaliação comporta as seguintes fases:

a) **Auto-avaliação;**
b) **Avaliação prévia;**
c) **Harmonização das avaliações de desempenho;**
d) **Entrevista com o avaliado;**
e) **Homologação;**
f) **Reclamação para o dirigente máximo do serviço;**
g) **Recurso hierárquico.**

Anotações
I – *Vide* o artigo 13.º, da Lei n.º 10/2004, e artigos 23.º e seguintes do diploma em análise.

II – Do cotejo entre os artigos 13.º, da Lei n.º 10/2004, e 22.º, do Decreto Regulamentar n.º 19-A/2004, resulta que a fase de definição dos objectivos e resultados a atingir a que se refere a alínea a), do primeiro deles, não se encontra autonomizada no artigo 22.º, do Decreto Regulamentar n.º 19-A/2004. Tal explica-se pelo facto de a fase de definição dos objectivos dos avaliandos se encontrar, a nosso ver mal, como já tivemos ocasião de defender, integrada na da entrevista de avaliação. A fixação de objectivos representa um planeamento que, por uma questão de lógica, deve ser feito com antecedência. Deste modo, os objectivos a atingir num determinado ano civil deveriam logicamente ser definidos no final do ano anterior (Dezembro).

ARTIGO 23.º
Auto-avaliação

1 – A auto-avaliação tem como objectivo envolver o avaliado no processo de avaliação e fomentar o relacionamento com o superior hierárquico de modo a identificar oportunidades de desenvolvimento profissional.

Decreto Regulamentar n.° 19-A/2004, de 14 de Maio

2 – A auto-avaliação tem carácter preparatório da entrevista de avaliação, não constituindo componente vinculativa da avaliação de desempenho.

3 – A auto-avaliação concretiza-se através de preenchimento de ficha própria a partir de 5 de Janeiro, devendo esta ser presente ao avaliador no momento da entrevista.

4 – Nos processos de avaliação extraordinária, o preenchimento da ficha de auto-avaliação será feito pelo avaliado nos primeiros cinco dias úteis do mês de Julho.

Anotações

I – *Vide* as anotações ao artigo 13.°, da Lei n.° 10/2004.

II – Nos termos do artigo 6.°, n.° 2, da Lei n.° 10/2004, *"Constitui igualmente dever do avaliado proceder à respectiva auto-avaliação como garantia de envolvimento activo e responsabilização no processo"*.

Não obstante a auto-avaliação não constituir uma componente vinculativa da avaliação do desempenho, e de ter por função principal o tentar pôr o avaliando no papel do avaliador, o de responsabilizá-lo no processo de avaliação do desempenho, a sua realização constitui um dever do avaliado. Assim sendo, a lei deveria prever as consequências do incumprimento deste dever. Embora se trate de dever de bondade questionável. O grande problema é que as pessoas tendem, regra geral a valorizar-se (às vezes a sobrevalorizar-se...): faz parte da natureza humana. Pelo que o facto de os avaliandos apresentarem a sua auto-avaliação aos avaliadores na entrevista de avaliação, conforme está previsto na lei, pode ser gerador de conflitos. É muito mais difícil aceitar um *Bom* quando acabámos de dizer ao nosso avaliador o quanto somos excelentes. Ou não será assim? Isto num cenário mais geral de conflitualidade que a existência de quotas para as avaliações mais elevadas necessariamente acarreta. Seria de equacionar a manutenção da auto-avaliação mas com apresentação ao avaliador antes de este atribuir as avaliações? Para ser ao menos objecto de ponderação por parte do avaliador? Ou antes de pensar seriamente na eliminação desta fase processual, atendendo à sua inutilidade? A avaliação tem de ser atribuída pelo avaliador. E nada mais.

ARTIGO 24.°
Avaliação prévia

A avaliação prévia consiste no preenchimento das fichas de avaliação do desempenho pelo avaliador, a realizar entre 5 e 20 de

128 *Sistema Integrado da Avaliação do Desempenho da Administração Pública*

Janeiro, com vista à sua apresentação na reunião de harmonização das avaliações.

Anotações

I – *Vide* as anotações efectuadas aos artigos 6.º, n.º 1, e 13.º, da Lei n.º 10/2004.

II – Não obstante o legislador não interditar de forma expressa o avaliador de dar a conhecer ao avaliando a avaliação prévia (dada antes da fase de validação das avaliações finais iguais ou superiores a *Muito Bom* por parte do Conselho de Coordenação da Avaliação) parece-nos, quer de um ponto de vista gestionário, quer processual, que tal não é aconselhável.

De facto:

Do ponto de vista gestionário, pode acontecer que a avaliação prévia não coincida com a avaliação que será dada a conhecer ao avaliado em sede de entrevista de avaliação, em virtude de aquela ter sido alterada pelo Conselho de Coordenação da Avaliação;

Do ponto de vista processual, a fase adequada para dar a conhecer a avaliação do desempenho atribuída é, nos termos da lei, a fase de entrevista com o avaliado, que se segue à de validação das avaliações mais elevadas pelo Conselho de Coordenação da Avaliação.

ARTIGO 25.º
Harmonização das avaliações

1 – Entre 21 e 31 de Janeiro realizam-se as reuniões do conselho coordenador da avaliação tendo em vista a harmonização das avaliações e a validação das propostas de avaliação final correspondentes às percentagens máximas de mérito e excelência.

2 – A validação das propostas de avaliação final correspondentes às percentagens máximas de mérito e excelência implica declaração formal, assinada por todos os membros do conselho coordenador da avaliação, do cumprimento daquelas percentagens.

Anotações

I – *Vide* as anotações aos artigos 13.º, da Lei n.º 10/2004, e 13.º, do Decreto Regulamentar n.º 19-A/2004.

II – A função primordial desta fase consiste em garantir o cumprimento das percentagens máximas de mérito e de excelência (respectivamente de 20% e de 5%).

Ao Conselho de Coordenação da Avaliação exige a lei que não valide avaliações de desempenho de *Muito Bom* e de *Excelente* com extravasamento das quotas de 20% e de 5% legalmente estabelecidas para o efeito. Estas são determinadas tendo em conta os trabalhadores em efectividade de funções no organismo no ano a que se reporta o processo de avaliação, por grupo profissional/grupos profissionais eventualmente agregados por terem um número de funcionários inferior a 20.

As avaliações de *Muito Bom* e de *Excelente* atribuídas pelos avaliadores no âmbito de um dado organismo que, no entendimento do Conselho de Coordenação da Avaliação, extravasarem as quotas legalmente estabelecidas, não podem/devem ser por este validadas. Além disso, o Conselho deve solicitar aos avaliadores que as atribuíram que as alterem para baixo. Em nosso entender, os avaliadores têm o dever de acatar a solicitação do Conselho de Coordenação da Avaliação. Caso o avaliador não acate o pedido do Conselho de Coordenação da Avaliação de baixar a avaliação, entendemos que esta não deve ser por ele validada e que o dirigente máximo do organismo, que preside ao mesmo Conselho, deverá, em sede de homologação da avaliação, corrigi-la fundamentadamente, baseando-se, claro está, na argumentação expendida nas reuniões do Conselho de Coordenação da Avaliação. Seria talvez de equacionar integrar estas soluções no texto da lei.

ARTIGO 26.º
Entrevista de avaliação

Durante o mês de Fevereiro realizam-se as entrevistas individuais dos avaliadores com os respectivos avaliados, com o objectivo de analisar a auto-avaliação do avaliado, dar conhecimento da avaliação feita pelo avaliador e de estabelecer os objectivos a prosseguir pelos avaliados nesse ano.

Anotações

I – *Vide* as anotações aos artigos 6.º, e 13.º, da Lei n.º 10/2004.

II – Atente-se, ainda, ao disposto no artigo 12.º, do Decreto Regulamentar n.º 19-A/2004.

III – *Quid juris* se o avaliado se recusar a tomar conhecimento da avaliação que lhe foi atribuída no decurso da entrevista de avaliação? E se o avaliado se recusar antes a comparecer à entrevista de avaliação? Parece-nos que o que o legislador exige, neste artigo 26.º, é apenas que o avaliado tenha (ou que lhe seja

130 *Sistema Integrado da Avaliação do Desempenho da Administração Pública*

possibilitado ter) conhecimento da avaliação. Se a Administração tudo fizer comprovadamente para que o avaliado tenha conhecimento da avaliação (designadamente mediante notificação nos termos do disposto no artigo 70.°, do Código do Procedimento Administrativo), e, por motivo que seja imputável a este, não for possível dar-lhe conhecimento da avaliação, deve presumir-se que esta lhe foi comunicada, à semelhança de solução adoptada no âmbito do direito processual em situação paralela (notificação das partes)[21]. Nestes casos deve ser enviada cópia da ficha de avaliação ao avaliando em ofício registado com aviso de recepção.

O acto de recusa de tomada de conhecimento da avaliação deve ser registado pelo avaliador na ficha de avaliação.

De qualquer forma, parece-nos de toda a conveniência que esta matéria seja objecto de regulamentação legal.

IV – Se não forem fixados objectivos e competências comportamentais aos trabalhadores/dirigentes de nível intermédio, estes não poderão ser avaliados. Foi esta aliás a grande arma utilizada no incumprimento massivo do SIADAP verificado até à data.

ARTIGO 27.°

Homologação

As avaliações de desempenho ordinárias devem ser homologadas até 15 de Março.

Anotações

I – *Vide* as anotações efectuadas ao artigo 13.°, da Lei n.° 10/2004.

---

[21] Veja-se o artigo 254.°, n.° 2, do Código do Processo Civil, relativamente à notificação das partes processuais quando feita por intermédio dos respectivos mandatários: *"A notificação postal presume-se feita no terceiro dia posterior ao do registo, ou no primeiro dia seguinte a esse, quando o não exista".*

Relativamente às notificações das partes que não tenham constituído mandatário *vide* o artigo 255.°, n.° 1, do Código do Processo Civil (situação mais próxima da em análise) *"Se a parte não tiver constituído mandatário, as notificações ser-lhe-ão feitas no local da sua residência ou sede ou no domicílio escolhido para o efeito de as receber, nos termos estabelecidos para as notificações aos mandatários"* – o que significa que, nestas situações, é também aplicável a regra constante do n.° 2, do artigo 254.°, do mesmo Código (regra da presunção de que a notificação postal se encontra feita).

Decreto Regulamentar n.º 19-A/2004, de 14 de Maio

II – Note-se que a avaliação dada a conhecer ao avaliado em sede de entrevista de avaliação pode sempre ser alterada pelo dirigente máximo do organismo, mediante despacho fundamentado, aquando da homologação – cfr. artigo 14.º, n.º 3, do Decreto Regulamentar n.º 19-A/2004.

III – Com a homologação, o acto de avaliação do desempenho torna-se num acto administrativo da autoria do dirigente máximo do organismo. Sendo deste acto que cabe reclamação e recurso hierárquico.

ARTIGO 28.º
Reclamação

1 – Após tomar conhecimento da homologação da sua avaliação, o avaliado pode apresentar reclamação por escrito, no prazo de cinco dias úteis, para o dirigente máximo do serviço.

2 – A decisão sobre a reclamação será proferida no prazo máximo de 15 dias úteis, dependendo de parecer prévio do conselho de coordenação da avaliação.

3 – O conselho de coordenação da avaliação pode solicitar, por escrito, a avaliadores e avaliados, os elementos que julgar convenientes.

Anotações

I – *Vide* as anotações efectuadas aos artigos 13.º e 14.º, da Lei n.º 10/2004.

II – Na ausência de regulamentação legal, estamos em crer que as avaliações de desempenho de *Muito Bom* e de *Excelente* obtidas em sede de reclamação não estão sujeitas às percentagens máximas fixadas para estas avaliações no artigo 9.º, do Decreto Regulamentar n.º 19-A/2004. O que faz sentido, atendendo a que são atribuídas numa fase do processo avaliativo em que se encontra de há muito concluída a fase de validação das avaliações máximas por parte do Conselho de Coordenação da Avaliação. Que ficaria posta em causa se as avaliações de *Muito Bom* e de *Excelente* obtidas mediante provimento de reclamação entrassem no cômputo das que têm de ser validadas por aquele Conselho.

132 *Sistema Integrado da Avaliação do Desempenho da Administração Pública*

ARTIGO 29.°
Recurso

1 – Da decisão final sobre a reclamação cabe recurso hierárquico para o membro do Governo competente, a interpor no prazo de cinco dias úteis contado do seu conhecimento.
2 – A decisão deverá ser proferida no prazo de 10 dias úteis contados da data de interposição de recurso, devendo o processo de avaliação encerrar-se a 30 de Abril.
3 – O recurso não pode fundamentar-se na comparação entre resultados de avaliações.

Anotações
I – *Vide* as anotações aos artigos 13.° e 14.° da Lei n.° 10/2004.

II – Na ausência de norma sobre esta matéria e tendo em conta a lógica do SIADAP, pensamos que as avaliações de desempenho de *Muito Bom* e de *Excelente* obtidas em sede de recurso hierárquico não estão sujeitas às percentagens máximas estabelecidas para estas avaliações no artigo 9.°, do Decreto Regulamentar n.° 19-A/2004. O que faz sentido, tendo em conta que as avaliações obtidas em sede de recurso hierárquico o são numa fase do processo de avaliação muito posterior à da validação das melhores avaliações por parte do Conselho de Coordenação da Avaliação. Convenhamos que não faria qualquer sentido, nesta fase do processo, fazer intervir de novo aquele Conselho, pondo em causa avaliações de *Muito Bom* e de *Excelente* já validadas e homologadas.

CAPÍTULO V
Formação

ARTIGO 30.°
Necessidades de formação

1 – Devem ser identificados no final da avaliação um máximo de três tipos de acções de formação de suporte ao desenvolvimento do trabalhador.
2 – A identificação das necessidades de formação deve associar as necessidades prioritárias dos funcionários à exigência das funções

Decreto Regulamentar n.° 19-A/2004, de 14 de Maio 133

que lhes estão atribuídas, tendo em conta os recursos disponíveis para esse efeito.

Anotações

Relativamente às necessidades de formação dos avaliados, *vide* o artigo 16.°, da Lei n.° 10/2004, com a seguinte redacção, e respectivas anotações:

"1 – O sistema de avaliação do desempenho deve permitir a identificação das necessidades de formação e desenvolvimento dos trabalhadores, devendo igualmente ser considerados no plano de formação anual de cada organismo.

2 – A identificação das necessidades de formação deve associar as necessidades prioritárias dos trabalhadores e a exigência das funções que lhe estão atribuídas, tendo em conta os recursos disponíveis para esse efeito".

CAPÍTULO VI
Avaliação dos dirigentes

ARTIGO 31.°
Regime especial

A avaliação dos dirigentes visa promover o reforço e desenvolvimento das competências de gestão e comportamentos de liderança, devendo adequar-se à diferenciação da função, de acordo com as especialidades constantes do presente capítulo.

Anotações

I – *Vide* o disposto no artigo 17.°, da Lei n.° 10/2004, e respectivas anotações.

II – Com excepção das especificidades constantes dos artigos seguintes e do disposto no artigo 17.°, da Lei n.° 10/2004, o processo de avaliação do desempenho dos dirigentes de nível intermédio rege-se pelas disposições aplicáveis à avaliação dos trabalhadores.

ARTIGO 32.°
Componentes da avaliação

1 – A ponderação dos objectivos na avaliação dos dirigentes deve

134 Sistema Integrado da Avaliação do Desempenho da Administração Pública

ser de 75%, em reforço da responsabilidade partilhada pelo cumprimento dos objectivos do organismo.

2 – A ponderação das competências deve ser de 25%, devendo o respectivo modelo ser diferenciado dos restantes grupos profissionais ao nível dos factores de avaliação.

3 – A garantia de diferenciação dos desempenhos é da responsabilidade do dirigente máximo do organismo, a quem cabe garantir a harmonização das avaliações, não estando, contudo, vinculado às regras constantes do artigo 9.°.

Anotações

I – Relativamente às componentes da avaliação do desempenho dos dirigentes de nível intermédio, *vide* o artigo 17.°, n.° 2, da Lei n.° 10/2004, com a seguinte redacção: *"São especificidades do processo de avaliação dos dirigentes de nível intermédio, designadamente a não integração da atitude pessoal nas componentes da avaliação e a não sujeição a percentagens máximas para a atribuição das classificações mais elevadas, sem prejuízo da necessária harmonização das avaliações".*

Relativamente à avaliação dos trabalhadores, a dos dirigentes de nível intermédio reveste-se das seguintes especificidades:

- A atitude pessoal não é uma componente da respectiva avaliação;
- Os dirigentes de nível intermédio não estão sujeitos às percentagens máximas para a atribuição das classificações de mérito e de excelência (*Muito Bom* e *Excelente*);
- O Conselho de Coordenação da Avaliação só intervém na avaliação dos dirigentes em caso de reclamação e, ainda assim, com uma composição restrita;
- Por isso, é o dirigente máximo do organismo e não o Conselho de Coordenação da Avaliação que tem o dever de garantir a diferenciação do mérito e da excelência entre os dirigentes de nível intermédio.

II – Não obstante os dirigentes de nível intermédio não se encontrarem sujeitos ao cumprimento das quotas de *Muito Bom* e de *Excelente*, o dirigente máximo de cada organismo deverá garantir a harmonização das avaliações destes dirigentes e a diferenciação dos desempenhos por eles evidenciados, sob pena de desvirtuamento dos princípios que enformam o SIADAP.

III – *Vide* as anotações efectuadas ao artigo 17.°, da Lei n.° 10/2004.

Decreto Regulamentar n.º 19-A/2004, de 14 de Maio 135

ARTIGO 33.º
Avaliadores

1 – A competência para avaliar cabe ao superior hierárquico imediato, carecendo sempre de homologação conjunta dos respectivos dirigentes de nível superior, excepto quando um deles tenha sido avaliador.

2 – Não há lugar à intervenção do conselho coordenador da avaliação, salvo em caso de reclamação.

3 – A apreciação das reclamações da avaliação dos dirigentes é feita em conselho coordenador da avaliação restrito, composto apenas pelos dirigentes de nível superior do organismo e pelo dirigente máximo do departamento responsável pela organização e recursos humanos, quando se trate de serviço partilhado.

4 – Em caso de impedimento do avaliador, a competência cabe ao superior hierárquico seguinte.

Anotações
Vide as anotações ao artigo 17.º, da Lei n.º 10/2004.

ARTIGO 34.º
Início da avaliação

No 2.º ano da comissão de serviço, a avaliação ordinária só terá lugar quando o início de funções ocorra antes de 1 de Junho, não havendo recurso a avaliação extraordinária.

Anotações
Vide as anotações ao artigo 17.º, da Lei n.º 10/2004.

ARTIGO 35.º
Efeitos da avaliação

1 – A renovação da comissão de serviço depende da classificação mínima de Bom no último ano da respectiva comissão de serviço.

2 – Os resultados da avaliação de desempenho contam para a evo-lução na carreira de origem, de acordo com as regras e os critérios

136 *Sistema Integrado da Avaliação do Desempenho da Administração Pública*

de promoção e progressão aplicáveis, sem prejuízo de outros direitos especialmente previstos no Estatuto dos Dirigentes da Administração Pública.

Anotações

I – Para que a comissão de serviço de um dirigente de nível intermédio possa ser renovada, este tem apenas de obter a classificação de *Bom* no último ano da mesma comissão, independentemente das avaliações do desempenho obtidas nos restantes anos. A nosso ver, não deveria ser assim. Um dirigente com avaliação inferior a *Bom* em qualquer dos anos de duração da respectiva comissão de serviço não deveria permanecer no desempenho de funções dirigentes.

II – A avaliação do desempenho dos dirigentes de nível intermédio conta para a evolução na respectiva carreira de origem, nos termos dos artigos 29.° e 30.°, do Estatuto do Pessoal Dirigente, aprovado pela Lei n.° 2/2004, de 15 de Janeiro, republicada com alterações em anexo à Lei n.° 51/2005, de 30 de Agosto, com a seguinte redacção:

"Artigo 29.°
Direito de acesso na carreira

1 – O tempo de serviço prestado no exercício de cargos dirigentes conta, para todos os efeitos legais, como prestado no lugar de origem, designadamente para promoção e progressão na carreira e categoria em que o funcionário se encontra integrado.

2 – Quando o tempo de serviço prestado em funções dirigentes corresponda ao módulo de tempo necessário à promoção na carreira, o funcionário tem direito, findo o exercício de funções dirigentes, ao provimento em categoria superior com dispensa de concurso, a atribuir em função do número de anos de exercício continuado naquelas funções.

3 – A aplicação do disposto no número anterior aos titulares de cargos dirigentes integrados em corpos especiais ou em carreiras de regime especial depende da verificação de todos os requisitos fixados nas respectivas leis reguladoras para o acesso na carreira.

4 – O tempo de serviço prestado em regime de substituição e de gestão corrente, nos termos da presente lei, conta para efeitos do disposto no n.° 2.

5 – No caso de ter ocorrido mudança de categoria ou de carreira na pendência do exercício do cargo dirigente, para efeitos do cômputo do tempo de serviço referido no n.° 2 não releva o tempo prestado em funções dirigentes que tenha sido contado no procedimento que gerou a mudança de categoria ou de carreira.

6 – Os funcionários que beneficiem do disposto no n.° 2 têm direito à remuneração pela nova categoria e escalão desde a data da cessação do exercício de funções dirigentes.

Decreto Regulamentar n.° 19-A/2004, de 14 de Maio 137

Artigo 30.°
Efectivação do direito de acesso na carreira

1 – O acesso na carreira a que se refere o n.° 2 do artigo anterior efectiva-se mediante despacho do dirigente máximo do serviço ou organismo de origem, precedido de confirmação dos respectivos pressupostos pela secretaria-geral ou pelo serviço central competente em matéria de recursos humanos do respectivo ministério.

2 – A aplicação do disposto no número anterior a funcionários não integrados em carreira com dotação global ou nos casos em que, por acordo dos interessados, a promoção seja feita em quadro diverso do de origem, faz-se por provimento em lugar vago ou, se necessário, em lugar a aditar automaticamente ao quadro de pessoal, a extinguir quando vagar.

3 – O estabelecido nos números anteriores pode ter lugar, a requerimento do interessado, independentemente da cessação do exercício de funções dirigentes, quando se trate da categoria mais elevada da carreira".

III – *Vide* as anotações ao artigo 17.°, da Lei n.° 10/2004.

CAPÍTULO VII
Gestão e acompanhamento do sistema de avaliação do desempenho

ARTIGO 36.°
Monitorização e controlo

1 – No final do período de avaliação, cada organismo deve apresentar ao membro do Governo da tutela o relatório anual dos resultados da avaliação do desempenho, sem referências nominativas, que evidencie o cumprimento das regras estabelecidas no presente diploma, nomeadamente através da indicação das classificações atribuídas pelos diferentes grupos profissionais.

2 – Compete à Secretaria-Geral de cada Ministério a elaboração de um relatório síntese da forma como o sistema de avaliação foi aplicado ao nível de cada Ministério.

3 – A estrutura e o conteúdo do relatório síntese são objecto de normalização através de portaria do membro do Governo responsável pela Administração Pública.

138 Sistema Integrado da Avaliação do Desempenho da Administração Pública

Anotações

I – *Vide* as anotações ao artigo 19.°, da Lei n.° 10/2004, com a seguinte redacção:

"1 – Com fins de controlo e permanente avaliação da aplicação do SIADAP é criada, junto da Direcção-Geral da Administração Pública, uma base de dados que servirá, ainda, de suporte à definição da política de emprego público e de um sistema de gestão e desenvolvimento de recursos humanos apto a responder à evolução das necessidades da Administração Pública.

2 – Para efeitos do disposto no número anterior o SIADAP será aplicado com base em suporte informático, sem prejuízo do rigoroso cumprimento das exigências legais relativas a dados pessoais e organizacionais".

II – Os organismos da Administração Pública não podem, sob pretexto de cumprimento do disposto neste artigo 36.°, pôr em causa o princípio da confidencialidade que enforma o processo avaliativo – cfr. artigos 12.°, da Lei n.° 10/2004, e 21.°, do Decreto Regulamentar n.° 19-A/2004. Significa isto, designadamente, que, nos Relatórios mencionados neste artigo 36.°, os avaliados não podem ser identificados.

ARTIGO 37.°
Base de dados

1 – Os relatórios referidos no artigo anterior serão remetidos, em suporte informático, à Direcção-Geral da Administração Pública para tratamento estatístico e constituição de uma base de dados específica do sistema de avaliação do desempenho da Administração Pública.

2 – A Direcção-Geral da Administração Pública elabora anualmente, no decurso do 3.° trimestre, um relatório global sobre a aplicação do sistema de avaliação do desempenho que sirva de suporte à definição da política de emprego público e à implementação de um adequado sistema de gestão e desenvolvimento de recursos humanos.

Anotações

I – *Vide* as anotações ao artigo 19.°, da Lei n.° 10/2004.

II – A base de dados a que se refere o artigo em anotação não pode conter informação susceptível de violar o princípio da confidencialidade que enforma o processo avaliativo, nem o dever de sigilo que impende sobre os que nele intervêm – cfr. artigos 12.°, da Lei n.° 10/2004, e 21.°, n.os 1 e 2, do Decreto Regulamentar n.° 19-A/2004.

ARTIGO 38.°
Auditorias

1 – Cabe à Inspecção-Geral da Administração Pública analisar regularmente, no âmbito das suas actividades de auditoria, a forma como o sistema integrado de avaliação do desempenho da Administração Pública é aplicado, mormente se os respectivos objectivos e princípios informadores estão a ser alcançados e respeitados.

2 – Poderá ser superiormente determinada à mesma Inspecção--Geral a realização de auditorias nos casos em que se revelem desvios dos objectivos estabelecidos, em especial à selectividade do sistema de avaliação do desempenho.

Anotações

I – Não obstante os serviços e organismos se encontrarem sujeitos a auditorias a realizar pela Inspecção-Geral da Administração Pública relativamente ao modo como a aplicação do SIADAP está a ser efectuada, o legislador não contempla qualquer efeito cominatório para os serviços incumpridores deste regime que, como é consabido, são inúmeros.

II – A lei orgânica da Inspecção-Geral da Administração Pública consta do Decreto-Lei n.° 154/2001, de 7 de Maio.

III – Pensamos que o n.° 1 deste artigo 38.° contém, na sua redacção originária aqui reproduzida, uma gralha: onde se lê informadores deveria ler-se enformadores.

CAPÍTULO VIII
Disposições finais e transitórias

ARTIGO 39.°
Delegação de competências

Sempre que esteja em causa a aplicação a serviços desconcentrados, as competências atribuídas ao dirigente máximo do serviço nos termos do presente diploma podem ser delegadas nos respectivos dirigentes máximos.

140 *Sistema Integrado da Avaliação do Desempenho da Administração Pública*

Anotações

Relativamente à delegação de competências *vide* os artigos 35.º a 40.º, do Código do Procedimento Administrativo, publicado em anexo ao Decreto-Lei n.º 6/96, de 31 de Janeiro:

"Artigo 35.º
Da delegação de poderes

1 – Os órgãos administrativos normalmente competentes para decidir em determinada matéria podem, sempre que para tal estejam habilitados por lei, permitir, através de um acto de delegação de poderes, que outro órgão ou agente pratique actos administrativos sobre a mesma matéria.

2 – Mediante um acto de delegação de poderes, os órgãos competentes para decidir em determinada matéria podem sempre permitir que o seu imediato inferior hierárquico, adjunto ou substituto pratiquem actos de administração ordinária nessa matéria.

3 – O disposto no número anterior vale igualmente para a delegação de poderes dos órgãos colegiais nos respectivos presidentes, salvo havendo lei de habilitação específica que estabeleça uma particular repartição de competências entre os diversos órgãos.

Artigo 36.º
Da subdelegação de poderes

1 – Salvo disposição legal em contrário, o delegante pode autorizar o delegado a subdelegar.

2 – O subdelegado pode subdelegar as competências que lhe tenham sido subdelegadas, salvo disposição legal em contrário ou reserva expressa do delegante ou subdelegante.

Artigo 37.º
Requisitos do acto de delegação

1 – No acto de delegação ou subdelegação, deve o órgão delegante ou subdelegante especificar os poderes que são delegados ou subdelegados ou quais os actos que o delegado ou subdelegado pode praticar.

2 – Os actos de delegação e subdelegação de poderes estão sujeitos a publicação no Diário da República ou, tratando-se da administração local, no boletim da autarquia, e devem ser afixados nos lugares do estilo quando tal boletim não exista.

Decreto Regulamentar n.° 19-A/2004, de 14 de Maio   141

Artigo 38.°
Menção da qualidade de delegado ou subdelegado

O órgão delegado ou subdelegado deve mencionar essa qualidade no uso da delegação ou subdelegação.

Artigo 39.°
Poderes do delegante ou subdelegante

1 – O órgão delegante ou subdelegante pode emitir directivas ou instruções vinculativas para o delegado ou subdelegado sobre o modo como devem ser exercidos os poderes delegados ou subdelegados.

2 – O órgão delegante ou subdelegante tem o poder de avocar, bem como o poder de revogar os actos praticados pelo delegado ou subdelegado ao abrigo da delegação ou subdelegação.

Artigo 40.°
Extinção da delegação ou subdelegação

A delegação e a subdelegação de poderes extinguem-se:
a) Por revogação do acto de delegação ou subdelegação;
b) Por caducidade, resultante de se terem esgotado os seus efeitos ou da mudança dos titulares dos órgãos delegante ou delegado, subdelegante ou subdelegado".

ARTIGO 40.°
Avaliação do desempenho de 2003

A avaliação do desempenho referente ao ano de 2003 efectua-se de acordo com o sistema de classificação revogado pela Lei n.° 10/2004, de 22 de Março.

Anotações
Vide o hoje revogado Decreto Regulamentar n.° 44-B/83, de 1 de Junho. As fichas de notação anteriormente vigentes foram aprovadas pela Portaria n.° 642-A/83, de 1 de Junho, sendo diferenciadas em função dos diversos grupos profissionais dos funcionários e agentes.

142 *Sistema Integrado da Avaliação do Desempenho da Administração Pública*

ARTIGO 41.º
Avaliação do desempenho de 2004

1 – O processo de avaliação do desempenho relativo ao ano de 2004, a efectuar em 2005, inicia-se com a fixação de objectivos, a qual terá lugar até final do mês de Maio de 2004.

2 – Os objectivos a fixar nos termos do número anterior reportam-se ao 2.º semestre de 2004.

3 – O disposto nos números anteriores é aplicável aos trabalhadores que, até 30 de Junho de 2004, venham a reunir o requisito de seis meses de contacto funcional com o respectivo avaliador, não havendo lugar a avaliação extraordinária.

4 – A avaliação do desempenho efectuada nos termos dos números anteriores abrange todo o serviço prestado no ano de 2004, assim como o serviço prestado e não classificado de 2003.

5 – A avaliação de desempenho referente ao ano de 2004 nos serviços que disponham de um sistema de avaliação de desempenho específico efectua-se de acordo com o estabelecido no artigo 40.º do presente diploma, devendo a adaptação prevista no artigo 21.º da Lei n.º 10/2004, de 22 de Março, entrar em vigor até ao final do corrente ano.

Anotações

I – A avaliação do desempenho a realizar em 2005, reporta-se ao ano de 2004 e tem por referência os objectivos e as competências comportamentais fixados para o 2.º semestre deste último ano aos trabalhadores e aos dirigentes de nível intermédio em efectividade de funções em 2004.

Esta avaliação abrange o desempenho evidenciado pelos trabalhadores e dirigentes de nível intermédio durante todo o ano de 2004, e, bem assim, o tempo de serviço prestado em 2003 eventualmente não classificado, isto é, reporta-se, por força da lei, a este(s) período(s), embora o cumprimento dos objectivos e das competências comportamentais só possa logicamente ser avaliado relativamente ao 2.º semestre de 2004, e, dentro deste, ao tempo de serviço efectivamente prestado.

II – A propósito do disposto no n.º 3 deste artigo 41.º (fixação de objectivos e de competências comportamentais para o segundo semestre de 2004 somente aos funcionários que reunissem, até 30 de Junho do mesmo ano, seis meses de contacto funcional com o respectivo avaliador), importa trazer à colação o entendimento sufragado pela Direcção-Geral da Administração Pública no sentido de que os mais de seis meses de contacto funcional entre avaliador e

Decreto Regulamentar n.º 19-A/2004, de 14 de Maio 143

avaliando que a lei exige para que haja lugar a avaliação se podem situar, no que toca a 2004, em qualquer altura do ano, com base, estamos em crer, no raciocínio interpretativo de que onde a lei não distingue não cabe ao intérprete distinguir e apoio na letra do artigo 12.º, n.º 2, do Decreto Regulamentar n.º 19-A/2004.

Discordamos deste entendimento. Se os objectivos e competências comportamentais dos avaliados para 2004 se reportam ao segundo semestre, os mais de seis meses de contacto funcional entre avaliador e avaliado exigidos para que possa haver lugar a avaliação deveriam situar-se *prevalentemente* no segundo semestre de 2004. Por uma questão de lógica.

Já dissemos que os seis meses de contacto funcional a que se refere o n.º 3 deste artigo 41.º apenas reflectem a preocupação do legislador de que avaliador e avaliado se conhecessem minimamente no primeiro ano de fixação de objectivos e competências comportamentais, como forma de garantir um maior sucesso na aplicação do SIADAP.

III – Pela nossa parte, e considerando o SIADAP na sua globalidade, achamos que os primeiros objectivos só deveriam ter sido fixados para o ano de 2005. A serem-no para 2004, deveriam tê-lo sido a título meramente experimental, devendo a avaliação de 2004 reger-se ainda pelo Decreto Regulamentar n.º 44-B/83. Lamentavelmente, foram fixados para o segundo semestre de 2004, por determinação legal, mas somente no âmbito dos serviços públicos que se propuseram aplicar o SIADAP, isto é, a cumprir a lei. Não faz qualquer sentido. Este artigo 41.º visou forçar a aplicação do SIADAP em 2004. Com resultados francamente negativos.

Para resolver a questão da não aplicação do SIADAP por parte da esmagadora maioria dos serviços públicos em 2004, sugerimos medida legal no sentido de a avaliação de 2003 se reportar ao ano de 2004, isto é, que a avaliação do ano de 2004 se faça, ainda, indirectamente embora, ao abrigo da legislação anterior. Achamos esta solução mais equilibrada do que uma que permita aos funcionários/dirigentes de nível intermédio a quem foi aplicado o SIADAP no ano de 2004 a opção de a avaliação de 2005 se reportar a 2004, caso esta venha a ser mais elevada do que a efectivamente obtida em 2004. Isto porque esta medida representa, de certo modo, uma desautorização dos avaliadores que cumpriram a lei. Por outro lado é mais simples, pois um eventual suprimento da avaliação do desempenho de 2004 para solucionar casos de falta de avaliação no âmbito dos organismos que não aplicaram de todo o SIADAP, para efeitos de promoção/ /progressão/mudança de nível, implica o desenvolvimento de um processo burocrático. Burocracia, só a inevitável. Não é este um dos motes da Reforma da Administração Pública?

IV – Nos serviços que tenham um sistema de classificação de serviço específico, a avaliação relativa a 2004 efectua-se de acordo com a lei anterior,

144 *Sistema Integrado da Avaliação do Desempenho da Administração Pública*

devendo o SIADAP ser adaptado aos mesmos, mediante Decreto Regulamentar, ou no caso de institutos públicos, nos termos previstos nos respectivos estatutos, até ao termo do ano de 2004.

Nesta adaptação devem ser observados os princípios e objectivos do SIADAP consignados na Lei n.° 10/2004 e, bem assim, as regras essenciais ao controlo e normalização de procedimentos (ex. percentagens máximas para as classificações de *Muito Bom* e de *Excelente*).

Já dissemos supra que o cumprimento desta norma foi também escasso. Até à data temos conhecimento de apenas três diplomas de adaptação do SIADAP aos serviços que dispõem de um sistema de avaliação específico: a Resolução n.° 83/2004, de 29 de Dezembro, da Assembleia da República (Regulamento do Sistema de Avaliação de Desempenho da Assembleia da República – SIADAR), o Despacho Normativo n.° 13/2005, de 11 de Fevereiro (Regulamento de Carreiras da UMIC – Agência para a Sociedade do Conhecimento, IP) e o Decreto Regulamentar n.° 10/2005, de 12 de Setembro (adapta o Sistema Integrado de Avaliação do Desempenho da Administração Pública ao pessoal da carreira técnica superior de inspecção da Inspecção-Geral da Educação). Com interesse em matéria de SIADAP, veja-se, ainda, o Despacho Normativo n.° 42/2005, de 18 de Agosto (gestão por objectivos em todas as unidades orgânicas do Ministério dos Negócios Estrangeiros).

V – Relativamente à classificação de serviço de 2003/2004 dos funcionários diplomados com o Curso de Estudos Avançados em Gestão Pública (CEAGP), ministrado no âmbito do Instituto Nacional de Administração, a Direcção-Geral da Administração Pública perfilha o seguinte entendimento: *"Nos termos do disposto no n.° 3 do art. 41.° do Decreto Regulamentar n.° 19-A/2004 não há lugar a avaliação extraordinária no corrente ano de 2004. Tendo presente que, nos termos no art. 5.° do Decreto-Lei n.° 54/2000, de 7 de Abril, os diplomados com o CEAGP têm direito à promoção a técnico superior de 1ª classe ao fim de um ano de serviço efectivo desde que obtida a classificação de serviço de Muito Bom, e face à impossibilidade legal de ser promovida a avaliação extraordinária (relativa ao tempo de serviço prestado e não classificado de 2003) os mesmos deverão ser avaliados ordinariamente em Fevereiro de 2005 e, se obtida a avaliação de Muito Bom, ser-lhes criado o lugar com efeitos retroagidos à data em que completaram um ano de serviço efectivo"*[22] .

---

[22] Texto constante do *site* da Direcção-Geral da Administração Pública, com o endereço www.dgap.gov.pt.

Decreto Regulamentar n.º 19-A/2004, de 14 de Maio 145

ARTIGO 42.º
Entrada em vigor

O presente diploma entra em vigor no dia seguinte ao da sua publicação.

Anotações

Eis uma das principais pechas do SIADAP: a aplicação já a 2004 de um sistema tão profundamente inovador. Daí a entrada em vigor deste diploma no dia seguinte ao da sua publicação, isto é, no dia 15 de Maio de 2004. Com resultados desoladores do ponto de vista da adesão dos organismos públicos ao sistema. O ano de 2004 devia ter funcionado como experimental. Mesmo o ano de 2005 é problemático, pois nos organismos que não aplicaram o SIADAP não foram fixados atempadamente objectivos e competências comportamentais. E, sem estes, não pode haver lugar a avaliação. Como resolver esta situação de facto, já consumada e sem remédio? Não seria melhor reportar a avaliação de 2003 a 2004 (avaliação ao abrigo do Decreto Regulamentar n.º 44-B/83, de 1 de Junho), avaliar 2005 ainda pela legislação anterior, mas com obrigatoriedade de aplicação do SIADAP em paralelo a título experimental, com fixação de objectivos e competências comportamentais, ainda que extemporâneos (eventualmente haverá que instituir uma forma de fiscalização da aplicação do SIADAP)? Para fazer o SIADAP entrar em vigor em pleno em 2006, porventura já com ajustamentos no que concerne aos aspectos mais problemáticos da versão inicial, designadamente a nível das percentagens máximas para as avaliações de *Muito Bom* e de *Excelente*, que poderiam com razoabilidade somar 50% em vez dos actuais 25%?

MAPA COMPARATIVO ENTRE O SIADAP E O REGIME DA CLASSIFICAÇÃO DE SERVIÇO POR ELE REVOGADO

Decreto Regulamentar n.º 44-B/83, de 1/6 – regime da classificação de serviço dos funcionários e agentes	Sistema Integrado de Avaliação do Desempenho da Administração Pública (SIADAP) – Lei n.º 10/2004, de 22/3 e Decreto Regulamentar n.º 19-A/2004, de 14/5
Artigo 1.º – Âmbito de aplicação Todos os funcionários dos serviços e organismos da administração central e dos institutos públicos que revistam a natureza de serviços personalizados ou de fundos públicos. *Artigo 2.º – Aplicação a agentes* Pessoal dos serviços e organismos da administração pública e dos institutos públicos contratado além dos quadros por prazo superior a 6 meses ou sucessivamente prorrogável, ainda que em regime de prestação eventual de serviço.	*Artigo 1.º, do Decreto Regulamentar n.º 19-A/2004 – Objecto e âmbito de aplicação* Todos os funcionários e agentes dos serviços e organismos da administração directa do Estado e dos institutos públicos.
Pessoal da administração local com as devidas adaptações. Pessoal das regiões autónomas, mediante decreto regulamentar regional. Carreiras de regime especial, com as devidas adaptações.	O SIADAP é aplicável a todo o território nacional, sem prejuízo da sua adaptação aos funcionários, agentes e demais trabalhadores da administração local e da administração regional autónoma, através, respectivamente, de decreto regulamentar e de decreto regulamentar regional das Assembleias Legislativas Regionais – art. 2.º, da Lei n.º 10/2004
Sem correspondência	Dirigentes de nível intermédio (directores de serviço, chefes de divisão e equiparados).
Sem correspondência	Serviços e organismos da administração directa do Estado e institutos públicos – art. 1.º, da Lei n.º 10/2004
Sem correspondência	Demais trabalhadores da administração directa do Estado e dos institutos públicos, independentemente do título jurídico da relação de trabalho, desde que o respectivo contrato seja por prazo superior a 6 meses (contratados a termo resolutivo certo e em regime de contrato individual de trabalho)

Decreto Regulamentar n.º 44-B/83, de 1/6 – regime da classificação de serviço dos funcionários e agentes	Sistema Integrado de Avaliação do Desempenho da Administração Pública (SIADAP) – Lei n.º 10/2004, de 22/3 e Decreto Regulamentar n.º 19-A/2004, de 14/5
Artigo 3.º – Finalidades da classificação	*Artigo 4.º, da Lei n.º 10/2004 – Objectivos*
A classificação de serviço visa:	O SIADAP tem como objectivos:
Sem correspondência	Avaliar a qualidade dos serviços e organismos da Administração Pública, tendo em vista promover a excelência e a melhoria contínua dos serviços prestados aos cidadãos e à comunidade;
A avaliação profissional do funcionário ou agente, tendo em atenção os conhecimentos e qualidades de que faz prova no exercício das suas funções;	Avaliar, responsabilizar e reconhecer o mérito dos dirigentes, funcionários, agentes e demais trabalhadores em função da produtividade e resultados obtidos, ao nível da concretização de objectivos, da aplicação de competências e da atitude pessoal demonstrada;
A valorização individual e melhoria da eficácia profissional, permitindo a cada funcionário e agente conhecer o juízo que os seus superiores hierárquicos formulam quanto ao desempenho das suas funções;	Promover a comunicação entre as chefias e os respectivos colaboradores;
Contribuir para o diagnóstico das situações de trabalho com vista ao estabelecimento de medidas tendentes à sua correcção e transformação;	Diferenciar níveis de desempenho, fomentando uma cultura de exigência, motivação e reconhecimento do mérito;
Detectar a eventual necessidade de acções de formação.	Identificar as necessidades de formação e desenvolvimento profissional adequados à melhoria do desempenho dos organismos, dirigentes e trabalhadores;
Sem correspondência	Potenciar o trabalho em equipa, promovendo a comunicação e cooperação entre serviços, dirigentes e trabalhadores;
Sem correspondência	Fomentar oportunidades de mobilidade e progressão profissional de acordo com a competência e o mérito demonstrados;
Sem correspondência	Fortalecer as competências de liderança e de gestão, com vista a potenciar os níveis de eficiência e qualidade dos serviços.

Mapa Comparativo entre o SIADAP e o Dec. Reg. n.° 44-B/83

Decreto Regulamentar n.º 44-B/83, de 1/6 – regime da classificação de serviço dos funcionários e agentes	Sistema Integrado de Avaliação do Desempenho da Administração Pública (SIADAP) – Lei nº 10/2004, de 22/3 e Decreto Regulamentar n.º 19-A/2004, de 14/5
Sem correspondência	*Artigo 2.º, do Decreto Regulamentar n.º 19-A/2004 – Componentes para a avaliação* A avaliação do desempenho integra as seguintes componentes: Objectivos; Competências comportamentais; Atitude pessoal (na avaliação dos dirigentes de nível intermédio esta última componente não existe).
Sem correspondência	*Artigo 3.º, do Decreto Regulamentar n.º 19-A/2004 – Objectivos* Esta componente da avaliação visa comprometer os trabalhadores com os objectivos estratégicos da organização e responsabilizar pelos resultados, promovendo uma cultura de qualidade, responsabilização e optimização de resultados, de acordo com as seguintes regras: definição da responsabilidade do respectivo serviço; acordados entre avaliador e avaliando; mínimo de 3 e máximo de 5; sujeitos a ponderação.
Sem correspondência	*Artigo 4.º, do Decreto Regulamentar n.º 19-A/2004 – Competências comportamentais* Esta componente da avaliação visa promover o desenvolvimento e qualificação dos dirigentes e trabalhadores, maximizar o seu desempenho e promover uma cultura de excelência e de qualidade, de acordo com as seguintes regras: definição em função dos diferentes grupos profissionais; o avaliando deve ter conhecimento, no início do período de avaliação, das competências exigidas para a respectiva função e da sua ponderação; mínimo de 4 e máximo de 6; ponderação de cada uma não pode ser inferior a 10%, sendo fixada pelo avaliador. São características pessoais que diferenciam níveis de desempenho de funções.

Decreto Regulamentar n.º 44-B/83, de 1/6 – regime da classificação de serviço dos funcionários e agentes	Sistema Integrado de Avaliação do Desempenho da Administração Pública (SIADAP) – Lei n.º 10/2004, de 22/3 e Decreto Regulamentar n.º 19-A/2004, de 14/5
Sem correspondência	*Artigo 5.º, do Decreto Regulamentar n.º 19-A/2004 – Atitude pessoal* Esta componente da avaliação visa a apreciação geral da forma como a actividade foi desempenhada pelo avaliado, incluindo aspectos como o esforço realizado, o interesse e a motivação demonstrados.
Artigo 4.º – Casos em que é requisito de provimento A classificação de serviço é obrigatoriamente considerada nos seguintes casos: a) Promoção e progressão nas carreiras; b) Conversão da nomeação provisória em definitiva; c) Celebração de novos contratos para diferente categoria ou cargo a que corresponda, no quadro de pessoal do serviço, categoria superior à respectiva carreira.	*Artigo 7.º, da Lei n.º 10/2004* A avaliação do desempenho é obrigatoriamente considerada para efeitos de: a) Promoção e progressão nas carreiras e categorias; b) Conversão da nomeação provisória em definitiva; c) Renovação de contratos.
Para efeitos das alíneas anteriores é exigida, no mínimo, a classificação de serviço de Bom, excepto nos casos em que é legalmente indispensável a classificação de Muito Bom. *Artigo 19.º, n.º 3, do Decreto-Lei n.º 353-A/89, de 16/10 – Progressão* A atribuição de classificação de serviço Não Satisfatório ou equivalente determina a não consideração do tempo de serviço prestado com essa classificação para efeitos de progressão.	Para efeitos das alíneas anteriores é exigida, no mínimo, a classificação de Bom, excepto nos casos em que legalmente seja indispensável a classificação de Muito Bom, e, em qualquer das situações, pelo tempo legalmente estabelecido.
Artigo 7.º – Princípios aplicáveis às fichas Nas fichas de notação n.ºs 1, 2, 3 e 4 cada factor é susceptível de graduação em 5 posições principais, pontuadas em 2, 4, 6, 8 e 10, sem prejuízo da utilização dos respectivos valores intermédios, resultando a pontuação da média aritmética dos valores com que foi graduado cada um dos factores.	*Artigo 6.º, n.º 1, do Decreto Regulamentar n.º 19-A/2004 – Escala de avaliação* A avaliação de cada uma das componentes do sistema de avaliação de desempenho é feita numa escala de 1 a 5, devendo a classificação ser atribuída pelo avaliador em números inteiros.

Decreto Regulamentar n.º 44-B/83, de 1/6 – regime da classificação de serviço dos funcionários e agentes	Sistema Integrado de Avaliação do Desempenho da Administração Pública (SIADAP) – Lei n.º 10/2004, de 22/3 e Decreto Regulamentar n.º 19-A/2004, de 14/5
Na ficha n.º 5, aplicável aos nomeados provisoriamente, cada factor é objecto de apreciação meramente qualitativa.	*Artigo 3.º, n.º 2, do Decreto. Regulamentar n.º 19-A/2004 – Objectivos* De acordo com os indicadores de medida de concretização previamente estabelecidos, cada objectivo é aferido em três níveis: Nível 5 – superou claramente o objectivo; Nível 3 – cumpriu o objectivo; Nível 1 – não cumpriu o objectivo.
Artigo 9.º – Apuramento da menção A classificação de serviço de cada funcionários ou agente obtém-se pela tradução da pontuação obtida numa das seguintes menções qualitativas, de acordo com o intervalo de valores em que aquela se situar: 2 e 3 – Não satisfatório; 4 e 5 – Regular; 6, 7 e 8 – Bom; 9 e 10 – Muito Bom.	*Artigo 6.º, n.º 2, do Decreto Regulamentar n.º 19-A/2004* O resultado global da avaliação de cada uma das componentes do SIADAP é expresso numa escala de 1 a 5, correspondente às seguintes menções qualitativas: Excelente – de 4,5 a 5 valores Muito Bom – de 4 a 4,4 valores Bom – de 3 a 3,9 valores Necessita de desenvolvimento – de 2 a 2,9 valores Insuficiente – de 1 a 1,9 valores
Sem correspondência	*Artigo 7.º, do Decreto Regulamentar n.º 19-A/2004 – Sistema de classificação* A classificação final é determinada pela média ponderada da avaliação de cada uma das seguintes componentes, de acordo com a seguinte ponderação por grupo profissional: Técnico superior e técnico – Objectivos – 60%; Competências – 30%; Atitude – 10%; Técnico profissional e administrativo – Objectivos – 50%; Competências – 40%; Atitude – 10%; Operário – Objectivos – 40%; Competências – 50%; Atitude – 10%; Auxiliar – Objectivos – 20%; Competências – 60%; Atitude – 20% A adaptação desta escala a corpos especiais e a carreiras de regime especial não pode prever ponderação inferior a 40%, para os objectivos, ou inferior a 30%, para as competências comportamentais.

Decreto Regulamentar n.º 44-B/83, de 1/6 – regime da classificação de serviço dos funcionários e agentes	Sistema Integrado de Avaliação do Desempenho da Administração Pública (SIADAP) – Lei n.º 10/2004, de 22/3 e Decreto Regulamentar n.º 19-A/2004, de 14/5
Artigo 5.º – Expressão da classificação em menção A classificação de serviço exprime-se numa menção qualitativa obtida através de um sistema de notação baseado na apreciação quantificada do serviço prestado em relação a cada um dos factores definidos na respectiva ficha de notação.	*Artigo 8.º, do Decreto Regulamentar n.º 19-A/2004 – Expressão da avaliação final* A avaliação global resulta das pontuações obtidas em cada uma das componentes do sistema de avaliação ponderadas sendo expressa através de classificação qualitativa e quantitativa, de acordo com a escala ínsita no art. 6.º, n.º 1, do Decreto Regulamentar n.º 19-A/2004
Artigo 18.º – Relevância para efeitos de carreira Para efeitos de promoção e progressão nas carreiras, as classificações atribuídas deverão ser em número igual ao número de anos de serviço exigidos como requisito de tempo mínimo de permanência na categoria inferior e reportadas aos anos imediatamente anteriores relevantes para aqueles efeitos.	Para efeitos de promoção e progressão, os anos relevantes com a avaliação exigida são seguidos, admitindo-se um único ano interpolado com avaliação inferior à legalmente requerida, desde que não seja o da última menção atribuída, e sem dispensa do módulo de tempo completo classificado conforme legalmente exigido para o efeito.
Artigo 30.º, do Decreto-Lei n.º 184/89, de 2/6 – Mérito excepcional Os membros do Governo podem atribuir menções de mérito excepcional em situações de relevante desempenho de funções a título individual ou conjuntamente, aos membros de uma equipa.	*Artigo 9.º, do Decreto Regulamentar n.º 19-A/2004 – Diferenciação de mérito e excelência* A diferenciação dos desempenhos de mérito e de excelência é garantida pela fixação de percentagens máximas para as classificações de Muito Bom e de Excelente, respectivamente de 20% e 5%, numa perspectiva de maximização da qualidade do serviço. O sistema de percentagens previsto deve ser aplicado por serviço ou organismo e de modo equitativo aos diferentes grupos profissionais, os quais podem ser agregados para o efeito nos serviços ou organismos em que o número de avaliados por cada um dos grupos profissionais seja inferior a 20.

Decreto Regulamentar n.º 44-B/83, de 1/6 – regime da classificação de serviço dos funcionários e agentes	Sistema Integrado de Avaliação do Desempenho da Administração Pública (SIADAP) – Lei n.º 10/2004, de 22/3 e Decreto Regulamentar n.º 19-A/2004, de 14/5
A proposta ao membro do Governo respectivo sobre a atribuição da menção de mérito excepcional cabe aos dirigentes máximos de cada ministério, constituídos, para o efeito, em júri *ad hoc*.	A atribuição de percentagens máximas deve ser do conhecimento de todos os avaliados.
A proposta é da iniciativa do dirigente máximo do serviço, que deve, no âmbito da avaliação, atender ao trabalho desenvolvido pelos efectivos de todos os grupos de pessoal do respectivo serviço.	A atribuição da classificação de Muito Bom implica fundamentação que evidencie os factores que contribuíram para o resultado final. A atribuição da classificação de Excelente implica a mesma fundamentação, devendo, ainda, identificar-se os contributos relevantes para o serviço, tendo em vista a sua inclusão na base de dados sobre boas práticas. A aplicação do sistema de percentagens a cada serviço ou organismo é da exclusiva responsabilidade dos seus dirigentes, cabendo ao respectivo dirigente máximo assegurar o seu estrito cumprimento.
Artigo 30.º, do Decreto-Lei n.º 184/89, de 2/6 – Mérito excepcional	*Artigo 15.º, da Lei n.º 10/2004 – Diferenciação e reconhecimento do mérito e excelência*
A atribuição da menção de mérito excepcional deve especificar os seus efeitos, permitindo, alternativamente: redução do tempo de serviço para efeitos de promoção ou progressão; promoção na respectiva carreira independentemente de concurso.	A atribuição de Excelente traduz-se no reconhecimento do mérito excepcional do trabalhador, sendo-lhe concedido o direito a: redução de 1 ano no tempo de serviço para efeitos de promoção nas carreiras verticais ou progressão nas carreiras horizontais; promoção na respectiva carreira independentemente de concurso, caso esteja a decorrer o último ano do período de tempo necessário à promoção no ano em que a avaliação é atribuída. A atribuição de Muito Bom durante 2 anos consecutivos, reduz em 1 ano os períodos legalmente exigidos para promoção nas carreiras verticais ou progressão nas carreiras horizontais.

Decreto Regulamentar n.º 44-B/83, de 1/6 – regime da classificação de serviço dos funcionários e agentes	Sistema Integrado de Avaliação do Desempenho da Administração Pública (SIADAP) – Lei n.º 10/2004, de 22/3 e Decreto Regulamentar n.º 19-A/2004, de 14/5
Artigo 6.º – Fichas	*Artigo 10.º, do Decreto Regulamentar n.º 19-A/2004 – Fichas de avaliação*
Serão utilizadas fichas de notação, aprovadas por portaria do membro do Governo que tiver a seu cargo a função pública, que constituirão modelo exclusivo da Imprensa Nacional – Casa da Moeda, destinando-se:	O sistema de avaliação do desempenho obedece a instrumentos normalizados e diferenciados em função dos grupos profissionais ou situações específicas, a aprovar por portaria conjunta dos membros do governo da tutela e do responsável pela área da Administração Pública. As fichas de avaliação devem incluir a definição de cada um dos factores que integram as competências e atitude pessoal dos diferentes grupos profissionais, bem como a descrição dos comportamentos que lhes correspondem
e Portaria n.º 642-A/83, de 1/6	*e Portaria n.º 509-A/2004, de 14/5*
Sem correspondência Ficha n.º 1 para o pessoal técnico superior e técnico Ficha n.º 2 para o pessoal técnico-profissional e administrativo Ficha n.º 3 para o pessoal auxiliar Ficha n.º 4 para o pessoal operário Ficha n.º 5 para o pessoal nomeado provisoriamente em categoria de ingresso	Ficha de avaliação para os dirigentes intermédios Ficha de avaliação para os grupos de pessoal técnico superior e técnico Ficha de avaliação para os grupos de pessoal técnico profissional e administrativo Ficha de avaliação para o grupo de pessoal auxiliar Ficha de avaliação para o grupo de pessoal operário
	Artigo 11.º, do Decreto Regulamentar n.º 19-A/2004 – Intervenientes no processo de avaliação
Sem correspondência	Intervêm no processo de avaliação do desempenho: os avaliadores; o Conselho de Coordenação da Avaliação; o dirigente máximo do serviço ou organismo em causa

Decreto Regulamentar n.º 44-B/83, de 1/6 – regime da classificação de serviço dos funcionários e agentes	Sistema Integrado de Avaliação do Desempenho da Administração Pública (SIADAP) – Lei n.º 10/2004, de 22/3 e Decreto Regulamentar n.º 19-A/2004, de 14/5
Artigo 10.º – Competência para avaliar e notar	*Artigo 12.º, do Decreto Regulamentar n.º 19-A/2004 – Avaliadores*
A avaliação e a notação são da competência conjunta dos superiores hierárquicos imediato e de segundo nível, designado por notadores, que, no decurso do período a que se reporta a classificação, reúnam o mínimo de 6 meses de contacto funcional com o notado. A competência para avaliar e notar o pessoal operário pertence conjuntamente ao superior hierárquico do notado e ao funcionário ou agente integrado em outro grupo de pessoal que tenha a seu cargo o sector do pessoal operário.	A avaliação é da competência do superior hierárquico imediato ou do funcionário que possua responsabilidades de coordenação sobre o avaliado, que reúna, no mínimo, 6 meses e 1 dia de contacto funcional com o avaliado. Cabe ao avaliador: *a)* Definir os objectivos dos seus colaboradores directos de acordo com os objectivos fixados para o organismo e para a respectiva unidade orgânica; *b)* Avaliar anualmente os seus colaboradores directos, cumprindo o calendário de avaliação; *c)* Assegurar a correcta aplicação dos princípios integrantes da avaliação; *d)* Ponderar as expectativas dos trabalhadores no processo de identificação das respectivas necessidades de desenvolvimento.
Artigo 11.º – Competência para avaliar e notar em casos especiais Quando a estrutura orgânica de determinado serviço ou organismo não permitir a aplicação do supra mencionado, o dirigente máximo do serviço poderá designar como notadores funcionários, ou, na falta destes, agentes, com atribuições de coordenação de trabalho, de categoria superior aos notados, ainda que não providos em cargos de direcção ou chefia. Nos casos em que não for possível a designação de 2 notadores poderá ser designado um único notador mediante despacho fundamentado do dirigente máximo da respectiva unidade orgânica. Em ambos os casos os funcionários ou agentes designados como notadores deverão reunir, no mínimo, 6 meses de contacto funcional com os notados.	Nos casos em que não estejam reunidas as condições supra mencionadas é avaliador o superior hierárquico de nível seguinte ao imediato ou, na ausência deste, o Conselho de Coordenação da Avaliação.

Decreto Regulamentar n.º 44-B/83, de 1/6 – regime da classificação de serviço dos funcionários e agentes	Sistema Integrado de Avaliação do Desempenho da Administração Pública (SIADAP) – Lei n.º 10/2004, de 22/3 e Decreto Regulamentar n.º 19-A/2004, de 14/5
Artigo 24.º e seguintes – Comissão paritária	*Artigo 13.º, do Decreto Regulamentar n.º 19-A/2004 – Conselho de Coordenação da Avaliação*
Nas direcções-gerais e outras unidades orgânicas que funcionem directamente na dependência dos membros do Governo, ou nas unidades orgânicas desconcentradas a cargo de dirigente em que tenha sido delegada competência para homologar classificações de serviço, será constituída uma comissão paritária. A comissão paritária é um órgão consultivo do dirigente com competência para homologar as classificações de serviço.	Junto do dirigente máximo de cada serviço ou organismo funciona um conselho de coordenação da avaliação, ao qual compete: *a)* Estabelecer directrizes para uma aplicação objectiva harmónica do sistema de avaliação do desempenho; *b)* Validar as avaliações finais iguais ou superiores a Muito Bom; *c)* Emitir pareceres sobre as reclamações dos avaliados; *d)* Proceder à avaliação de desempenho nos casos de ausência de superior hierárquico; *e)* Propor a adopção de sistemas específicos de avaliação nos termos previstos na Lei n.º 10/2004, de 22/04.
Artigo 44.º – Dirigente máximo	O Conselho de Coordenação da Avaliação é presidido pelo dirigente máximo do organismo e integra todos os dirigentes de nível superior de 2.º grau e intermédio de 1.º grau, bem como outros dirigentes directamente dependentes do dirigente máximo do organismo. Em serviços de grande dimensão o Conselho de Coordenação da Avaliação pode ter uma composição mais restrita. (dirigente máximo do serviço, dirigente responsável pela área dos recursos humanos e um número restrito de dirigentes)
A comissão paritária é composta por 4 vogais, sendo 2 representantes da Administração e 2 representantes dos notados. Os vogais representantes da Administração serão designados, em número de 4, 2 efectivos e 2 suplentes, de entre funcionários ou agentes não notados, pelo dirigente com competência para homologar. Os representantes dos notados serão eleitos por escrutínio secreto, em número de 4, 2 efectivos e 2 suplentes, por todos os funcionários e agentes notados da unidade orgânica, sendo vogais efectivos os mais votados.	*Artigo 14.º, do Decreto Regulamentar n.º 19-A/2004 – Dirigente máximo do serviço*
Considera-se dirigente máximo da unidade orgânica o director-geral ou equiparado ou outro dirigente responsável por unidade orgânica directa- mente dependente de membro do Governo	Considera-se dirigente máximo do serviço o titular do cargo de direcção superior de 1.º grau ou outro dirigente responsável pelo serviço ou organismo directamente dependente do membro do Governo.

Decreto Regulamentar n.º 44-B/83, de 1/6 – regime da classificação de serviço dos funcionários e agentes	Sistema Integrado de Avaliação do Desempenho da Administração Pública (SIADAP) – Lei n.º 10/2004, de 22/3 e Decreto Regulamentar n.º 19-A/2004, de 14/5
Artigo 12.º , n.º 1 – Competência para homologar A competência para homologar as classificações atribuídas pelos notadores é exercida pelo dirigente máximo do serviço. *Artigo 12.º, n.ºs 2 e 3 – Competência para homologar* Quando o dirigente competente não homologar a classificação atribuída pelos notadores ou não concordar com a proposta de solução apresentada pela comissão paritária, deverá ele próprio atribuir, mediante despacho fundamentado, a classificação respectiva, ouvindo a comissão paritária nos casos em que esta não tiver sido ouvida. A intervenção, como notador, do dirigente com competência para homologar não prejudica a posterior homologação pelo mesmo dirigente da classificação atribuída	Compete ao dirigente máximo do serviço: a) Garantir a adequação do sistema de avaliação do desempenho às realidades específicas do serviço ou organismo; b) Coordenar e controlar o processo de avaliação anual; c) Homologar as avaliações anuais; d) Decidir das reclamações dos avaliados, após parecer do conselho de coordenação da avaliação; e) Assegurar a elaboração do relatório anual da avaliação do desempenho. Quando o dirigente máximo não homologar as classificações atribuídas, deverá ele próprio, mediante despacho fundamentado, estabelecer a classificação a atribuir.
Artigo 14.º – Classificação ordinária A classificação ordinária é de iniciativa da Administração e abrange os funcionários e agentes que contem no ano civil anterior mais de 6 meses de serviço efectivo prestado em contacto funcional com os notadores ou notador competentes.	*Artigo 15.º, do Decreto Regulamentar n.º 19-A/2004 – Avaliação ordinária* A avaliação ordinária respeita aos trabalhadores que contem, no ano civil anterior, mais de 6 meses de serviço efectivo prestado em contacto funcional com o respectivo avaliador e reporta-se ao tempo de serviço prestado naquele ano e não avaliado.

Decreto Regulamentar n.º 44-B/83, de 1/6 – regime da classificação de serviço dos funcionários e agentes	Sistema Integrado de Avaliação do Desempenho da Administração Pública (SIADAP) – Lei n.º 10/2004, de 22/3 e Decreto Regulamentar n.º 19-A/2004, de 14/5
Artigo 15.º – Classificação extraordinária São classificados extraordinariamente os trabalhadores que, não podendo ser avaliados ordinariamente, só durante o ano em que é atribuída a classificação e até 30 de Junho, venham reunir o requisito de 6 meses de contacto funcional com os notadores ou notador competente. A classificação extraordinária deverá ser solicitada pelo interessado ao dirigente máximo do serviço ou organismo, por escrito, no decurso do mês de Junho, sendo-lhe aplicável a tramitação da classificação ordinária, salvo no que diz respeita às datas fixadas, sem prejuízo, contudo, da observância dos intervalos temporais entre cada uma das várias fases do processo.	*Artigo 16.º, do Decreto Regulamentar n.º 19-A/2004 – Avaliação extraordinária* São avaliados extraordinariamente os trabalhadores que só venham a reunir o requisito de 6 meses de contacto funcional com o avaliador competente durante o ano em que é feita a avaliação e até 30 de Junho, devendo o interessado solicitá-la por escrito ao dirigente máximo do serviço do decurso do mês de Junho. A avaliação extraordinária obedece à tramitação prevista para a avaliação ordinária, salvo no que diz respeito às datas fixadas, sem prejuízo da observância dos intervalos temporais entre cada uma das fases do processo.
Artigo 19.º – Casos especiais de relevância Relativamente às situações de exercício de cargo ou funções de reconhecido interesse público, bem como de funções sindicais ou de prestação de serviço militar obrigatório, desde que impeditivas de atribuição de classificação de serviço, a classificação obtida no último ano de exercício no lugar de origem reporta-se igualmente aos anos seguintes relevantes para efeitos de promoção.	*Artigo 17.º, do Decreto Regulamentar n.º 19-A/2004 – Casos especiais* Aos trabalhadores que exerçam cargo ou funções de reconhecido interesse público, bem como actividade sindical, a classificação obtida no último ano imediatamente anterior ao exercício dessas funções ou actividades reporta-se, igualmente, aos anos seguintes relevantes para efeitos de promoção e progressão.
Artigo 20.º – Suprimento da falta de classificação A falta de classificação para promoção e progressão nas carreiras, conversão da nomeação provisória em definitiva, celebração de novos contratos para diferente categoria ou cargo a que corresponda, no quadro de pessoal do serviço, categoria superior da respectiva carreira, será suprida por adequada ponderação do currículo profissional do funcionário	*Artigo 18.º, do Decreto Regulamentar n.º 19-A/2004 – Suprimento da avaliação* Quando o trabalhador permanecer em situação que inviabilize a atribuição de avaliação ordinária ou extraordinária e não se encontre num dos casos especiais em que tem direito a que a avaliação de ano anterior se reporte a anos subsequentes, terá lugar adequada ponderação do currículo

Decreto Regulamentar n.º 44-B/83, de 1/6 – regime da classificação de serviço dos funcionários e agentes	Sistema Integrado de Avaliação do Desempenho da Administração Pública (SIADAP) – Lei n.º 10/2004, de 22/3 e Decreto Regulamentar n.º 19-A/2004, de 14/5
ou agente na parte correspondente ao período não classificado nos seguintes casos: a) quando o interessado permanecer em situação que inviabilize a atribuição de classificação de serviço reportada ao seu lugar de origem, designadamente quando não puder solicitar classificação extraordinária; b) impossibilidade de designação de notador/es; c) a ausência ou impedimento de notados ou notadores não cesse no ano civil em que a classificação deve ser atribuída	profissional relativamente ao período que não foi objecto de avaliação, para efeitos de apresentação a concurso de promoção ou de progressão nos escalões.

Artigo 21.º – Ponderação do currículo profissional

A ponderação do currículo profissional será levada a efeito pelo júri dos concursos de promoção ou, relativamente às demais situações, pelo dirigente máximo do serviço ou organismo, que poderá delegar essa competência no superior hierárquico imediato do interessado.

Artigo 20.º, do Decreto-Lei n.º 353-A/89, de 16/10 – Formalidades [da progressão]

A progressão é automática e oficiosa e não depende de requerimento do interessado, devendo os serviços proceder com diligência ao processamento oficioso das progressões.

O suprimento da avaliação será requerido ao júri do concurso, no momento da apresentação da candidatura, nos termos previstos no respectivo aviso de abertura, ou ao dirigente máximo do serviço, quando se complete o tempo necessário para a progressão.

Artigo 22.º – Admissão a concurso nos casos de avaliação curricular

Os interessados terão direito a apresentar a sua candidatura a concursos de promoção, nos termos previstos no respectivo regulamento.
A apreciação do currículo só é relevante para fins de admissão a concurso e não prejudica, em caso de deliberação favorável, nova apreciação curricular para efeitos de ordenamento de candidatos.

A ponderação curricular só é relevante para fins de admissão a concurso (e progressão na categoria) e não prejudica, em caso de deliberação favorável do júri do concurso, nova apreciação curricular para efeitos de ordenação dos candidatos.

Decreto Regulamentar n.º 44-B/83, de 1/6 – regime da classificação de serviço dos funcionários e agentes	Sistema Integrado de Avaliação do Desempenho da Administração Pública (SIADAP) – Lei n.º 10/2004, de 22/3 e Decreto Regulamentar n.º 19-A/2004, de 14/5
Artigo 20.º, n.º 3 – Suprimento da falta de classificação Na ponderação do currículo profissional ter-se-ão em conta, entre outros parâmetros: *a*) as habilitações académicas e profissionais do interessado; *b*) a sua participação em acções de formação e aperfeiçoamento; *c*) o conteúdo das suas funções e o serviço ou organismo em que as exerceu.	*Artigo 19.º, do Decreto Regulamentar n.º 19-A/2004* *– Ponderação curricular* Na ponderação do currículo profissional são tidos em linha de conta: *a*) as habilitações académicas e profissionais do interessado; *b*) as acções de formação e aperfeiçoamento profissional que tenha frequentado, com relevância para as funções que exerce; *c*) o conteúdo funcional da respectiva categoria e, bem assim, de outros cargos que tenha exercido e as avaliações de desempenho que neles tenha obtido;
Sem correspondência	*d*) a experiência profissional em áreas de actividade de interesse para as funções actuais.
Sem correspondência	A ponderação curricular será expressa através de uma valoração que respeite a escala de avaliação quantitativa e qualitativa
Sem correspondência	Nos casos de atribuição de classificação igual ou superior a Muito Bom, há lugar a fundamentação da mesma.
Sem correspondência	*Artigo 20.º, do Decreto Regulamentar n.º 19-A/2004 – Periodicidade* A avaliação do desempenho é anual e o respectivo processo terá lugar nos meses de Janeiro a Março, sem prejuízo do disposto para a avaliação extraordinária.
Artigo 28.º – Confidencialidade O processo de classificação tem carácter confidencial, devendo as fichas de notação ser arquivadas no processo individual dos notados Todos os interessados no processo de classificação ficam obrigados ao dever de sigilo sobre esta matéria.	*Artigo 21.º, do Decreto Regulamentar n.º 19-A/2004* *– Confidencialidade* O processo da avaliação do desempenho tem carácter confidencial, devendo os instrumentos de avaliação de cada trabalhador ser arquivados no respectivo processo individual.

Mapa Comparativo entre o SIADAP e o Dec. Reg. n.º 44-B/83   163

Decreto Regulamentar n.º 44-B/83, de 1/6 – regime da classificação de serviço dos funcionários e agentes	Sistema Integrado de Avaliação do Desempenho da Administração Pública (SIADAP) – Lei n.º 10/2004, de 22/3 e Decreto Regulamentar n.º 19-A/2004, de 14/5
A confidencialidade supra referida não impede que em qualquer fase do processo sejam passadas certidões da ficha de notação, mediante pedido do notado, formulado por escrito ao dirigente com competência para homologar.	Todos os intervenientes no processo avaliativo, excepto o avaliado, têm o dever de sigilo sobre o mesmo. Sem prejuízo da confidencialidade do processo, é divulgado no organismo o resultado global da avaliação contendo o número das menções qualitativas atribuídas por grupo profissional, bem como o número de casos em que se verificou avaliação extraordinária ou suprimento de avaliação.
Sem correspondência	*Artigo 22.º, do Decreto Regulamentar n.º 19-A/2004 – Fases do processo* O processo de avaliação comporta as seguintes fases: auto-avaliação; avaliação prévia; harmonização das avaliações de desempenho; entrevista com o avaliado; homologação; reclamação; recurso hierárquico.
Artigo 30.º – Preenchimento das fichas O processo de classificação ordinária inicia-se com o preenchimento pelos notados, nos primeiros 5 dias úteis do mês de Janeiro, das rubricas sobre actividades relevantes durante o período em apreciação e funções exercidas constantes das fichas de notação aplicáveis, as quais serão atempadamente fornecidas pelos serviços aos mesmos notados.	*Artigo 23.º, do Decreto Regulamentar n.º 19-A/2004 – Auto-avaliação* Tem como objectivo envolver o avaliado no processo de avaliação e fomentar o seu relacionamento com o respectivo superior hierárquico de modo a identificar oportunidades de desenvolvimento profissional; Tem carácter preparatório da entrevista de avaliação, não constituindo componente vinculativa da avaliação do desempenho; Concretiza-se através de preenchimento de ficha própria a partir de 5 de Janeiro, que deve ser presente ao avaliador no momento da entrevista; Nos processos de avaliação extraordinária, o preenchimento da ficha de auto-avaliação será feito pelo avaliado nos primeiros 5 dias úteis do mês de Julho.

Decreto Regulamentar n.º 44-B/83, de 1/6 – regime da classificação de serviço dos funcionários e agentes	Sistema Integrado de Avaliação do Desempenho da Administração Pública (SIADAP) – Lei n.º 10/2004, de 22/3 e Decreto Regulamentar n.º 19-A/2004, de 14/5
As restantes rubricas, na parte aplicável, serão preenchidas pelos notadores até 31 de Janeiro.	*Artigo 24.º, do Decreto Regulamentar n.º 19-A/2004 – Avaliação prévia* Consiste no preenchimento das fichas de avaliação do desempenho pelo avaliador entre 5 e 20 de Janeiro, com vista à sua apresentação na reunião de harmonização das avaliações do Conselho de Coordenação da Avaliação
Sem correspondência	*Artigo 25.º, do Decreto Regulamentar n.º 19-A/2004 – Harmonização das avaliações* Entre 21 e 31 de Janeiro realizam-se as reuniões do Conselho de Coordenação da Avaliação tendo em vista a harmonização das avaliações e a validação das propostas de avaliação final correspondentes às percentagens máximas de mérito e de excelência A validação das propostas de avaliação final correspondentes às percentagens máximas de mérito e de excelência implica declaração formal, assinada por todos os membros do Conselho de Coordenação da Avaliação, do cumprimento daquelas percentagens
Artigo 31.º – Conhecimento ao interessado A ficha, depois de devidamente preenchida, será dada a conhecer em entrevista individual ao interessado. As entrevistas terão lugar até 15 de Fevereiro de cada ano.	*Artigo 26.º, do Decreto Regulamentar n.º 19-A/2004 – Entrevista de avaliação* Durante o mês de Fevereiro realizam-se as entrevistas individuais dos avaliadores com os respectivos avaliados, com o objectivo de analisar a auto-avaliação do avaliado, dar conhecimento da avaliação feita pelo avaliador e de estabelecer os objectivos a prosseguir pelos avaliados nesse ano.

Mapa Comparativo entre o SIADAP e o Dec. Reg. n.° 44-B/83

Decreto Regulamentar n.° 44-B/83, de 1/6 – regime da classificação de serviço dos funcionários e agentes	Sistema Integrado de Avaliação do Desempenho da Administração Pública (SIADAP) – Lei n.° 10/2004, de 22/3 e Decreto Regulamentar n.° 19-A/2004, de 14/5
Artigo 37.° e 38.° – Homologação As classificações de serviço ordinárias deverão ser homologadas até 30 de Abril de cada ano civil. No acto de homologação proceder-se-á ao apuramento da menção em que se traduz a classificação de serviço atribuída. No prazo de 5 dias úteis contados do acto de homologação é dado conhecimento pelos notadores aos interessados da classificação de serviço que lhes for atribuída, sendo de seguida o processo arquivado no respectivo processo individual.	*Artigo 27.°, do Decreto Regulamentar n.° 19-A/2004 – Homologação* As avaliações de desempenho ordinárias devem ser homologadas até 15 de Março.
Artigo 32.° – Reclamação para os notadores e artigo 33.° – Requerimento de audição da comissão paritária O interessado, após tomar conhecimento da ficha de notação, pode apresentar aos notadores, no prazo de 5 dias úteis, reclamação por escrito, com indicação dos factos que julgue susceptíveis de fundamentarem a revisão da classificação atribuída. As reclamações serão objecto de apreciação pelos respectivos notadores, que proferirão decisão fundamentada, a qual será dada a conhecer ao interessado, por escrito, no prazo máximo de 5 dias úteis contados do recebimento da reclamação. O notado, após tomar conhecimento da decisão, poderá requerer ao dirigente com competência para homologar, nos 5 dias úteis subsequentes, que o seu processo seja submetido a parecer da comissão paritária. O requerimento deve ser fundamentado, contendo obrigatoriamente os dados que permitam inferir ter havido factores menos correctamente avaliados.	*Artigo 28.°, do Decreto Regulamentar n.° 19-A/2004 – Reclamação* Após tomar conhecimento da homologação da sua avaliação, o avaliado pode apresentar reclamação por escrito, no prazo de 5 dias úteis, para o dirigente máximo do serviço. A decisão sobre a reclamação será proferida no prazo máximo de 15 dias úteis, dependendo de parecer prévio do Conselho de Coordenação da Avaliação.

Decreto Regulamentar n.º 44-B/83, de 1/6 – regime da classificação de serviço dos funcionários e agentes	Sistema Integrado de Avaliação do Desempenho da Administração Pública (SIADAP) – Lei n.º 10/2004, de 22/3 e Decreto Regulamentar n.º 19-A/2004, de 14/5
A comissão paritária poderá solicitar aos notadores ou aos notados os elementos que julgar convenientes para o seu melhor esclarecimento, bem como convidar qualquer deles a expor a sua posição, por uma única vez, em audição, cuja duração não poderá exceder 30 minutos. Os pareceres da comissão paritária serão proferidos no prazo de 15 dias úteis contados da data em que tiveram sido solicitados, sob a forma de relatório fundamentado, com proposta de solução da reclamação. Ao dirigente máximo do serviço compete emitir a decisão final, a qual poderá não coincidir com nenhuma das soluções propostas e deverá ser sempre fundamentada.	Em sede de apreciação de reclamação, o Conselho de Coordenação da Avaliação pode solicitar, por escrito, a avaliadores e avaliados, os elementos que julgar convenientes.
Artigo 39.º – Recursos Após homologação, cabe recurso hierárquico da classificação para o membro do Governo competente, a interpor no prazo de 10 dias úteis contados da data do conhecimento desta, devendo ser proferida decisão no prazo de 15 dias contados da data de interposição do recurso. A invocação de meras diferenças de classificação com base na comparação entre classificações atribuídas não constitui fundamento atendível de recurso.	*Artigo 29.º, do Decreto Regulamentar n.º 19-A/2004 – Recurso* Da decisão final sobre a reclamação cabe recurso hierárquico para o membro do Governo competente, a interpor no prazo de 5 dias úteis contado do seu conhecimento. A decisão deverá ser proferida no prazo de 10 dias úteis contados da data de interposição do recurso. O recurso não pode fundamentar-se na comparação entre resultados de avaliações.
Sem correspondência	*Artigo 30.º, do Decreto Regulamentar n.º 19-A/2004 – Formação* No final da avaliação devem ser identificadas um máximo de três acções de formação de suporte ao desenvolvimento do trabalhador. A identificação das necessidades de formação deve associar as necessidades prioritárias dos funcionários à exigência das funções que lhes estão atribuídas, tendo em conta os recursos disponíveis para esse efeito.

Decreto Regulamentar n.º 44-B/83, de 1/6 – regime da classificação de serviço dos funcionários e agentes	Sistema Integrado de Avaliação do Desempenho da Administração Pública (SIADAP) – Lei n.º 10/2004, de 22/3 e Decreto Regulamentar n.º 19-A/2004, de 14/5
Artigo 19.º, n.º 1 *– Casos especiais de relevância* Relativamente ao pessoal que exerça funções dirigentes, a classificação de serviço obtida no último ano de exercício no lugar de origem reporta-se igualmente aos anos seguintes relevantes para efeitos de promoção.	*Artigo 31.º, do Decreto Regulamentar n.º 19-A/2004* *–Avaliação dos dirigentes de nível intermédio* A avaliação dos dirigentes de nível intermédio visa promover o reforço e desenvolvimento das competências de gestão e comportamentos de liderança, devendo adequar-se à diferenciação da função.
Sem correspondência	*Artigo 32.º, do Decreto Regulamentar n.º 19-A/2004* *– Componentes da avaliação [dos dirigentes de nível intermédio]* A ponderação dos objectivos deve ser de 75%, em reforço da responsabilidade partilhada pelo cumprimento dos objectivos do organismo. A ponderação das competências comportamentais deve ser de 25%, devendo o respectivo modelo ser diferenciado dos restantes grupos ao nível dos factores de avaliação. Não se encontram sujeitos às percentagens máximas para as classificações de Muito Bom e de Excelente.
Sem correspondência	*Artigo 33.º, do Decreto Regulamentar n.º 19-A/2004* *– Avaliadores [dos dirigentes de nível intermédio]* A competência para avaliar cabe ao superior hierárquico imediato, carecendo sempre de homologação conjunta dos respectivos dirigentes de nível superior, excepto quando um deles tenha sido avaliador. Não há lugar à intervenção do Conselho Coordenador da Avaliação, salvo em caso de reclamação. A apreciação das reclamações é feita em Conselho de Coordenação da Avaliação restrito, composto apenas pelos dirigentes de nível superior do organismo e pelo dirigente máximo do departamento de organização e recursos humanos do Ministério que seja um serviço partilhado.

Decreto Regulamentar n.º 44-B/83, de 1/6 – regime da classificação de serviço dos funcionários e agentes	Sistema Integrado de Avaliação do Desempenho da Administração Pública (SIADAP) – Lei n.º 10/2004, de 22/3 e Decreto Regulamentar n.º 19-A/2004, de 14/5
	Em caso de impedimento do avaliador, a competência cabe ao superior hierárquico seguinte.
Sem correspondência	*Artigo 34.º, do Decreto Regulamentar n.º 19-A/2004 – Início da avaliação [dos dirigentes de nível intermédio]* Tem lugar no 2.º ano da comissão de serviço, quando o início de funções ocorra antes de 1 de Junho, não havendo recurso a avaliação extraordinária.
Sem correspondência	*Artigo 35.º, do Decreto Regulamentar n.º 19-A/2004 – Efeitos da avaliação [dos dirigentes de nível intermédio]* A renovação da comissão de serviço depende da classificação mínima de Bom no último ano da comissão de serviço. Os resultados da avaliação do desempenho contam para a evolução na carreira de origem, de acordo com as regras e os critérios de promoção e progressão aplicáveis, sem prejuízo de outros direitos especialmente previstos no Estatuto do Pessoal Dirigente da Administração Pública.
Artigo 47.º – Relatórios para acompanhamento Para efeitos de acompanhamento da aplicação do presente diploma, o Ministério da Reforma Administrativa fornecerá modelos normalizados de relatórios de execução, que, após preenchimento pelos serviços e organismos, serão remetidos àquele Ministério.	*Artigo 36.º, do Decreto Regulamentar n.º 19-A/2004 – Monitorização e controlo* No final do período de avaliação, cada organismo deve apresentar ao membro do governo da tutela o relatório anual dos resultados da avaliação do desempenho, sem referências nominativas, que evidencie o cumprimento das regras estabelecidas no presente diploma, nomeadamente através da identificação das classificações atribuídas aos diferentes grupos profissionais.

Decreto Regulamentar n.º 44-B/83, de 1/6 – regime da classificação de serviço dos funcionários e agentes	Sistema Integrado de Avaliação do Desempenho da Administração Pública (SIADAP) – Lei n.º 10/2004, de 22/3 e Decreto Regulamentar n.º 19-A/2004, de 14/5
Os modelos normalizados e as demais instruções que se afigurem necessárias para cumprimento do disposto no número anterior serão aprovados por despacho do membro do Governo que tiver a seu cargo a função pública.	Compete à Secretaria-Geral de cada Ministério a elaboração de um relatório síntese da forma como o sistema de avaliação foi aplicado ao nível de cada Ministério. A estrutura e o conteúdo do relatório síntese são objecto de normalização através de portaria do membro do Governo responsável pela Administração Pública.
Sem correspondência	*Artigo 37.º, do Decreto Regulamentar n.º 19-A/2004 – Base de Dados* Os relatórios serão remetidos, em suporte informático, à Direcção-Geral da Administração Pública para tratamento estatístico e constituição de uma base de dados específica do sistema de avaliação do desempenho da Administração Pública. A Direcção-Geral da Administração Pública elabora anualmente, no decurso do 3.º trimestre, um relatório global sobre a aplicação do sistema de avaliação do desempenho que sirva de suporte à definição da política de emprego público e à implementação de um adequado sistema de gestão e desenvolvimento de recursos humanos.
Sem correspondência	*Artigo 38.º, do Decreto Regulamentar n.º 19-A/2004 – Auditorias* Cabe à Inspecção-Geral da Administração Pública analisar regularmente, no âmbito das suas actividades de auditoria, a forma como o sistema integrado de avaliação do desempenho da Administração Pública é aplicado, mormente se os respectivos objectivos e princípios enformadores estão a ser alcançados e respeitados. Poderá ser superiormente determinada à mesma Inspecção-Geral a realização de auditorias nos casos em que se revelem desvios dos objectivos estabelecidos, em especial à selectividade do sistema de avaliação do desempenho.

SISTEMA INTEGRADO DE AVALIAÇÃO DO DESEMPENHO DA ADMINISTRAÇÃO PÚBLICA (SIADAP)

ESQUEMATIZAÇÃO DA LEI N.º 10/2004, DE 22 DE MARÇO, E DO DECRETO REGULAMENTAR N.º 19-A/2004, DE 14 DE MAIO

SISTEMA INTEGRADO DE AVALIAÇÃO DO DESEMPENHO DA ADMINISTRAÇÃO PUBLICA (SIADAP)

ESQUEMATIZAÇÃO DA LEI N.° 10/2004, DE 22 DE MARÇO,
E DO DECRETO REGULAMENTAR N.° 19-A/2004, DE 14 DE MAIO

Objectivos do SIADAP

a) Avaliar a qualidade dos serviços públicos, com o objectivo de promover a excelência e a melhoria contínua dos serviços prestados aos cidadãos e à comunidade

b) Avaliar, responsabilizar e reconhecer o mérito dos dirigentes, funcionários e demais trabalhadores em função da produtividade e dos resultados obtidos ao nível:
  i. da concretização de objectivos
  ii. da aplicação de competências comportamentais
  iii. da atitude pessoal demonstrada

c) Diferenciar níveis de desempenho, fomentando uma cultura de exigência, motivação e reconhecimento do mérito

d) Potenciar o trabalho em equipa, promovendo a comunicação e cooperação entre serviços, dirigentes e trabalhadores

e) Identificar as necessidades de formação e desenvolvimento profissional adequadas à melhoria do desempenho dos organismos, dirigentes e trabalhadores

f) Fomentar oportunidades de mobilidade e progressão profissional (em sentido lato) de acordo com a competência e o mérito demonstrados

g) Promover a comunicação entre os dirigentes e os respectivos trabalhadores

h) Fortalecer as competências de liderança e de gestão, com vista a potenciar os níveis de eficiência e qualidade dos serviços.

Princípios pelos quais se rege o SIADAP

a) Orientação para resultados (promoção da excelência e da qualidade do serviço);
b) Universalidade (aplicação a toda a Administração Pública – respectivo pessoal e serviços públicos);
c) Responsabilização e desenvolvimento (instrumento de orientação, avaliação e desenvolvimento dos dirigentes, trabalhadores e equipas para a obtenção de resultados e demonstração de competências profissionais);
d) Reconhecimento e motivação (garantia da diferenciação dos desempenhos e promoção de uma gestão baseada na valorização das competências e do mérito);
e) Transparência (critérios objectivos, regras claras e amplamente divulgadas);
f) Coerência e integração (gestão integrada de recursos humanos, em articulação com as políticas de recrutamento e selecção, formação profissional e desenvolvimento de carreira).

Ciclo anual de gestão dos organismos

A Avaliação do desempenho faz parte do **ciclo anual de gestão** de cada serviço público, que integra as seguintes fases:
a) Elaboração do Plano Anual de Actividades para o ano seguinte, tendo em conta os objectivos estratégicos, as atribuições do organismo e as orientações da tutela (versão definitiva a apresentar após aprovação da lei do Orçamento do Estado – artigo 1.°, n.° 2, do Decreto-Lei n.° 183/96, de 27 de Setembro);
b) Fixação dos objectivos das unidades orgânicas do organismo, a prosseguir no ano seguinte (após aprovação do Plano de Actividades para o mesmo ano pelo membro do Governo da tutela);
c) Fixação dos objectivos dos dirigentes de nível intermédio / trabalhadores para o ano em curso (na entrevista de avaliação, a realizar até ao final do mês de Fevereiro de cada ano);
d) Elaboração do Relatório de Actividades do organismo, até 31 de Março do ano seguinte àquele a que respeita (artigo 1.°, n.° 3, do Decreto-Lei n.° 183/96);
e) Avaliação do desempenho dos dirigentes de nível intermédio e dos trabalhadores, até 30 de Abril do ano seguinte àquele a que respeita.

SISTEMA INTEGRADO DE AVALIAÇÃO DO DESEMPENHO DA ADMINISTRAÇÃO PÚBLICA

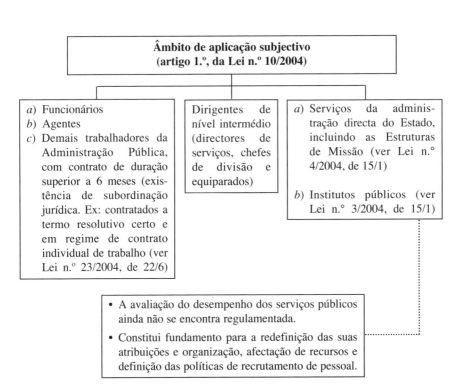

- Nos termos do artigo 19.º, n.º 2, da Lei n.º 10/2004, o SIADAP será aplicado no âmbito da Administração Pública com base em suporte informático.

- Foi esta norma que esteve na origem do Sistema de Apoio ao SIADAP, programa informático elaborado pelo Instituto de Informática e pela Direcção-Geral da Administração Pública (DGAP).

AVALIAÇÃO DO DESEMPENHO DOS TRABALHADORES

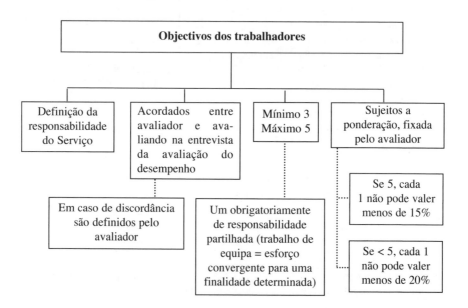

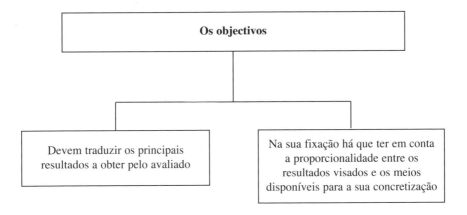

CRITÉRIOS GERAIS PARA A DEFINIÇÃO DE OBJECTIVOS

(Anexo à Resolução do Conselho de Ministros n.º 53/2004, de 21/4, n.º 2.2.1 – reprodução parcial):

"(...) Em concreto, na fixação de objectivos/metas a atingir deve atender-se a alguns critérios básicos. Os objectivos devem:

(i) ser sempre vistos como uma melhoria e não como algo que a UO [unidade orgânica] já faz;
(ii) ser em número limitado (máximo 5);
(iii) começar por serem definidos pela gestão de topo, para que, aos vários níveis da estrutura hierárquica, todas as UO ajustem os seus objectivos ao objectivo global comum;
(iv) ser acertados entre o superior hierárquico e o seu subordinado, para que este assuma o compromisso de os atingir;
(v) ser suporte para a UO, reflectindo as necessidades mais importantes para as suas funções;
(vi) estar sempre orientados para resultados, isto é, enunciados em termos de uma consequência desejada, com o fim de melhoria;
(vii) ir para além de simples intenções;
(viii) ser simples, concisos e claros nas suas finalidades;
(ix) estar alinhados com os objectivos da reforma [da Administração Pública] e ainda com os estipulados num nível hierárquico superior;

178 *Sistema Integrado da Avaliação do Desempenho da Administração Pública*

(x) ser mensuráveis, isto é, estar associados a indicadores de aferição do grau do seu cumprimento (indicadores de desempenho previamente identificados);

(xi) ser accionáveis, isto é, nenhum objectivo deve incidir sobre questões fora do controle da respectiva UO;

(xii) ser realizáveis;

(xiii) ser bem definidos no tempo, contemplando, portanto, o prazo previsto para a sua consecução.

EXEMPLOS DE INTENÇÕES E OBJECTIVOS

(Anexo à Resolução do Conselho de Ministros n.° 53/2004, de 21/4, n.° 2.2.4):

Para apoio aos Ministérios e respectivas Unidades Orgânicas no processo de definição dos seus objectivos (e dos objectivos individuais dos seus colaboradores) apresentam-se a seguir alguns Exemplos e Contra--Exemplos de objectivos estratégicos. Os Contra-Exemplos apresentados ilustram alguns erros frequentes na definição de objectivos a esta escala, em que muitas vezes são confundidos com uma definição de intenções.

1. NO ÂMBITO DA QUALIDADE DE SERVIÇO E IMPACTO

1.1. Intenções

a) Simplificar o processo de constituição de Sociedade;

b) Diminuir o prazo máximo de pagamento das prestações sociais;

c) Reduzir as filas de espera dos Hospitais;

d) Aumentar a satisfação dos utentes;

e) Aumentar a disponibilidade e acessibilidade dos serviços públicos;

f) Diminuir a fraude e evasão fiscal;

g) Desburocratizar os serviços públicos.

Esquematização da Lei n.º 10/2004 e do Dec. Reg. n.º 19-A/2004　　179

1.2. Objectivos *(Quantificação dos indicadores de base num prazo pré-fixado)*

a) Diminuir para x dias o prazo máximo de pagamento de uma prestação social até 00/00/0000;
b) Diminuir para x dias o prazo máximo de constituição de uma sociedade, até 00/00/0000;
c) Reduzir em x% as filas de espera das intervenções cirúrgicas, até 00/00/0000;
d) Aumentar em x% o número de consultas médicas realizadas diariamente em Portugal até 00/00/0000;
e) Diminuir o número de reclamações em x%, até 00/00/0000;
f) Aumentar em x% o volume de receita proveniente da detecção de casos de fraude e evasão fiscal até 00/00/0000;
g) Diminuir para x meses o prazo máximo de trânsito em julgado dos processos judiciais, até 00/00/0000;
h) Aumentar em x% o número médio de casos resolvidos no primeiro contacto com os serviços, até 00/00/0000.

2. NO ÂMBITO DA GESTÃO DA DESPESA E PRODUTIVIDADE

2.1. Intenções

a) Diminuir a despesa pública;
b) Diminuir os níveis de absentismo;
c) Aumentar os níveis de produtividade;
d) Simplificar os processos.

2.2 Objectivos *(Quantificação dos indicadores de base num prazo pré-fixado)*

a) Reduzir em x% as despesas de administração de RH, até 00/00/0000;
b) Reduzir em x% as despesas de operação e manutenção evolutiva dos sistemas de informação, até 00/00/0000;
c) Reduzir em x% as despesas de telecomunicações, até 00/00/0000;
d) Reduzir em x% os níveis de absentismo, até 00/00/0000;

180 *Sistema Integrado da Avaliação do Desempenho da Administração Pública*

e) Reduzir em x% o preço médio de aquisição dos produtos das categorias x, y, z, até 00/00/0000;

f) Aumentar em x% o número médio de funcionários por chefia até 00/00/0000;

g) Aumentar em x% o número médio diário de consultas por médico, até 00/00/0000;

h) Aumentar em x% o número de casos resolvidos pela equipa em menos de 24 horas, até 00/00/0000.

3. NO ÂMBITO DA VALORIZAÇÃO E MOTIVAÇÃO DOS RECURSOS HUMANOS

3.1. Intenções

a) Aumentar a motivação dos funcionários;

b) Aumentar a qualidade da formação;

c) Aumentar a qualidade e intensidade da comunicação;

d) Aumentar o nível de responsabilização dos funcionários.

3.2. Objectivos *(Quantificação dos indicadores de base num prazo pré-fixado)*

a) Realização de um mínimo de x questionários de satisfação aos empregados, por ano;

b) Obter um nível de satisfação dos empregados superior a x% em todos os inquéritos de satisfação realizados;

c) Diminuir para x% os lugares vagos em cargos estratégicos;

d) Aumentar a ocupação de lugares vagos nos quadros para x%;

e) Diminuir em x% o volume de trabalho extraordinário realizado actualmente por empregado;

f) Aumentar em x% a taxa de realização de acções de formação planeadas;

g) Aumentar em x% o número médio de horas gastas anualmente em formação, por empregado;

h) Alcançar uma taxa de x% de realização de acções de comunicação interna, face às planeadas;

i) Obter 100% de avaliações realizadas em tempo durante o ano.

INDICADORES DO CUMPRIMENTO DOS OBJECTIVOS ou indicadores de desempenho são meios de controlo da execução dos objectivos, correspondendo a acções ou etapas para os atingir. Podem ser expressos em prazos, valores, percentagens, etc.

Exemplificando:
- **Objectivo** – implementação de sistemas informáticos na Direcção--Geral Y

- **Indicadores de desempenho:**
  a) Levantamento das necessidades (Março);
  b) Preparação do processo de concurso (Maio);
  c) Concurso e adjudicação (Junho, Julho e Agosto);
  d) Execução do projecto (Setembro e Outubro).

- **Objectivo** – aumentar a taxa de atendimento de utentes na Direcção-Geral Z em 5 %.

- **Indicadores de desempenho** – relação entre o número de utentes atendidos e o número de utentes que procuraram o serviço.

REVISÃO DOS OBJECTIVOS DOS TRABALHADORES/ DIRIGENTES DE NÍVEL INTERMÉDIO

A revisão dos objectivos, legalmente admissível, tem carácter excepcional. Deve ser sempre fundamentada pelo avaliador e feita logo que seja detectada a impossibilidade de cumprimento dos objectivos previamente fixados, seja qual for a razão para tal (motivo imputável ao serviço, reafectação interna do avaliando, superveniência de previsíveis faltas por maternidade, faltas diversas). Os novos objectivos devem ser contratualizados entre avaliador e avaliando.

182 *Sistema Integrado da Avaliação do Desempenho da Administração Pública*

```
                          ┌─────────────────────────────────────────┐
                          │ São características pessoais que          │
                          │ diferenciam níveis de desempenho de      │
                          │ funções.                                 │
                          └─────────────────────────────────────────┘

                          ┌─────────────────────────────────────────┐
                          │ São definidas em função dos diferentes   │
                          │ grupos profissionais (ver fichas de      │
                          │ avaliação – Portaria n.º 509-A/2004,     │
                          │ de 14 de Maio)                           │
                          └─────────────────────────────────────────┘

                          ┌─────────────────────────────────────────┐
                          │ Os factores que integram as             │
                          │ competências comportamentais e a        │
                          │ descrição dos comportamentos que lhes   │
                          │ correspondem constam das fichas de      │
                          │ avaliação do desempenho                  │
                          └─────────────────────────────────────────┘

    ┌──────────────┐      ┌─────────────────────────────────────────┐
    │ Competências │      │ O avaliado deve ter conhecimento, na    │
    │ Comportamentais│───►│ entrevista de avaliação, das            │
    └──────────────┘      │ competências exigidas para a respectiva │
                          │ função no ano em curso e da sua         │
                          │ ponderação                              │
                          └─────────────────────────────────────────┘

                          ┌─────────────────────────────────────────┐
                          │ Mínimo 4                                 │
                          │ Máximo 6                                 │
                          └─────────────────────────────────────────┘

                          ┌─────────────────────────────────────────┐
                          │ Há competências comportamentais que são │
                          │ exclusivas de pessoal que exerça        │
                          │ funções de chefia ou de coordenação     │
                          └─────────────────────────────────────────┘

                          ┌─────────────────────────────────────────┐
                          │ Ponderação de cada uma não pode ser     │
                          │ < 10%, sendo fixada pelo avaliador       │
                          └─────────────────────────────────────────┘
```

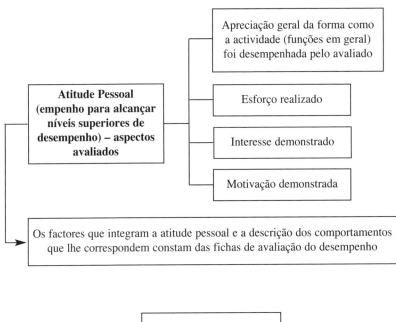

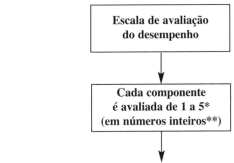

Resultado Global	
Excelente	**4,5 a 5**
Muito Bom	**4 a 4,4**
Bom	**3 a 3,9**
Necessita de Desenvolvimento	**2 a 2,9**
Insuficiente	**1 a 1,9**

* O cumprimento de cada um dos objectivos fixados é avaliado somente de 1, 3 ou 5.
** Acerca desta matéria vejam-se as anotações ao artigo 6.°, do Decreto Regulamentar n.° 19-A/2004.

184 *Sistema Integrado da Avaliação do Desempenho da Administração Pública*

> **Avaliação do desempenho dos trabalhadores que exerçam cargos de reconhecido interesse público *ou* actividade sindical**

- A última classificação, obtida no ano imediatamente anterior ao do início do exercício de cargo de interesse público / de actividade sindical reporta-se aos anos seguintes, relevantes para efeitos de promoção na carreira (subida de categoria), progressão (mudança de escalão) e mudança de nível (carreiras de informática).
- Significa isto que estes funcionários podem manter a classificação de serviço de *Muito Bom* obtida ao abrigo do regime anterior, constante do Decreto Regulamentar n.º 44-B/83, de 1 de Junho.
- As avaliações dos trabalhadores que exerçam cargos de reconhecido interesse público ou actividade sindical não estão sujeitas às percentagens máximas fixadas por lei para as classificações de *Excelente* e de *Muito Bom*.

> **Avaliação do desempenho do pessoal que preste apoio técnico e administrativo em Gabinetes de membros do Governo**

- De acordo com o entendimento sustentado pela DGAP, estes funcionários, que não são membros dos Gabinetes dos membros do Governo, poderão não ser submetidos ao processo de avaliação do desempenho, uma vez que os Gabinetes não dispõem, em princípio, de uma estrutura orgânica que permita operacionalizar o SIADAP. Assim, e para efeitos de promoção na carreira, progressão na categoria e mudança de nível, estes funcionários serão objecto de suprimento da avaliação do desempenho.
  Os membros dos Gabinetes em referência (chefe do Gabinete, adjuntos, secretários pessoais, conselheiros técnicos) são, enquanto tais, agentes políticos, não se encontrando abrangidos, nessa qualidade, pelo SIADAP.

Esquematização da Lei n.° 10/2004 e do Dec. Reg. n.° 19-A/2004   185

> **Avaliação do desempenho em caso de faltas**
> **por doença por parte do avaliando com duração igual**
> **ou superior a 6 meses num determinado ano civil**

- Os períodos de faltas por doença, justificadas embora, não podem ser considerados como de contacto funcional/efectivo serviço para efeitos de avaliação do desempenho, pois o legislador do SIADAP pretendeu garantir um *real contacto* entre avaliador e avaliado no período em avaliação (ano civil).

  Uma vez que para haver avaliação do desempenho é necessário existir contacto funcional *efectivo* entre avaliador e avaliando por um período superior a 6 meses (6 meses e 1 dia), um funcionário que falte por doença, em determinado ano civil, por um período igual ou superior a 6 meses, não será avaliado no que toca ao mesmo ano.

  A não ser assim, e considerando uma hipótese extrema, um funcionário ausente por doença durante a totalidade do ano civil teria de ser avaliado (com fixação prévia de objectivos e de competências comportamentais), o que não faz qualquer sentido.

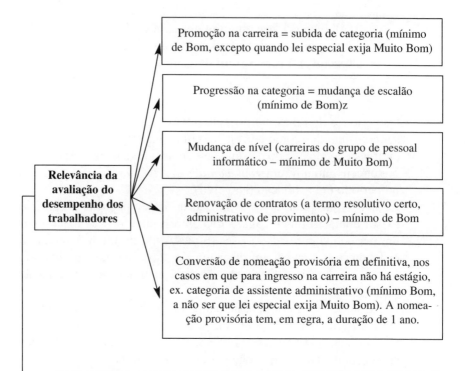

- As avaliações a considerar para efeitos de promoção, progressão e mudança de nível, têm de ser sempre em número igual ao número de anos de serviço exigidos como tempo mínimo de permanência na categoria, escalão ou nível anteriores;
- Têm de se reportar aos anos imediatamente precedentes relevantes para estes efeitos;
- É porém admissível que num dos anos imediatamente precedentes à promoção/progressão, que não o último, a avaliação seja inferior à mínima exigida por lei (sem dispensa da posse do tempo de serviço legalmente exigido, classificado, no mínimo, de Bom). Exemplo: 1.º ano – Bom; 2.º ano – Necessita de Desenvolvimento; 3.º ano – Bom; 4.º ano – Bom, estando em causa a promoção de um assistente administrativo;
- Esta regra (obtenção das avaliações necessárias em anos interpolados) é aplicável, com as necessárias adaptações, à mudança de nível.
- A obtenção das avaliações de Muito Bom ou de Excelente não modifica o tempo necessário para a mudança de nível, pois esta não é, em sentido técnico-jurídico, nem uma promoção nem uma progressão, embora seja uma figura jurídica mais próxima desta última.

Esquematizaão da Lei n.º 10/2004, de 22 de Março... 187

Promoções na carreira, progressões na categoria e mudanças de nível a partir de 1 de Janeiro de 2005

- As promoções nas carreiras dos funcionários que só venham a reunir o tempo de serviço necessário a partir de 1 de Janeiro de 2005, *inclusive,* e as progressões nas categorias dos funcionários / /agentes que hajam completado o correspondente módulo de antiguidade a partir de 1 de Janeiro de 2005, *inclusive,* ficam condicionadas à aplicação do SIADAP, sem prejuízo de serem consideradas as classificações de serviço obtidas nos anos imediatamente anteriores necessários para completar os módulos de tempo para promoção / progressão.
- Relativamente aos anos de serviço anteriores a 2004, são válidas as classificações de serviço então exigidas por lei. Assim, por exemplo, no caso de progressão na categoria, basta a classificação de Regular para estes anos (artigo 19.º, n.º 3, do Decreto-Lei n.º 353-A/89, de 16 de Outubro).
- Estas regras são também aplicáveis às situações de mudança de nível.
- Caso o SIADAP não tenha sido aplicado nos organismos a que os candidatos a promoção / progressão / mudança de nível pertençam, há que proceder ao suprimento da respectiva avaliação (artigos 18.º e 19.º, do Decreto Regulamentar n.º 19-A/2004), para o efeito, pelo menos até que estas situações sejam alvo de regulamentação específica.

188   *Sistema Integrado da Avaliação do Desempenho da Administração Pública*

Diferenciação do Mérito e da Excelência dos Trabalhadores – artigo 9.°, do Decreto Regulamentar n.° 19-A/2004

O SIADAP visa diferenciar desempenhos (recompensar os melhores); por isso, estabelece percentagens máximas para atribuição das classificações mais elevadas (Muito Bom e Excelente).

Classificação de Muito Bom

Percentagem máxima de 20% do pessoal do organismo em causa em efectividade de funções no ano a que a avaliação se reporta, por grupo profissional

A avaliação dos trabalhadores que exerçam cargos de reconhecido interesse público ou actividade sindical não está sujeita à percentagem máxima de 20% para a classificação de *Muito Bom*

Implica fundamentação que evidencie os factores que contribuíram para o resultado final (superação de objectivos)

Classificação de Excelente

Percentagem máxima de 5% do pessoal do organismo em causa em efectividade de funções no ano a que a avaliação se reporta, por grupo profissional

A avaliação dos trabalhadores que exerçam cargos de reconhecido interesse público ou actividade sindical não está sujeita à percentagem máxima de 5% para a classificação de Excelente

Implica fundamentação que evidencie os factores que contribuíram para o resultado final (superação dos objectivos)

Deve, ainda, identificar os contributos relevantes para o serviço para inclusão na base de dados sobre boas práticas, gerida pela UMIC – Agência para a Sociedade do Conhecimento, IP *

* A lei orgânica da UMIC consta do Decreto-Lei n.° 16/2005, de 16 de Janeiro. A base de dados sobre boas práticas pode ser consultada no *site* da UMIC, com o endereço ***www.umic.gov.pt***.

Esquematização da Lei n.° 10/2004 e do Dec. Reg. n.° 19-A/2004 189

- Quando o número de funcionários de um determinado grupo profissional for inferior a 20, este grupo pode ser agrupado a outro(s), igualmente com um número de funcionários inferior a 20.
- As percentagens máximas para as avaliações de *Muito Bom* (20%) e de *Excelente* (5%) são aplicadas por organismo (Direcção-Geral ou equivalente).
- As percentagens máximas para as avaliações de *Muito Bom* (20%) e de *Excelente* (5%) são aplicadas de modo equitativo, equilibrado, justo (o que é diferente de proporcional e de igual) aos diferentes grupos profissionais.
- As percentagens máximas das avaliações de *Excelente* e de *Muito Bom* devem ser de conhecimento dos avaliados, sendo a sua aplicação da responsabilidade da Direcção do organismo em causa.
- A avaliação do desempenho consta de fichas de modelo aprovado pela Portaria n.° 509-A/2004, de 14 de Maio.
- Podem ser criados modelos de fichas de avaliação específicos, aprovados por Portaria dos membros do Governo da tutela e do responsável pela Administração Pública.

Benefícios para os funcionários classificados de *Excelente*

A avaliação de *Excelente* confere direito:

a) nas carreiras verticais, à redução de 1 ano no tempo de serviço para efeitos de promoção (subida de categoria);

b) nas carreiras verticais, à promoção independentemente de concurso, caso esteja a decorrer, no ano de atribuição da avaliação, o último ano do módulo de tempo necessário à mesma (mas os avaliados têm de preencher os outros (que não o da avaliação) eventuais requisitos especiais para acesso na respectiva carreira – ex. aproveitamento em formação específica);

c) nas carreiras horizontais, redução de 1 ano no tempo de serviço para efeitos de progressão na categoria (mudança de escalão);

Em nosso entender, nas carreiras verticais, quando o funcionário já tenha atingido o topo da carreira, parece-nos de aplicar a alínea c) supra (redução de 1 ano no tempo de serviço para efeitos de progressão), por se tratar da única forma de compensar o avaliado que encontra paralelismo na lei (parte final do artigo 15.°, n.° 3, alínea a), da Lei n.° 10/2004).

Benefícios decorrentes da obtenção da classificação de *Muito Bom*

a) A avaliação de *Muito Bom,* obtida durante dois anos consecutivos, reduz em um ano o módulo de tempo legalmente exigido para promoção nas carreiras verticais *ou* progressão nas carreiras horizontais;

b) As duas avaliações consecutivas de *Muito Bom* têm de ser atribuídas na vigência do SIADAP, isto é, relativamente aos anos de 2004 e seguintes, sob pena de desvirtuamento da intenção do legislador (ao abrigo da lei anterior – Decreto Regulamentar n.º 44-B/83, de 1/6 – a esmagadora maioria dos funcionários tinha classificação de serviço de *Muito Bom*).

c) Nos casos de promoção em tempo reduzido, os avaliados têm também de reunir os outros (que não o da avaliação) requisitos especiais de acesso na carreira (ex. aproveitamento em formação específica).

Grupos Profissionais nos quais se enquadram as carreiras de regime geral (Decreto-Lei n.º 404-A/98, de 18 de Dezembro, com alterações)

Grupo de pessoal	Carreira
Técnico superior	Técnica superior de regime geral
Técnico	Técnica
Técnico-profissional	Técnico-profissional
Administrativo	Assistente administrativo
Operário altamente qualificado	Operário altamente qualificado
Operário qualificado	Operário qualificado
Auxiliar	Motorista de transportes colectivos
	Condutor de máquinas pesadas
	Fiscal de obras / Fiscal de obras públicas
	Motorista de pesados
	Motorista de ligeiros
	Telefonista
	Encarregado de pessoal auxiliar
	Auxiliar administrativo
	Operador de reprografia
	Guarda-nocturno
	Servente/auxiliar de limpeza

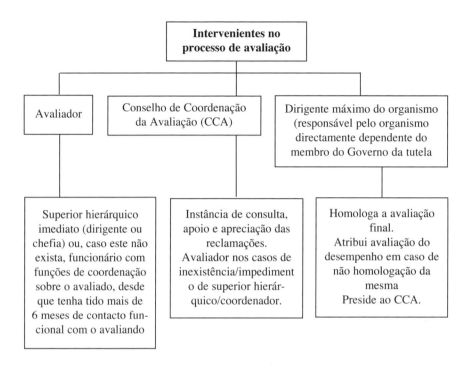

Competência do avaliador

a) Define os objectivos dos seus colaboradores directos, mediante acordo com estes, tendo em conta os objectivos fixados para o organismo e para a respectiva unidade orgânica; caso não se verifique acordo entre avaliador e avaliando na fixação dos objectivos, o avaliador fixa-os unilateralmente;
b) Fixa as ponderações dos objectivos dos seus colaboradores directos;
c) Fixa as competências comportamentais dos respectivos avaliandos e, bem assim, as respectivas ponderações;
d) Avalia anualmente os trabalhadores afectos à respectiva unidade orgânica de quem tenha sido, no ano em avaliação e por mais de 6 meses, superior hierárquico imediato;
e) Aplicar correctamente os princípios da avaliação do desempenho;

192 Sistema Integrado da Avaliação do Desempenho da Administração Pública

f) Ponderar as expectativas dos trabalhadores no processo de identificação das (eventuais) respectivas necessidades de desenvolvimento;

g) Identificação das necessidades de formação profissional dos avaliados, quando for caso disso.

Avaliador dos funcionários

1.º Chefia (ex. chefe de secção).
2.º Chefe de Divisão (se não existir chefia).
3.º Director de Serviços (se não existir chefe de divisão ou se o avaliando se reportar directamente ao dirigente intermédio de 1º grau).
4.º Funcionário com funções de coordenação (se não existirem dirigentes de nível intermédio – art. 6.º, n.º 3, da Lei n.º 10/2004).
5.º Dirigente de nível superior de 2.º grau (Subdirector-Geral) (se não existirem dirigentes de nível intermédio, nem funcionários com funções de coordenação).
6.º Conselho de Coordenação da Avaliação (inexistência/ /ausência/impedimento* de superior hierárquico/ /coordenador).
*Impedimento no sentido de ter interesse no processo (art. 44.º, do CPA) ou de ausência prolongada (ex. doença).

Tem de ter contacto funcional com o avaliando durante mais de 6 meses, sendo o respectivo superior hierárquico imediato, mais próximo. Este contacto constitui garante de uma avaliação mais adequada, mais real. O CCA só avalia quando o superior hierárquico ausente / impedido tiver tido mais de 6 meses de contacto funcional com o avaliando ou caso ele próprio tenha tido esse contacto com o avaliando (situação de ausência, *ab initio*, de avaliador, em que o CCA fixa os objectivos e as competências comportamentais).

Nos casos de inexistência de mais de 6 meses de contacto funcional entre o avaliando e o respectivo superior hierárquico imediato, o avaliador é o superior hierárquico seguinte, desde que tenha tido mais de 6 meses de contacto funcional com o avaliando, ou, na ausência / impedimento deste, o CCA.

Os funcionários com funções de coordenação são avaliados pela respectiva carreira e categoria, e não como dirigentes.

Esquematização da Lei n.° 10/2004 e do Dec. Reg. n.° 19-A/2004　　193

Avaliador em caso de cessação da comissão de serviço do superior hierárquico imediato no momento de atribuição da avaliação

O avaliador é o superior hierárquico imediato / funcionário com funções de coordenação, no caso de inexistência de dirigentes de nível intermédio, que tenha tido, no ano a avaliar, mais de 6 meses de contacto funcional com o avaliando. Assim sendo, ainda que o superior hierárquico imediato haja cessado, no momento de atribuir a avaliação (normalmente no ano seguinte), funções dirigentes, será ele o avaliador. Exceptuam-se, naturalmente, os casos de ausência / impedimento deste.

Avaliador para o ano de 2004 no caso de o superior hierárquico imediato ter tido contacto funcional com o avaliando durante mais de 6 meses, num período que não abranja a totalidade do 2.° semestre

Uma vez que, relativamente ao ano de 2004, os objectivos dos avaliandos só foram fixados para o 2.° semestre, poderão verificar-se casos em que o superior hierárquico imediato que reúna mais de 6 meses de contacto funcional com o avaliando não tenha tido possibilidade de acompanhá-lo na fase de cumprimento de objectivos. Nestes casos, entende a DGAP que deverá ser avaliador o superior hierárquico de nível seguinte ou, na ausência deste, o Conselho de Coordenação da Avaliação.

Competência do Conselho de Coordenação da Avaliação (CCA)

a) Estabelecer directrizes para uma aplicação objectiva e harmónica do sistema de avaliação do desempenho no âmbito do respectivo serviço;

b) Garantir a selectividade do mesmo sistema, validando as avaliações finais iguais ou superiores a *Muito Bom*;

c) Emitir parecer sobre as reclamações dos avaliados (quando os avaliados reclamantes sejam dirigentes de nível intermédio o CCA é restrito, composto apenas pelos dirigentes de nível superior do organismo e pelo dirigente máximo do departamento de recursos humanos que seja um serviço partilhado);

d) Proceder à avaliação do desempenho nos casos de inexistência/ /impedimento originário/superveniente de superior hierárquico/

/coordenador, desde que tenha havido 6 meses de contacto funcional entre avaliador e avaliado;
e) Propor a adopção de sistemas específicos de avaliação para determinados organismos ou carreiras de regime especial ou corpos especiais.

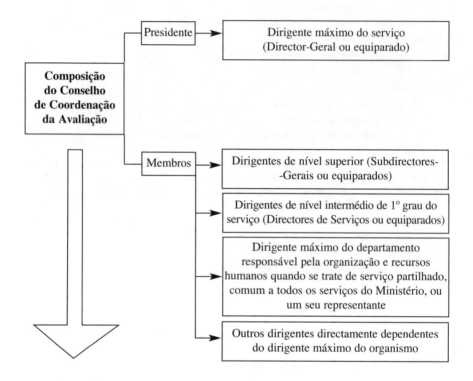

- O Conselho de Coordenação da Avaliação poderá, nos serviços de grande dimensão, ter uma composição reduzida (dirigente máximo do serviço, dirigente de nível superior/intermédio de 1.° grau/2.° grau (neste caso se depender directamente do dirigente máximo) responsável pela área dos recursos humanos e um número restrito de dirigentes, de nível superior *ou* intermédio de 1.° grau (podendo ser de 2.° grau, desde que dependam directamente do dirigente máximo), sujeitos, estes últimos, à regra da rotatividade).

- O Regulamento de funcionamento do Conselho de Coordenação da Avaliação é elaborado em cada serviço ou organismo, tendo em conta a sua natureza e dimensão.

Competências do dirigente máximo do serviço em matéria de avaliação do desempenho

a) Garantir a adequação do sistema de avaliação do desempenho às realidades específicas do organismo;
b) Garantir a aplicação do sistema de percentagens das avaliações de *Excelente* (5%) e de *Muito Bom* (20%) no respectivo organismo;
c) Coordenar e controlar o processo anual da avaliação de desempenho;
d) Homologar as avaliações do desempenho;
e) Proceder fundamentadamente à avaliação do desempenho nos casos em que entenda ser de não homologar a avaliação feita pelo avaliador;
f) Decidir as reclamações dos avaliados, após parecer do Conselho de Coordenação da Avaliação (este parecer é obrigatório, mas não é vinculativo);
g) Assegurar a elaboração, depois de 30 de Abril, do Relatório Anual da Avaliação do Desempenho, com indicação das classificações atribuídas aos diferentes grupos profissionais, a apresentar ao membro do Governo da tutela.
h) As competências atribuídas ao dirigente máximo do serviço podem, nos serviços desconcentrados, ser delegadas nos respectivos dirigentes máximos.

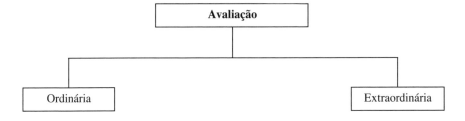

196 *Sistema Integrado da Avaliação do Desempenho da Administração Pública*

Avaliação ordinária

- Quando os trabalhadores contem, no ano civil anterior (período a que se reporta a avaliação), mais de 6 meses (6 meses e 1 dia) de serviço efectivo prestado em contacto funcional com o avaliador;
- Reporta-se ao tempo de serviço prestado no ano anterior e não avaliado.
- Relativamente ao ano de 2004 e de acordo com entendimento perfilhado pela DGAP, os mais de 6 meses de contacto funcional entre avaliador e avaliado podem situar-se em qualquer altura do ano, apesar de os objectivos e competências comportamentais dos trabalhadores só se referirem ao 2º semestre.
- Não é possível classificar ordinariamente tempo de serviço prestado em anos anteriores àquele a que a avaliação se refere, com excepção da avaliação relativa ao ano de 2004, que pode abranger tempo de serviço prestado em 2003 e não classificado.
- Tem carácter anual, isto é, é relativa a cada ano civil e, dentro deste, ao tempo de serviço nele efectivamente prestado.
- A avaliação atribuída abrange a totalidade do ano civil, ainda que o período de efectivo contacto funcional, avaliado de facto, seja inferior (com o limite mínimo de 6 meses e um dia).
- O processo de avaliação ordinária desenrola-se de Janeiro a Março de cada ano civil.

Se o funcionário/dirigente de nível intermédio prestar, num determinado ano civil, 6 meses de serviço em duas unidades orgânicas diferentes, em principio não será avaliado, nem sequer pelo Conselho de Coordenação da Avaliação.

Esquematização da Lei n.° 10/2004 e do Dec. Reg. n.° 19-A/2004   197

Avaliação extraordinária

- Quando os trabalhadores só venham a perfazer mais de 6 meses de contacto funcional com o avaliador no ano em que é feita a avaliação, e, até 30 de Junho do mesmo ano, pelo menos 6 meses

- Deve ser solicitada pelo trabalhador, por escrito, ao dirigente máximo do serviço, no decurso do mês de Junho

- No mais, obedece à tramitação da avaliação ordinária, com excepção das datas fixadas, devendo, no entanto, ser observados os mesmos intervalos temporais entre cada uma das fases do processo

Processo de avaliação do desempenho

- A avaliação decorre entre Janeiro e Março de cada ano, sendo relativa ao trabalho prestado no ano anterior (avaliação ordinária) ou decorre entre Julho e Setembro, relativamente ao serviço prestado durante pelo menos 6 meses até 30 de Junho do ano em que está a ser efectuada (avaliação extraordinária)
- É confidencial
- Os intervenientes no processo (avaliador, dirigente máximo do serviço e membros do CCA), com excepção do avaliado, têm o dever de sigilo sobre o mesmo
- As fichas de avaliação devem ser arquivadas no processo individual do funcionário
- É divulgado, em cada serviço, o resultado global da avaliação, contendo o número de menções qualitativas atribuídas por grupo profissional, o número de casos de avaliação extraordinária e o número de casos de suprimento da avaliação (conteúdo do Relatório sobre a Avaliação do Desempenho a enviar ao membro do Governo com tutela sobre o organismo)

Fases do processo de avaliação do desempenho	– Fixação, para o ano em curso, dos objectivos, dos correspondentes indicadores de medida (para aferição do respectivo cumprimento), das competências comportamentais e da ponderação de ambos – Auto-avaliação – Avaliação prévia – Harmonização das avaliações (CCA) – Entrevista com o avaliado, para conhecimento da auto-avaliação e da avaliação prévia, com fixação, para o ano em curso, dos objectivos, correspondentes indicadores de medida, das competências comportamentais e da ponderação de ambos – Homologação ou eventual atribuição de avaliação fundamentada por parte do dirigente máximo do serviço, em caso de discordância com a avaliação da autoria do avaliador – Eventual reclamação para o dirigente máximo do serviço (autor do acto administrativo da avaliação) – Eventual recurso hierárquico para o membro do Governo competente – Encerramento do processo de avaliação (até 30 de Abril)

Auto-avaliação

- Avaliação feita pelo próprio trabalhador, sem carácter vinculativo.
- Constitui um dever do avaliando.
- É feita em ficha própria, de modelo aprovado pela Portaria n.º 509-A/2004, de 14 de Maio, diferente para os grupos profissionais técnico superior e técnico, técnico-profissional e administrativo, operário e auxiliar.
- Deve ser efectuada a partir de 5 de Janeiro (avaliação ordinária) / nos primeiros cinco dias úteis de Julho (avaliação extraordinária)
- Tem como objectivos envolver o avaliando no processo de avaliação, fomentar o relacionamento deste com o respectivo

avaliador, por forma a melhor identificar oportunidades de desenvolvimento profissional do avaliando e a responsabilizar este no processo da avaliação do desempenho.
- Tem carácter preparatório da entrevista de avaliação.
- A ficha de auto-avaliação deve ser apresentada ao avaliador na entrevista da avaliação do desempenho.

> **Avaliação prévia**

- Preenchimento das fichas de avaliação do desempenho, de modelo aprovado pela Portaria n.º 509-A/2004, de 14 de Maio, para os grupos profissionais técnico superior e técnico, técnico-profissional e administrativo, operário e auxiliar, por parte do avaliador, para apresentação na reunião de harmonização das avaliações do CCA. Para este efeito, as fichas de avaliação do desempenho, devidamente preenchidas, devem ser remetidas pelos avaliadores ao Secretário do CCA.
- Realiza-se entre 5 e 20 de Janeiro (avaliação ordinária).

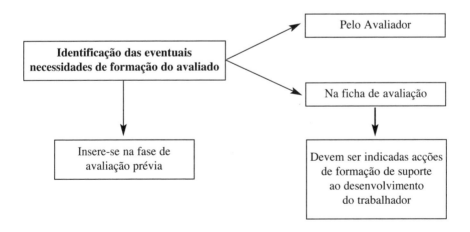

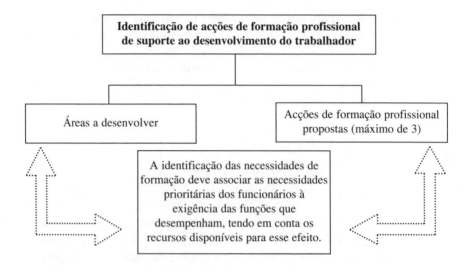

Harmonização das avaliações e validação das propostas de avaliação de Excelente e de Muito Bom

- A harmonização das avaliações é feita em reuniões do Conselho de Coordenação da Avaliação (CCA). Estas reuniões visam, ainda, validar as propostas de avaliação final correspondentes às percentagens máximas de mérito (*Muito Bom* – 20%) e de excelência (*Excelente* – 5%).
- A validação das propostas de avaliação do desempenho de *Muito Bom* e de *Excelente* é feita em declaração escrita, assinada por todos os membros do CCA, do cumprimento das percentagens de 20% (*Muito Bom*) e de 5% (*Excelente*) no organismo em causa.
- A validação da avaliação do desempenho dos trabalhadores classificados de *Muito Bom* e de *Excelente* é transcrita pelo respectivo avaliador para as correspondentes fichas de avaliação, com menção da acta da reunião do CCA na qual foi deliberado sobre a matéria.
- Realiza-se entre 21 e 31 de Janeiro (avaliação ordinária).
- A não validação pelo CCA de propostas de avaliação do desempenho de *Muito Bom* e de *Excelente* vincula o avaliador a alterar a avaliação, em princípio para baixo.

Esquematização da Lei n.º 10/2004 e do Dec. Reg. n.º 19-A/2004   201

Entrevista com o avaliado

- Realiza-se no decurso do mês de Fevereiro (avaliação ordinária).
- Os avaliadores devem entrevistar individualmente cada avaliado, com o objectivo de analisar a respectiva auto-avaliação, dar-lhe conhecimento da avaliação prévia e de estabelecer os objectivos, os respectivos indicadores de medida, as competências comportamentais a prosseguir pelos avaliados no ano em curso e as ponderações de ambos.

Homologação

- É feita pelo dirigente máximo do serviço; caso este não concorde com a avaliação feita pelo avaliador, deve atribuir fundamentadamente uma avaliação.
- O acto de homologação torna a avaliação num acto administrativo, da autoria do dirigente máximo do serviço e não do avaliador
- Deve ser efectuada até 15 de Março (avaliação ordinária).

202 *Sistema Integrado da Avaliação do Desempenho da Administração Pública*

Eventual reclamação da avaliação para o dirigente máximo do serviço, autor do acto administrativo de avaliação

A apresentar eventualmente pelo avaliado no prazo de 5 dias úteis após tomar conhecimento da homologação da respectiva avaliação

É submetida a parecer prévio do CCA, que, para tal, pode solicitar, por escrito, ao avaliador/avaliado os elementos que julgar necessários

O parecer prévio do CCA é obrigatório, mas não vinculativo

É decidida no prazo máximo de 15 dias úteis a contar da data da respectiva entrada no serviço

É de salientar que uma avaliação de Muito Bom ou de Excelente obtida em sede de reclamação não está sujeita às percentagens máximas para estas avaliações. Não poderia ser de outro modo, pois os actos administrativos de avaliação não contestados pelos funcionários classificados de Muito Bom ou de Excelente não podem, logicamente, ser modificáveis

Esquematização da Lei n.º 10/2004 e do Dec. Reg. n.º 19-A/2004

Eventual recurso hierárquico do acto de avaliação, da autoria do dirigente máximo do serviço (homologador)

Pode ser interposto recurso hierárquico para o membro do Governo competente da decisão da reclamação sobre a avaliação do desempenho no prazo de 5 dias úteis contado do conhecimento daquela decisão

O membro do Governo competente para conhecer do recurso hierárquico é o da tutela do organismo

É decidido no prazo de 10 dias úteis contados da data de interposição do recurso, com o limite de 30 de Abril de cada ano

O recurso hierárquico não pode fundamentar-se na comparação entre avaliações

É de salientar que uma avaliação de Muito Bom ou de Excelente obtida em sede de recurso hierárquico não está sujeita às percentagens máximas para estas avaliações. Não poderia ser de outro modo, pois os actos administrativos de avaliação não contestados pelos funcionários classificados de Muito Bom ou de Excelente não podem, logicamente, ser modificáveis

Classificação final (regras)

A classificação final resulta da soma ponderada das classificações obtidas em cada uma das componentes da avaliação.

204 *Sistema Integrado da Avaliação do Desempenho da Administração Pública*

As ponderações das componentes da avaliação dependem do grupo profissional do avaliado, conforme quadro infra (art. 7.°, n.° 1, do Decreto Regulamentar n.° 19-A/2004, de 14/5)

Avaliação final dos trabalhadores

Média ponderada da avaliação de cada uma das componentes da avaliação do desempenho, de acordo com a seguinte escala de ponderação:

Grupos de Pessoal	Objectivos	Competências comportamentais	Atitude Pessoal
Técnico superior			
Técnico	60	30	10
Técnico-profissional			
Administrativo	50	40	10
Operário	40	50	10
Auxiliar	20	60	20
Dirigente	75%	25%	0%

A adaptação das ponderações constantes do quadro supra a corpos especiais e a carreiras de regime especial não pode prever ponderação inferior a 40% para os objectivos, ou inferior a 30% no caso das competências comportamentais – vide artigo 7.°, n.° 2, do Decreto Regulamentar n.° 19-A/2004.

Embora a Lei n.º 10/2004 preveja que a ponderação das componentes da avaliação do desempenho na determinação da avaliação final depende da especificidade de cada organismo, grupo profissional ou carreira, o Decreto Regulamentar n.º 19-A/2004 estabelece as ponderações fixas contidas no quadro supra.

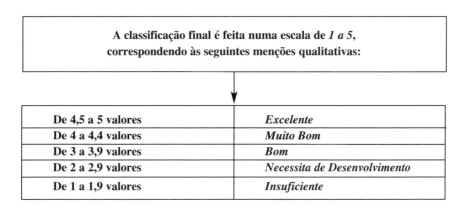

A classificação final é feita numa escala de *1 a 5*, correspondendo às seguintes menções qualitativas:

De 4,5 a 5 valores	*Excelente*
De 4 a 4,4 valores	*Muito Bom*
De 3 a 3,9 valores	*Bom*
De 2 a 2,9 valores	*Necessita de Desenvolvimento*
De 1 a 1,9 valores	*Insuficiente*

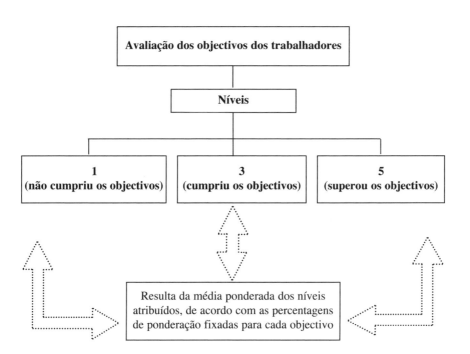

206 *Sistema Integrado da Avaliação do Desempenho da Administração Pública*

EXEMPLO DE ATRIBUIÇÃO
DE AVALIAÇÃO DE DESEMPENHO

OBJECTIVOS

Exemplo prático de ponderação dos objectivos e respectiva classificação (Artigo 3.º, n.ᵒˢ 1, alínea f), e 2, do Decreto Regulamentar n.º 19-A/2004)

Objectivos contratualizados	*(1)* Ponderação por objectivo	*(2)* Nível de realização	*(3)* Classificação ponderada $(3) = (2) \times (1)$
Objectivo 1	30%	5	1,5
Objectivo 2	35%	3	1,05
Objectivo 3	35%	1	0,35
Total	100%	— — — — —	$\Sigma = 2,9$

Neste exemplo a classificação dos objectivos corresponde a 2,9 = 3

O Sistema de Apoio ao SIADAP procede ao arredondamento por excesso das classificações das componentes da avaliação (objectivos e competências comportamentais) cuja casa decimal seja $\geq 0,5$. Neste exemplo, a classificação dos objectivos é arredondada pelo referido Sistema para 3.

Esta diferença deve-se a duas diferentes interpretações do disposto no artigo 6.º, n.º 1, do Decreto Regulamentar n.º 19-A/2004, com a seguinte redacção:

"A avaliação de cada uma das componentes do sistema de avaliação de desempenho é feita numa escala de 1 a 5, devendo a classificação ser atribuída pelo avaliador em números inteiros"

Uma possível interpretação desta norma, que perfilhamos, é a seguinte: a avaliação de cada uma das componentes deve ser feita em números inteiros, numa escala de 1 a 5. A final, a avaliação de cada uma das componentes não é expressa num número inteiro, pois são-lhes aplicadas as ponderações previamente fixadas, não devendo o resultado obtido sofrer qualquer arredondamento.

Uma segunda interpretação, sufragada pela Direcção-Geral da Administração Pública, diz que a avaliação das componentes deve ser feita em números inteiros, numa escala de 1 a 5, com arredondamento do resultado final obtido para a unidade seguinte, se a primeira casa decimal for igual ou superior a 0,5 ou com arredondamento para a unidade contida no resultado final, se a primeira casa decimal for inferior a 0,5.

Importa salientar que deve prevalecer e ser observada a interpretação perfilhada pela Direcção-Geral da Administração Pública, ínsita no Sistema de Apoio ao SIADAP, software concebido por determinação do Governo, a utilizar no âmbito de toda a Administração Pública (arredondamento por excesso da classificação de cada componente da avaliação).

COMPETÊNCIAS COMPORTAMENTAIS

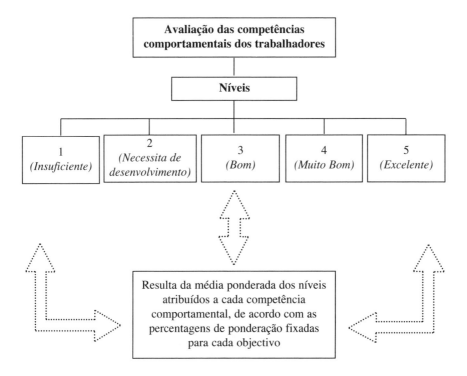

208 Sistema Integrado da Avaliação do Desempenho da Administração Pública

**Exemplo prático de ponderação das competências comportamentais
e respectiva classificação
(Artigo 4.º, alíneas c) e d), do Decreto Regulamentar n.º 19-A/2004)**

Competências comportamentais	(1) Ponderação	(2) Nível de realização	(3) Classificação ponderada (3) = (2) x (1)
Aptidões e conhecimentos especializados	30%	3	0,9
Capacidades de realização e orientação para resultados	20%	3	0,6
Capacidade de adaptação e de melhoria contínua	15%	3	0,45
Capacidade de análise, de planeamento e de organização	15%	3	0,45
Espírito de equipa e capacidade de coordenação	10%	1	0,1
Responsabilidade e compromisso com o serviço	10%	1	0,1
Total	100%	─────	Σ = 2,6

Neste exemplo a classificação das competências comportamentais corresponde a 2,6 = 3

Neste exemplo, a classificação das competências comportamentais é arredondada pelo Sistema de Apoio ao SIADAP para 3.

Avaliação das competências comportamentais:

(*Vide* instruções de preenchimento das fichas
de avaliação de desempenho)

5 – Excelente – Excede claramente o modelo de comportamentos definido para a competência, destacando-se no conjunto de funcionários da mesma categoria por um desempenho especialmente relevante, contribuindo significativamente para a melhoria do serviço.

4 – Muito Bom – Supera o modelo de comportamentos definido para a competência, revelando grande qualidade de desempenho e uma actuação activa, contribuindo para a qualidade do serviço.

Esquematização da Lei n.° 10/2004 e do Dec. Reg. n.° 19-A/2004

3 – Bom – Enquadra-se no modelo de comportamentos definido para a competência, revelando capacidade de desempenho e actuando de forma positiva, contribuindo assim para a qualidade do serviço.

2 – Necessita de desenvolvimento – Não atinge o modelo de comportamentos definido para a competência, actuando de modo irregular e variável, revelando algumas dificuldades de desempenho.

1 – Insuficiente – Está claramente abaixo do modelo de comportamentos definido para a competência, evidenciando deficiências graves de desempenho e revelando comportamentos desadequados à função.

ATITUDE PESSOAL

> **A avaliação da componente atitude pessoal é efectuada atribuindo uma classificação relativa a esta componente entre 1 (*Insuficiente*) e 5 (*Excelente*)**

Para obtenção da classificação da componente atitude pessoal, não há lugar à aplicação de qualquer ponderação à nota atribuída, ao contrário do que sucede no caso das outras componentes (objectivos e competências comportamentais), porque aquela, ao contrário das demais, não se subdivide em diversos factores.

Avaliação da atitude pessoal:

(*Vide* instruções de preenchimento das fichas de avaliação de desempenho)

5 – Excelente – Evidenciou uma notável dinâmica na prossecução dos objectivos, demonstrou sempre elevado interesse em aprofundar os seus conhecimentos, distinguiu-se por manter um elevado nível de motivação pessoal, assim como elevados padrões de exigência em relação àquilo que faz, mantém excelentes relações interpessoais com os colegas e promove acentuadamente o esforço da equipa a que pertence, destacando-se claramente como uma referência no grupo de trabalho.

4 – Muito Bom – Demonstrou grande dinâmica na prossecução dos objectivos, manifestou muito interesse em aprofundar os seus conhecimentos, manteve um alto nível de motivação pessoal, assim como altos padrões de exigência em relação àquilo que faz, mantém muito boas relações interpessoais com os colegas e fomenta activamente o esforço da equipa a que pertence.

3 – Bom – Revelou dinamismo na prossecução dos objectivos e interesse em aprofundar os seus conhecimentos, manteve um bom nível de motivação pessoal, assim como bons padrões de exigência em relação àquilo que faz, mantém boas relações interpessoais com os colegas e fomenta o esforço da equipa a que pertence.

2 – Necessita de desenvolvimento – Revelou pouca dinâmica na prossecução dos objectivos, não manifestou interesse em aprofundar os seus conhecimentos e melhorar as suas competências, demonstrou um baixo nível de motivação pessoal, assim como baixos padrões de exigência em relação àquilo que faz, tem uma relação cordial com os colegas e participa o esforço da equipa a que pertence.

1 – Insuficiente – Revelou passividade e negligência na prossecução dos objectivos, manifestou desinteresse em aprofundar os seus conhecimentos e melhorar as suas competências, evidenciou falta de motivação pessoal, assim como indiferença em relação àquilo que faz, tem dificuldades de relacionamento com os colegas e de integração nas equipas de trabalho.

CLASSIFICAÇÃO FINAL PARA OS GRUPOS DE PESSOAL TÉCNICO SUPERIOR E TÉCNICO

(Exemplo prático)

Componentes da avaliação	(1) Ponderação por componente (art. 7.°, n.° 1, do Dec. Reg 19-A/2004)	(2) Classificação das componentes	(3) Classificação final (ponderada) (3) = (2) x (1)
Objectivos	60%	3	1,8
Competências comportamentais	30%	3	0,9
Atitude pessoal	10%	3	0,3
Total	100%	– – – – –	Σ = 3

Neste exemplo a classificação final é de 3 – *Bom*

Nota – na classificação final, 2ª casa decimal $\geq 0,5$ = arredondamento por excesso da 1ª casa decimal

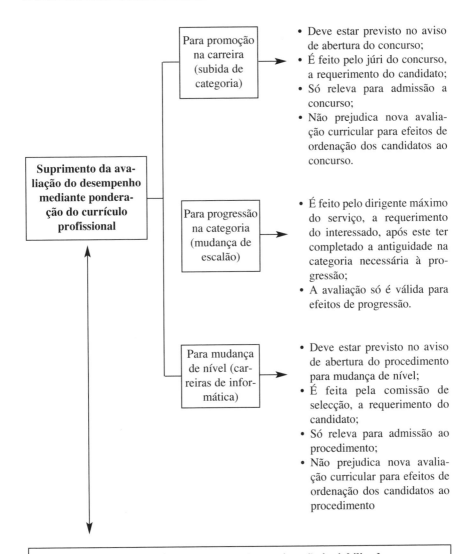

212 *Sistema Integrado da Avaliação do Desempenho da Administração Pública*

- Na ponderação do currículo profissional para suprimento da avaliação do desempenho devem ser tidos em conta:
  a) As habilitações académicas;
  b) As habilitações profissionais;
  c) A formação frequentada com relevância para as funções exercidas pelo avaliando;
  d) O conteúdo funcional da categoria actual e das anteriores e ou de cargos anteriores;
  e) As avaliações do desempenho anteriores, obtidas ao longo do percurso profissional;
  f) A experiência profissional em áreas conexionadas com as funções exercidas.

> Em caso de suprimento, a avaliação do desempenho é expressa na escala vigente (de 1 a 5 valores, de *Insuficiente* a *Excelente*). Nos casos de atribuição de avaliação de *Muito Bom* ou de *Excelente*, há que fundamentá-la, por forma a evidenciar os factores que para ela contribuíram. As avaliações mais elevadas assim obtidas não estão sujeitas às quotas legalmente fixadas para a avaliação ordinária.

Período a que se reporta a avaliação ordinária do desempenho

- Embora a avaliação do desempenho ordinária possa ter por objecto somente uma parte do ano (6 meses e 1 dia), sempre coincidente com o período de efectivo contacto funcional entre o avaliador e o avaliado, este tipo de avaliação reporta-se sempre à totalidade do ano civil, isto é, o resultado da avaliação abrange todo o ano civil.

- No caso da avaliação de 2004, aliás e excepcionalmente em relação à regra da anualidade da avaliação ordinária, o legislador manda que a mesma abranja, para além de todo o ano de 2004, também qualquer período de 2003 não avaliado (artigo 41.°, n.° 4, do Decreto Regulamentar n.° 19-A/2004).

Esquematização da Lei n.° 10/2004 e do Dec. Reg. n.° 19-A/2004   213

Especificidades da avaliação dos Dirigentes de nível intermédio
(Directores de Serviços, Chefes de Divisão e equiparados)

> Visa promover o reforço e desenvolvimento das competências de gestão e dos comportamentos de liderança

COMPONENTES DA AVALIAÇÃO E SUA PONDERAÇÃO

Grupo de Pessoal Dirigente	Objectivos	Competências Comportamentais
	75%	25%

- Na avaliação dos dirigentes de nível intermédio não é considerada a componente atitude pessoal;

- Na avaliação dos dirigentes não existem percentagens máximas para atribuição das avaliações de *Muito Bom* e de *Excelente;*

- A garantia da diferenciação dos desempenhos dos dirigentes e a garantia da harmonização das respectivas avaliações são da responsabilidade do dirigente máximo do organismo.

Aqui há uma diferença relativamente à avaliação dos trabalhadores, pois a responsabilidade não é do CCA

- Na avaliação dos dirigentes, o CCA só intervém em caso de reclamação, sobre a qual emite parecer prévio. Porém, nestes casos funciona um CCA restrito, composto apenas pelos dirigentes de

nível superior do organismo e pelo dirigente máximo do departamento responsável pela organização e recursos humanos, quando se trate de serviço partilhado.
- A avaliação é feita, no 2.º ano civil da comissão de serviço, ao trabalho prestado no 1.º ano civil da mesma comissão, desde que o início de funções dirigentes se tenha verificado antes de 1 de Junho.
- Os dirigentes não são objecto de avaliação extraordinária.
- A renovação da comissão de serviço dos dirigentes de nível intermédio depende da obtenção da classificação mínima de *Bom* no último ano da mesma.
- A avaliação do desempenho dos dirigentes de nível intermédio conta para a evolução da respectiva carreira de origem, nos termos do Estatuto do Pessoal Dirigente – Lei n.º 2/2004, de 15 de Janeiro, republicada com alterações em anexo à Lei n.º 51/2005, de 30 de Agosto (artigo 29.º) e do Estatuto Remuneratório – Decreto-Lei n.º 353-A/89, de 16 de Outubro, com alterações – direito a promoção independentemente de concurso, com observância dos demais requisitos legais para promoção, e direito à progressão na categoria de origem em função do número de anos continuado de desempenho de funções dirigentes.

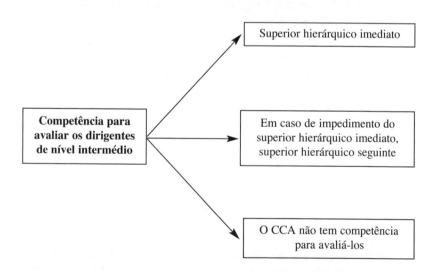

Relatórios da Avaliação do Desempenho

- Após 30 de Abril, cada organismo deve apresentar ao membro do Governo da tutela o **Relatório Anual dos Resultados da Avaliação do Desempenho**, com indicação das classificações atribuídas nos diferentes grupos profissionais, o número de casos de avaliação extraordinária e de casos de suprimento da avaliação. Este relatório é remetido à DGAP em suporte informático para tratamento estatístico e constituição de uma base de dados de gestão e acompanhamento do SIADAP.
- Após 30 de Abril, a Secretaria-Geral de cada Ministério elabora um **Relatório Síntese sobre a Aplicação do Sistema de Avaliação do Desempenho no respectivo Ministério**. Este relatório obedece a um modelo aprovado por portaria do membro do Governo responsável pela Administração Pública, ainda não publicada. É remetido à DGAP em suporte informático para tratamento estatístico e constituição de uma base de dados do SIADAP.
- A DGAP elabora, no decurso do 3.º trimestre de cada ano, um **Relatório Global sobre a Aplicação do Sistema de Avaliação do Desempenho a nível da Administração Pública,** que servirá de suporte à definição da política de emprego público e à implementação de um sistema de gestão e desenvolvimento de recursos humanos na Administração Pública.
- As auditorias à forma como o SIADAP é aplicado são da competência da Inspecção-Geral de Administração Pública (IGAP), a todo o tempo.

Sistema Integrado da Avaliação do Desempenho da Administração Pública

Observações finais sobre a avaliação do desempenho do ano de 2004

A avaliação do desempenho a realizar em 2005:

- Reporta-se aos objectivos/competências comportamentais traçados para o 2.º semestre de 2004 aos trabalhadores/dirigentes de nível intermédio;
- Abrange todo o ano de 2004 e, bem assim, o tempo de serviço de 2003 eventualmente não classificado, isto é, reporta-se, por força da lei, a este(s) período(s), embora o cumprimento dos objectivos/ /competências comportamentais só possa logicamente ser avaliado relativamente ao 2.º semestre de 2004 e, dentro deste, ao tempo de serviço efectivamente prestado.
- De acordo com o entendimento sufragado pela DGAP, para haver lugar a avaliação do desempenho relativa ao ano de 2004 os necessários mais de 6 meses de contacto funcional entre avaliador e avaliando podem situar-se em qualquer período de 2004.
- Nos serviços que tenham um sistema de classificação de serviço específico, a avaliação relativa a 2004 efectua-se de acordo com a lei anterior, devendo o SIADAP ser adaptado aos mesmos, mediante Decreto Regulamentar, ou no caso de institutos públicos, nos termos previstos nos respectivos estatutos, até ao termo do ano de 2004.
Nesta adaptação devem ser observados os princípios e objectivos do SIADAP consignados na Lei n.º 10/2004 e, bem assim, as regras essenciais ao controlo e normalização de procedimentos (ex. percentagens máximas para as classificações de *Muito Bom* e de *Excelente).*

Avaliação dos organismos

- Basear-se-á nos recursos humanos e materiais afectos a cada uma das respectivas unidades orgânicas e na apresentação de resultados.
- É feita por entidades externas ao organismo a avaliar
- Carece de regulamentação que, de acordo com a Resolução do Conselho de Ministros n.º 109/2005, de 30 de Junho, entrará em vigor em 1 de Janeiro de 2007

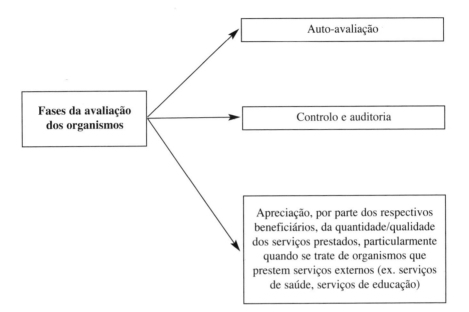

CIRCULAR N.º 1/DGAP/2004, DE MAIO DE 2004

AVALIAÇÃO DO DESEMPENHO DOS RECURSOS HUMANOS DA ADMINISTRAÇÃO PÚBLICA. APLICAÇÃO DO NOVO SISTEMA DE AVALIAÇÃO

CIRCULAR N.º 1/DGAP/2004

**Avaliação do desempenho dos recursos humanos
da Administração Pública. Aplicação do novo sistema de avaliação**

Foi publicado o Decreto Regulamentar n.º 19-A/2004, de 14 de Maio diploma que regulamenta a Lei n.º 10/2004, de 22 de Março no que se refere ao sistema de avaliação do desempenho dos funcionários, agentes e demais trabalhadores dos serviços e organismos da administração directa do Estado, bem como ao sistema de avaliação aplicável aos dirigentes de nível intermédio.

Obedecendo aos princípios e regras gerais de avaliação do desempenho definidos pelo SIADAP (Lei n.º 10/2004, de 22 de Março), o novo modelo de avaliação do desempenho dos trabalhadores e dirigentes de nível intermédio da Administração Pública entra de imediato em vigor.

Com vista à sua operacionalização, e tendo presentes os novos procedimentos impostos pelo diploma regulamentar, vem esta Direcção-
-Geral promover a sua divulgação junto de V. Exa., alertando para que:

– Deverão ser definidos, até final de Maio de 2004, os objectivos para os serviços e organismos e, relativamente a todos os trabalhadores e dirigentes intermédios, deverão ser fixados até ao final de Junho de 2004 os objectivos para o 2.º Semestre de 2004, que serão objecto de avaliação em 2005.

Os objectivos individuais deverão ser estabelecidos com base nos objectivos previamente fixados para cada unidade orgânica.

– Todas as promoções e progressões nas carreiras e categorias, a partir de 1 de Janeiro de 2005, ficam condicionadas à aplicação do sistema de avaliação de desempenho constante da Lei n.º 10/2004 (cfr. art. 24.º n.º 2 da Lei n.º 10/2004);

222 *Sistema Integrado da Avaliação do Desempenho da Administração Pública*

– A avaliação de desempenho será também obrigatoriamente considerada para efeitos de :
Conversão da nomeação provisória em definitiva;
Renovação de contratos;
Renovação da comissão de serviço de pessoal dirigente

– Em obediência aos princípios e objectivos fixados nos artigos 3.º e 4.º da Lei n.º 10/2004, a avaliação do desempenho assentará na responsabilização dos dirigentes de nível intermédio, a quem competirá assegurar a correcta aplicação dos princípios integrantes da avaliação, podendo o seu incumprimento implicar, em casos limite, a reponderação da manutenção das respectivas comissões de serviço;

– Nos termos do n.º 3 do art. 6.º da Lei n.º 10/2004 são os dirigentes dos serviços responsáveis pela aplicação e divulgação em tempo útil do sistema de avaliação, garantindo o cumprimento dos seus princípios e a diferenciação do mérito.

– Também os dirigentes de nível superior, no momento da comunicação do termo da respectiva comissão de serviço, deverão incluir no respectivo relatório, uma síntese da forma como decorreu a aplicação da avaliação do desempenho no respectivo serviço.

Maio de 2004
Direcção-Geral da Administração Pública,
A Directora-Geral, M.ª ERMELINDA CARRACHÁS

CIRCULAR N.º 1/DGAP/2005, DE 29 DE MARÇO

APLICAÇÃO DO SIADAP EM 2005
– LEI N.º 10/2004, DE 22 MARÇO
E DECRETO REGULAMENTAR N.º 19-A/2004,
DE 14 DE MAIO

CIRCULAR N.° 1/DGAP/2005

Aplicação do SIADAP em 2005 – Lei n.° 10/2004, de 22 Março e Decreto Regulamentar n.° 19-A/2004, de 14 de Maio

O SIADAP – Sistema Integrado de Avaliação do Desempenho na Administração Pública – criado pela Lei n.° 10/2004, de 22 de Março, e regulamentado pelo Decreto Regulamentar n.° 19-A/2004, de 14 de Maio, encontra-se em plena vigência.

Não obstante, muitos organismos e serviços da Administração Pública não fixaram ainda os objectivos para o corrente ano de 2005, o que inviabiliza a futura avaliação do desempenho dos seus trabalhadores e dirigentes intermédios.

Encarrega-me Sua Excelência o Senhor Secretário de Estado da Administração Pública de reafirmar que o SIADAP se encontra em vigor e que é imprescindível dar-lhe completa e cabal execução.

DGAP, 29 de Março de 2005

A Directora-Geral
M.ª ERMELINDA CARRACHÁS

ORIENTAÇÃO TÉCNICA N.º 6/DGAP/2004, DE 12 DE JULHO

APLICAÇÃO DO SISTEMA DE AVALIAÇÃO DO DESEMPENHO. SITUAÇÕES DE APLICABILIDADE DIRECTA E SITUAÇÕES ESPECIAIS

ORIENTAÇÃO TÉCNICA N.° 6/DGAP/2004

Decreto Regulamentar n.° 19-A/2004, de 14 de Maio.
Aplicação do Sistema de Avaliação do Desempenho.
Situações de aplicabilidade directa e situações especiais

Na sequência de despacho de concordância proferido em 09.07.04 por Sua Excelência a Secretária de Estado da Administração Pública, divulga-se a seguinte orientação:

Da aplicação da Lei n.° 10/2004, de 22 de Março, à realidade da Administração Pública podem distinguir-se duas situações:

1 – Situações de aplicabilidade directa do Decreto Regulamentar n.° 19-A/2004, de 14 de Maio.

2 – Situações especiais:

2.1 – Situações de pré-existência de um sistema específico de avaliação cujas particularidades podem justificar a necessidade de uma adaptação do Decreto Regulamentar n.° 19-A/2004, 14 de Maio (a fazer--se, nos termos dos artigos 7.°, n.° 2, e 21.° da Lei n.° 10/2004, de 22 de Março, e dentro do prazo fixado pelo Decreto Regulamentar n.° 19--A/2004, de 14 de Maio).

2.2 – Situações de inexistência de anterior sistema de avaliação de desempenho

2.3 – Situações da Administração Local e Administração Regional

1 – Situações de aplicabilidade directa do Decreto Regulamentar n.° 19-A/2004

O novo sistema de avaliação de desempenho aplica-se:

Objectivamente (serviços e organismos) a todos os organismos da administração directa do Estado, aos institutos públicos que não care-çam de adaptação estatutária bem como aos serviços e organismos

230 *Sistema Integrado da Avaliação do Desempenho da Administração Pública*

cujas particularidades do seu anterior sistema específico de avaliação não inviabilizem a aplicação directa do Decreto Regulamentar n.º 19--A/2004, 14 de Maio.

Subjectivamente, aos funcionários, agentes, e trabalhadores integrados em carreiras de regime geral ou carreiras de regime especial e carreiras específicas que aplicavam o Decreto Regulamentar n.º 44-B/83, de 1 de Junho, bem como aos dirigentes de nível intermédio.

Carreiras transversais aos diversos serviços da administração pública
- Carreiras específicas do Pessoal de Informática (Decreto-Lei n.º 97/2001, de 26/03);
- Carreiras de pessoal específicas das áreas funcionais de Biblioteca e Documentação e de Arquivo (Decreto-Lei n.º 247/91, de 10/07, alterado pelo Decreto-Lei n.º 276/95, de 25/10);
- Carreiras específicas dos domínios de Museologia e de Conservação e Restauro (Decreto-Lei n.º 55/2001, de 15/02);
- Carreiras de pessoal específicas da área funcional de Arqueologia (Decreto Regulamentar n.º 28/97, de 21/07);
- Carreiras de Inspecção (Decreto-Lei n.º 112/2001, de 6/04).

Carreiras de regime especial próprias e/ou específicas de determinados sectores da administração pública
- Carreiras específicas da Direcção-Geral do Orçamento (Decreto--Lei n.º 420/99, de 21/10);
- Carreiras da Direcção-Geral do Tesouro (Decreto-Lei n.º 419/99, de 21/10);
- Guardas Prisionais (Decreto-Lei n.º 174/93, de 12/05, alterado pelo Decreto-Lei n.º 100/96, de 23/07 e Decreto-Lei n.º 33/2001, de 08/02);
- Carreira de Especialista Superior de Medicina Legal e carreira de Técnico-Ajudante de Medicina Legal (Decreto-Lei n.º 185/99, de 31/05);
- Carreira de Técnico Verificador Superior e Carreira de Técnico Verificador do corpo especial de fiscalização e controlo da D.G. do Tribunal de Contas (Decreto-Lei n.º 440/99, de 02/11).

2 – Situações especiais:

Em caso algum as especificidades das diversas situações poderão justificar a ausência de sistema de avaliação ou a permanência de um sistema de avaliação que não corresponda aos objectivos agora em vigor.

2.1 – *Situações em que a pré-existência de um sistema específico de avaliação pode justificar uma adaptação até ao final de 2004.*

- Carreira Diplomática (Decreto-Lei n.° 40-A/98, de 27/02);
- Militares (Estatuto dos Militares das Forças Armadas – aprovado pelo Decreto-Lei n.° 236/99, de 25/06 e alterado pela Lei n.° 25/2000, de 23/08 e Decreto-Lei n.° 197-A/2003, de 30/08);
- Pessoal Militarizado da Marinha;
- Forças e Serviços de Segurança:
  - Polícia Judiciária (Decreto-Lei n.° 275-A/2000, de 9/11);
  - Serviço de Estrangeiros e Fronteiras (Decreto-Lei n.° 290--A/2001, de 17/11);
  - Guarda Nacional Republicana (Estatuto dos Militares da GNR – Decreto-Lei n.° 265/93, de 31/07);
  - Polícia de Segurança Pública (Decreto-Lei n.° 511/99, de 24 de Novembro e Portaria n.° 881/2003 de 21/08, que regulamenta a avaliação de serviço);
- Carreiras Docentes
  Docentes de educação pré-escolar e dos ensinos básico e secundário (Decreto-Lei n.° 312/99, de 10/08, Decreto-Lei n.° 139--A/90, de 28/04 e Decreto Regulamentar n.° 11/98, de 15/05 que regulamenta a avaliação do desempenho);
- Carreira de Administração Hospitalar (Decreto-Lei n.° 101/80, de 08/05);
- Carreira de Enfermagem (Decreto-Lei n.° 437/91, de 08/11, com as alterações do Decreto-Lei n.° 412/98, de 30/12);
- Carreira de Técnico de diagnóstico e terapêutica (Decreto--Lei n.° 564/99, de 21/12);
- Bombeiros profissionais;
  - Bombeiros sapadores (Decreto-Lei n.° 106/2002, de 13/04)
- Carreiras da Direcção-Geral dos Impostos (Decreto-Lei n.° 557/99, de 17/12)
  - Grupo do pessoal de Chefia Tributária

232 *Sistema Integrado da Avaliação do Desempenho da Administração Pública*

- Grupo de Pessoal de administração Tributária (GAT)
- Carreiras da Direcção-Geral das Alfândegas (Decreto-Lei n.° 252--A/82, de 28/06 e Decreto Regulamentar n.° 4/88, de 27/01);
- Carreiras da Inspecção-Geral de Finanças (Decreto-Lei n.° 249/98, de 11/08 e Decreto-Lei n.° 536/99, de 13/12);
- Carreira dos Oficiais de Justiça (Decreto-Lei n.° 343/99, de 26/08, alterado pelos Decretos-Lei n.ᵒˢ 175/2000, de 09/08, 96/2002, de 12/04 e 169/2003, de 01/08);
- Magistrados:
  - Magistrados Judiciais (Estatuto aprovado pela Lei n.° 21/85, de 30/05, alterada, entre outros, pela Lei n.° 2/90, de 20/01 e Lei n.° 10/94, de 05/05)
  - Magistrados do Ministério Público (Estatuto aprovado pela Lei n.° 47/86, de 15/10, alterada pela Lei n.° 2/90, de 20/01, Lei n.° 23/92, de 20/08 e Lei n.° 10/94, de 05/05)

Deve ser aferida a inviabilidade (ou não) de aplicação directa do Dec. Regulamentar n.° 19-A/2004, 14 de Maio e proposta atempadamente a necessária adaptação.

A iniciativa de adaptação por decreto regulamentar cabe aos departamentos governamentais competentes.

2.2 – Situações sem anterior sistema de avaliação
- Carreiras Médicas (Decreto Lei n.° 73/90, de 06/03, alterado pelos Decretos-Lei n.ᵒˢ 29/91, de 11/01, 210/91, de 12/06, 114/92, de 04/06, 396/93, de 24/11 e 412/99, de 15-10);
  - Carreira Médica de Clínica Geral
  - Carreira Médica Hospitalar
  - Carreira Médica de Saúde Pública
- Carreira de Investigação Científica (Decreto-Lei n.° 124/99, de 20/04);
- Carreiras Docentes;
- Docentes do Ensino Superior Politécnico (Decreto-Lei n.° 185/81, de 1/07)
- Docentes Universitários (Decreto-Lei n.° 448/79, de 13/11, ratificado pela Lei n.° 19/80, de 16/07)

Nestes casos o sistema de avaliação a criar, deverá ser balizado pelos princípios e objectivos bem como obedecer às regras essenciais de controlo e normalização de procedimentos do SIADAP (cf. art. 21.º da Lei n.º 10/2004).

A iniciativa de adaptação por decreto regulamentar cabe aos departamentos governamentais competentes.

2.3 – *Situações da Administração Local e da Administração Regional*

O SIADAP será aplicado à Administração Local e à Administração Regional através de, respectivamente, decreto regulamentar e decreto regulamentar regional das Assembleias Legislativas Regionais.

Direcção-Geral da Administração Pública, 12 de Julho de 2004

A Directora-Geral
M.ª ERMELINDA CARRACHÁS

ORIENTAÇÃO TÉCNICA N.º 3/DGAP/2005

AVALIAÇÃO DO DESEMPENHO DOS RECURSOS HUMANOS DA ADMINISTRAÇÃO PÚBLICA. ADAPTAÇÃO DO SIADAP

ORIENTAÇÃO TÉCNICA N.º 3/DGAP/2005

**Avaliação do desempenho dos recursos humanos
da Administração Pública. Adaptações do SIADAP**

Encarrega-me Sua Excelência o Senhor Secretário de Estado da Administração Pública de divulgar junto dos serviços e organismos da Administração Pública a imperatividade de ser dado cumprimento célere ao legalmente determinado em matéria de adaptações ao SIADAP.

Assim, os serviços e organismos deverão ter em conta o seguinte:

O novo sistema de avaliação do desempenho dos funcionários, agentes e demais trabalhadores dos serviços e organismos da administração pública (SIADAP), criado pela Lei n.º 10/2004, de 22 de Março prevê a possibilidade de adaptação do modelo à **situação específica dos vários organismos da Administração Pública,** assim como à das **carreiras de regime especial e corpos especiais,** desde que observados os princípios e objectivos constantes da lei e as regras essenciais ao controlo e normalização de procedimentos (cfr. art. 21.º da Lei).

O Decreto Regulamentar n.º 19-A/2004, de 14 de Maio, diploma que regulamenta o SIADAP, instituiu no n.º 5 do seu art. 41.º um **prazo** para a **adaptação do sistema de avaliação do desempenho** nos serviços que dispusessem de um sistema de avaliação específico, prazo esse que, encontrando-se nalgumas situações ultrapassado, não deverá inviabilizar a aplicação do sistema de avaliação no corrente ano.

Assim,

- Devem todos os serviços e organismos compreendidos no n.º 5 do art. 41.º do Decreto Regulamentar n.º 19-A/2004, proceder com a maior urgência à apresentação às respectivas tutelas da proposta de adaptação prevista no n.º 1 do art. 21.º da Lei n.º 10/2004;
- Devem, com igual carácter de urgência, para todos os corpos especiais e carreiras de regime especial que não possam aplicar directamente o SIADAP, ser promovidas as necessárias adaptações ao SIADAP.

238 *Sistema Integrado da Avaliação do Desempenho da Administração Pública*

Os projectos de adaptação a apresentar, nos termos do estabelecido no n.º 1 do art. 21.º da Lei n.º 10/2004, deverão observar o essencial dos seguintes princípios:

- Anualidade do processo de avaliação;
- Avaliação por objectivos;
- Diferenciação do mérito e excelência;
- Avaliação por superior hierárquico ou coordenador que tenha contacto funcional mínimo de seis meses com o avaliado;
- Existência de um órgão de apoio e consulta;
- Garantias de reclamação e recurso;
- Necessidade de elaboração, pelo organismo, do relatório (normalizado) anual de avaliação.

Direcção-Geral da Administração Pública, 27 de Maio de 2005

A Directora-Geral,
M.ª ERMELINDA CARRACHÁS

PORTARIA N.° 509-A/2004, DE 14 DE MAIO

APROVA OS MODELOS DAS FICHAS DE AVALIAÇÃO DO DESEMPENHO E RESPECTIVAS INSTRUÇÕES DE PREENCHIMENTO

PORTARIA N.º 509-A/2004
de 14 de Maio

Para execução do disposto no artigo 10.º do Decreto Regulamentar n.º 19-A/2004, de 14 de Maio:

Manda o Governo, pela Ministra de Estado e das Finanças, aprovar os modelos de impressos de fichas de avaliação anexos à presente portaria, que começarão a ser utilizados desde já para os efeitos previstos no artigo 41.º do mesmo diploma.

A Ministra de Estado e das Finanças, MARIA MANUELA DIAS FERREIRA LEITE, em 14 de Maio de 2004.

Anotações

Vejam-se os modelos de impressos das fichas de auto-avaliação e de avaliação para os diferentes grupos de pessoal e, bem assim, as respectivas instruções de preenchimento, reproduzidas infra autonomamente.

FICHA DE AUTO-AVALIAÇÃO
DOS DIRIGENTES DE NÍVEL INTERMÉDIO

Ficha de auto-avaliação dos dirigentes intermédios

AVALIAÇÃO DO DESEMPENHO

MINISTÉRIO _____

Serviço ou Organismo _____

FICHA DE AUTO-AVALIAÇÃO
DOS DIRIGENTES INTERMÉDIOS

A preencher pelo avaliado

Avaliado
Cargo
Unidade orgânica
Período de avaliação   a

1. OBJECTIVOS

1.1. GRAU DE REALIZAÇÃO DOS OBJECTIVOS FIXADOS

Em que nível considera que se situa o seu desempenho global em termos de cumprimento dos objectivos que lhe foram fixados?

	Superei claramente os objectivos	Cumpri os objectivos	Não cumpri todos os objectivos
Objectivo 1	☐	☐	☐
Objectivo 2	☐	☐	☐
Objectivo 3	☐	☐	☐
Objectivo 4	☐	☐	☐
Objectivo 5	☐	☐	☐

1.2. FACTORES MAIS INFLUENTES NA REALIZAÇÃO DOS OBJECTIVOS

Indique quais os factores que considera que contribuíram para atingir o grau de realização dos objectivos fixados, indicado no ponto anterior, classificando cada factor numa escala de 1 a 5, do que mais dificultou para o que mais facilitou.

Adaptação do próprio

Direcção e orientação

Formação

Informação e meios informáticos

Instalações e outros recursos materiais

Outros*

AVALIAÇÃO DO DESEMPENHO

* Se preencheu este item, descreva quais os "Outros" factores que considera que influenciaram o seu desempenho:

1.3 AVALIAÇÃO DAS COMPETÊNCIAS

Em que nível considera que se situa o seu desempenho global em termos de enquadramento nas competências comportamentais definidas?

	Superei o padrão estabelecido para a competência	Enquadro-me no padrão definido para a competência	Estou aquém do padrão definido para a competência
Orientação para os resultados e qualidade do serviço			
Capacidade de liderança e orientação de pessoas			
Capacidade de promover a mudança e melhoria contínua			
Capacidade de análise e de planeamento e organização			
Capacidade de desenvolvimento e motivação das pessoas			
Visão estratégica			

2. COMENTÁRIOS E PROPOSTAS

(mobilidade, formação, reafectação profissional, etc.):

O avaliado

_____, em ___ / ___ / _____

FICHA DE AVALIAÇÃO DO DESEMPENHO DOS DIRIGENTES DE NÍVEL INTERMÉDIO

Ficha de avaliação dos dirigentes intermédios

AVALIAÇÃO DO DESEMPENHO

MINISTÉRIO _____

Serviço ou Organismo _____

NIF										

FICHA DE AVALIAÇÃO
DOS DIRIGENTES INTERMÉDIOS

A preencher pelo avaliador

Avaliador

Cargo

NIF

Avaliado

Cargo

Unidade orgânica

NIF

Período em avaliação [   ] a [   ]

1. MISSÃO DA UNIDADE ORGÂNICA

Descrição da missão da unidade orgânica:

AVALIAÇÃO DO DESEMPENHO

2. COMPONENTES DA AVALIAÇÃO

2.1 OBJECTIVOS:

A preencher no início do período de avaliação

A preencher no final do período de avaliação

DESCRIÇÃO DO OBJECTIVO E DETERMINAÇÃO DO INDICADOR DE MEDIDA	PONDERAÇÃO	AVALIAÇÃO		
		Superou claramente o objectivo (nível 5)	Cumpriu o objectivo (nível 3)	Não cumpriu o objectivo (nível 1)
1				
2				
3				
4				
5				
Total da ponderação / Classificação	100%			

O avaliador, em __/__/____,_____

O avaliado, em __/__/____,_____

AVALIAÇÃO DO DESEMPENHO

2.2 COMPETÊNCIAS COMPORTAMENTAIS:

A preencher no início do período de avaliação

A preencher
no final do período
de avaliação

	DEFINIÇÃO E DESCRIÇÃO DAS COMPETÊNCIAS	PONDERAÇÃO	AVALIAÇÃO
1	**Orientação para os resultados e qualidade do serviço:** Avalia a capacidade e dinâmica pessoal para a realização dos objectivos definidos. Traduz-se nos seguintes comportamentos • Antecipa, para si e para os elementos da sua unidade orgânica, a definição de metas ambiciosas que pressupõem um valor acrescentado para o serviço ou organismo. • É persistente na consecução dos objectivos definidos; • Revê os seus métodos de trabalho para melhorar a qualidade do seu desempenho; Monitoriza o desenvolvimento das capacidades e competências dos elementos da sua unidade orgânica, efectuando análises comparativas da sua unidade orgânica com outras com desempenhos elevados.		
2	**Capacidade de liderança e orientação de pessoas:** Avalia a capacidade de dirigir e coordenar dos elementos da sua unidade orgânica para a realização dos objectivos. Traduz-se nos seguintes comportamentos: • Transmite e comunica os objectivos, estratégias e planos de acção de uma forma clara e precisa; • Define as responsabilidades e tarefas dos elementos da sua unidade orgânica em função das suas aptidões; • Acompanha de forma sistematizada as actividades próprias e de equipa dos elementos da sua unidade orgânica, assegurando o cumprimento das actividades prioritárias; • Cria nos elementos da sua unidade orgânica um espírito de compromisso ao longo do tempo na prossecução dos objectivos definidos.		

AVALIAÇÃO DO DESEMPENHO

A preencher no início do período de avaliação

A preencher no final do período de avaliação

DEFINIÇÃO E DESCRIÇÃO DAS COMPETÊNCIAS	PONDERAÇÃO	AVALIAÇÃO
3 **Capacidade de promover a mudança e melhoria contínua:** Avalia a capacidade de actuação perante novas situações ou necessidades de mudança, tendo em vista a promoção da melhoria contínua do serviço ou organismo. Traduz-se nos seguintes comportamentos: • Propõe medidas e acções concretas com vista à melhoria do desempenho do serviço ou organismo. • Adopta e promove a adopção de formas de trabalho inovadoras e de novas tecnologias; • Fomenta o espírito de iniciativa dos elementos da sua unidade orgânica; • Assume e encara as mudanças como oportunidades e não como problemas; Aceita as mudanças organizacionais e funcionais, actuando de acordo com as alterações e/ou prioridades definidas.		
4 **Capacidade de análise e de planeamento e organização:** Avalia a capacidade de planear, organizar e controlar a actividade da sua unidade orgânica, bem como de actuar perante situações de trabalho diversificadas. Traduz-se nos seguintes comportamentos: • Organiza as suas actividades e as da sua unidade orgânica baseando-se no nível de importância e prioridade; • Planeia, quantifica e calendariza os projectos, acções e tarefas a desenvolver no âmbito da sua unidade orgânica, afectando os recursos necessários à sua consecução; • Identifica os problemas e actua rapidamente, aplicando soluções adaptadas; Acompanha o desenrolar das actividades desenvolvidas pelos elementos da sua unidade orgânica, controlando as suas fases, prazos e execução, detectando e suprimindo lacunas e erros e assegurando a sua realização de acordo com os objectivos definidos.		

AVALIAÇÃO DO DESEMPENHO

A preencher no início do período de avaliação

A preencher no final
do período de avaliação

DEFINIÇÃO E DESCRIÇÃO DAS COMPETÊNCIAS	PONDERAÇÃO	AVALIAÇÃO
5 **Capacidade de desenvolvimento e motivação das pessoas:** Avalia a capacidade de apoiar a aprendizagem e desenvolvimento profissional dos elementos da sua unidade orgânica, assim como de promover o seu envolvimento activo nas tarefas e actividades do serviço. Traduz-se nos seguintes comportamentos: • Reconhece e valoriza o desempenho dos elementos da sua unidade orgânica apoiando a sua evolução e desenvolvimento profissional; • Actua para desenvolver um clima amigável, moral elevada e espírito de cooperação entre os elementos da sua unidade orgânica; • Dá feedback construtivo, directo e frequente ao longo do ano, aos elementos da sua unidade orgânica, clarificando as expectativas em termos de desempenho; • Incentiva a iniciativa e responsabilidade dos funcionários.		
6 **Visão estratégica:** Avalia a capacidade de perspectivar a evolução do serviço ou organismo em função da sua missão e objectivos e de assegurar o alinhamento da actividade da sua unidade orgânica nesse sentido. Traduz-se nos seguintes comportamentos: • Conhece e compreende a estratégia e objectivos do serviço ou organismo, actuando de acordo com eles; • Age de forma integrada, avaliando o impacto que as acções desenvolvidas ao nível da sua unidade orgânica têm nas restantes unidades do organismo. • Demonstra disponibilidade para responder às necessidades do serviço ou organismo; • Antecipa as necessidades de adaptação do serviço ou organismo.		
Total da ponderação / Classificação	100%	

O avaliador, em __/__/____, _____

O avaliado, em __/__/____, _____

AVALIAÇÃO DO DESEMPENHO

3. AVALIAÇÃO GLOBAL DO DESEMPENHO

Componentes da avaliação	Classificação	Ponderação
Objectivos		75%
Competências comportamentais		25%

Avaliação final – expressão quantitativa	
Avaliação final – expressão qualitativa	

3.1 FUNDAMENTAÇÃO DAS CLASSIFICAÇÕES DE EXCELENTE E MUITO BOM

> (Factores que mais contribuíram para a classificação final de Excelente e Muito Bom
> e identificação dos contributos relevantes para o serviço nas classificações de Excelente)

4. EXPECTATIVAS, CONDIÇÕES E/OU REQUISITOS DE DESENVOLVIMENTO DO DESEMPENHO DO AVALIADO E FORMAÇÃO PROFISSIONAL

4.1 EXPECTATIVAS, CONDIÇÕES E/OU REQUISITOS DE DESENVOLVIMENTO PROFISSIONAL

Ficha de avaliação dos dirigentes intermédios 255

AVALIAÇÃO DO DESEMPENHO

4.2 IDENTIFICAÇÃO DE ACÇÕES DE FORMAÇÃO PROFISSIONAL

Áreas a desenvolver	Acções de formação profissional propostas

5. COMUNICAÇÃO E HOMOLOGAÇÃO DA AVALIAÇÃO FINAL

5.1 COMUNICAÇÃO DA AVALIAÇÃO ATRIBUÍDA AO AVALIADO

Tomei conhecimento da minha avaliação em entrevista realizada em __/__/_____,

Observações:

O avaliado,_____.

AVALIAÇÃO DO DESEMPENHO

5.2. Homologação/Despacho dos Dirigentes de Nível Superior

Aos __/__/____, _____

Aos __/__/____, _____

Aos __/__/____, _____

5.3. Conhecimento da Avaliação após a Homologação/Despacho dos Dirigentes de Nível Superior

Tomei conhecimento da homologação/despacho dos dirigentes de nível superior relativo à minha avaliação em __/__/____,

O avaliado,_____.

INSTRUÇÕES PARA PREENCHIMENTO DA FICHA DE AVALIAÇÃO DO DESEMPENHO DOS DIRIGENTES DE NÍVEL INTERMÉDIO

AVALIAÇÃO DO DESEMPENHO

**Instruções de preenchimento da ficha da avaliação
para os dirigentes de nível intermédio**

ELEMENTOS DE IDENTIFICAÇÃO:

Este campo deve ser preenchido com os elementos identificativos do serviço ou organismo, do avaliador e do avaliado, sendo que o NIF corresponde ao número de identificação fiscal e é chave unívoca para o sistema informático de apoio.

1. MISSÃO DA UNIDADE ORGÂNICA:

Neste campo descreva de forma sucinta as funções fundamentais e determinantes da unidade orgânica a que o avaliado pertence e os objectivos essenciais que esta unidade garante, tendo como referência o plano de actividades.

2. COMPONENTES DA AVALIAÇÃO:

2.1. OBJECTIVOS:

Esta componente visa avaliar o nível de concretização dos resultados por parte do avaliado, tendo em consideração os objectivos e os indicadores de medida estabelecidos.

- **Descrição do objectivo e determinação do indicador de medida** – Este campo destina-se à descrição clara e sucinta dos objectivos acordados e à indicação da métrica de referência para aferição do grau de realização de cada objectivo.
  Os objectivos devem ser no mínimo 3 e no máximo 5, sendo que, pelo menos 1 deve ser de responsabilidade partilhada.
  A fixação dos objectivos tem de ter em conta a proporcionalidade entre os resultados visados e os meios disponíveis para a sua concretização.
  Os objectivos devem ser, em princípio, acordados entre avaliador e avaliado, prevalecendo, em caso de discordância, a posição do avaliador.

260 *Sistema Integrado da Avaliação do Desempenho da Administração Pública*

O indicador de medida corresponde ao elemento qualitativo e quantitativo que permitirá determinar o grau de realização do objectivo fixado.

- **Ponderação** – Este campo destina-se à identificação da ponderação a atribuir pelo avaliador a cada objectivo.
  A ponderação de cada objectivo não pode ter valor inferior a 15% ou a 20%, consoante tenham sido fixados 5 ou menos objectivos.
  A soma das ponderações dos objectivos fixados deve totalizar 100%.

- **Avaliação** – Este campo destina-se a assinalar o nível de realização de cada objectivo de acordo com a escala aí presente.
  A indicação do nível de realização é feita pela sinalização **X** na quadrícula correspondente.

- **Total da Ponderação/Classificação** – Estes campos destinam-se a indicar a soma das ponderações atribuídas (que deve totalizar 100%) e apurar o resultado final da classificação da componente "Objectivos".
  A classificação da componente "Objectivos" resulta da média ponderada das avaliações atribuídas a cada um dos objectivos.
  O preenchimento destes campos é automático, quando utilizado o programa informático relativo à Avaliação do Desempenho.

2.2. Competências Comportamentais:

Esta componente visa avaliar as características pessoais demonstradas durante o período em avaliação, de acordo com o conjunto de requisitos requeridos para o desempenho das funções que correspondem ao cargo do avaliado.

- **Definição e descrição das competências** – Este campo identifica o conjunto de competências requeridas para o desempenho do cargo e descreve os comportamentos em que estas se traduzem.

Instruções p.ª preenchimento da ficha de aval. dos dirigentes 261

- **Ponderação** – Este campo destina-se à identificação da ponderação a atribuir pelo avaliador a cada competência.
A ponderação de cada competência não pode ter valor inferior a 10%, devendo a soma das ponderações das competências seleccionadas totalizar 100%.

- **Avaliação** – Este campo destina-se a avaliar as competências evidenciadas ao longo do período em avaliação de acordo com os comportamentos descritos, sendo a avaliação expressa numa escala de 1 a 5, tendo em conta as seguintes regras:

5 – Excelente: Excede claramente o modelo de comportamentos definido para a competência, destacando-se por um desempenho especialmente relevante, contribuindo significativamente para a melhoria do serviço.
4 – Muito Bom: Supera o modelo de comportamentos definido para a competência, revelando grande qualidade de desempenho e uma actuação activa, contribuindo para a qualidade do serviço.
3 – Bom: Enquadra-se no modelo de comportamentos definido para a competência, revelando capacidade de desempenho e actuando de forma positiva, contribuindo assim para a qualidade do serviço.
2 – Necessita de desenvolvimento: Não atinge o modelo de comportamentos definido para a competência, actuando de modo irregular e variável, revelando algumas dificuldades de desempenho.
1 – Insuficiente: Está claramente abaixo do modelo de comportamentos definido para a competência, evidenciando deficiências graves de desempenho e revelando comportamentos desadequados ao cargo.

- **Total da Ponderação/Classificação** – Estes campos destinam-se a indicar a soma das ponderações atribuídas (que deve totalizar 100%) e a apurar o resultado final da classificação da com-ponente "Competências comportamentais".
A classificação da componente "Competências comportamentais" vai resultar da média ponderada das avaliações dadas a cada uma das competências.

O preenchimento destes campos é automático, quando utilizado o programa informático relativo à Avaliação do Desempenho.

3. AVALIAÇÃO GLOBAL DO DESEMPENHO:

Este quadro destina-se a apurar o resultado final, quantitativo e qualitativo, da avaliação do desempenho do avaliado, de acordo com a seguinte escala de avaliação:

Excelente – de 4,5 a 5 valores
Muito Bom – de 4 a 4,4 valores
Bom – de 3 a 3,9 valores
Necessita de desenvolvimento – de 2 a 2,9 valores
Insuficiente – de 1 a 1,9 valores

A classificação final vai resultar da média ponderada das classificações dadas a cada uma das componentes da avaliação.

O preenchimento deste quadro é automático, quando utilizado o programa informático relativo à Avaliação do Desempenho.

3.1. FUNDAMENTAÇÃO DAS CLASSIFICAÇÕES DE EXCELENTE E MUITO BOM:

Este campo destina-se a ser preenchido apenas nos casos em que a avaliação global do desempenho seja de Excelente ou Muito Bom.

Na fundamentação da avaliação, o avaliador deve evidenciar os factores que contribuíram para a classificação final, devendo ainda identificar, nas classificações de Excelente, os contributos do avaliado que foram relevantes para a melhoria do serviço, tendo em vista a sua inclusão na base de dados relativa a boas práticas na Administração Pública.

4. EXPECTATIVAS, CONDIÇÕES E/OU REQUISITOS DE DESENVOLVIMENTO DO DESEMPENHO DO AVALIADO:

4.1. EXPECTATIVAS, CONDIÇÕES E/OU REQUISITOS DE DESENVOLVIMENTO:

Neste campo faça uma apreciação sucinta das qualidades do avaliado, projectando o seu potencial de desenvolvimento e identificando as condições para a sua concretização.

4.2. Identificação de Necessidades de Formação Profissional:

Neste quadro indique, com base na apreciação feita no campo anterior, as áreas que o avaliado deverá promover com vista ao seu desenvolvimento profissional e identifique, ainda, até um máximo de três, as acções de formação que servirão de suporte a esse desenvolvimento.

A identificação das acções de formação deverá ter em conta as necessidades prioritárias do avaliado face à exigência das funções que lhe estão atribuídas e aos recursos disponíveis para o efeito.

5. COMUNICAÇÃO E HOMOLOGAÇÃO DA CLASSIFICAÇÃO FINAL

5.1. Comunicação da Avaliação Atribuída ao Avaliado

Este campo destina-se a comprovar a tomada de conhecimento pelo avaliado da avaliação que lhe foi comunicada pelo avaliador durante a entrevista de avaliação.

O campo "Observações" destina-se a ser preenchido pelo avaliado que deverá aqui produzir as observações que entenda serem pertinentes, relativas à classificação que lhe foi atribuída pelo avaliador em fase prévia à homologação.

5.2. Homologação/Despacho dos Dirigentes de Nível Superior do Serviço

Este campo destina-se a ser preenchido pelos dirigentes de nível superior do serviço ou organismo, os quais deverão indicar se homologam a classificação atribuída ao avaliado pelo avaliador, ou caso não concordem com a mesma, estabelecer eles próprios a classificação a atribuir, mediante despacho fundamentado.

5.3. Conhecimento da Avaliação após a Homologação/ /Despacho dos Dirigentes de Nível Superior do Serviço

Este campo destina-se a comprovar a tomada de conhecimento pelo avaliado da avaliação após homologação ou despacho de classificação dos dirigentes de nível superior do serviço ou organismo.

FICHA DE AUTO-AVALIAÇÃO DO PESSOAL DOS GRUPOS TÉCNICO SUPERIOR E TÉCNICO

Ficha de auto-avaliação do pessoal técnico superior e técnico   267

AVALIAÇÃO DO DESEMPENHO

MINISTÉRIO _____
Serviço ou Organismo _____

FICHA DE AUTO-AVALIAÇÃO
GRUPO DE PESSOAL TÉCNICO SUPERIOR E TÉCNICO
A preencher pelo avaliado

Avaliado
Cargo
Unidade orgânica
Período de avaliação   a

1. OBJECTIVOS

1.1. GRAU DE REALIZAÇÃO DOS OBJECTIVOS FIXADOS
Em que nível considera que se situa o seu desempenho global em termos de cumprimento
dos objectivos que lhe foram fixados?

	Superei claramente os objectivos	Cumpri os objectivos	Não cumpri todos os objectivos
Objectivo 1	☐	☐	☐
Objectivo 2	☐	☐	☐
Objectivo 3	☐	☐	☐
Objectivo 4	☐	☐	☐
Objectivo 5	☐	☐	☐

1.2. FACTORES MAIS INFLUENTES NA REALIZAÇÃO DOS OBJECTIVOS
Indique quais os factores que considera que contribuíram para atingir o grau de realização
dos objectivos fixados, indicado no ponto anterior, classificando cada factor numa escala
de 1 a 5, do que mais dificultou para o que mais facilitou.

Adaptação do próprio
Direcção e orientação
Formação
Informação e meios informáticos
Instalações e outros recursos materiais
Outros*

AVALIAÇÃO DO DESEMPENHO

* Se preencheu este item, descreva quais os "Outros" factores que considera que influenciaram o seu desempenho:

1.3 AVALIAÇÃO DAS COMPETÊNCIAS

Em que nível considera que se situa o seu desempenho global em termos de enquadramento nas competências comportamentais definidas?

	Superei o padrão estabelecido para a competência	Enquadro-me no padrão definido para a competência	Estou aquém do padrão definido para a competência
Aptidões e conhecimentos especializados			
Capacidade de realização e orientação para os resultados			
Capacidade de adaptação e de melhoria contínua			
Capacidade de análise, de planeamento e de organização			
Espírito de equipa e capacidade de coordenação			
Responsabilidade e compromisso com o serviço			

2. COMENTÁRIOS E PROPOSTAS

(mobilidade, formação, reafectação profissional, etc.):

O avaliado

_____, em ___ / ___ / _____

FICHA DE AVALIAÇÃO DO DESEMPENHO DO PESSOAL DOS GRUPOS TÉCNICO SUPERIOR E TÉCNICO

AVALIAÇÃO DO DESEMPENHO

MINISTÉRIO _____

Organismo /Serviço _____

NIF										

FICHA DE AUTO-AVALIAÇÃO
PARA O PESSOAL DOS GRUPOS PROFISSIONAIS
TÉCNICO SUPERIOR E TÉCNICO

A preencher pelo avaliador

Avaliador

Cargo

NIF

Avaliado

Unidade orgânica

Carreira

Categoria

NIF

Período em avaliação   a

1. MISSÃO DA UNIDADE ORGÂNICA
Descrição da missão da unidade orgânica:

AVALIAÇÃO DO DESEMPENHO

2. COMPONENTES DA AVALIAÇÃO

2.1 OBJECTIVOS:

A preencher no início do período de avaliação

A preencher no final do período de avaliação

DESCRIÇÃO DO OBJECTIVO E DETERMINAÇÃO DO INDICADOR DE MEDIDA	PONDERAÇÃO
1	
2	
3	
4	
5	
Total da ponderação/ Classificação	100%

AVALIAÇÃO		
Superou claramente o objectivo (nível 5)	Cumpriu o objectivo (nível 3)	Não cumpriu o objectivo (nível 1)

O avaliador, em __/__/____,_____

O avaliado, em __/__/____,_____

AVALIAÇÃO DO DESEMPENHO

2.2 COMPETÊNCIAS COMPORTAMENTAIS:

A preencher no início do período de avaliação

A preencher
no final do período
de avaliação

DEFINIÇÃO E DESCRIÇÃO DAS COMPETÊNCIAS	PONDERAÇÃO	AVALIAÇÃO
1 <u>**Aptidões e conhecimentos especializados:**</u> Avalia as aptidões e os conhecimentos teóricos e práticos necessários ao desempenho das respectivas funções. Traduz-se nos seguintes comportamentos: • Demonstra ter aptidão e conhecimentos adequados às exigências da função; • Aplica correctamente os conhecimentos que detém às situações concretas que lhe são colocadas; • Demonstra iniciativa, persistência e predisposição para actuar de forma positiva no desempenho das suas funções.		
2 <u>**Capacidade de realização e orientação para os resultados:**</u> Avalia a capacidade de concretizar, com autonomia e rigor, as tarefas que lhe são afectas com vista ao cumprimento dos objectivos definidos. Traduz-se nos seguintes comportamentos: • Realiza eficazmente e com rigor as tarefas que lhe estão cometidas; • Concretiza, com autonomia, as ideias e projectos que lhe são propostos; • Propõe novas práticas e métodos de trabalho com vista à obtenção de melhores resultados; • Sugere soluções inovadoras antecipando a ocorrência de problemas.		

AVALIAÇÃO DO DESEMPENHO

A preencher no início do período de avaliação

A preencher no final
do período de avaliação

DEFINIÇÃO E DESCRIÇÃO DAS COMPETÊNCIAS	PONDERAÇÃO	AVALIAÇÃO
3 <u>**Capacidade de adaptação e de melhoria contínua:**</u> Avalia a facilidade de ajustamento a novas tarefas e situações, bem como a iniciativa para propor soluções inovadoras e para evoluir profissionalmente. Traduz-se nos seguintes comportamentos: • Demonstra flexibilidade e capacidade de se adaptar e trabalhar eficazmente em situações distintas e variadas e com pessoas ou grupos diversos; • Assume e encara a diversidade de tarefas no âmbito das suas funções como oportunidades de melhoria; • Reconhece os seus pontos fracos, agindo no sentido da sua correcção; • Procura actualizar os seus conhecimentos e aperfeiçoar-se profissionalmente.		
4 <u>**Capacidade de análise, de planeamento e de organização:**</u> Avalia a forma como identifica e actua perante as situações de trabalho diversificadas, bem como planeia, organiza e controla o seu trabalho em função dos objectivos definidos. Traduz-se nos seguintes comportamentos: • Compreende e analisa as condições necessárias à execução das suas funções; • Reúne todos os dados disponíveis necessários à execução das suas tarefas; • Identifica e actua rapidamente perante um problema, apresentando soluções adaptadas; • É sistemático, organizado e objectivo na preparação, planeamento e calendarização das suas tarefas; • Organiza, planeia e controla o seu trabalho de acordo com a melhor utilização dos recursos que tem à sua disposição.		

AVALIAÇÃO DO DESEMPENHO

A preencher no início do período de avaliação

DEFINIÇÃO E DESCRIÇÃO DAS COMPETÊNCIAS	PONDERAÇÃO	AVALIAÇÃO
5 **Espírito de equipa e capacidade de coordenação:** Avalia a facilidade de integração e inter-ajuda em equipas de trabalho, bem como a capacidade para controlar e orientar a actividade dessas mesmas equipas. Traduz-se nos seguintes comportamentos: • Partilha informações e conhecimentos com os colegas; • Gosta de trabalhar em equipa, reconhecendo e valorizando as contribuições individuais para o resultado do conjunto; • Colabora e coadjuva os outros elementos do grupo de trabalho; • Actua para desenvolver um clima amigável, moral elevada e espírito de cooperação entre os elementos do grupo de trabalho; • Aptidão para coordenar e orientar, eficazmente, a actividade de outros funcionários que colaborem e/ou participem na realização das suas tarefas.		
6 **Responsabilidade e compromisso com o serviço:** Avalia a capacidade de ponderar e avaliar as necessidades do serviço em função da sua missão e objectivos e de exercer as suas funções de acordo com essas necessidades. Traduz-se nos seguintes comportamentos: • Envolve-se nas tarefas que lhe estão atribuídas com vista à sua execução pontual e rigorosa; • Demonstra disponibilidade para responder às necessidades do serviço; • Enquadra-se bem no serviço e unidade orgânica a que pertence; • Cumpre as regras regulamentares relativas ao funcionamento do serviço.		
Total da ponderação/ Classificação	**100%**	

O avaliador, em __/__/____,_____

O avaliado, em __/__/____,_____

AVALIAÇÃO DO DESEMPENHO

2.3. ATITUDE PESSOAL

Classificação	Fundamentação

3. AVALIAÇÃO GLOBAL DO DESEMPENHO

Componentes da avaliação	Classificação	Ponderação
Objectivos		60%
Competências comportamentais		30%
Atitude pessoal		10%

Avaliação final – expressão quantitativa	
Avaliação final – expressão qualitativa	

3.1 FUNDAMENTAÇÃO DAS CLASSIFICAÇÕES DE EXCELENTE E MUITO BOM

(Factores que mais contribuíram para a classificação final de Excelente e Muito Bom e identificação dos contributos relevantes para o serviço nas classificações de Excelente)

3.2 VALIDAÇÃO DAS CLASSIFICAÇÕES DE EXCELENTE E MUITO BOM

A classificação de _____ atribuída, foi aprovada e validada em reunião do Conselho de Coordenação da Avaliação que teve lugar a __/__/____, conforme consta da acta da referida reunião.

AVALIAÇÃO DO DESEMPENHO

4. EXPECTATIVAS, CONDIÇÕES E/OU REQUISITOS DE DESENVOL-VIMENTO DO DESEMPENHO DO AVALIADO E FORMAÇÃO PRO-FISSIONAL

4.1 EXPECTATIVAS, CONDIÇÕES E/OU REQUISITOS DE DESENVOLVIMENTO PROFISSIONAL

4.2 IDENTIFICAÇÃO DE ACÇÕES DE FORMAÇÃO PROFISSIONAL

Áreas a desenvolver	Acções de formação profissional propostas

AVALIAÇÃO DO DESEMPENHO

5. COMUNICAÇÃO E HOMOLOGAÇÃO DA AVALIAÇÃO FINAL

5.1 COMUNICAÇÃO DA AVALIAÇÃO ATRIBUÍDA AO AVALIADO

Tomei conhecimento da minha avaliação em entrevista realizada em __/__/____ ,

Observações:

O avaliado,_____

5.2. HOMOLOGAÇÃO/DESPACHO DOS DIRIGENTES DE NÍVEL SUPERIOR

Aos __/__/____ , _____

5.3. CONHECIMENTO DA AVALIAÇÃO APÓS A HOMOLOGAÇÃO/DESPACHO DO DIRIGENTE MÁXIMO DO SERVIÇO

Tomei conhecimento da homologação/despacho do dirigente máximo do serviço relativo à minha avaliação em __/__/____ ,

O avaliado,_____.

FICHA DE AUTO-AVALIAÇÃO DO PESSOAL DOS GRUPOS TÉCNICO-PROFISSIONAL E ADMINISTRATIVO

AVALIAÇÃO DO DESEMPENHO

MINISTÉRIO _____

Serviço ou Organismo _____

FICHA DE AUTO-AVALIAÇÃO
GRUPO DE PESSOAL TÉCNICO-PROFISSIONAL E ADMINISTRATIVO
A preencher pelo avaliado

Avaliado

Categoria

Unidade orgânica

Período de avaliação _____ a _____

1. OBJECTIVOS

1.1. GRAU DE REALIZAÇÃO DOS OBJECTIVOS FIXADOS

Em que nível considera que se situa o seu desempenho global em termos de cumprimento dos objectivos que lhe foram fixados?

	Superei claramente os objectivos	Cumpri os objectivos	Não cumpri todos os objectivos
Objectivo 1	☐	☐	☐
Objectivo 2	☐	☐	☐
Objectivo 3	☐	☐	☐
Objectivo 4	☐	☐	☐
Objectivo 5	☐	☐	☐

1.2. FACTORES MAIS INFLUENTES NA REALIZAÇÃO DOS OBJECTIVOS

Indique quais os factores que considera que contribuíram para atingir o grau de realização dos objectivos fixados, indicado no ponto anterior, classificando cada factor numa escala de 1 a 5, do que mais dificultou para o que mais facilitou.

Adaptação do próprio

Direcção e orientação

Formação

Informação e meios informáticos

Instalações e outros recursos materiais

Outros*

AVALIAÇÃO DO DESEMPENHO

* Se preencheu este item, descreva quais os "Outros" factores que considera que influenciaram o seu desempenho:

1.3 AVALIAÇÃO DAS COMPETÊNCIAS

Em que nível considera que se situa o seu desempenho global em termos de enquadramento nas competências comportamentais definidas?

	Superei o padrão estabelecido para a competência	Enquadro-me no padrão definido para a competência	Estou aquém do padrão definido para a competência
Aptidões e conhecimentos especializados	☐	☐	☐
Capacidade de organização e concretização	☐	☐	☐
Capacidade de adaptação e de melhoria contínua	☐	☐	☐
Espírito de equipa	☐	☐	☐
Responsabilidade e compromisso com o serviço	☐	☐	☐
Capacidade de coordenação	☐	☐	☐

2. COMENTÁRIOS E PROPOSTAS

(mobilidade, formação, reafectação profissional, etc.):

O avaliado

_____, em ___ / ___ / _____

FICHA DE AVALIAÇÃO DO DESEMPENHO DO PESSOAL DOS GRUPOS TÉCNICO--PROFISSIONAL E ADMINISTRATIVO

AVALIAÇÃO DO DESEMPENHO

MINISTÉRIO _____

Organismo / Serviço _____

NIF										

FICHA DE AVALIAÇÃO
PARA O PESSOAL DOS GRUPOS PROFISSIONAIS
TÉCNICO PROFISSIONAL E ADMINISTRATIVO

A preencher pelo avaliador

Avaliador

Cargo

NIF

Avaliado

Unidade orgânica

Carreira

Categoria

NIF

Período em avaliação _____ a _____

1. MISSÃO DA UNIDADE ORGÂNICA

Descrição da missão da unidade orgânica:

AVALIAÇÃO DO DESEMPENHO

2. COMPONENTES DA AVALIAÇÃO

2.1 OBJECTIVOS:

A preencher no início do período de avaliação

A preencher no final do período de avaliação

DESCRIÇÃO DO OBJECTIVO E DETERMINAÇÃO DO INDICADOR DE MEDIDA	PONDERAÇÃO	AVALIAÇÃO		
		Superou claramente o objectivo (nível 5)	Cumpriu o objectivo (nível 3)	Não cumpriu o objectivo (nível 1)
1				
2				
3				
4				
5				
Total da ponderação/ Classificação	100%			

O avaliador, em __/__/____,_____

O avaliado, em __/__/____,_____

AVALIAÇÃO DO DESEMPENHO

2.2 COMPETÊNCIAS COMPORTAMENTAIS:

A preencher no início do período de avaliação

	DEFINIÇÃO E DESCRIÇÃO DAS COMPETÊNCIAS	PONDERAÇÃO	AVALIAÇÃO (A preencher no final do período de avaliação)
1	**Aptidões e conhecimentos especializados:** Avalia as aptidões e os conhecimentos teóricos e práticos necessários ao desempenho das respectivas funções. Traduz-se nos seguintes comportamentos: • Demonstra ter aptidão e conhecimentos adequados às exigências da função; • Aplica correctamente os conhecimentos que detém às situações concretas que lhe são colocadas; • Demonstra iniciativa, persistência e predisposição para actuar de forma positiva no desempenho das suas funções.		
2	**Capacidade de organização e concretização:** Avalia a forma como pondera, prepara e controla o seu trabalho, assim como a realização, com rigor, das tarefas que lhe são afectas com vista ao cumprimento dos objectivos definidos. Traduz-se nos seguintes comportamentos: • Compreende e analisa as condições necessárias à execução das suas funções; • Reúne a informação de suporte necessária ao desempenho da sua actividade corrente; • É sistemático, organizado e objectivo na preparação, planeamento e calendarização das suas tarefas. • Realiza eficazmente e com rigor as tarefas que lhe estão cometidas.		

AVALIAÇÃO DO DESEMPENHO

A preencher no início do período de avaliação

A preencher no final
do período de avaliação

	DEFINIÇÃO E DESCRIÇÃO DAS COMPETÊNCIAS	PONDERAÇÃO	AVALIAÇÃO
3	**Capacidade de adaptação e de melhoria contínua:** Avalia a facilidade de ajustamento a novas tarefas e situações, bem como a iniciativa para propor soluções inovadoras e para evoluir profissionalmente. Traduz-se nos seguintes comportamentos: • Demonstra flexibilidade e capacidade de se adaptar e trabalhar eficazmente em situações distintas e variadas e com pessoas ou grupos diversos; • Assume e encara a diversidade de tarefas no âmbito das suas funções como oportunidades de melhoria; • Reconhece os seus pontos fracos, agindo no sentido da sua correcção; • Procura actualizar os seus conhecimentos e aperfeiçoar-se profissionalmente.		
4	**Espírito de equipa:** Avalia a facilidade de integração e inter-ajuda em equipas de trabalho. Traduz-se nos seguintes comportamentos: • Partilha informações e conhecimentos com os colegas; • Respeita as diferenças de opinião; • Valoriza as ideias, contributos e conhecimentos dos outros; • Actua para desenvolver um clima amigável, moral elevada e espírito de cooperação entre os elementos do grupo de trabalho.		

AVALIAÇÃO DO DESEMPENHO

A preencher no início do período de avaliação

A preencher no final
do período de avaliação

	DEFINIÇÃO E DESCRIÇÃO DAS COMPETÊNCIAS	PONDERAÇÃO	AVALIAÇÃO
5	**Responsabilidade e compromisso com o serviço:** Avalia a capacidade de ponderar e avaliar as necessidades do serviço em função da sua missão e objectivos e de exercer as suas funções de acordo com essas necessidades. Traduz-se nos seguintes comportamentos: • Envolve-se nas tarefas que lhe estão atribuídas com vista à sua execução pontual e rigorosa; • Demonstra disponibilidade para responder às necessidades do serviço; • Enquadra-se bem no serviço e unidade orgânica a que pertence; • Cumpre as regras regulamentares relativas ao funcionamento do serviço.		
6*	**Capacidade de coordenação:** Avalia a capacidade para planear, orientar e controlar a actividade das equipas de trabalho sob a sua dependência funcional. Traduz-se nos seguintes comportamentos: • Quantifica e calendariza as tarefas a realizar, afectando os elementos da equipa à sua realização; • Define prioridades; • Acompanha sistematicamente o desenvolvimento do trabalho, detectando e solucionando os problemas ou erros que eventualmente surjam; • Promove a evolução e desenvolvimento profissional dos elementos da sua equipa.		

* aplicável ao pessoal com funções de chefia e coordenação.

Total da ponderação/ Classificação	100%	

O avaliador, em __/__/____,_____

O avaliado, em __/__/____,_____

AVALIAÇÃO DO DESEMPENHO

2.3. ATITUDE PESSOAL

Classificação	Fundamentação

3. AVALIAÇÃO GLOBAL DO DESEMPENHO

Componentes da avaliação	Classificação	Ponderação
Objectivos		50%
Competências comportamentais		40%
Atitude pessoal		10%

Avaliação final – expressão quantitativa	
Avaliação final – expressão qualitativa	

3.1 FUNDAMENTAÇÃO DAS CLASSIFICAÇÕES DE EXCELENTE E MUITO BOM

(Factores que mais contribuíram para a classificação final de Excelente e Muito Bom e identificação dos contributos relevantes para o serviço nas classificações de Excelente)

3.2 VALIDAÇÃO DAS CLASSIFICAÇÕES DE EXCELENTE E MUITO BOM

A classificação de _____ atribuída, foi aprovada e validada em reunião do Conselho de Coordenação da Avaliação que teve lugar a __/__/____, conforme consta da acta da referida reunião.

AVALIAÇÃO DO DESEMPENHO

**4. EXPECTATIVAS, CONDIÇÕES E/OU REQUISITOS DE DESENVOL-
VIMENTO DO DESEMPENHO DO AVALIADO E FORMAÇÃO PRO-
FISSIONAL**

4.1 EXPECTATIVAS, CONDIÇÕES E/OU REQUISITOS DE DESENVOLVIMENTO PROFISSIONAL

4.2 IDENTIFICAÇÃO DE ACÇÕES DE FORMAÇÃO PROFISSIONAL

Áreas a desenvolver	Acções de formação profissional propostas

AVALIAÇÃO DO DESEMPENHO

5. COMUNICAÇÃO E HOMOLOGAÇÃO DA AVALIAÇÃO FINAL

5.1 COMUNICAÇÃO DA AVALIAÇÃO ATRIBUÍDA AO AVALIADO

Tomei conhecimento da minha avaliação em entrevista realizada em __/__/____,

> **Observações:**

O avaliado,_____

5.2. HOMOLOGAÇÃO/DESPACHO DO DIRIGENTE MÁXIMO DO SERVIÇO

Aos __/__/____, _____

5.3. CONHECIMENTO DA AVALIAÇÃO APÓS A HOMOLOGAÇÃO/DESPACHO DO DIRIGENTE MÁXIMO DO SERVIÇO

Tomei conhecimento da homologação/despacho do dirigente máximo do serviço relativo à minha avaliação em __/__/____,

O avaliado,_____.

FICHA DE AUTO-AVALIAÇÃO
DO PESSOAL DO GRUPO OPERÁRIO

AVALIAÇÃO DO DESEMPENHO

MINISTÉRIO _____
Serviço ou Organismo _____

FICHA DE AUTO-AVALIAÇÃO
GRUPO DE PESSOAL OPERÁRIO
A preencher pelo avaliado

Avaliado
Categoria
Unidade orgânica
Período de avaliação   a

1. OBJECTIVOS

1.1. GRAU DE REALIZAÇÃO DOS OBJECTIVOS FIXADOS
Em que nível considera que se situa o seu desempenho global em termos de cumprimento dos objectivos que lhe foram fixados?

	Superei claramente os objectivos	Cumpri os objectivos	Não cumpri todos os objectivos
Objectivo 1	☐	☐	☐
Objectivo 2	☐	☐	☐
Objectivo 3	☐	☐	☐
Objectivo 4	☐	☐	☐
Objectivo 5	☐	☐	☐

1.2. FACTORES MAIS INFLUENTES NA REALIZAÇÃO DOS OBJECTIVOS
Indique quais os factores que considera que contribuíram para atingir o grau de realização dos objectivos fixados, indicado no ponto anterior, classificando cada factor numa escala de 1 a 5, do que mais dificultou para o que mais facilitou.

Adaptação do próprio	
Direcção e orientação	
Formação	
Informação e meios informáticos	
Instalações e outros recursos materiais	
Outros*	

AVALIAÇÃO DO DESEMPENHO

* Se preencheu este item, descreva quais os "Outros" factores que considera que influenciaram o seu desempenho:

1.3 AVALIAÇÃO DAS COMPETÊNCIAS

Em que nível considera que se situa o seu desempenho global em termos de enquadramento nas competências comportamentais definidas?

	Superei o padrão estabelecido para a competência	Enquadro-me no padrão definido para a competência	Estou aquém do padrão definido para a competência
Aptidões e conhecimentos especializados	☐	☐	☐
Capacidade de realização	☐	☐	☐
Capacidade de adaptação e de melhoria contínua	☐	☐	☐
Espírito de equipa	☐	☐	☐
Responsabilidade e compromisso com o serviço	☐	☐	☐
Capacidade de coordenação	☐	☐	☐

2. COMENTÁRIOS E PROPOSTAS

(mobilidade, formação, reafectação profissional, etc.):

O avaliado

_____, em ___ / ___ / _____

FICHA DE AVALIAÇÃO DO DESEMPENHO DO PESSOAL DO GRUPO OPERÁRIO

AVALIAÇÃO DO DESEMPENHO

MINISTÉRIO _____

Organismo /Serviço _____

NIF										

FICHA DE AVALIAÇÃO
PARA O GRUPO PROFISSIONAL
DO PESSOAL OPERÁRIO

A preencher pelo avaliador

Avaliador

Cargo

NIF

Avaliado

Unidade orgânica

Carreira

Categoria

NIF

Período em avaliação [_____] a [_____]

1. MISSÃO DA UNIDADE ORGÂNICA

Descrição da missão da unidade orgânica:

AVALIAÇÃO DO DESEMPENHO

2. COMPONENTES DA AVALIAÇÃO

2.1 OBJECTIVOS:

A preencher no início do período de avaliação

A preencher no final do período de avaliação

DESCRIÇÃO DO OBJECTIVO E DETERMINAÇÃO DO INDICADOR DE MEDIDA	PONDERAÇÃO	AVALIAÇÃO		
		Superou claramente o objectivo (nível 5)	Cumpriu o objectivo (nível 3)	Não cumpriu o objectivo (nível 1)
1				
2				
3				
4				
5				
Total da ponderação/ Classificação	100%			

O avaliador, em __/__/____,_____

O avaliado, em __/__/____,_____

AVALIAÇÃO DO DESEMPENHO

2.2 COMPETÊNCIAS COMPORTAMENTAIS:

A preencher no início do período de avaliação

A preencher
no final do período
de avaliação

	DEFINIÇÃO E DESCRIÇÃO DAS COMPETÊNCIAS	PONDERAÇÃO	AVALIAÇÃO
1	**Aptidões e conhecimentos especializados:** Avalia as aptidões e os conhecimentos teóricos e práticos necessários ao desempenho das respectivas funções. Traduz-se nos seguintes comportamentos: • Demonstra ter aptidão e conhecimentos adequados às exigências da função; • Aplica correctamente os conhecimentos que detém às situações concretas que lhe são colocadas; • Demonstra iniciativa, persistência e predisposição para actuar de forma positiva no desempenho das suas funções.		
2	**Capacidade de realização:** Avalia a forma como concretiza as tarefas que lhe são afectas com vista ao cumprimento dos objectivos definidos. Traduz-se nos seguintes comportamentos: • Compreende e analisa as condições necessárias à execução das suas funções; • Respeita as regras de segurança e revela cuidado e atenção na realização das suas tarefas, prevenindo acidentes; • Realiza eficazmente e com rigor as tarefas que lhe estão cometidas; • Realiza em tempo as tarefas que lhe estão cometidas.		

AVALIAÇÃO DO DESEMPENHO

A preencher no início do período de avaliação

A preencher no final
do período de avaliação

DEFINIÇÃO E DESCRIÇÃO DAS COMPETÊNCIAS	PONDERAÇÃO	AVALIAÇÃO
3 <u>**Capacidade de adaptação e de melhoria contínua:**</u> Avalia a facilidade de ajustamento a novas tarefas e situações e a iniciativa para evoluir profissionalmente. Traduz-se nos seguintes comportamentos: • Demonstra flexibilidade e capacidade de se adaptar e trabalhar eficazmente em situações distintas e variadas e com pessoas ou grupos diversos; • Assume e encara a diversidade de tarefas no âmbito das suas funções como oportunidades de melhoria; • Reconhece os seus pontos fracos, agindo no sentido da sua correcção; • Procura actualizar os seus conhecimentos e aperfeiçoar-se profissionalmente.		
4 <u>**Espírito de equipa:**</u> Avalia a facilidade de integração e inter-ajuda em equipas de trabalho. Traduz-se nos seguintes comportamentos: • Partilha informações e conhecimentos com os colegas; • Valoriza os ccontributos e connhecimentos dos outros; • Respeita as diferenças de opinião; • Disponibiliza-se para assumir tarefas de um colega; • Tem um bom relacionamento com os colegas e promove um clima amigável e espírito de cooperação entre os elementos da equipa de trabalho.		

AVALIAÇÃO DO DESEMPENHO

A preencher no início do período de avaliação

A preencher no final
do período de avaliação

	DEFINIÇÃO E DESCRIÇÃO DAS COMPETÊNCIAS	PONDERAÇÃO	AVALIAÇÃO
5	**Responsabilidade e compromisso com o serviço:** Avalia a capacidade de ponderar e avaliar as necessidades do serviço em função da sua missão e objectivos e de exercer as suas funções de acordo com essas necessidades. Traduz-se nos seguintes comportamentos: • Envolve-se nas tarefas que lhe estão atribuídas com vista à sua execução pontual e rigorosa; • Demonstra disponibilidade para responder às necessidades do serviço; • Enquadra-se bem no serviço e unidade orgânica a que pertence; • Cumpre as regras regulamentares relativas ao funcionamento do serviço; • Mantém o equipamento e material de trabalho ao seu dispor em boas condições de manutenção.		
6*	**Capacidade de coordenação:** Avalia a capacidade para planear, orientar e controlar a actividade das equipas de trabalho sob a sua dependência funcional. Traduz-se nos seguintes comportamentos: • Quantifica e calendariza as tarefas a realizar, afectando os elementos da equipa à sua realização; • Define prioridades; • Acompanha sistematicamente o desenvolvimento do trabalho, detectando e solucionando os problemas ou erros que eventualmente surjam; • Promove a evolução e desenvolvimento profissional dos elementos da sua equipa.		

* aplicável ao pessoal com funções de chefia e coordenação.

Total da ponderação/ Classificação	100%	

O avaliador, em __/__/____._____

O avaliado, em __/__/____._____

AVALIAÇÃO DO DESEMPENHO

2.3. ATITUDE PESSOAL

Classificação	Fundamentação

3. AVALIAÇÃO GLOBAL DO DESEMPENHO

Componentes da avaliação	Classificação	Ponderação
Objectivos		40%
Competências comportamentais		50%
Atitude pessoal		10%

Avaliação final – expressão quantitativa	
Avaliação final – expressão qualitativa	

3.1 FUNDAMENTAÇÃO DAS CLASSIFICAÇÕES DE EXCELENTE E MUITO BOM

(Factores que mais contribuíram para a classificação final de Excelente e Muito Bom e identificação dos contributos relevantes para o serviço nas classificações de Excelente)

3.2 VALIDAÇÃO DAS CLASSIFICAÇÕES DE EXCELENTE E MUITO BOM

A classificação de _____ atribuída, foi aprovada e validada em reunião do Conselho de Coordenação da Avaliação que teve lugar a __/__/____, conforme consta da acta da referida reunião.

Ficha de avaliação do desempenho do pessoal operário 305

AVALIAÇÃO DO DESEMPENHO

4. EXPECTATIVAS, CONDIÇÕES E/OU REQUISITOS DE DESENVOL-VIMENTO DO DESEMPENHO DO AVALIADO E FORMAÇÃO PRO-FISSIONAL

4.1 EXPECTATIVAS, CONDIÇÕES E/OU REQUISITOS DE DESENVOLVIMENTO PROFISSIONAL

4.2 IDENTIFICAÇÃO DE ACÇÕES DE FORMAÇÃO PROFISSIONAL

Áreas a desenvolver	Acções de formação profissional propostas

AVALIAÇÃO DO DESEMPENHO

5. COMUNICAÇÃO E HOMOLOGAÇÃO DA AVALIAÇÃO FINAL

5.1 COMUNICAÇÃO DA AVALIAÇÃO ATRIBUÍDA AO AVALIADO

Tomei conhecimento da minha avaliação em entrevista realizada em __/__/____,

Observações:

O avaliado,_____

5.2. HOMOLOGAÇÃO/DESPACHO DO DIRIGENTE MÁXIMO DO SERVIÇO

Aos __/__/____, _____

5.3. CONHECIMENTO DA AVALIAÇÃO APÓS A HOMOLOGAÇÃO/DESPACHO DO DIRIGENTE MÁXIMO DO SERVIÇO

Tomei conhecimento da homologação/despacho do dirigente máximo do serviço relativo à minha avaliação em __/__/____,

O avaliado,_____

FICHA DE AUTO-AVALIAÇÃO
DO PESSOAL DO GRUPO AUXILIAR

AVALIAÇÃO DO DESEMPENHO

MINISTÉRIO _____

Serviço ou Organismo _____

FICHA DE AUTO-AVALIAÇÃO
GRUPO DE PESSOAL AUXILIAR
A preencher pelo avaliado

Avaliado

Categoria

Unidade orgânica

Período de avaliação [_____] a [_____]

1. OBJECTIVOS

1.1. GRAU DE REALIZAÇÃO DOS OBJECTIVOS FIXADOS

Em que nível considera que se situa o seu desempenho global em termos de cumprimento dos objectivos que lhe foram fixados?

	Superei claramente os objectivos	Cumpri os objectivos	Não cumpri todos os objectivos
Objectivo 1	☐	☐	☐
Objectivo 2	☐	☐	☐
Objectivo 3	☐	☐	☐
Objectivo 4	☐	☐	☐
Objectivo 5	☐	☐	☐

1.2. FACTORES MAIS INFLUENTES NA REALIZAÇÃO DOS OBJECTIVOS

Indique quais os factores que considera que contribuíram para atingir o grau de realização dos objectivos fixados, indicado no ponto anterior, classificando cada factor numa escala de 1 a 5, do que mais dificultou para o que mais facilitou.

Adaptação do próprio	
Direcção e orientação	
Formação	
Informação e meios informáticos	
Instalações e outros recursos materiais	
Outros*	

AVALIAÇÃO DO DESEMPENHO

* Se preencheu este item, descreva quais os "Outros" factores que considera que influenciaram o seu desempenho:

1.3 AVALIAÇÃO DAS COMPETÊNCIAS
Em que nível considera que se situa o seu desempenho global em termos de enquadramento nas competências comportamentais definidas?

	Superei o padrão estabelecido para a competência	Enquadro-me no padrão definido para a competência	Estou aquém do padrão definido para a competência
Aptidões e conhecimentos especializados	☐	☐	☐
Capacidade de realização	☐	☐	☐
Capacidade de adaptação e de melhoria contínua	☐	☐	☐
Espírito de equipa	☐	☐	☐
Responsabilidade e compromisso com o serviço	☐	☐	☐
Capacidade de coordenação	☐	☐	☐

2. COMENTÁRIOS E PROPOSTAS

(mobilidade, formação, reafectação profissional, etc.):

O avaliado

_____, em ___ / ___ / _____

FICHA DE AVALIAÇÃO DO DESEMPENHO DO PESSOAL DO GRUPO AUXILIAR

AVALIAÇÃO DO DESEMPENHO

MINISTÉRIO _____

Organismo/Serviço _____

NIF										

FICHA DE AVALIAÇÃO
PARA O GRUPO PROFISSIONAL
DO PESSOAL AUXILIAR

A preencher pelo avaliador

Avaliador

Cargo

NIF

Avaliado

Unidade orgânica

Carreira

Categoria

NIF

Período em avaliação   a

1. MISSÃO DA UNIDADE ORGÂNICA
Descrição da missão da unidade orgânica:

AVALIAÇÃO DO DESEMPENHO

2. COMPONENTES DA AVALIAÇÃO

2.1 OBJECTIVOS:

A preencher no início do período de avaliação

A preencher no final do período de avaliação

DESCRIÇÃO DO OBJECTIVO E DETERMINAÇÃO DO INDICADOR DE MEDIDA	PONDERAÇÃO	Superou claramente o objectivo (nível 5)	Cumpriu o objectivo (nível 3)	Não cumpriu o objectivo (nível 1)
		AVALIAÇÃO		
1				
2				
3				
4				
5				
Total da ponderação/ Classificação	100%			

O avaliador, em __/__/____,_____

O avaliado, em __/__/____,_____

AVALIAÇÃO DO DESEMPENHO

2.2 COMPETÊNCIAS COMPORTAMENTAIS:

A preencher no início do período de avaliação

A preencher
no final do período
de avaliação

	DEFINIÇÃO E DESCRIÇÃO DAS COMPETÊNCIAS	PONDERAÇÃO	AVALIAÇÃO
1	**<u>Aptidões e conhecimentos especializados:</u>** Avalia as aptidões e os conhecimentos teóricos e práticos necessários ao desempenho das respectivas funções. Traduz-se nos seguintes comportamentos: • Demonstra ter aptidão e conhecimentos adequados às exigências da função; • Aplica correctamente os conhecimentos que detém às situações concretas que lhe são colocadas; • Demonstra iniciativa, persistência e predisposição para actuar de forma positiva no desempenho das suas funções.		
2	**<u>Capacidade de realização:</u>** Avalia a forma como concretiza as tarefas que lhe são afectas com vista ao cumprimento dos objectivos definidos. Traduz-se nos seguintes comportamentos: • Compreende e verifica as condições necessárias à execução das suas funções; • Realiza com rigor e eficácia as tarefas que lhe estão cometidas; • Realiza em tempo as tarefas que lhe estão cometidas.		

AVALIAÇÃO DO DESEMPENHO

A preencher no início do período de avaliação

A preencher no final
do período de avaliação

DEFINIÇÃO E DESCRIÇÃO DAS COMPETÊNCIAS	PONDERAÇÃO	AVALIAÇÃO
3 <u>**Capacidade de adaptação e de melhoria contínua:**</u> Avalia a facilidade de ajustamento a novas tarefas e situações e a iniciativa para evoluir profissionalmente. Traduz-se nos seguintes comportamentos: • Demonstra flexibilidade e capacidade de se adaptar e trabalhar eficazmente em situações distintas e variadas e com pessoas ou grupos diversos; • Compreende os motivos que exigem uma mudança e ajusta a sua actuação a esta; • Reconhece os seus pontos fracos, agindo no sentido da sua correcção; • Procura actualizar-se aperfeiçoar-se profissionalmente.		
4 <u>**Espírito de equipa:**</u> Avalia a facilidade de integração e inter-ajuda em equipas de trabalho. Traduz-se nos seguintes comportamentos: • Partilha informações e conhecimentos com os colegas; • Respeita as diferenças de opinião; • Disponibiliza-se para assumir tarefas de um colega; • Tem um bom relacionamento com os colegas e promove um clima amigável e espírito de cooperação entre os elementos da equipa de trabalho.		

AVALIAÇÃO DO DESEMPENHO

A preencher no início do período de avaliação

A preencher no final
do período de avaliação

	DEFINIÇÃO E DESCRIÇÃO DAS COMPETÊNCIAS	PONDERAÇÃO	AVALIAÇÃO
5	**Responsabilidade e compromisso com o serviço:** Avalia a capacidade de ponderar e avaliar as necessidades do serviço em função da sua missão e objectivos e de exercer as suas funções de acordo com essas necessidades. Traduz-se nos seguintes comportamentos: • Demonstra disponibilidade para responder às necessidades do serviço; • Enquadra-se bem no serviço e unidade orgânica a que pertence; • Cumpre as regras regulamentares relativas ao funcionamento do serviço.		
6*	**Capacidade de coordenação:** Avalia a capacidade para planear, orientar e controlar a actividade das equipas de trabalho sob a sua dependência funcional. Traduz-se nos seguintes comportamentos: • Quantifica e calendariza as tarefas a realizar, afectando os elementos da equipa à sua realização; • Define prioridades; • Acompanha sistematicamente o desenvolvimento do trabalho, detectando e solucionando os problemas ou erros que eventualmente surjam; • Promove a evolução e desenvolvimento profissional dos elementos da sua equipa.		

* aplicável ao pessoal com funções de chefia e coordenação.

Total da ponderação/ Classificação	100%	

O avaliador, em __/__/____._____

O avaliado, em __/__/____._____

AVALIAÇÃO DO DESEMPENHO

2.3. ATITUDE PESSOAL

Classificação	Fundamentação

3. AVALIAÇÃO GLOBAL DO DESEMPENHO

Componentes da avaliação	Classificação	Ponderação
Objectivos		20%
Competências comportamentais		60%
Atitude pessoal		20%

Avaliação final – expressão quantitativa	
Avaliação final – expressão qualitativa	

3.1 FUNDAMENTAÇÃO DAS CLASSIFICAÇÕES DE EXCELENTE E MUITO BOM

(Factores que mais contribuíram para a classificação final de Excelente e Muito Bom e identificação dos contributos relevantes para o serviço nas classificações de Excelente)

3.2 VALIDAÇÃO DAS CLASSIFICAÇÕES DE EXCELENTE E MUITO BOM

A classificação de _____ atribuída, foi aprovada e validada em reunião do Conselho de Coordenação da Avaliação que teve lugar a __/__/____, conforme consta da acta da referida reunião.

AVALIAÇÃO DO DESEMPENHO

4. EXPECTATIVAS, CONDIÇÕES E/OU REQUISITOS DE DESENVOL-VIMENTO DO DESEMPENHO DO AVALIADO E FORMAÇÃO PRO-FISSIONAL

4.1 EXPECTATIVAS, CONDIÇÕES E/OU REQUISITOS DE DESENVOLVIMENTO PROFISSIONAL

4.2 IDENTIFICAÇÃO DE ACÇÕES DE FORMAÇÃO PROFISSIONAL

Áreas a desenvolver	Acções de formação profissional propostas

AVALIAÇÃO DO DESEMPENHO

5. COMUNICAÇÃO E HOMOLOGAÇÃO DA AVALIAÇÃO FINAL

5.1 COMUNICAÇÃO DA AVALIAÇÃO ATRIBUÍDA AO AVALIADO

Tomei conhecimento da minha avaliação em entrevista realizada em __/__/____,

Observações:

O avaliado,_____

5.2. HOMOLOGAÇÃO/DESPACHO DO DIRIGENTE MÁXIMO DO SERVIÇO

Aos __/__/____, _____

5.3. CONHECIMENTO DA AVALIAÇÃO APÓS A HOMOLOGAÇÃO/DESPACHO DO DIRIGENTE MÁXIMO DO SERVIÇO

Tomei conhecimento da homologação/despacho do dirigente máximo do serviço relativo à minha avaliação em __/__/____,

O avaliado,_____.

INSTRUÇÕES PARA PREENCHIMENTO DA FICHA DE AVALIAÇÃO DO DESEMPENHO DOS FUNCIONÁRIOS, AGENTES E DEMAIS TRABALHADORES

AVALIAÇÃO DO DESEMPENHO

Instruções de preenchimento das fichas de avaliação do desempenho dos grupos profissionais: técnico superior e técnico, técnico profissional e administrativo, operário e auxiliar

ELEMENTOS DE IDENTIFICAÇÃO:

Este campo deve ser preenchido com os elementos identificativos do serviço ou organismo, do avaliador e do avaliado, sendo que o NIF corresponde ao número de identificação fiscal e é chave unívoca para o sistema informático de apoio.

1. MISSÃO DA UNIDADE ORGÂNICA:

Neste campo descreva de forma sucinta as funções fundamentais e determinantes da unidade orgânica a que o avaliado pertence e os objectivos essenciais que esta unidade garante, tendo como referência o plano de actividades.

2. COMPONENTES DA AVALIAÇÃO:

2.1. OBJECTIVOS:

Esta componente visa avaliar o nível de concretização dos resultados por parte do avaliado, tendo em consideração os objectivos e os indicadores de medida acordados entre avaliador e avaliado.

- **Descrição do objectivo e determinação do indicador de medida**
  – Este campo destina-se à descrição clara e sucinta dos objectivos acordados e à indicação da métrica de referência para aferição do grau de realização de cada objectivo.
  Os objectivos devem ser no mínimo 3 e no máximo 5, sendo que, pelo menos 1 deve ser de responsabilidade partilhada.
  A fixação dos objectivos tem de ter em conta a proporcionalidade entre os resultados visados e os meios disponíveis para a sua concretização.
  Os objectivos devem ser, em princípio, acordados entre avaliador e avaliado, prevalecendo, em caso de discordância, a posição do avaliador.

O indicador de medida corresponde ao elemento qualitativo e quantitativo que permitirá determinar o grau de realização do objectivo fixado.

- **Ponderação** – Este campo destina-se à identificação da ponderação a atribuir pelo avaliador a cada objectivo.
  A ponderação de cada objectivo não pode ter valor inferior a 15% ou a 20%, consoante tenham sido fixados 5 ou menos objectivos.
  A soma das ponderações dos objectivos fixados deve totalizar 100%.

- **Avaliação** – Este campo destina-se a assinalar o nível de realização de cada objectivo de acordo com a escala aí presente.
  A indicação do nível de realização é feita pela sinalização **X** na quadrícula correspondente.

- **Total da Ponderação/Classificação** – Estes campos destinam-se a indicar a soma das ponderações atribuídas (que deve totalizar 100%) e apurar o resultado final da classificação da componente "Objectivos".
  A classificação da componente "Objectivos" resulta da média ponderada das avaliações atribuídas a cada um dos objectivos.
  O preenchimento destes campos é automático, quando utilizado o programa informático relativo à Avaliação do Desempenho.

2.2. COMPETÊNCIAS COMPORTAMENTAIS:

Esta componente visa avaliar as características pessoais demonstradas durante o período em avaliação, de acordo com o conjunto de requisitos requeridos para o desempenho das funções que correspondem à carreira e categoria a que pertence o avaliado.

- **Definição e descrição das competências** – Este campo identifica o conjunto de competências requeridas para o desempenho das funções e descreve os comportamentos em que estas se traduzem.

Instruções p.ª preenchimento da ficha de avaliação dos trab.

- **Ponderação** – Este campo destina-se à identificação da ponderação a atribuir pelo avaliador a cada competência.
  A ponderação de cada competência não pode ter valor inferior a 10%, devendo a soma das ponderações das competências seleccionadas totalizar 100%.

- **Avaliação** – Este campo destina-se a avaliar as competências evidenciadas ao longo do período em avaliação de acordo com os comportamentos descritos, sendo a avaliação expressa numa escala de 1 a 5, tendo em conta as seguintes regras:

5 – Excelente: Excede claramente o modelo de comportamentos definido para a competência, destacando-se no conjunto de funcionários da mesma categoria por um desempenho especialmente relevante, contribuindo significativamente para a melhoria do serviço.

4 – Muito Bom: Supera o modelo de comportamentos definido para a competência, revelando grande qualidade de desempenho e uma actuação activa, contribuindo para a qualidade do serviço.

3 – Bom: Enquadra-se no modelo de comportamentos definido para a competência, revelando capacidade de desempenho e actuando de forma positiva, contribuindo assim para a qualidade do serviço.

2 – Necessita de desenvolvimento: Não atinge o modelo de comportamentos definido para a competência, actuando de modo irregular e variável, revelando algumas dificuldades de desempenho.

1 – Insuficiente: Está claramente abaixo do modelo de comportamentos definido para a competência, evidenciando deficiências graves de desempenho e revelando comportamentos desadequados à função.

- **Total da Ponderação/Classificação** – Estes campos destinam-se a indicar a soma das ponderações atribuídas (que deve totalizar 100%) e a apurar o resultado final da classificação da componente "Competências comportamentais".
  A classificação da componente "Competências comportamentais" vai resultar da média ponderada das avaliações dadas a cada uma das competências.

O preenchimento destes campos é automático, quando utilizado o programa informático relativo à Avaliação do Desempenho.

2.3. ATITUDE PESSOAL:

Esta componente visa avaliar o empenho pessoal e disponibilidade manifestadas durante o período em avaliação, tendo em conta factores como o esforço realizado, interesse e a motivação demonstrados.

- **Classificação** – Este campo destina-se a classificar esta componente, tendo em conta uma escala de 1 a 5 de acordo com os seguintes critérios:

5 – Excelente: Evidenciou uma notável dinâmica na prossecução dos objectivos, demonstrou sempre elevado interesse em aprofundar os seus conhecimentos, distinguiu-se por manter um elevado nível de motivação pessoal, assim como elevados padrões de exigência em relação àquilo que faz, mantém excelentes relações interpessoais com os colegas e promove acentuadamente o esforço da equipa a que pertence, desta-cando-se claramente como uma referência no grupo de trabalho.

4 – Muito Bom: Demonstrou grande dinâmica na prossecução dos objectivos, manifestou muito interesse em aprofundar os seus conhecimentos, manteve um alto nível de motivação pessoal, assim como altos padrões de exigência em relação àquilo que faz, mantém muito boas relações interpessoais com os colegas e fomenta activamente o esforço da equipa a que pertence.

3 – Bom: Revelou dinamismo na prossecução dos objectivos e interesse em aprofundar os seus conhecimentos, manteve um bom nível de motivação pessoal, assim como bons padrões de exigência em relação àquilo que faz, mantém boas relações interpessoais com os colegas e fomenta o esforço da equipa a que pertence.

2 – Necessita de desenvolvimento: Revelou pouca dinâmica na prossecução dos objectivos, não manifestou interesse em aprofundar os seus conhecimentos e melhorar as suas competências, demonstrou um baixo nível de motivação pessoal, assim como baixos padrões de exigência em relação àquilo que faz, tem uma relação cordial com os colegas e participa do esforço da equipa a que pertence.

1 – Insuficiente: Revelou passividade e negligência na prossecução dos objectivos, manifestou desinteresse em aprofundar os seus conhecimentos e melhorar as suas competências, evidenciou falta de motivação pessoal, assim como indiferença em relação àquilo que faz, tem dificuldades de relacionamento com os colegas e de integração nas equipas de trabalho.

Fundamentação – Este campo destina-se a fundamentar a avaliação feita pelo avaliador devendo este descrever sumariamente os motivos em que se baseou para atribuir a classificação.

3. AVALIAÇÃO GLOBAL DO DESEMPENHO:

Este quadro destina-se a apurar o resultado final, quantitativo e qualitativo, da avaliação do desempenho do avaliado, de acordo com a seguinte escala de avaliação:

Excelente – de 4,5 a 5 valores
Muito Bom – de 4 a 4,4 valores
Bom – de 3 a 3,9 valores
Necessita de desenvolvimento – de 2 a 2,9 valores
Insuficiente – de 1 a 1,9 valores

A classificação final vai resultar da média ponderada das classificações dadas a cada uma das componentes da avaliação.

O preenchimento deste quadro é automático, quando utilizado o programa informático relativo à Avaliação do Desempenho.

3.1. FUNDAMENTAÇÃO DAS CLASSIFICAÇÕES DE EXCELENTE E MUITO BOM:

Este campo destina-se a ser preenchido apenas nos casos em que a avaliação global do desempenho seja de Excelente ou Muito Bom.

Na fundamentação da avaliação, o avaliador deve evidenciar os factores que contribuíram para a classificação final, devendo ainda identificar, nas classificações de Excelente, os contributos do avaliado que foram relevantes para a melhoria do serviço, tendo em vista a sua inclusão na base de dados relativa a boas práticas na Administração Pública.

3.2. VALIDAÇÃO DAS CLASSIFICAÇÕES DE EXCELENTE E MUITO BOM:

Tal como o campo anterior, este campo só será preenchido nos casos em que a avaliação global do desempenho seja de Excelente ou Muito

328 *Sistema Integrado da Avaliação do Desempenho da Administração Pública*

Bom e destina-se a demonstrar que a classificação atribuída foi confirmada pelo Conselho de Coordenação da Avaliação.

Deve identificar-se nos espaços em branco, qual a classificação atribuída e a data em que teve lugar a reunião do Conselho de Coordenação da Avaliação.

4. EXPECTATIVAS, CONDIÇÕES E/OU REQUISITOS DE DESENVOLVIMENTO DO DESEMPENHO DO AVALIADO:

4.1. EXPECTATIVAS, CONDIÇÕES E/OU REQUISITOS DE DESENVOLVIMENTO:

Neste campo faça uma apreciação sucinta das qualidades do avaliado, projectando o seu potencial de desenvolvimento e identificando as condições para a sua concretização.

4.2. IDENTIFICAÇÃO DE NECESSIDADES DE FORMAÇÃO PROFISSIONAL:

Neste quadro indique, com base na apreciação feita no campo anterior, as áreas que o avaliado deverá promover com vista ao seu desenvolvimento profissional e identifique, ainda, até um máximo de três, as acções de formação que servirão de suporte a esse desenvolvimento.

A identificação das acções de formação deverá ter em conta as necessidades prioritárias do avaliado face à exigência das funções que lhe estão atribuídas e aos recursos disponíveis para o efeito.

5. COMUNICAÇÃO E HOMOLOGAÇÃO DA CLASSIFICAÇÃO FINAL

5.1. COMUNICAÇÃO DA AVALIAÇÃO ATRIBUÍDA AO AVALIADO

Este campo destina-se a comprovar a tomada de conhecimento pelo avaliado da avaliação que lhe foi comunicada pelo avaliador durante a entrevista de avaliação.

O campo "Observações" destina-se a ser preenchido pelo avaliado que deverá aqui produzir as observações que entenda serem pertinentes, relativas à classificação que lhe foi atribuída pelo avaliador em fase prévia à homologação.

5.2. Homologação/Despacho do Dirigente Máximo do Serviço

Este campo destina-se a ser preenchido pelo dirigente máximo do serviço ou organismo, o qual deverá indicar se homologa a classificação atribuída ao avaliado pelo avaliador, ou caso não concorde com a mesma, estabelecer ele próprio a classificação a atribuir, mediante despacho fundamentado.

5.3. Conhecimento da Avaliação após a Homologação/ /Despacho do Dirigente Máximo do Serviço

Este campo destina-se a comprovar a tomada de conhecimento pelo avaliado da avaliação após homologação ou despacho de classificação do dirigente máximo do serviço.

CRONOLOGIA PARA 2004/2005 DO PROCEDIMENTO DE AVALIAÇÃO DO DESEMPENHO DOS TRABALHADORES DA ADMINISTRAÇÃO PÚBLICA

CRONOLOGIA PARA 2004/2005 DO PROCEDIMENTO DE AVALIAÇÃO ORDINÁRIA DO DESEMPENHO DOS TRABALHADORES DA ADMINISTRAÇÃO PÚBLICA
(LEI N.º 10/2004, DE 22 DE MARÇO E DECRETO REGULAMENTAR N.º 19-A/2004, DE 14 DE MAIO)

Fases do Processo	2004			2005					Fundamento legal
	Maio	Junho	Outubro/Novembro/Dezembro	Janeiro	Fevereiro	Março	Abril	Outubro/Novembro/Dezembro	
Definição de objectivos para 2004									
Serviços/Organismos Unidades orgânicas dos Serviços/Organismos	até ao dia 31								Artigo 41.º, n.os 1, 2 e 3, do Decreto Regulamentar n.º 19-A/2004
Funcionários		até ao dia 30							Artigo 5.º, alíneas, a), b) e c), da Lei n.º 10/2004 e Circular n.º 1/DGAP/2004, de Maio, da Direcção-Geral da Administração Pública.
Definição de objectivos para 2005									
Serviços/Organismos Unidades orgânicas dos Serviços/Organismos			após 15 de Outubro						Artigo 1.º, n.º 2, do Decreto-Lei n.º 183/96, de 27 de Setembro, artigo 5.º, alíneas a) e b), da Lei n.º 10/2004, artigos 7.º, n.º 1, alíneas a), e 8.º, n.º 1, alínea a), da Lei n.º 2/2004, de 15 de Janeiro, e artigo 38.º, n.º 1, da Lei n.º 91/2001, de 20 de Agosto, republicada em anexo à Lei n.º 48/2004, de 24 de Agosto (ver os n.os 2 e 3 desta norma para prazos excepcionais)
Auto-avaliação				a partir do dia 5					Artigos 6.º, n.º 2, e 13.º, alínea b), da Lei n.º 10/2004 e artigo 23.º, n.º 3, do Decreto Regulamentar n.º 19-A/2004
Avaliação prévia				de 5 a 20					Artigo 13.º, alínea c), da Lei n.º 10/2004 e artigo 24.º, do Decreto Regulamentar n.º 19-A/2004
Harmonização das avaliações do desempenho				de 21 a 31					Artigo 13.º, alínea d), da Lei n.º 10/2004 e artigo 25.º, n.º 1, do Decreto Regulamentar n.º 19-A/2004
Entrevista de apreciação do desempenho: - Análise da auto-avaliação e dos resultados da avaliação - Definição dos objectivos dos trabalhadores para o ano em curso					de 1 a 28				Artigos 5.º, alíneas c) e e), 6.º, n.º 1, e 13.º, alínea e), da Lei n.º 10/2004, e artigos 12.º, n.º 1, alínea a) e 26.º, do Decreto Regulamentar n.º 19-A/2004
Homologação da avaliação do desempenho						até 15			Artigo 13.º, alínea f), da Lei n.º 10/2004 e artigo 27.º, do Decreto Regulamentar n.º 19-A/2004
Reclamação da decisão final de avaliação do desempenho						nos 5 dias úteis após o conhecimento da homologação da respectiva avaliação			Artigos 6.º, n.º 5, 13.º, alínea g), e 14.º, n.º 1, da Lei n.º 10/2004 e artigo 28.º, n.º 1, do Decreto Regulamentar n.º 19-A/2004

Fases do Processo	2004			2005					Fundamento legal
	Maio	Junho	Outubro/Novembro/Dezembro	Janeiro	Fevereiro	Março	Abril	Outubro/Novembro/Dezembro	
Parecer do Conselho de Coordenação da Avaliação sobre a reclamação						Prévio à decisão da reclamação			Artigos 13.º, n.º 1, alínea c) e 28.º, n.º 2, do Decreto Regulamentar n.º 19-A/2004
Decisão da reclamação						no prazo de 15 dias úteis após apresentação da reclamação			Artigo 14.º, n.º 1, da Lei n.º 10/2004 e artigo 28.º, n.º 2, do Decreto Regulamentar n.º 19-A/2004
Recurso hierárquico da decisão final de avaliação do desempenho						nos 5 dias úteis após conhecimento da decisão final da reclamação			Artigos 6.º, n.º 5, 13.º, alínea h), e 14.º, n.º 2, da Lei n.º 10/2004 e artigo 29.º, n.ºs 1 e 3, do Decreto Regulamentar n.º 19-A/2004
Decisão do recurso						no prazo de 10 dias úteis contados da data de interposição do recurso, devendo o processo de avaliação do desempenho ser encerrado em 30 de Abril			Artigo 14.º, n.º 3, da Lei n.º 10/2004 e artigo 29.º, n.º 2, do Decreto Regulamentar n.º 19-A/2004
Encerramento do procedimento de avaliação do desempenho							até 30 de Abril		Artigo 29.º, n.º 2, do Decreto Regulamentar n.º 19-A/2004, de 14 de Maio
Divulgação no organismo dos resultados da avaliação do desempenho							**depois** de 30 de Abril		Artigo 20.º, n.º 1, da Lei n.º 10/2004 e artigo 21º, n.º 3, do Decreto Regulamentar n.º 19-A/2004
Apresentação do relatório anual dos resultados da avaliação do desempenho ao membro do Governo da tutela e sua remessa à Direcção-Geral da Administração Pública							**depois** de 30 de Abril		Artigos 36.º, n.º 1 e 37º, nº 1, do Decreto Regulamentar 19-A/2004
Elaboração do relatório síntese da aplicação do SIADAP no Ministério pela respectiva Secretaria-Geral e sua remessa à Direcção-Geral da Administração Pública							**depois** de 30 de Abril		Artigos 36.º, n.ºs 2 e 3 e 37º, nº 1, do Decreto Regulamentar n.º 19-A/2004
Elaboração do relatório anual de acompanhamento de aplicação do SIADAP pela Direcção-Geral da Administração Pública								a partir de 1 de Outubro	Artigo 20.º, n.º 2, da Lei n.º 10/2004 e artigo 37.º, n.ºs 1 e 2 do Decreto Regulamentar n.º 19-A/2004
Auditoria da Inspecção-Geral da Administração Pública	a todo o tempo			a todo o tempo (Janeiro a Dezembro)					Artigo 38.º, n.ºs 1 e 2, do Decreto Regulamentar n.º 19-A/2004

Avaliação extraordinária - Nos termos do artigo 16.º, n.º 1, do Decreto Regulamentar n.º 19-A/2004, de 14 de Maio, deverá ser solicitada por escrito ao dirigente máximo do serviço no decurso do mês de Junho. No mais, atento o disposto no n.º 2 do artigo em apreço, segue a tramitação da avaliação ordinária salvo no que diz respeito às datas fixadas, sem prejuízo da observância dos intervalos temporais entre cada uma das fases do processo.

CRONOLOGIA PARA 2004/2005 DO PROCEDIMENTO DE AVALIAÇÃO DO DESEMPENHO DOS TITULARES DE CARGOS DE DIRECÇÃO INTERMÉDIA

CRONOLOGIA PARA 2004/2005 DO PROCEDIMENTO DE AVALIAÇÃO DO DESEMPENHO DOS TITULARES DE CARGOS DE DIRECÇÃO INTERMÉDIA

(LEI N.º 10/2004, DE 22 DE MARÇO E DECRETO REGULAMENTAR N.º 19-A/2004, DE 14 DE MAIO)

Fases do Processo	2004			2005					Fundamento legal
	Maio	Junho	Outubro/Novembro/De zembro	Janeiro	Fevereiro	Março	Abril	Outubro/Novembro/De zembro	
Definição de objectivos para **2004**									Artigo 41.º, n.ᵒˢ 1, 2 e 3, do Decreto Regulamentar n.º 19-A/2004
Serviços/Organismos Unidades orgânicas dos Serviços/Organismos	até ao dia 31								Artigo 5.º, alíneas, a), b) e c), da Lei n.º 10/2004 e Circular n.º 1/DGAP/2004, de Maio, da Direcção-Geral da Administração Pública.
Titulares de cargos de direcção intermédia		até ao dia 30							
Definição de objectivos para **2005** Serviços/Organismos Unidades orgânicas dos Serviços/Organismos			após 15 de Outubro						Artigo 1.º, n.º 2, do Decreto-Lei n.º 183/96, de 27 de Setembro, artigo 5.º, alíneas a) e b), da Lei n.º 10/2004, artigos 7.º, n.º 1, alínea a), e 8º, n.º 1, alínea a), da Lei n.º 2/2004, de 15 de Janeiro, e artigo 38.º, n.º 1, da Lei n.º 91/2001, de 20 de Agosto, republicada em anexo à Lei n.º 48/2004, de 24 de Agosto (ver os n.ᵒˢ 2 e 3 desta norma para prazos excepcionais)
Auto-avaliação				a partir do dia 5					Artigos 6.º, n.º 2, e 13.º, alínea b), da Lei n.º 10/2004 e artigo 23.º, n.º 3, do Decreto Regulamentar n.º 19-A/2004
Avaliação prévia				de 5 a 20					Artigo 13.º, alínea c), da Lei n.º 10/2004 e artigo 24.º, do Decreto Regulamentar n.º 19-A/2004
Harmonização das avaliações do desempenho				de 21 a 31					Artigo 13.º, alínea d), da Lei n.º 10/2004 e artigos 25.º, n.º 1 (prazo), e 32º, n.º 3, do Decreto Regulamentar n.º 19-A/2004
Entrevista de apreciação do desempenho: - Análise da auto-avaliação e dos resultados da avaliação - Definição dos objectivos dos titulares de cargos de direcção intermédia para o ano em curso					de 1 a 28				Artigos 5.º, alíneas c) e e), 6.º, n.º 1, e 13.º, alínea e), da Lei n.º 10/2004, e artigos 12º, n.º 1, alínea a), 26.º e 33º, n.º 1, do Decreto Regulamentar n.º 19-A/2004
Homologação da avaliação do desempenho						até 15			Artigo 13.º, alínea f), da Lei n.º 10/2004 e artigos 27.º e 33º, n.º 1, do Decreto Regulamentar n.º 19-A/2004
Reclamação da decisão final de avaliação do desempenho						nos 5 dias úteis após o conhecimento da homologação da respectiva avaliação			Artigos 6.º, n.º 5, 13.º, alínea g), e 14.º, n.º 1, da Lei n.º 10/2004 e artigo 28.º, n.º 1, do Decreto Regulamentar n.º 19-A/2004

338 Sistema Integrado da Avaliação do Desempenho da Administração Pública

Fases do Processo	2004			2005					Fundamento legal
	Maio	Junho	Outubro/Novembro/Dezembro	Janeiro	Fevereiro	Março	Abril	Outubro/Novembro/Dezembro	
Parecer do Conselho Restrito de Coordenação da Avaliação sobre a reclamação						Prévio à decisão da reclamação			Artigos 13.°, n.° 1, alínea c), 28.°, n.° 2 e 33° n.ᵒˢ 2 e 3, do Decreto Regulamentar n.° 19-A/2004
Decisão da reclamação						no prazo de 15 dias úteis após apresentação da reclamação			Artigo 14.°, n.° 1, da Lei n.° 10/2004 e artigo 28.°, n.° 2, do Decreto Regulamentar n.° 19-A/2004
Decisão do recurso						no prazo de 10 dias úteis contados da data de interposição do recurso, devendo o processo de avaliação do desempenho ser encerrado em 30 de Abril			Artigo 14.°, n.° 3, da Lei n.° 10/2004 e artigo 29.°, n.° 2, do Decreto Regulamentar n.° 19-A/2004
Encerramento do procedimento de avaliação do desempenho							até 30 de Abril		Artigo 29.°, n.° 2, do Decreto Regulamentar n.° 19-A/2004, de 14 de Maio
Divulgação no organismo dos resultados da avaliação do desempenho							depois de 30 de Abril		Artigo 20.°, n.° 1, da Lei n.° 10/2004 e artigo 21.°, n.° 3, do Decreto Regulamentar n.° 19-A/2004
Apresentação do relatório anual dos resultados da avaliação do desempenho ao membro do Governo da tutela e sua remessa à Direcção-Geral da Administração Pública							depois de 30 de Abril		Artigos 36.°, n.° 1 e 37°, nº 1, do Decreto Regulamentar 19-A/2004
Elaboração do relatório síntese da aplicação do SIADAP no Ministério pela respectiva Secretaria-Geral e sua remessa à Direcção-Geral da Administração Pública							depois de 30 de Abril		Artigos 36.°, n.ᵒˢ 2 e 3 e 37°, nº 1, do Decreto Regulamentar n.° 19-A/2004
Elaboração do relatório anual de acompanhamento de aplicação do SIADAP pela Direcção-Geral da Administração Pública								a partir de 1 de Outubro	Artigo 20.°, n.° 2, da Lei n.° 10/2004 e artigo 37.°, nᵒˢ 1 e 2 do Decreto Regulamentar n.° 19-A/2004
Auditoria da Inspecção-Geral da Administração Pública	a todo o tempo			a todo o tempo (Janeiro a Dezembro)					Artigo 38.° n.ᵒˢ 1 e 2, do Decreto Regulamentar n.° 19-A/2004

RESOLUÇÃO DO CONSELHO DE MINISTROS N.º 53/2004, DE 21 DE ABRIL OPERACIONALIZAÇÃO DA REFORMA DA ADMINISTRAÇÃO PÚBLICA

Resolução do Conselho de Ministros n.º 53/2004
de 21 de Abril

O desenvolvimento do País exige uma administração pública norteada por objectivos de serviço ao cidadão, às comunidades e às empresas, estruturada segundo modelos flexíveis, dirigida com responsabilidade e dispondo de recursos humanos mobilizados e qualificados.

A reforma da Administração Pública constitui por isso uma das prioridades da política do Governo, pelos seus impactes na produtividade, na competitividade da economia, na sustentabilidade das finanças públicas e na melhoria da qualidade do serviço prestado.

Este processo de reforma e modernização iniciou-se com a definição das grandes linhas orientadoras da reforma da Administração Pública, aprovadas pela Resolução do Conselho de Ministros n.º 95/2003, de 30 de Julho, tendo como objectivos essenciais prestigiar a Administração Pública e os seus agentes, racionalizar e modernizar as estruturas, reavaliar as funções do Estado e promover uma cultura de avaliação e responsabilidade, distinguindo o mérito e a excelência.

Para concretizar os objectivos definidos, o Governo apresentou um conjunto de diplomas legais indispensáveis para o desenvolvimento do novo modelo de gestão, os quais foram objecto de amplo debate público e que traduzem profundas alterações em três áreas prioritárias para a reforma: organização, liderança e responsabilidade, mérito e qualificação.

No quadro da organização da Administração Pública, a perspectiva estratégica do Governo reflectida nos diplomas legais aprovados assenta na introdução de novas práticas de gestão elegendo a gestão por objectivos como a grande matriz da mudança, associando sistematicamente os organismos públicos a objectivos e resultados.

Nesse sentido, incentivam-se e criam-se condições para a adopção de novos modelos organizativos, mais ágeis e flexíveis, redefinem-se as

342 *Sistema Integrado da Avaliação do Desempenho da Administração Pública*

competências e responsabilidades dos dirigentes e desenha-se um sistema coerente e integrado para a avaliação do desempenho.

A revisão das actuais estruturas de acordo com os novos modelos tem como objectivo identificar claramente a sua capacidade de responder de forma eficiente e ágil às suas atribuições, eliminando-se sobreposições, circuitos complexos e burocráticos e redistribuindo recursos e capacidades de modo a potenciar o proveito público dos meios de que se dispõe.

A definição de objectivos e a avaliação de resultados permitirão valorizar o contributo útil de cada organismo e o interesse público do seu desempenho, envolvendo os dirigentes e funcionários num projecto comum e responsabilizando pela optimização dos recursos.

Neste âmbito, assumem particular relevância a partilha de estruturas, a organização de sistemas de informação, a flexibilidade estrutural com redução de níveis hierárquicos e a organização por programas com recurso a equipas multidisciplinares.

Estas profundas mudanças assentam no desenvolvimento de uma política de formação de recursos humanos indispensável para a qualificação e motivação de todos os funcionários e dirigentes e na execução, em paralelo, de um ambicioso programa de investimento e utilização de tecnologias de informação e conhecimento, instrumento impulsionador das melhores práticas, da correcta alocação de recursos e da simplificação e transparência dos processos de decisão.

Esta reforma, pela sua amplitude e complexidade, exige uma aplicação gradual, mas firme e consistente, no cumprimento estrito de uma estratégia de desenvolvimento e acompanhamento que garanta o progresso, o aperfeiçoamento e os resultados efectivos das medidas adoptadas.

É, pois, essencial um acompanhamento sistemático e permanente do modo como se vão executando as suas várias etapas, tarefa de que foi incumbida a estrutura de missão para o acompanhamento da reforma da Administração Pública, criada pela Resolução do Conselho de Ministros n.° 96/2003, de 30 de Julho.

Esse acompanhamento assume relevância especial na fase de execução operacional, que abrange quatro grandes áreas de actuação:

Instituição de uma lógica de gestão por objectivos a cada nível hierárquico;

Revisão das atribuições e orgânica do Estado e da Administração Pública com vista à sua redução e racionalização;

Melhoria da qualidade dos serviços prestados;

Revitalização do programa de formação e valorização para a Administração Pública;

e que pressupõe um acompanhamento sistemático das iniciativas operacionais dos diferentes serviços que constituem a administração directa e indirecta do Estado.

Com o objectivo de facilitar a aplicação transversal e uniforme das linhas de orientação da reforma foi preparada uma metodologia da aplicação que dará suporte às acções de intervenção necessárias à prossecução do quadro legal aprovado e, bem assim, à continuidade e aprofundamento dos processos de mudança comuns a toda a Administração Pública.

Assim:

Nos termos das alíneas d) e e) do artigo 199.° da Constituição, o Conselho de Ministros resolve:

1 – Aprovar a operacionalização da reforma da Administração Pública, áreas de actuação e metodologias de aplicação, que constitui documento anexo à presente resolução e da qual faz parte integrante.

2 – Determinar que em cada ministério é constituído um núcleo de acompanhamento da reforma (NAR) com a função de promover e coordenar os processos de mudança, de acordo com as orientações constantes do documento referido no n.° 1, garantindo o envolvimento de todos os organismos e o respeito pelos objectivos programáticos da reforma.

3 – Estabelecer que cada NAR integra um número máximo de três elementos, a designar pelo respectivo ministro, sendo a sua composição comunicada ao encarregado de missão para o acompanhamento da reforma da Administração Pública até ao dia 20 de Março de 2004.

4 – Considerar que deve ser dada atenção prioritária à avaliação da necessidade de cada serviço, identificando funções e organizações a manter, a alterar e a suprimir, promovendo, nomeadamente:

  a) A definição criteriosa dos objectivos essenciais de cada unidade orgânica;
  b) A reavaliação das estruturas com vista à flexibilidade de gestão, à redução dos níveis hierárquicos e à simplificação dos processos de decisão;
  c) A identificação de funções redundantes ou sobrepostas em diferentes serviços;

344 *Sistema Integrado da Avaliação do Desempenho da Administração Pública*

d) A partilha de serviços integrados a estruturar nas secretarias-
-gerais;
e) A redefinição dos principais processos;
f) A potenciação das tecnologias da informação e comunicação;
g) A melhoria e integração de sistemas de informação.

5 – Determinar que a comissão para a reavaliação dos institutos públicos, prevista no artigo 50.° da Lei n.° 3/2004, de 15 de Janeiro, tem a seguinte composição:
a) Um representante da Inspecção-Geral da Administração Pública;
b) Um representante da Inspecção-Geral de Finanças;
c) Um representante da Direcção-Geral da Administração Pública;
d) Um representante da Direcção-Geral do Orçamento;
e) Um representante de cada membro do Governo que tenha a tutela de institutos públicos.

6 – Determinar que os elementos referidos nas alíneas a) a d) do número anterior são designados pela Ministra de Estado e das Finanças, que designa igualmente, de entre estes, o coordenador da comissão, e que o elemento referido na alínea e) é designado pelo respectivo membro do Governo, até ao dia 20 de Março de 2004.

7 – Estabelecer que, até ao dia 15 de Abril de 2004, e sem prejuízo da aplicação das metodologias constantes do documento referido no n.° 1, a comissão apresenta o programa de trabalhos, a metodologia de análise e os elementos fundamentais a considerar para a avaliação.

8 – Estabelecer que, até ao dia 30 de Abril de 2004, todos os institutos devem remeter às respectivas tutelas o relatório a que se refere o n.° 4 do referido artigo 50.°, o qual deverá conter todos os elementos necessários à avaliação.

9 – Determinar que a comissão é interlocutora directa de qualquer instituto público no âmbito das suas atribuições, sendo-lhe devida toda a colaboração que solicitar.

10 – Atribuir à Secretaria-Geral do Ministério das Finanças o apoio logístico necessário ao funcionamento da comissão.

Resolução do Conselho de Ministros n.º 53/2004, de 21 de Abril   345

11 – Determinar que, trimestralmente, a comissão apresenta um relatório de progresso, bem como as propostas decorrentes da execução do plano de trabalhos.

12 – Estabelecer que o desenvolvimento do capital humano através de formação adequada é assegurado pelo Instituto Nacional de Administração (INA) e pelo Centro de Estudos e Formação Autárquica (CEFA), por si ou em parceria com outras instituições públicas ou privadas.

13 – Adoptar como áreas prioritárias de formação as seguintes:

a) Formação dos dirigentes nos princípios da nova gestão pretendida, em especial no que respeita à gestão por objectivos, quadros de avaliação de desempenho e sistemas de gestão de pessoas e sua avaliação;

b) Desenvolvimento organizacional a partir da modelação de comportamentos e padrões de funcionamento, criando espírito de corpo e melhorando o trabalho em equipa;

c) Formação de actualização e especialização para quadros da Administração Pública, adaptando as suas competências às novas necessidades e propiciando a mobilidade entre organismos e carências;

d) Formação profissional específica de acesso para todos aqueles que pretendam ingressar na Administração Pública;

e) Formação em inovação e avaliação para todos os níveis da Administração Pública;

f) Formação nas novas técnicas administrativas, potenciando as tecnologias da informação e comunicação.

14 – Atribuir ao INA e ao CEFA a responsabilidade pela elaboração de um relatório trimestral sobre as actividades desenvolvidas e o seu impacte nos diferentes sectores da Administração Pública.

Presidência do Conselho de Ministros, 11 de Março de 2004. – *O Primeiro-Ministro,* JOSÉ MANUEL DURÃO BARROSO.

INTRODUÇÃO

A reforma da Administração Pública (adiante designada simplesmente por reforma), no sentido da qualidade da prestação do serviço público, é hoje palavra de ordem nas agendas dos decisores políticos e nas exigências da sociedade em geral.

Nessa linha de pensamento, o Governo entendeu ser imperioso avançar com a reforma, tendo apresentado o documento «Linhas de Orientação para a Reforma da Administração Pública», corporizado posteriormente na Resolução do Conselho de Ministros n.º 95/2003, de 30 de Julho, onde são enunciados os princípios essenciais que a enquadram, aprovado o conjunto de grandes linhas de orientação que a informam, definidos os objectivos gerais que visa prosseguir e, bem assim, os eixos prioritários em torno dos quais se desenvolverá todo o processo da reforma (Fig. 1).

Figura 1

Para dar corpo àqueles objectivos, o Governo tem vindo a apresentar um conjunto de textos legislativos relativos, respectivamente, à organização da administração directa do Estado, ao sistema integrado de avaliação do desempenho da Administração Pública (SIADAP), ao contrato de trabalho na Administração Pública, ao estatuto do pessoal dirigente, aos institutos públicos e à responsabilidade civil extracontratual do Estado.

No quadro da organização da Administração Pública, a perspectiva estratégica do Governo assenta na introdução de novas práticas de gestão elegendo a «gestão por objectivos» como a grande matriz da mudança, ligando-se assim a Administração a objectivos e resultados. Em paralelo, busca-se a possibilidade de se desenharem modelos organizativos mais ágeis e flexíveis, maior delegação e descentralização de responsabilidades e melhor cooperação entre os serviços. Naturalmente, a adesão dos funcionários aos objectivos do organismo e aos valores do serviço público são factores decisivos quer na reforma quer no desempenho da Administração Pública em geral.

A reforma é, sem dúvida, um processo que, pela sua amplitude, delicadeza e complexidade, exige uma implementação gradual, muito embora no cumprimento estrito dos calendários definidos para a sua execução. Por isso mesmo todo esse processo exige um acompanhamento sistemático e permanente do modo como vai sendo executado nas suas várias etapas, de forma a garantir, por um lado, o aperfeiçoamento das soluções encontradas pelos organismos para consecução dos objectivos da reforma e, por outro, garantir a coerência dos resultados. Com essa finalidade, pela Resolução do Conselho de Ministros n.º 96/2003, de 30 de Julho, foi designado um encarregado de missão para o acompanhamento da reforma da Administração Pública junto da Ministra de Estado e das Finanças.

Visualizam-se, pois, três fases na execução da reforma (Fig. 2), sendo que o presente texto se insere na que se designa «planeamento operacional».

A finalidade deste texto de apoio é a de facilitar a aplicação transversal e uniforme das linhas orientadoras da reforma, podendo tornar-se um instrumento de coordenação operacional das iniciativas de reforma a nível de todos os organismos públicos.

Figura 2

1. ENQUADRAMENTO E OPERACIONALIZAÇÃO DA REFORMA DA ADMINISTRAÇÃO PÚBLICA

1.1. Enquadramento da Reforma da Administração Pública

São múltiplos os objectivos da Reforma tal como referenciado na Fig. 1. Porém, se necessário fora sintetizar as grandes linhas, elas poderiam ser:
- Aumentar a qualidade e a eficácia dos serviços públicos, tornando--os mais céleres, ágeis, simples, adequados, disponíveis e acessíveis.
- Aumentar os níveis de eficiência da Administração Pública, optimizando o consumo dos recursos financeiros, humanos, tecnológicos e infra-estruturais, associados à prestação dos serviços, sem prejuízo dos níveis de qualidade e eficácia pretendidos. (Fig. 3)

Figura 3

Resolução do Conselho de Ministros n.° 53/2004, de 21 de Abril   349

E, tendo por base outro determinante,
- Promover a motivação e valorização dos funcionários públicos, apostando na sua formação e qualificação e introduzindo um novo conceito de avaliação de desempenho, estimulando o mérito.

Porém, para que a reforma se torne uma realidade, o compromisso de todos é crucial. Os funcionários públicos desempenham um papel fundamental, na medida em que são, de facto, os protagonistas da mudança e os agentes de todo o processo da Reforma. Igualmente decisiva será a capacidade dos diferentes organismos (a todos os níveis da estrutura hierárquica) em aplicar, com rigor e disciplina, as metodologias e calendários estipulados.

1.2. Eixos prioritários de Desenvolvimento da Reforma da Administração Pública

A Resolução do Conselho de Ministros n.° 95/2003 materializa a Reforma da Administração Pública num conjunto de sete eixos prioritários. Estes sete eixos constituem as grandes linhas de orientação que devem ser entendidas numa perspectiva dupla: no imediato, enquadram a Reforma, mas, igualmente, a médio prazo, irão servir para validar o nível de êxito com que a mesma foi implementada. (Quadro 1)

«Organização do Estado» – nesta linha de orientação prevê-se uma reflexão sobre a adequabilidade do actual papel do Estado na sociedade e da sua dimensão, à prossecução do objectivo de «Menos Estado, melhor Estado». É neste âmbito que se preconiza (i) a redefinição das funções e áreas de actuação do Estado, identificando-se aquelas que lhe são essenciais e que, por isso, o Estado deve manter na sua esfera de intervenção; (ii) a externalização para o sector privado de funções consideradas acessórias, reservando-se ao Estado o papel de regulamentação e fiscalização; e (iii) a descontinuação das funções efectivamente inúteis e que, eventualmente, ainda persistam no seio da Administração Pública.

«Organização da Administração» – materializa-se, aqui, o desiderato de desenvolvimento de um novo modelo organizacional que, ao capitalizar em boas práticas de desenho organizativo, promova (i) o alinhamento e responsabilização pela prossecução da missão individual de cada unidade, (ii) a redução de níveis hierárquicos, (iii) a desburocratizarão de circuitos de decisão e (iv) a melhoria dos processos e da colaboração entre serviços. É, no fundo, a busca de uma Administração Pública mais ágil e mais leve.

350 *Sistema Integrado da Avaliação do Desempenho da Administração Pública*

EIXOS PRIORITÁRIOS DA REFORMA DA ADMINISTRAÇÃO PÚBLICA

Eixos prioritários da reforma (tal como enunciados na resolução do Conselho de Ministros nº 95/2003 e no discurso do Primeiro Ministro de 24 Junho 2003)

> "Pretende-se uma administração ao serviço do cidadão, uma administração amiga da economia, uma administração motivadora de todos quantos nela trabalham"

Organização do Estado
- Separação das funções essenciais do Estado das funções acessórias

Organização da Administração
- Redução dos níveis hierárquicos
- Desburocratização
- Melhoria dos processos
- Regulamentação do regime do contrato individual do trabalho

Liderança e responsabilidade
- Revisão do Estatuto dos Dirigentes da Administração Pública
- Gestão por objectivos

Mérito e qualificação
- Instituição de mecanismos de avaliação de desempenho individuais e dos serviços

Valorização e formação
- Dinamização da formação profissional dos funcionários e inclusão dos planos de formação nos planos de actividade dos serviços

Cultura de serviço
- Promoção de qualidade e de aproximação da Administração ao cidadão descentralizando os centro de decisão, simplificando procedimentos e assegurando transparência

Governo electrónico
- Ampla e racional utilização das tecnologias de informação para melhorar serviços prestados pelo Estado

Quadro 1

«Liderança e responsabilidade» – esta orientação assenta nos princípios da «moderna gestão pública», designadamente no que respeita à capacidade de liderança e responsabilização pela obtenção de resultados a cada nível hierárquico. A instituição de práticas orientadas à gestão por objectivos é indissociável desta matéria e constitui a grande matriz da mudança preconizada na Reforma. A implementação de uma gestão por objectivos vai introduzir um imperativo de rigor na avaliação, por parte dos ministérios, organismos e unidades orgânicas que os compõem, do grau de cumprimento da respectiva missão e do Programa de Governo em geral.

Resolução do Conselho de Ministros n.° 53/2004, de 21 de Abril   351

«Mérito e qualificação» – preconiza-se aqui a instituição de «mecanismos sistemáticos de avaliação de desempenho, quer dos serviços, quer individuais», assumindo um papel fundamental no reconhecimento e estímulo do mérito individual de cada funcionário da Administração Pública. A criação e implementação do Sistema Integrado de Avaliação do Desempenho da Administração Pública (SIADAP), com os princípios que lhe estão subjacentes (fixação de quotas, estabelecimento de benefícios para os desempenhos melhores, etc.), serão seguramente uma das principais mudanças introduzidas por esta reforma.

«Valorização e formação» – esta linha de orientação desempenha um papel fundamental para o sucesso da Reforma, tanto mais importante quanto mais a formação e qualificação forem entendidas como elementos de desenvolvimento de competências para a melhoria do desempenho profissional, ao invés de serem encarados como meros actos administrativos de cumprimento dos requisitos mínimos para progressão na carreira. Desta lógica de investimento na capacidade produtiva dos recursos humanos da Administração Pública, resultará certamente uma maior motivação dos seus elementos no desempenho das suas funções e, consequentemente, uma adesão progressiva ao processo de reforma. Os Recursos Humanos da Administração Pública constituem-se como uma peça fundamental da Reforma, na medida em que serão eles os responsáveis directos por gizar e dar corpo aos novos modelos de funcionamento, desempenho e organização preconizados.

«Cultura de serviço» – esta orientação assume um papel essencial na «consolidação de uma cultura de serviço de qualidade e de aproximação da Administração ao Cidadão». Esta ideia de uma Administração ao serviço dos cidadãos abrange um conjunto de medidas de descentralização dos centros de decisão e de simplificação de procedimentos e formalidades, assegurando a transparência e a responsabilidade do Estado e da Administração. A concretização destas medidas irá contribuir de forma decisiva para uma maior orientação à qualidade de serviço prestado, seja pela via de diminuição dos níveis hierárquicos de decisão, seja pela simplificação de suportes físicos e dos fluxos de informação, seja ainda pela maior responsabilização pelo correcto funcionamento da Administração Pública (como resultado de uma acrescida transparência, para o cidadão, dos direitos consagrados face à Administração Pública).

«Governo electrónico» – este eixo de actuação, sendo transversal a toda a Reforma, preconiza a ampla e racional utilização de tecnologias de informação como veículo instrumental para a instituição de um novo

352 *Sistema Integrado da Avaliação do Desempenho da Administração Pública*

modelo de Administração organizado em rede e mais eficiente. Viabilizam-se, neste âmbito, a partilha do conhecimento inter-áreas, a utilização das melhores práticas e a orientação aos resultados e não aos processos ou rotinas.

Algumas das iniciativas definidas no âmbito deste eixo de actuação encontram-se já em execução, estando outras ainda em fase de definição e planeamento. São elas, entre outras:

- Implementação do Portal do Cidadão;
- Implementação do Portal da Administração e do Funcionário Público;
- Implementação do Contact Center da Administração Pública;
- Implementação de Sistemas de Informação para suporte à actividade em cada sector;
- Implementação da Bolsa de Emprego na Administração Pública;
- Implementação de um Programa Nacional de Compras Electrónicas.

1.3. Áreas de Actuação Operacional da Reforma

1.3.1. *Descrição sumária das Áreas de Actuação Operacional*

Os eixos prioritários da Reforma, tal como descritos na secção anterior, necessitam de ser traduzidos em projectos de execução, por forma a tornar possível aos Ministérios levar a Reforma à prática. Neste sentido, em termos da sua operacionalização, entende-se dever a Reforma ser estruturada em torno de quatro grandes Áreas de Actuação Operacional (AAO) que, a seguir, se descrevem. Algumas destas AAO, dada a estreita ligação entre alguns dos eixos referidos, darão cobertura a mais do que um deles. Estas AAO incluem duas vertentes de natureza distinta: uma vertente legislativa – onde se incluem exemplos como a implementação do SIADAP, a revisão do Código de Procedimento Administrativo e a aprovação da nova Lei de Responsabilidade Civil Extra-Contratual do Estado – e uma vertente «operacional» que constitui o enfoque primordial do processo descrito no conjunto deste texto de apoio. (Quadro 2)

DESCRIÇÃO SUMÁRIA DAS ÁREAS DE ACTUAÇÃO OPERACIONAL

	Eixos prioritários abrangidos	Resultados a alcançar
1. Instituição de uma lógica de gestão por objectivos a cada nível hierárquico	- "Liderança e responsabilidade" - "Mérito e qualificação"	- Introdução de Indicadores-Chave de Desempenho em função da missão e visão estratégica de cada Ministério/Organismo - Definição de objectivos individuais, por desagregação em cascata dos objectivos estratégicos fundamentais
2. Revisão das atribuições e orgânica do Estado e da Administração Pública	- "Organização do Estado" - "Organização da Administração"	- Descontinuação de funções não essenciais à missão do Estado - Externalização de funções, sempre que existam ganhos efectivos de eficiência e/ou eficácia - Concentração de serviços comuns nas secretarias gerais - Descentralização de responsabilidades de decisão - Revisão global da orgânica tendo em vista o alinhamento à missão/objectivos e simplificação/redução do número de níveis hierárquicos
3. Melhoria da qualidade dos serviços prestados	- "Cultura de Serviço" - "Governo electrónico"	- Aumento da qualidade de serviço associada aos processos críticos para o cidadão/empresa - Racionalização de recursos afectos nestes processos
4. Revitalização do Programa de Formação e Valorização para a Administração Pública	- "Valorização e Formação"	- Tipificação de perfis e competências fundamentais para posições pivotais da organização da Administração Pública - Explicitação de programa de formação dirigido ao reforço de competências nas posições pivotais

Quadro 2

1. Instituição de uma lógica de gestão por objectivos [1] – Em virtude da interligação existente entre os eixos de «Liderança e Responsabilidade» e «Mérito e Qualificação», os quais assentam numa base comum e indissociável de definição de objectivos (e posterior avaliação em função

---

[1] A Gestão por Objectivos foi concebida como um processo de administração através do qual, o superior hierárquico e o seu subordinado, operando sob uma definição clara das metas e prioridades comuns da organização estabelecidas pela gestão de cúpula, identificam, em conjunto, as principais áreas de responsabilidade do indivíduo e da unidade em termos dos resultados que se esperam deles, e usa essas medidas para operar a unidade e avaliar as contribuições dos seus membros.

354 *Sistema Integrado da Avaliação do Desempenho da Administração Pública*

do grau de cumprimento dos mesmos), optou-se, para efeitos de concretização operacional da Reforma, pelo seu tratamento conjunto. No âmbito desta AAO, pretende-se definir os objectivos fundamentais para cada Unidade Orgânica (UO)[2] de cada Ministério/Organismo.

2. Revisão de atribuições e orgânica do Estado e da Administração Pública – As alterações de índole organizativa preconizadas nos eixos de «Organização de Estado» e «Organização da Administração» não devem ser tratadas de forma dissociada sob pena de perda de coerência e duplicação de esforço. Neste contexto, optou-se pela criação de uma segunda AAO dedicada ao tratamento da questão organizativa de forma integrada e agregadora, cujo enfoque de actuação se coloca a dois níveis, (i) revisão de atribuições e enquadramento das funções do Estado e da Administração pela via da externalização, concentração e descentralização de responsabilidades (bem como da extinção das funções nos casos em que se entenda oportuno) e (ii) revisão global da estrutura orgânica da Administração Pública e, em particular dos Ministérios/UO, com base em critérios de alinhamento à missão/objectivos fundamentais e simplificação/redução do número de níveis hierárquicos.

3. Melhoria da qualidade dos serviços prestados – Da mesma forma, e dada a sua natureza eminentemente transversal, optou-se pela introdução de uma terceira Área de Actuação Operacional dedicada à reestruturação de processos administrativos/melhoria da qualidade, incluindo os temas relacionados com processos inerentes aos eixos «Cultura de Serviço» e «Governo Electrónico», permitindo desta forma o tratamento integral dos principais processos da Administração Pública, com o objectivo de promover (i) o substancial aumento de qualidade de serviço associada aos processos críticos para o cidadão/empresa e, paralelamente, (ii) a racionalização de recursos afectos a estes mesmos processos.

4. Revitalização do programa de formação e valorização para a Administação Pública – Em virtude do papel fundamental que as profundas mudanças associadas ao processo de reforma exigem da

---

[2] Para efeitos deste texto, designa-se por Unidade Orgânica (UO) uma entidade da estrutura do Ministério que tem funções e actividades bem definidas e específicas. As UO existem a diferentes níveis hierárquicos: nível 1: Governo (Ministérios/Secretarias/ /Estado); nível 2: Direcção-Geral; nível 3: Direcção de serviços; nível 4: Divisão;

qualificação dos recursos Humanos, assim como pela especificidade das actividades e desempenhos, a quarta área de intervenção operacional dedica-se em exclusivo aos temas associados ao eixo «valorização e formação». Neste âmbito, pretende-se caracterizar os perfis e compeências genéricas para posições de chefia da Administração Pública, bem como os perfis de competências de carácter específico, aos vários níveis funcionais, quer ao nível das chefias, quer ao nível do funcionário e adequá-los ao subsequente programa de formação.

Torna-se pois, pertinente, ainda neste âmbito, equacionar uma formação perspectivada nas necessidades concretas de cada UO, no sentido de uma Administração Pública mais profissionalizada e eficiente.

Estas áreas de actuação operacional efectuar-se-ão em todos os Ministérios e a todos os níveis. (Fig. 4)

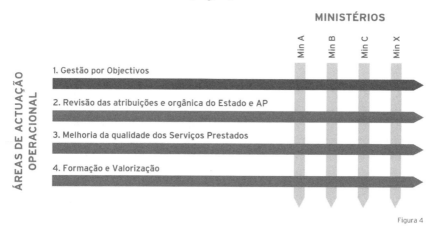

Figura 4

1.3.2. Fases de implementação das Áreas de Actuação Operacional (AAO)

A implementação das Áreas de Actuação Operacional, anteriormente descritas, constitui um significativo desafio, dada a profundidade e abrangência do esforço que lhe está associado. Assim, e não obstante o facto de a definição das AAO ter sido presidida por critérios de complementaridade, é inquestionável a existência de um conjunto de «precedências lógicas» que importa reflectir na calendarização da sua implementação no terreno. Acresce, que a gestão por objectivos não deve começar pela definição dos objectivos organizacionais, mas sim, pelo levantamento prévio da situação de partida. Este procedimento é necessário para determinar, não só, quais os objectivos compatíveis com as funções, pontos fortes, pontos fracos e recursos (humanos, financeiros e outros) das UO, mas também, para permitir a escolha dos objectivos mais significativos, definir prioridades e estratégias adequadas à sua consecução. Nesse sentido opta-se por distinguir, três grandes blocos de actuação: (Quadro 3)

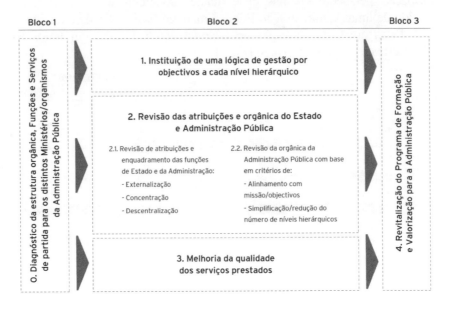

Quadro 3

1. Diagnóstico das funções, serviços e, eventualmente, das actividades em cada Ministério/UO, na situação de partida, tendo em conta os desideratos das fases sequentes.

2. Lançamento em «paralelo» das três Áreas de Actuação Operacional (AAO) – «Instituição de uma lógica de gestão por objectivos», «Revisão de atribuições e orgânica do Estado e da Administração Pública» e «Melhoria da qualidade de serviço prestado».

3. «Revitalização do programa de formação e valorização para a Administração Pública», correspondente à quarta AAO.

Seguidamente, descreve-se o procedimento metodológico a adoptar para a concretização dos objectivos inerentes a cada uma das AAO, (sobretudo das três primeiras) assim como as fichas de suporte à sua execução, que deverão ajudar o Ministério/UO na operacionalização da respectiva Reforma.

2. APLICAÇÃO DOS PROCEDIMENTOS METODOLÓGICOS AOS MINISTÉRIOS/UNIDADES ORGÂNICAS

2.1. Diagnóstico das Unidades Orgânicas (UO)

Nesta fase, cada UO deve começar por identificar de forma clara (i) as funções que lhe estão cometidas, (ii) os tipos de serviço que presta (para fora da UO) e, se necessário e vantajoso, (iii) as actividades inerentes a cada tipo de serviço que presta. (Quadro 4)

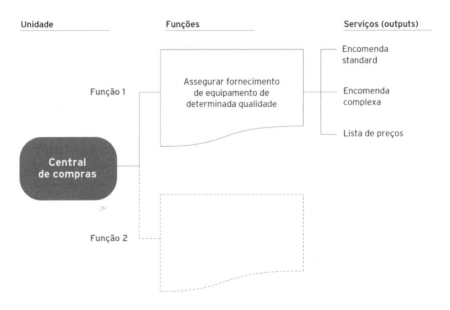

Quadro 4

358 *Sistema Integrado da Avaliação do Desempenho da Administração Pública*

Sempre que possível, é, ainda, desejável (porque importante para se decidir com realismo) que se identifiquem os recursos (humanos, financeiros e outros) associados a cada serviço prestado ou actividade.

Ainda nesta fase, numa óptica de melhoria, será importante que cada UO responda a questões, tais como:

- Quem são (e quem deveriam ser) os meus utentes/clientes (cidadãos, outras UO do Ministério, outras UO exteriores, empresas, etc.)?
- Quais são os meus objectivos/metas a atingir (e quais deveriam ser)?
- Quais os padrões actuais dos serviços prestados (tempo requerido para prestação do serviço, preço do serviço, índice de reclamações, etc.)?
- Estão os actuais padrões de serviço adequados às necessidades dos meus utentes/clientes?
- Quais os serviços prestados com maior impacto no desempenho da UO (atenção: não identificar mais do que 5)?
- Quais os padrões actuais dos serviços prestados por outras UO, que prosseguem fins similares, consideradas com altos níveis de desempenho?
- Que medidas poderão ser implementadas para melhorar o desempenho dos serviços prestados (redução do tempo, redução do custo, desburocratização, simplificação da tramitação, etc.)?
- Como melhorar as relações com outras UO do Ministério, UO exteriores, cidadãos ou empresas?
- Que ideias provenientes dos interessados nos meus serviços (cidadãos e empresas) podem ser adoptadas, com mais valia para os utentes e para a UO?
- Qual é a imagem que a comunidade e/ou a sociedade em geral têm de nós?

Uma vez feito o diagnóstico de cada UO, deve em seguida proceder-se a um exercício de compatibilização com as outras UO do Ministério e com os diagnósticos feitos no nível hierárquico imediatamente superior.

No final do exercício ter-se-á obtido, em cada Ministério, um diagnóstico para todas as UO que o constituem (preenchimento Ficha 0 – Anexo 2, para cada UO), aos diferentes níveis da estrutura hierárquica e, consequentemente, o «retrato» global do próprio Ministério, no seu todo.

2.2. Instituição de uma lógica de Gestão por Objectivos a cada nível da estrutura hierárquica

A definição de objectivos constitui-se como o principal pressuposto, não apenas da implementação do novo modelo de gestão pública, mas também da definição das iniciativas a realizar pelos Ministérios e respectivas Unidades Orgânicas. Consequentemente, deve existir total consonância entre os objectivos fixados e as principais iniciativas que cada Ministério deseja lançar.

No que se segue, descreve-se uma metodologia pela qual se tenta, de forma simples, garantir tal consonância.

2.2.1. *Critérios gerais para definição de objectivos*

Com a consciência de que «cada situação é uma situação», existem critérios que devem ser observados no momento de se definirem objectivos, sob pena do exercício não ser o primeiro elemento de uma real mudança de comportamentos. Em concreto, na fixação de objectivos/ /metas[1] a atingir deve atender-se a alguns critérios básicos. Assim, os objectivos devem:

    (i)   ser sempre vistos como uma melhoria e não como algo que a UO já faz;

    (ii) ser em número limitado (máximo 5);

    (iii) ser estabelecidos em todos os níveis da estrutura hierárquica (em cascata) sobretudo devido à forma piramidal da estrutura funcional da Administração Pública (Quadro A0 – Anexo 1);

    (iv) começar por serem definidos pela gestão de topo, para que, aos vários níveis da estrutura hierárquica, todas as UO ajustem os seus objectivos ao objectivo global comum;

    (v) ser acertados entre o superior hierárquico e o seu subordinado, para que este assuma o compromisso de os atingir;

    (vi) ser suporte para a UO, reflectindo as necessidades mais importantes para as suas funções;

    (vii) estar sempre orientados para resultados, isto é, enunciados em termos de uma consequência desejada, com o fim de melhoria;

---

[1] Metas e objectivos (quantificados) são termos intercambiáveis.

360 *Sistema Integrado da Avaliação do Desempenho da Administração Pública*

(viii) ir para além de simples intenções;
 (ix) ser simples, concisos e claros nas suas finalidades;
 (x) estar alinhados com os objectivos da reforma e ainda com os estipulados num nível hierárquico superior;
 (xi) ser mensuráveis, isto é, estar associados a indicadores de aferição do grau do seu cumprimento (indicadores de desempenho previamente identificados);
 (xii) ser individualizados, isto é, cada objectivo deve reportar a uma e só uma UO (não deve, portanto, ter-se como objectivo algo que requeira a colaboração de outra UO);[2]
 (xiii) ser accionáveis, isto é, nenhum objectivo deve incidir sobre questões fora do controle da respectiva UO;
 (xiv) ser realizáveis;
 (xv) ser bem definidos no tempo, contemplando, portanto, o prazo previsto para a sua consecução.

2.2.2. *Tipologia de objectivos*

A questão subsequente coloca-se ao nível da tipologia de objectivos que deverão ser considerados. Tendo presente os propósitos da Reforma, propõe-se que os objectivos sejam agrupados em torno de três categorias, cada uma com duas subdivisões (dado o número limitado de objectivos que se pretende, não é de esperar que todos os organismos tenham objectivos em todas as subcategorias): (Quadro 5)

• Objectivos de Qualidade de serviço e impacto.

O aumento da qualidade de serviço deve ser um objectivo global centrado no utente, indo ao encontro das suas necessidades. Assim sendo, é natural que em primeiro lugar devam surgir os objectivos de melhoria do nível de serviço prestado aos cidadãos e às empresas. Contudo, não basta supor que se está a prestar um serviço de qualidade.

---

[2] Claro que uma UO de nível hierárquico superior pode e deve definir objectivos que impactem em mais do que uma UO de nível hierárquico inferior.

TIPO DE OBJECTIVOS A CONSIDERAR

	Tipo de Objectivos	Exemplos ilustrativos
Qualidade de serviço e impacto na sociedade	Impacto na sociedade	- Taxa de mortalidade infantil - Percentagem do IDE* no PIB Português
	Qualidade de serviço prestada	- Tempo médio para licenciamento de uma determinada actividade económica - Tempo médio de espera para cirurgia no SNS**
Produtividade e gestão da despesa	"Produtividade" dos recursos afectos - Recursos humanos - Capital - Despesa	- Número médio de processos judiciais encerrados por juiz num determinado período - Número de cirurgias anuais efectuadas por bloco operatório do SNS - M2/funcionário - Consumo de energia eléctrica/funcionário
	Custo unitário	- Custo de Kwh de energia eléctrica
Instrumentais **Motivação/gestão dos RH**		- Taxa de absentismo - Idade média do quadro da unidade orgânica
Outros		- Prazo para conclusão de aplicação informática crítica - Número de contribuintes com cadastro completo e actualizado

* Investimento Directo Estrangeiro
** Serviço Nacional de Saúde

Quadro 5

A ambição deve ir mais além. É fundamental, pois, que os resultados de tal prestação sejam avaliados a nível do seu impacto na sociedade, que convém igualmente aferir, quer através de medidas de percepção (obtidas por meio de inquéritos a grupos alvo, etc.), quer através de indicadores de desempenho. No final, será este conjunto a ditar se este ou aquele organismo (ou a Administração Pública no seu todo) está ou não a cumprir bem a sua missão.

- Objectivos de Produtividade e gestão da despesa.

O binómio custo-benefício é o «barómetro» da eficiência dos Organismos. A não racionalização de recursos e/ou o seu desperdício é sempre

362 *Sistema Integrado da Avaliação do Desempenho da Administração Pública*

de combater. A este respeito, os objectivos poderão ser referentes, quer à produtividade dos recursos afectos, devendo ser, neste domínio, englobados os recursos humanos, o capital empregue e as despesas gerais, quer ao custo unitário de cada factor. Com esta divisão obtêm-se duas subcategorias mutuamente independentes, a primeira orientada ao controlo dos «consumos» e a segunda orientada à redução dos custos unitários desses mesmos «consumos».

• Objectivos Instrumentais.

Como forma de atingir os objectivos atrás enunciados, é necessário dar o devido relevo a factores críticos, cuja não consecução impede que sejam atingidos os objectivos principais desta reforma. Daí a sua natureza instrumental. A este nível, ressalta como elemento chave a motivação/gestão dos recursos humanos, mas é natural que outros objectivos instrumentais possam ser chamados à colação, nomeadamente no domínio da informatização.

2.2.3. *Definição de objectivos das Unidades Orgânicas*

Para definir os objectivos, haverá que começar por especificar «intenções de melhoria» em algumas das áreas mais significativas para a sua função (tendo por base o diagnóstico feito para a UO). Para cada intenção, há que identificar o indicador de base que permite medir o grau de concretização dessa intenção.

A título meramente exemplificativo, imagine-se que uma dada UO estipula como intenção de melhoria a «diminuição do número de reclamações dos seus utentes». Claro que, neste caso, somando todas as reclamações recebidas (por escrito, telefone, e-mail e presenciais) se teria um indicador do estado actual da situação (ponto de partida).

Admita-se, contudo, que as proporções relativas de cada tipo de reclamações são aproximadamente constantes (40% escritas, 20% telefónicas, 15% por e-mail e 25% presenciais). Então, é seguramente mais simples medir apenas um único tipo de reclamações (escritas, por exemplo), para se poder acompanhar a evolução do volume de reclamações e, consequentemente, do grau de melhoria que está a ser conseguido. Neste exemplo, o indicador de base é o «n.º de reclamações», mas, o indicador elementar seleccionado é o «n.º de reclamações escritas». Importa, claro está, saber que método é utilizado para medir o n.º de reclamações escritas» (diário, mensal, semanal, etc.) e respectivas fontes de informação, de modo que o indicador não dependa de factores menos exactos.

Dados aqueles passos, pode-se formular o objectivo (ou aspiração quantificada/resultado quantificado) face à situação de partida. O objectivo poderá ser, por exemplo, «Diminuir em 65% o n.° de reclamações dos utentes até 31 de Dezembro de 2005». Tal é equivalente a dizer que o indicador seleccionado (n.° de reclamações escritas/mês) deverá mostrar uma evolução (que deverá ser acompanhada) na mesma proporção, para que o objectivo se considere atingido no prazo estipulado.

É conveniente que no acto de verificação do cumprimento do objectivo definido, também seja analisado se os pressupostos, de que se partiu, se mantiveram (por exemplo, as proporções relativas de cada tipo de reclamação). Por outro lado, tratando-se de um processo de melhoria contínua, a próxima definição de um novo objectivo deve ter em conta as análises efectuadas.

Assim, grosso modo, o processo de fixação de objectivos e respectivos indicadores desenvolve-se em 5 passos (Quadro 6):

Passo 1 – Definir «intenções» de melhoria e indicadores de base associados.

Neste passo, tendo por base o diagnóstico feito para a UO, escolhemse as principais intenções de melhoria e, para cada intenção, identifica-se o indicador de base que permite medir o grau de concretização dessa intenção.

Passo 2 – Seleccionar indicadores relevantes para a unidade em causa.

Caso os indicadores de base identificados no Passo 1 sejam de medição complexa ou morosa, convém procurar indicadores mais elementares que também possam aferir o grau de evolução da melhoria (no caso anterior, o n.° de reclamações escritas/mês).

364 *Sistema Integrado da Avaliação do Desempenho da Administração Pública*

ABORDAGEM PROPOSTA PARA A DEFINIÇÃO DE OBJECTIVOS POR UNIDADE ORGÂNICA

	Descrição	Fichas de suporte
1. Definir "intenções" de melhoria e indicadores base associados	- Derivar dos FSs para a unidade orgânica em causa, quais as "intenções" de melhoria subjacentes e indicadores-base para a sua medição	- ___
2. Seleccionar indicadores relevantes para a unidade em causa	- Seleccionar os indicadores relevantes com base em critérios de (1) poder explicativo (peso na evolução dos indicadores-base) e (2) accionabilidade para a unidade orgânica em causa	- ___
3. Validar a consistência com indicadores definidos para nível superior (actividade só aplicada ao primeiro nível ministerial)	- Confrontar indicadores seleccionados com indicadores definidos a nível orgânico "superior" para a tipologia de atribuições da unidade orgânica em causa para averiguar consistência e ajustar caso necessário	- ___
4. Especificar em detalhe os indicadores a utilizar	- Concretizar para cada indicador a metodologia e frequência de cálculo e fontes de informação subjacentes	- Ficha 1.A. (*) Definição técnica dos indicadores de base
5. Definir aspiração de melhoria face à situação de partida	- Quantificar indicadores seleccionados para a situação de partida e definir aspiração para cada um deles à luz das "intenções" definidas no passo 1	- Ficha 1.B. (*) Definição de objectivos por unidade orgânica

Metodologia a aplicar individualmente por Unidade Orgânica, segundo uma lógica hierárquica (i.e., dos níveis superiores para os níveis inferiores)

* Em anexo

Quadro 6

Resolução do Conselho de Ministros n.º 53/2004, de 21 de Abril   365

No Anexo I, apresenta-se no Quadro A.1 um exemplo mais complexo para o Ministério da Saúde, em que são identificados alguns indicadores de base de entre os quais o «custo médio por utilizador das unidades primárias» e, no Quadro A.2 mostra-se como este indicador de base se pode desdobrar (em árvore) noutros indicadores mais elementares. [3]

Passo 3 – Validar a consistência com os indicadores definidos para nível superior.

Neste passo procura-se a consistência e a coerência entre níveis hierárquicos adjacentes (Quadro A0 – Anexo 1).

Passo 4 – Especificar em detalhe os indicadores a utilizar.

Uma vez que se pretende medir de forma recorrente a evolução dos referidos indicadores e que se pretende que variações no indicador sejam totalmente resultantes de melhorias ou reduções de performance, e não de metodologias de cálculo diferentes, torna-se necessário, nesta fase, para cada um dos indicadores definir de forma precisa o método de cálculo e as fontes da informação necessária para o referido cálculo. Este aspecto é importante, uma vez que, caso contrário, o sistema não é transparente ou passa a depender de interpretações (que podem ir variando ao longo do tempo). Apesar de nunca ser possível eliminar totalmente a ambiguidade, esta especificação deverá representar um contributo importante para esse efeito, como se pode depreender da Ficha 1.A – Anexo 2, cujas características essenciais se mostram no Quadro 7.

Passo 5 – Definir aspiração de melhoria relativamente à situação de partida.

Definida a intenção e o indicador que irá medir o seu grau de concretização, pode fixar-se o Objectivo. No caso simples das reclamações, o objectivo foi «Diminuir o n.º de reclamações dos utentes em 65% até ao final de 2005» e o indicador escolhido para «medir» o seu grau de concretização foi o «número de reclamações escritas/mês» que, caso diminua em 65% no prazo estipulado, indicará que o objectivo foi atingido.

No Quadro A.3 (Anexo 1) dá-se um hipotético exemplo para o Ministério da Saúde para o horizonte 2003-2006.

---

[3] Note-se que é expectável que na vasta maioria dos casos não haja uma complexidade como a do Quadro A.2.

DEFINIÇÃO TÉCNICA DOS INDICADORES-CHAVE DE DESEMPENHO (ICDs)

Ministério/organismo:	Designação da Unidade:

Indicador (descrição):	
Algoritmo de cálculo:	

Objectivos:

Fontes de informação:	Responsável

Data de início de medição:	Frequência de medição:	Unidade responsável pela medição:

Quadro 7

No Quadro 8, apresentam-se as características essenciais de uma ficha-tipo de síntese de objectivos e respectivos indicadores [4] (Ficha 1.B – Anexo 2). Note-se que uma vez definidos os indicadores a utilizar para medir o grau de realização de um dado objectivo, pode, a partir daí, falar-se indistintamente (e por simplicidade) em «indicadores» ou «objectivos fixados».

Convém, ainda, referir que na maior parte dos casos o processo de fixação de objectivos e respectivos indicadores não é tão complexo como o exemplo mencionado para o Ministério da Saúde. Certo e seguro, porém, é que ao fixar os objectivos deve atender-se aos critérios enunciados no item 2.2.1. e jamais ficar pelas intenções.

---

[4] Claro que para alcançar as melhorias que o objectivo estipula é necessário levar a cabo diversas iniciativas ou projectos que promovam aquele desiderato. Nesta óptica os valores do indicador seleccionado acabam por reflectir também o sucesso ou insucesso das iniciativas levadas a cabo.

Resolução do Conselho de Ministros n.º 53/2004, de 21 de Abril 367

DEFINIÇÃO DE OBJECTIVOS POR UNIDADE ORGÂNICA

Descrição da unidade

Ministério/organismo: Designação da Unidade:

Indicadores/objectivos para a unidade

	Indicadores	Valor actual	Valor objectivo
Qualidade de serviço e impacto na sociedade	1 _____ 2 _____		
Produtividade e gestão da despesa	3 _____ 4 _____		
Motivação/ gestão dos RHs	5 _____		
Outros	(...)		

Quadro 8

Dão-se, em seguida, alguns exemplos de intenções que não servem como objectivos e de possíveis objectivos estipulados de acordo com os critérios atrás indicados.

2.2.4. *Exemplos de intenções e objectivos*

Para apoio aos Ministérios e respectivas Unidades Orgânicas no processo de definição dos seus objectivos (e dos objectivos individuais dos seus colaboradores) apresentam-se a seguir alguns Exemplos e Contra--Exemplos de objectivos estratégicos. Os Contra-Exemplos apresentados ilustram alguns erros frequentes na definição de objectivos a esta escala, em que muitas vezes são confundidos com uma definição de intenções.

No âmbito da Qualidade de serviço e impacto
Intenções
– Simplificar o processo de constituição de Sociedade;
– Diminuir o prazo máximo de pagamento das prestações sociais;
– Reduzir as filas de espera dos Hospitais;
– Aumentar a satisfação dos utentes;

368 Sistema Integrado da Avaliação do Desempenho da Administração Pública

- Aumentar a disponibilidade e acessibilidade dos serviços públicos;
- Diminuir a fraude e evasão fiscal;
- Desburocratizar os serviços públicos.

Objectivos (Quantificação dos indicadores de base num prazo pré-fixado)
- Diminuir para x dias o prazo máximo de pagamento de uma prestação social até 00/00/0000;
- Diminuir para x dias o prazo máximo de constituição de uma sociedade, até 00/00/0000;
- Reduzir em x% as filas de espera das intervenções cirúrgicas, até 00/00/0000;
- Aumentar em x% o número de consultas médicas realizadas diariamente em Portugal até 00/00/0000;
- Diminuir o número de reclamações em x%, até 00/00/0000;
- Aumentar em x% o volume de receita proveniente da detecção de casos de fraude e evasão fiscal até 00/00/0000;
- Diminuir para x meses o prazo máximo de trânsito em julgado dos processos judiciais, até 00/00/0000;
- Aumentar em x% o número médio de casos resolvidos no primeiro contacto com os serviços, até 00/00/0000.

No âmbito da Gestão da despesa e Produtividade
Intenções
- Diminuir a despesa pública;
- Diminuir os níveis de absentismo;
- Aumentar os níveis de produtividade;
- Simplificar os processos.

Objectivos (Quantificação dos indicadores de base num prazo pré-fixado)
- Reduzir em x% as despesas de administração de RH, até 00/00/0000;
- Reduzir em x% as despesas de operação e manutenção evolutiva dos sistemas de informação, até 00/00/0000;
- Reduzir em x% as despesas de telecomunicações, até 00/00/0000;
- Reduzir em x% os níveis de absentismo, até 00/00/0000;
- Reduzir em x% o preço médio de aquisição dos produtos das categorias x, y, z, até 00/00/0000;

Resolução do Conselho de Ministros n.º 53/2004, de 21 de Abril 369

– Aumentar em x% o número médio de funcionários por chefia até 00/00/0000;
– Aumentar em x% o número médio diário de consultas por médico, até 00/00/0000;
– Aumentar em x% o número de casos resolvidos pela equipa em menos de 24 horas, até 00/00/0000.

No âmbito da Valorização e Motivação dos Recursos Humanos
Intenções
– Aumentar a motivação dos funcionários;
– Aumentar a qualidade da formação;
– Aumentar a qualidade e intensidade da comunicação;
– Aumentar o nível de responsabilização dos funcionários.

Objectivos (Quantificação dos indicadores de base num prazo pré-fixado)
– Realização de um mínimo de x questionários de satisfação aos empregados, por ano;
– Obter um nível de satisfação dos empregados superior a x% em todos os inquéritos de satisfação realizados;
– Diminuir para x% os lugares vagos em cargo estratégicos;
– Aumentar a ocupação de lugares vagos nos quadros para x%;
– Diminuir em x% o volume de trabalho extraordinário realizado actualmente por empregado;
– Aumentar em x% a taxa de realização de acções de formação planeadas;
– Aumentar em x% o número médio de horas gastas anualmente em formação, por empregado;
– Alcançar uma taxa de x% de realização de acções de comunicação interna, face às planeadas;
– Obter 100% de avaliações realizadas em tempo durante o ano.

2.3. Revisão das atribuições e Orgânica do Estado e da Administração Pública

Esta segunda área de actuação operacional corresponde à revisão das funções e orgânica, tanto do Estado como da Administração Pública. Dada a complexidade e a vastidão inerente a esta área de intervenção, a

abordagem proposta passa por reconhecer a existência de duas etapas sequenciais:
- Em primeiro lugar, definir quais as funções que deverão ser revistas, quer com o intuito de as externalizar ou descontinuar, quer de as concentrar ou de as descentralizar.
- Em segundo lugar, sobre o produto final da fase anterior, proceder ao desenho do novo organigrama de cada Ministério. Desta forma garante-se que a definição da nova orgânica já incorpora as eventuais mudanças de contorno, bem como de localização (concentração ou descentralização) das funções a desempenhar pela Administração Pública.

2.3.1. Revisão das atribuições e funções dos Ministérios/ /Unidades Orgânicas

No que se refere à revisão das funções dos organismos públicos, propõe-se uma abordagem em três etapas sequenciais: (Quadro 9)

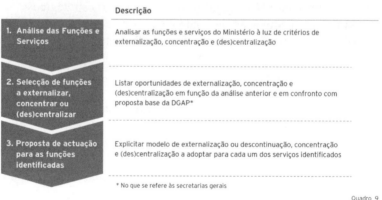

Quadro 9

Etapa 1 – Análise das Funções, Serviços e Actividades. Partindo do diagnóstico referido em 2.1., cada UO deverá analisar as respectivas funções, serviços e actividades submetendo cada uma delas aos critérios avançados para, respectivamente, identificar funções a externalizar/ descontinuar, concentrar ou centralizar/descentralizar. (Quadros 10 a 12)

Resolução do Conselho de Ministros n.º 53/2004, de 21 de Abril 371

CRITÉRIOS A CONSIDERAR PARA A IDENTIFICAÇÃO DE FUNÇÕES A EXTERNALIZAR/DESCONTINUAR

Possíveis critérios

Indicia manutenção da função no Estado				Indicia externalização/ descontinuação da função
	Incipientes	Existência de serviços congéneres no sector privado	Desenvolvidos	
	Elevado	Controlo necessário sobre as funções em analise	Reduzido	
	Elevada	Criticidade da função para o cumprimento da missão do Estado	Reduzida	

Quadro 10

Este exercício não é matemático, pois, na realidade, cada Ministério, cada Direcção-Geral, cada Instituto, cada Direcção de Serviços, etc., tem as suas especifidades, pelo que se opta por ilustrar alguns dos critérios que tipicamente influenciam as decisões de externalização, de concentração e de descentralização para que cada UO, à luz destes critérios, possa debater as principais oportunidades eventualmente existentes. Como contributo para a reflexão, em concreto na discussão de possíveis funções a concentrar, é importante ressaltar o papel das Secretarias Gerais de cada Ministério, cujo desenho se encontra em revisão e que são «alvos naturais» para a concentração de actividades transversais às UO dentro de cada Ministério e que, neste momento, possam estar duplicadas ou repartidas.

CRITÉRIOS A CONSIDERAR PARA A IDENTIFICAÇÃO DE FUNÇÕES A CONCENTRAR

Possíveis critérios

Indicia manutenção a nível da unidade orgânica			Indicia concentração a nível das SGs* ou outras unidades
	Reduzido — Volume de actividades — Elevado		
	Reduzida — Standardização de actividades — Elevada		
	Elevada — Necessidade de flexibilidade/capacidade de resposta a eventos pontuais — Reduzida		
	Elevada — Customização para necessidades específicas — Reduzida		

* Secretarias Gerais

Quadro 11

Quadro 12

Etapa 2 – Selecção de funções com potencial para externalizar, concentrar ou descentralizar. Com a reflexão da etapa anterior, haveria que

Resolução do Conselho de Ministros n.° 53/2004, de 21 de Abril 373

identificar, nesta segunda etapa, quais as funções que cada UO se proporia modificar. (Quadro 13 e Ficha 2.1.A- Anexo 2)

SÍNTESE DE OPORTUNIDADES DE EXTERNALIZAÇÃO, CONCENTRAÇÃO E (DES)CENTRALIZAÇÃO DE FUNÇÕES

Ministério/organismo:

Tipo de actuação	Função/Serviço	RHs afectos	Responsável	Data
A externalizar/ descontinuar	. — . — . (...)		. — . — . (...)	
A concentrar	. — . — . (...)		. — . — . (...)	
A (des)centralizar	. — . — . (...)		. — . — . (...)	

Quadro 13

Com o objectivo de garantir que todas as oportunidades são consideradas, esta lista teria necessariamente de ser confrontada com as propostas elaboradas pela Inspecção-Geral de Finanças ou pela Direcção-Geral da Administração Pública, neste mesmo domínio.

Etapa 3 – Proposta de actuação para as funções identificadas. Uma vez identificadas as funções/serviços a prestar, que cada unidade orgânica propõe como susceptíveis de ser externalizados, concentrados ou (des)centralizados, no quadro da revisão das funções do Estado e da Administração Pública, torna-se necessário concretizar essa pretensão, em propostas de actuação sob forma de Ficha, tantas quantas as iniciativas a desenvolver. Cada uma dessas fichas deve estar os seguintes elementos:

    (i)   principais características da oportunidade;

    (iii)   identificação do responsável do Ministério Ministério pela sua formulação/implementação;

    (iv)   previsão do tempo necessário para a realização da proposta definitiva (Ficha 2.1.B – Anexo 2)

374 *Sistema Integrado da Avaliação do Desempenho da Administração Pública*

No caso das funções/serviços a externalizar, as fichas devem ainda conter a indicação do modelo proposto para concretização desse objectivo, designadamente emprezarialização, parcerias público-privado e outsourcing. A decisão sobre o modelo de externalização a adoptar deve ser perspectivada em função, por um lado, do nível de controlo que será necessário manter sobre a posterior gestão operacional e, por outro, em função da competitividade existente, no sector privado, nas matérias em causa. (Quadro 14)

POSSÍVEIS MODELOS DE EXTERNALIZAÇÃO DE FUNÇÕES

	Descrição sumária	Prestador do serviço		Exemplos
EMPRESARIA-LIZAÇÃO	- Constituição de Sociedade Anónima com 100% de capitais públicos, possibilitando a instituição de uma lógica de gestão "privada" (i.e., celebração de contratos individuais com quadros de reconhecida experiência na área)	Detido a 100% pelo Estado	Decisão sobre o modelo de externalização a aplicar a um serviço do Estado deverá ter em conta o grau de controlo que será necessário manter sobre a unidade (em função da sua criticidade) e o nível de competitividade existente no sector privado	- Constituição dos hospitais, SA
PARCERIAS PÚBLICO-PRIVADAS	- Contratação de uma entidade privada pelo Estado para gerir uma instituição pública (contratos de gestão) ou implementar um projecto financiado pelo Estado e gerir as operações, com manutenção de um determinado grau de controlo e partilha de riscos com a entidade privada	Nível de controlo sobre a gestão operacional		- Contrato de gestão no hospital Amadora-Sintra - Novos hospitais a lançar (PPPs)
OUTSOURCING* / PRIVATIZAÇÃO TOTAL	- Externalização total de recursos e consequentemente da gestão para agentes privados com posterior aquisição do serviço por parte do Estado	Detido a 0% pelo Estado		- Outsourcing de contratos para serviços acessórios dos hospitais (catering, limpeza, gestão de resíduos, etc.)

Mero regulador

* Incluindo o outplacement em simultâneo para os RHs em causa

Quadro 14

2.3.2. *Revisão da Orgânica da Administração Pública*

A revisão dos modelos orgânicos é, em princípio, aplicável a todos os Ministérios e respectivas UO, sempre que se identifique que as estruturas actuais não estão alinhadas com as missões específicas de cada um ou, até, com os grandes princípios da Reforma.

Resolução do Conselho de Ministros n.º 53/2004, de 21 de Abril 375

No âmbito do novo quadro legal para a organização administrativa do Estado, estão contempladas algumas orientações que devem ser consideradas na revisão das estruturas orgânicas, designadamente a simplificação das formalidades legais relativas à criação e alteração das estruturas dos serviços. Neste contexto, as principais actividades a desenvolver são:

- Diagnóstico rigoroso sobre os actuais constrangimentos e oportunidades de melhoria no âmbito das estruturas organizacionais existentes;
- Clarificação da missão e das funções da UO em análise, considerando o levantamento de funções e as definições deste decorrentes, nesta matéria.

Pode ser útil para a prossecução dos objectivos supra-mencionados, a reflexão sobre algumas questões, tais como:

- Será a estrutura orgânica actual a mais adequada ao cumprimento da missão do organismo (UO)?
- Quais os principais constrangimentos da estrutura actual?
- Quais as orientações estratégicas existentes, respeitantes à redefinição de estruturas orgânicas?
- Quais as diferentes áreas funcionais existentes?
- Quais as funções que irão ser eliminadas e externalizadas?
- Qual o impacto e externalização de funções na actual estrutura orgânica?
- Qual o impacto das alterações da estrutura orgânica, na afectação interna de recursos humanos?

Uma vez esquiçada a nova estrutura orgânica gizada na sequência da reflexão anterior, importa submetê-la a critérios de:

(i) alinhamento organizativo com a função/objectivos da UO;

(ii) simplificação da cadeia hierárquica.

No que se refere ao alinhamento organizativo com as funções/ /objectivos, este não é um exercício que possua contornos de natureza determinística, constituindo, de facto, um exercício que se encontra fundamentado na avaliação crítica da macro-organização de cada Ministério, Direcção-Geral e Instituto.

Reconhecendo que «cada caso é um caso» optou-se por tipificar a natureza de modelos organizativos típicos e suas implicações práticas, juntamente com uma breve perspectiva sobre a sua aplicabilidade, para que, à luz destes, se possa proceder a uma reflexão sobre a orgânica em questão, e por acréscimo, se identifiquem possíveis oportunidades de reestruturação.

Por fim, e no que se refere ao segundo critério – simplificação da cadeia hierárquica –, haverá que proceder à quantificação de um conjunto de indicadores fundamentais que explicitem a evolução preconizada a nível do número de níveis hierárquicos e chefias intermédias. (Quadro 15)

Este conjunto de indicadores constitui a base para aferição do «mérito» da nova orgânica no que se refere ao seu grau de «achatamento» e simplificação.

SÍNTESE DE INDICADORES GLOBAIS DE "SIMPLIFICAÇÃO" HIERÁRQUICA

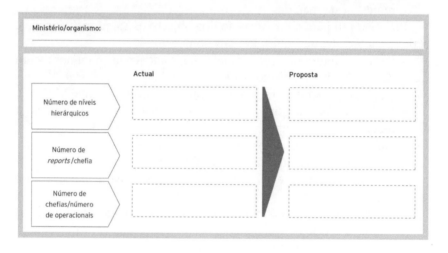

Quadro 15

2.4. Melhoria da Qualidade dos Serviços prestados

Dada a complexidade inerente à presente área de actuação operacional e segundo uma lógica de concentração de esforços nos aspectos essenciais para cada Ministério, deve-se privilegiar a identificação de oportunidades de melhoria/redesenho para um conjunto de processos de elevada criticidade para o utente. Neste sentido, preconiza-se uma abordagem com a seguinte sequência:

1.º – Definir o universo dos processos prioritários para o esforço de melhoria. Começa por identificar-se, antes do mais, quais os processos/ /actividades directamente associados à prestação de serviços pela UO, que deverão ser considerados prioritários. Para tal, aplicam-se aos diferentes processos os critérios referidos no Quadro 16.

CRITÉRIOS A CONSIDERAR PARA A PRIORITIZAÇÃO DE PROCESSOS ASSOCIADOS AO UTENTE

Quadro 16

Em concreto, o tipo de critérios a utilizar encontra-se estruturado sob duas vertentes fundamentais:
- Impacto para o cidadão/empresa, materializado na frequência e «qualidade» da experiência de utilização;
- Impacto para a Administração Pública, no que respeita aos custos decorrentes dos recursos afectos (RHs e sistemas) a cada um desses processos.

2.º – Identificar parâmetros de medição de desempenho. Em linha com o desiderato inerente à presente área de actuação (melhoria da qualidade dos serviços prestados), pretende-se, seleccionar os parâmetros que descrevam, de forma adequada, as dimensões fundamentais do desempenho actual e explicitem a aspiração de melhoria associada a cada um dos processos em análise. Esta reflexão deverá ser orientada de acordo com as vertentes de prioritização anteriormente referidas. Com o objectivo de caracterização da actual situação/aspiração subjacente,

378 *Sistema Integrado da Avaliação do Desempenho da Administração Pública*

ilustra-se de seguida um possível conjunto de parâmetros a considerar:

Ao nível da qualidade de serviço prestada
• Tempo médio de execução do serviço;
• Incidência de erros de execução;
• Número de interacções necessárias pelo utente.

Ao nível de eficiência/produtividade
• Número de Recursos Humanos afectos/número de «serviços» concluídos no período;
• Custo associado a sistemas de suporte/número de «serviços» concluídos no período.

3.° – Identificar e caracterizar oportunidade de redesenho. Para facilitar a identificação e caracterização das oportunidades concretas de redesenho para os processos em análise, deverá proceder-se ao mapeamento destes processos, que deverá incluir uma adequada descrição das etapas, actividades, intervenientes e sistemas de suporte que lhe estão associados. (Quadro 17 e Ficha 3.A – Anexo 2)

FICHA - MAPEAMENTO DE PROCESSOS CRÍTICOS

Etapas do processo (actividades)		Cidadão
Descrição		
Entidades intervenientes (nível hierárquico)		
Sistemas de suporte associados		

Quadro 17

A identificação de oportunidades de melhoria deverá ter como base de reflexão um conjunto de boas práticas de desenho de um processo que sumariamente se descrevem de seguida: (Quadro 18)

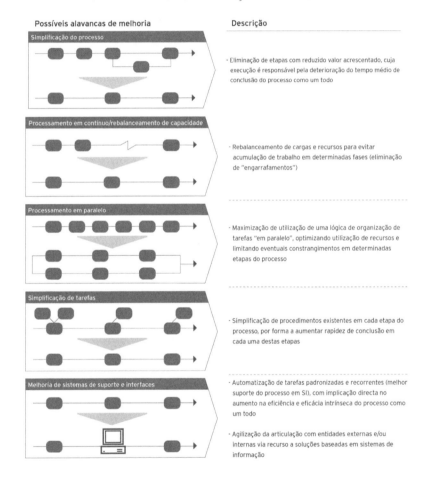

Quadro 18

- Simplificação do processo. Análise crítica de valor acrescentado a cada etapa do processo, com vista à eliminação de etapas não essenciais/acessórias à «prestação» do serviço;

380   *Sistema Integrado da Avaliação do Desempenho da Administração Pública*

- Processamento em contínuo/rebalanceamento de capacidade. Adequação de cargas e recursos para evitar acumulação de trabalho em determinadas etapas;
- Processamento em paralelo. Organização de tarefas em «paralelo» para optimização da utilização de recursos, limitando eventuais constrangimentos em determinadas etapas do processo;
- Simplificação de tarefas associadas a cada etapa. Racionalização dos actuais procedimentos com vista ao aumento da rapidez de conclusão de cada etapa;
- Melhoria de sistemas de suporte e interfaces. Automatização de tarefas padronizadas e recorrentes e de interfaces com entidades externa e internas.

A explicitação das distintas iniciativas de redesenho identificadas, articulada com a aplicação sistemática dos princípios de desenho atrás descritos, deverá incluir um conjunto mínimo de informação, nomeadamente (i) o número de intervenientes e recursos humanos abrangidos, (ii) uma descrição sumária da oportunidade e (iii) a aspiração de melhoria que lhe está subjacente. Este conjunto de informação serve o propósito de suportar uma posterior avaliação do mérito intrínseco e o lançamento efectivo e consertado dos distintos projectos de melhoria de processos. (Quadro 19 e Ficha 3.B – Anexo 2)

Ministério/organismo:					
Objectivos					
Entidades envolvidas:	Total de RHs	Parâmetros de desempenho:		Actual	Aspiração
._____	–	._____		–	–
._____	–	._____		–	–
._____	–	._____		–	–
Síntese de oportunidades de melhoria:		Entidades responsáveis pela proposta de redesenho:			
		Data limite de conclusão: ____/____/ 2004			

Quadro 19

Resolução do Conselho de Ministros n.º 53/2004, de 21 de Abril 381

4.º Derivar implicações a nível do enquadramento regulamentar e sistemas de suporte. Uma vez identificadas as propostas de melhoria/redesenho, a sua implementação no terreno pode exigir uma eventual reformulação do quadro regulamentar que rege cada um dos processos/procedimentos sobre os quais se vai actuar. Esta reformulação poderá implicar, também, uma redefinição dos sistemas de suporte que lhes estão associados.

2.5. Revitalização do Programa de Formação e Valorização para a Administração Pública

A definição pelos Ministérios de estratégias de formação para os seus recursos humanos tem como objectivo o seu desenvolvimento, valorização e qualificação, o aumento da sua produtividade e, sobretudo, o aumento da sua motivação. Adicionalmente, como já anteriormente referido, a formação constitui um pilar fundamental para catalisar e assegurar o sucesso do presente esforço de Reforma da Administração Pública.

Estes objectivos serão alcançados se as estratégias de formação a definir potenciarem um alinhamento entre as competências individuais e as efectivas necessidades para o desempenho das funções a que estão afectos.

Não é objectivo deste Texto de Apoio dar orientações sobre programas de formação específica relativos às múltiplas necessidades de formação e valorização das diferentes categorias de funcionários da Administração Pública.

Contudo, é necessário ter presente que a boa condução das iniciativas de Reforma que serão levadas a cabo no âmbito de cada UO nos vários Ministérios, requer níveis de competência adequados e exigentes, quer para os quadros dirigentes, quer para o exercício de funções resultantes de novas metodologias de trabalho, ou ainda para as necessidades de requalificação dos funcionários que venham a ser chamados ao exercício de novas funções.

Neste sentido, sublinha-se a prioridade que deverá ser conferida à definição de perfis de competência aos vários níveis funcionais e, por maioria de razão, às chefias, enquanto responsáveis pelos processos de Reforma nas unidades que dirigem, bem como pela definição de planos de formação específicos das equipas que coordenam.

382 *Sistema Integrado da Avaliação do Desempenho da Administração Pública*

3. MODELO DE ACOMPANHAMENTO DA REFORMA DA ADMINISTRAÇÃO PÚBLICA

O sucesso na concretização dos ambiciosos objectivos subjacentes ao Programa de Reforma da Administração Pública depende, em boa medida, da existência de estruturas e mecanismos eficazes para o acompanhamento do seu estado de avanço. Desta forma, no presente capítulo procura-se sistematizar os aspectos práticos associadas à concretização, em cada Ministério, das distintas Áreas de Actuação Operacional. A este respeito, o presente capítulo encontra-se estruturado em três partes:
- Estruturas formais de acompanhamento da Reforma;
- Mecanismos de acompanhamento e controlo da Reforma;
- Calendarização preconizada para os primeiros seis meses de execução do Programa de Reforma.

3.1. Estruturas formais de acompanhamento da Reforma

No âmbito do acompanhamento da Reforma da Administração Pública, destacam-se dois intervenientes principais, cujos papéis, ainda que distintos, são contudo complementares. (Quadro 20)
- A Missão de Acompanhamento da Reforma da Administração Pública (MARAP), enquanto elemento responsável pelo acompanhamento transversal da execução da Reforma, promove o cumprimento das principais linhas de orientação e o alinhamento na execução das diversas áreas de intervenção transversais para a totalidade dos Ministérios.
- Os Núcleos de Acompanhamento da Reforma (NAR), a nível de cada Ministério, sob dependência hierárquica do respectivo Ministro e com uma articulação funcional com a MARAP, têm como objectivo a dinamização e execução consistente dos diversos objectivos do Programa de Reforma para cada um dos Ministérios, em linha com as orientações de carácter transversal fornecidas pela MARAP.

Neste contexto, os intervenientes mencionados deverão assegurar as responsabilidades que se descrevem subsequentemente.

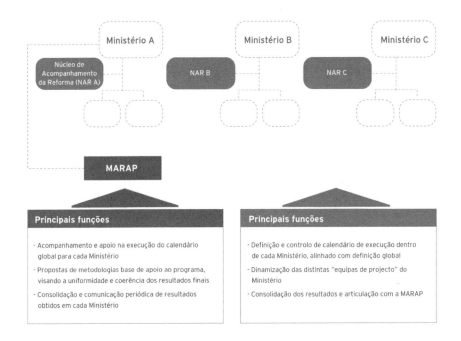

Quadro 20

Missão de Acompanhamento da Reforma da Administração Pública (MARAP)

A MARAP irá «acompanhar o desenvolvimento das várias etapas da Reforma da Administração Pública no cumprimento das linhas de orientação definidas pelo Governo.»

Neste contexto, a MARAP procurará assegurar o acompanhamento sistemático do modo como se vão executando as diferentes iniciativas, garantindo o aperfeiçoamento das soluções encontradas e a coerência dos resultados que se pretendem atingir com esta Reforma estrutural.

Enquanto Missão de Acompanhamento da Reforma da Administração Pública, a MARAP procurará fornecer as orientações necessárias ao seu avanço célere, homogéneo e integrado, e assegurar a implementação dos necessários mecanismos de avaliação e controlo.

384 *Sistema Integrado da Avaliação do Desempenho da Administração Pública*

Em suma, a MARAP tem como principais responsabilidades as seguintes:
- Identificar iniciativas (projectos) a desenvolver e respectivo calendário global de execução;
- Identificar e difundir metodologias que constituirão a base de apoio à concretização do Programa;
- Apoiar e dinamizar a execução do Programa a nível de cada Ministério;
- Monitorizar e comunicar o estado de avanço global da Reforma, mediante o acompanhamento periódico dos resultados alcançados pelos vários Ministérios.

Núcleos de Acompanhamento da Reforma (NAR)

Os NARs constituem os protagonistas fundamentais do processo de Reforma a nível de cada Ministério, assumindo a responsabilidade directa pela garantia de concretização e gestão adequada do processo de Reforma a nível de cada um dos respectivos Ministérios.

Em concreto, os NARs assumem-se efectivamente como os principais agentes de concretização da mudança nos Ministérios, competindo-lhes o planeamento e dinamização da implementação da Reforma de acordo com as orientações transversais e em consonância com os objectivos políticos de cada Ministério.

Aos NARs compete, pois, assegurar canais de informação, a nível do Ministério, sendo responsáveis, para além da coordenação e gestão operacional das distintas «equipas de projecto», pela articulação com a MARAP, designadamente através da consolidação e comunicação periódica dos resultados obtidos.

Uma vez que, tal como descrito, se espera que os NARs sejam um dos principais motores da Reforma, é fundamental garantir a verificação de alguns princípios base na constituição.
- Senioridade dos responsáveis. Dada a natureza das decisões a tomar e o perfil dos interlocutores, é fundamental garantir que o responsável do NAR de cada Ministério detenha uma senioridade adequada à liderança eficaz do processo de Reforma no respectivo Ministério.
- Composição adequada dos NARs. Para que o processo de Reforma avance de forma célere e respeitando os calendários, os NAR deverão ser uma estrutura leve, dotada de elementos com as competências adequadas.

• Prioridade na agenda do Ministério. Durante o processo de Reforma será frequente a necessidade de tomar decisões sobre as distintas áreas de intervenção, pelo que, para evitar atrasos não desejados, é necessário garantir que os NARs têm acesso fluido à liderança executiva do Ministério.

3.2. Mecanismos de acompanhamento e controlo da Reforma

No âmbito dos mecanismos formais de acompanhamento e controlo do estado de avanço da Reforma, preconiza-se a institucionalização de um conjunto de reuniões que servem objectivos distintos. (Quadro 21)

DESCRIÇÃO SUMÁRIA DAS REUNIÕES DE ACOMPANHAMENTO PROPOSTAS PARA OS PRIMEIROS 6 MESES

Reunião		Participantes	Objectivos	Trabalho preparatório necessário
Reuniões mensais para acompanhamento do estado de avanço	Individuais por Ministério (18 reuniões individuais por Ministério)	· NAR de cada Ministério * (liderança da reunião) · Outros elementos relevantes do Ministério · Responsável da MARAP	· Avaliar estado de avanço do programa em cada ministério · Avaliar necessidades/ introduzir ajustes ao calendário previamente definido · Identificar eventuais medidas correctivas	· Consolidação do estado de avanço dos distintos projectos em curso no ministério (NAR) · Preparação de materiais para discussão/apresentação (NAR)
	Transversais ao programa de reforma (1 reunião)	· MARAP (liderança da reunião)* · Representantes de cada NAR · Outros elementos relevantes de cada ministério	· Comunicar estado de avanço global do programa de reforma da AP · Participar eventuais ajustes ao calendário inicial	· Consolidação do estado de avanço em cada Ministério (MARAP) · Preparação de materiais para comunicação do estado de avanço global (MARAP)

* Se considerar oportuno, quer a Ministra de Estado e das Finanças, quer o Ministro do respectivo sector, participarão na reunião, presidindo, às reuniões de acompanhamento para fornecer orientação política relativa a aspectos concretos que importe equacionar.

Quadro 21

• Reuniões mensais para acompanhamento do estado de avanço da Reforma. Estas reuniões constituem a peça fundamental para o acompanhamento e controlo da execução do Programa, à luz do

386 *Sistema Integrado da Avaliação do Desempenho da Administração Pública*

calendário global e individual de cada Ministério. Por forma a reflectir necessidades e objectivos diferenciados de acompanhamento (global vs. Ministerial), preconiza-se a instituição de dois tipos distintos de reuniões:

1. Reuniões por Ministério, sob a liderança de cada NAR, com participação de elementos relevantes do Ministério, bem como, com o responsável da MARAP se considerado útil. Estas reuniões terão como objectivo central a avaliação do estado de avanço do Programa em cada Ministério, bem como a definição de eventuais medidas correctivas e potenciais ajustamentos ao calendário previamente definido. Para tal, é necessário que cada NAR proceda ao prévio levantamento e consolidação do estado de avanço para cada um dos distintos projectos em curso com o objectivo de preparar os necessários materiais para apresentação e discussão.

2. Reuniões de acompanhamento do Programa de Reforma, sob a liderança da MARAP e representantes do NAR, assim como de outros elementos relevantes de e cada Ministério. À semelhança das anteriores reuniões, também estas têm como objectivo a comunicação/avaliação do estado de avanço da execução da Reforma, a um nível global para a totalidade da Administração Pública. Para este fim, a MARAP terá a seu cargo a consolidação e preparação de materiais de suporte com base na informação recolhida dos NARs.

3.3. Calendarização preconizada para os primeiros seis meses de execução do Programa de Reforma

Dada a significativa diversidade e profundidade de transformação, que estará associada às distintas propostas de actuação que decorrerão do Programa de Reforma nas suas distintas áreas de actuação, optou-se por estruturar um calendário de execução apenas para os primeiros seis meses (contados a partir do momento em que cada organismo dá início à fase operacional da Reforma). Em concreto, pretende-se que, no decurso dos próximos seis meses, cada uma das equipas Ministeriais proceda à aplicação das metodologias anteriormente descritas com vista ao desenvolvimento de propostas específicas e respectivo planeamento da implementação.

Por exemplo a instituição de uma lógica de gestão por objectivos (ponto 1 do quadro 22) pressupõe a definição de objectivos no prazo máximo de 4 meses. A definição das iniciativas para concretizar os objectivos pretendidos deve iniciar-se imediatamente, à medida que estes vão sendo definidos.

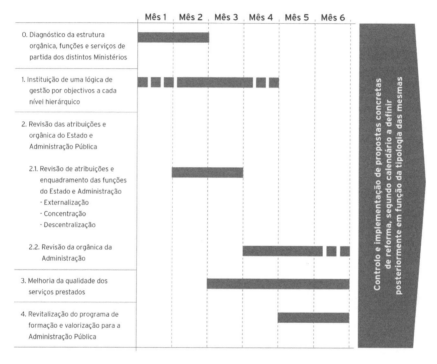

Quadro 22

Para tal, definiu-se um calendário de execução a partir do arranque da fase operacional da Reforma que visa reflectir, no tempo de duração, o esforço associado a cada uma das Áreas de Actuação Operacional (cf. pág. 27) e, simultaneamente, reflectir a existência de «precedências». (Quadro 23)
- Arranque do diagnóstico da estrutura orgânica, funções e serviços no primeiro mês, com conclusão prevista para o terceiro mês do mesmo ano.

388 *Sistema Integrado da Avaliação do Desempenho da Administração Pública*

- Arranque do processo de instituição de uma lógica de gestão por objectivos entre o mês um e o mês quatro.
- Arranque da revisão de atribuições e orgânica do Estado e Administração Pública no mês dois e conclusão de propostas no final do mês seis.
- Componente de revisão de atribuições e enquadramento de funções do Estado a decorrer entre os meses dois e quatro.
- Componente de revisão global da orgânica da Administração Pública a decorrer os meses quatro e seis.
- Arranque do esforço de melhoria da qualidade de serviço prestado no mês três e conclusão de propostas no final do mês seis.
- Início do esforço de revitalização do programa de formação e valorização para a Administração Pública no mês cinco e conclusão de propostas no mês seis.

Finalmente, e em linha com o anteriormente descrito no âmbito dos mecanismos formais de acompanhamento e controlo da execução, pretende-se levar a cabo as seguintes reuniões de acompanhamento e controlo:

- Quatro «vagas» de reuniões de acompanhamento do estado de avanço da Reforma, no final dos meses 1, 2, 4 e 5, a partir do início do processo operacional da Reforma.

ANEXO I
Aplicações de metodologia de gestão por objectivos

DEFINIÇÃO EM CASCATA DOS OBJECTIVOS

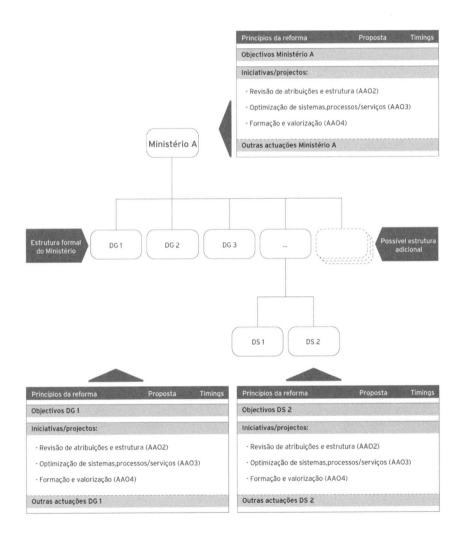

Quadro A0

IDENTIFICAÇÃO DAS "INTENÇÕES" DE MELHORIA
PARA O MINISTÉRIO COMO UM TODO

"Intenções" de melhoria

Impacto na sociedade

Consolidar ganhos de saúde, eliminando assimetrias regionais e desvios face aos países mais desenvolvidos, promovendo uma actuação centrada no cidadão

Qualidade de serviço prestada

Optimizar a cobertura de cuidados de saúde e minimizar barreiras de acesso ao sistema por parte dos utentes, (1) reduzindo listas de espera para cirurgia e consultas de especialidade, (2) eliminando utentes sem médico de família e (3) reforçando programas verticais de prevenção (p. ex., rastreios oncológicos)

- Número de utentes sem médico de família
- Tempo médio de espera para consulta de especialidade
- ...

Produtividade e gestão da despesa

Assegurar o equilíbrio e sustentabilidade financeira do sistema, promovendo (1) a gestão eficiente dos recursos físicos e financeiros, e (2) a produtividade dos prestadores de cuidados

- Custo médio por utilizador dos cuidados primários
- Custo médio da urgência
- ...

- Taxa de mortalidade infantil
- ...

Desagregado ilustrativamente
Exemplos de indicadores de base associados a cada uma das "intenções"

Quadro A1

EXEMPLO DE IDENTIFICAÇÃO DE INDICADORES ELEMENTARES POR DESAGREGAÇÃO DOS INDICADORES BASE

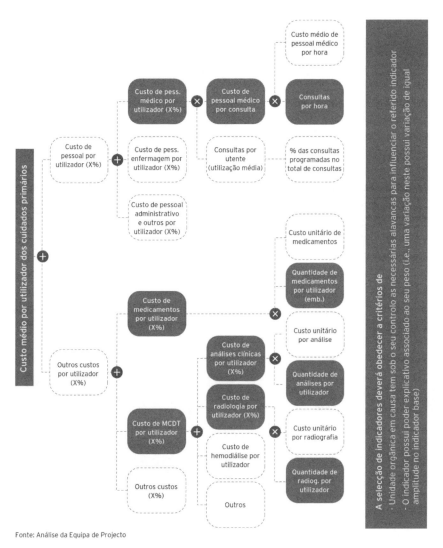

Fonte: Análise da Equipa de Projecto

Quadro A2

392 *Sistema Integrado da Avaliação do Desempenho da Administração Pública*

EXEMPLO DE EXPLICITAÇÃO NUMÉRICA DOS OBJECTIVOS GLOBAIS DO MINISTÉRIO

Impacto na sociedade

Variáveis-chave	2002	Objectivo(d) (2010)
- Taxa de mortalidade infantil	X‰	<X%
- Casos de tuberculose respiratória	—	<—
- Gap entre regiões da mortalidade perinatal	X%	<X%

Qualidade de serviço prestada

Variáveis-chave	2002	Objectivo (2005)
- Número de utentes sem médico de família	—	—
- Número de utentes com tempo de espera para cirurgia acima do clinicamente aceitável	N.d.	—
- Tempo médio de espera para consulta de especialidade	N.d.	~X mês
- Cobertura de imunizações DTP(e)	X%	>X%

Produtividade e gestão da despesa

Variáveis-chave	2002	Objectivo (2005)
- Custo médio por utilizador dos cuidados primários(b) (~7 milhões de utilizadores)	— €	— €
. MCDTs por utilizador	— €	— €
. Medicamentos por utilizador	— €	— €
- Custo médio dos cuidados secundários(c)		
. Custo médio do internamento (~800 mil altas)	— €	— €
. Custo médio da urgência (~5,5 milhões de urgências)	— €	— €

(a) Assumindo como custo unitário médio o custo marginal
(b) Utilizando universo da região de LVT
(c) Utilizando universo dos Hospitais SA
(d) Definido por alinhamento com os países top de cada indicador
(e) Diphtheria; Pertussis; Tetanus

Fonte: DGS; OCDE; OMS

Quadro A3

ANEXO II
Fichas de apoio

FICHA 0.	CRUZAMENTO DA ORGÂNICA COM AS FUNÇÕES E SERVIÇOS

IDENTIFICAÇÃO DA UNIDADE ORGÂNICA

MINISTÉRIO/ORGANISMO: ---

DESIGNAÇÃO DA UNIDADE: ---

CARACTERIZAÇÃO DA FUNÇÃO E SERVIÇOS

FUNÇÃO	SERVIÇOS	RECURSOS HUMANOS AFECTOS
Descrição	Descrição	Número
1.	1.1 1.2 1.3 1.4 1.5 1.6 1.7 1.8	Subtotal Função
2.	2.1 2.2 2.3 2.4 2.5 2.6 2.7 2.8	Subtotal Função
3.	3.1 3.2 3.3 3.4 3.5 3.6 3.7 3.8	Subtotal Função
4.	4.1 4.2 4.3 4.4 4.5 4.6 4.7 4.8	Subtotal Função
TOTAL DE RECURSOS HUMANOS AFECTOS		

394 *Sistema Integrado da Avaliação do Desempenho da Administração Pública*

FICHA 1.A	DEFINIÇÃO TÉCNICA DOS INDICADORES CHAVE DE DESEMPENHO (ICDs)

IDENTIFICAÇÃO DA UNIDADE ORGÂNICA

MINISTÉRIO/ORGANISMO: --

DESIGNAÇÃO DA UNIDADE: --

INDICADOR

DESCRIÇÃO DO INDICADOR: --

ALGORITMO DE CÁLCULO: --

OBJECTIVOS

FONTES DE INFORMAÇÃO: 1.

2.

(...)

A nível de acesso à informação:

A nível da automatização da produção do indicador:

RESPONSÁVEL:

DATA DE INÍCIO DE MEDIÇÃO:

(dia - mês - ano)

FREQUÊNCIA DE MEDIÇÃO:

semanal

bisemanal

mensal

trimestral

anual

UNIDADE RESPONSÁVEL PELA MEDIÇÃO:

Resolução do Conselho de Ministros n.° 53/2004, de 21 de Abril

FICHA 1.B — **DEFINIÇÃO DE OBJECTIVOS POR UNIDADE ORGÂNICA**

IDENTIFICAÇÃO DA UNIDADE ORGÂNICA

MINISTÉRIO/ORGANISMO: ....

DESIGNAÇÃO DA UNIDADE: ....

INDICADORES/OBJECTIVOS PARA A UNIDADE

		INDICADORES	VALOR ACTUAL	VALOR OBJECTIVO
QUALIDADE DE SERVIÇO E IMPACTO NA SOCIEDADE	1.			
	2.			
PRODUTIVIDADE E GESTÃO DA DESPESA	3.			
	4.			
MOTIVAÇÃO/GESTÃO DOS RECURSOS HUMANOS	5.			
OUTROS	(...)			

FICHA 2.1.A — **SÍNTESE DE OPORTUNIDADES DE EXTERNALIZAÇÃO, CONCENTRAÇÃO E DESCENTRALIZAÇÃO DE FUNÇÕES**

IDENTIFICAÇÃO DA UNIDADE ORGÂNICA

MINISTÉRIO/ORGANISMO: ....

TIPO DE ACTUAÇÃO

	FUNÇÃO	SERVIÇOS	RECURSOS HUMANOS AFECTOS	RESPONSÁVEL	DATA
A EXTERNALIZAR/ DESCONTINUAR	1.				
	2.				
	3.				
	(...)				
A CONCENTRAR	1.				
	2.				
	3.				
	(...)				
A DESCENTRALIZAR	1.				
	2.				
	3.				
	(...)				

396 *Sistema Integrado da Avaliação do Desempenho da Administração Pública*

FICHA 2.1.B | **PROPOSTA INDIVIDUAL DE ACTUAÇÃO PARA CADA UMA DAS OPORTUNIDADES IDENTIFICADAS**

IDENTIFICAÇÃO DA UNIDADE ORGÂNICA

MINISTÉRIO/ORGANISMO: ....

NATUREZA DA OPORTUNIDADE: ....

PROPOSTA DE ACTUAÇÃO

UNIDADES ORGÂNICAS	RECURSOS HUMANOS AFECTOS
1.	
2.	
3.	
4.	
5.	
(...)	

PROPOSTA

RESPONSÁVEL PELA FORMULAÇÃO EM CAUSA:	DATA DE ENTREGA DE PROPOSTA DEFINITIVA:

FICHA 3.A. | **MAPEAMENTO DE PROCESSOS CRÍTICOS**

IDENTIFICAÇÃO DA UNIDADE ORGÂNICA

MINISTÉRIO/ORGANISMO: ....

PROCESSO DE MAPEAMENTO

ETAPAS DO PROCESSO (ACTIVIDADES)	DESCRIÇÃO	ENTIDADES INTERVENIENTES Nível hierárquico	SISTEMAS DE SUPORTE ASSOCIADOS
1.			
2.			
3.			
4.			
5.			
6.			
7.			
8.			
9.			
10.			

Resolução do Conselho de Ministros n.° 53/2004, de 21 de Abril 397

FICHA 3.B. EXPLICITAÇÃO DE PROPOSTAS DE REDESENHO

IDENTIFICAÇÃO DA UNIDADE ORGÂNICA

MINISTÉRIO/ORGANISMO: _____

OPORTUNIDADE DE MELHORIA

ENTIDADES ENVOLVIDAS	RECURSOS HUMANOS AFECTOS
1.	
2.	
3.	
4.	
5.	
(...)	

SÍNTESE DE OPORTUNIDADES DE MELHORIA:

OBJECTIVOS

PARÂMETROS DE DESEMPENHO:	ACTUAL:	ASPIRAÇÃO:
1.		
2.		
3.		
4.		
5.		

ENTIDADE RESPONSÁVEL PELA PROPOSTA DE REDESENHO	DATA LIMITE DE CONCLUSÃO

ANEXO III
Exemplos de projectos no âmbito das áreas de actuação operacional

Sendo certo que, como repetidamente se tem referido, «cada caso é um caso» e que não é objectivo deste texto apontar os projectos/iniciativas concretas que cada ministério deve desenvolver, indicam-se, contudo, alguns exemplos do que poderão (poderiam) ser iniciativas repetidas em diferentes ministérios:
A) Aumento da capacidade de inspecção e fiscalização;
B) Revisão de modelos de interacção com o cidadão/utente;
C) Implementação de unidades de serviços partilhados.

A) Aumento da capacidade de inspecção e fiscalização

Objectivos gerais
O aumento da capacidade e fiscalização do Estado e a consequente diminuição das situações de fraude, evasão e incumprimento constituem-se como os principais objectivos deste projecto. A alteração da dinâmica actual de actuação nestes domínios (essencialmente reactiva e pouco planeada e pró-activa) é também um objectivo a alcançar com a concretização deste projecto.

Como proceder à melhoria das funções de inspecção e fiscalização?

A optimização das funções de inspecção e fiscalização pode, eventualmente, passar pela promoção de uma nova lógica de actuação, baseada num modelo de intervenção pró-activo e preventivo, em complementaridade com o modelo reactivo e punitivo. Neste sentido, as actividades a desenvolver a este nível centrar-se-ão nos seguintes aspectos:

Caracterização das actividades de inspecção/fiscalização actualmente existentes no sector, através da aferição do número de acções de inspecção/fiscalização realizadas anualmente, número de inspectores existentes, rácio de acções pró-activas versus reactivas;

Identificação das oportunidades de melhoria da actividade de inspecção/fiscalização;

Planeamento dos novos modelos de inspecção, designadamente aos seguintes níveis:

Dos modelos de selecção e de planeamento a utilizar;
Das estruturas a estabelecer;
Dos recursos a afectar (perfil e número);

Das instalações e equipamentos a utilizar (carros, portáteis, telefones, etc.);

Dos sistemas de informação a utilizar;

Dos investimentos a realizar e dos resultados a obter;

Da implementação dos modelos de inspecção/fiscalização preconizados, de acordo com o planeamento estabelecido.

Áreas para reflexão

Quais as situações com maior incidência de fraude, evasão e incumprimento existentes no sector?

Existem alguns padrões de comportamento, perfil social, perfil profissional, etc., associados a essas situações de incumprimento que possam servir de base à priorização dos planos de inspecção/fiscalização?

Que medidas podem ser tomadas no sentido de uma redução das situações mais frequentes de incumprimento/fraude/evasão?

Exemplos de iniciativas

Implementação de um sistema de cruzamento multidimensional de informação e detecção de padrões associados às situações de incumprimento/fraude/evasão.

Actuação prioritária concentrada nos grupos de risco.

Adopção de uma política de contacto prévio, por via telefónica em situação de detecção de incumprimento/fraude/evasão.

Criação de piquetes de emergência.

B) Revisão dos modelos de interacção com o cidadão/utente

Objectivo geral

Adequar os modelos de interacção com o cidadão às suas necessidades.

Como proceder à evolução dos modelos de interacção com o cidadão?

Evoluir os modelos de interacção com utentes e cidadãos em geral, promovendo:

A disponibilização de serviços através de canais alternativos ao presencial, designadamente através da Internet e do telefone;

A gestão integrada dos diversos canais existentes, permitindo a interacção aleatória com os serviços, através dos diversos existentes, sem prejuízo da qualidade e da eficácia do serviço prestado;

400 *Sistema Integrado da Avaliação do Desempenho da Administração Pública*

A revisão das redes de balcões de atendimento, redistribuindo-a geograficamente em função das áreas de maior ou menor incidência de necessidades e redimensionando-a, caso a caso, em função dos respectivos índices de procura;

A avaliação periódica dos níveis de satisfação dos utentes e da correcção dos problemas de maior impacte;

A introdução de uma lógica de comunicação pró-activa e pedagógica junto dos cidadãos, reduzindo em larga escala a propensão e a predisposição para o incumprimento.

Exemplos de iniciativas

Disponibilização de serviços na Internet.

Disponibilização de serviços por via telefónica.

Ampliação da rede de balcões com recursos a parceiros com maior cobertura e capilaridade de balcões no território nacional (CTT, bancos, GALP, etc.).

Redistribuição da rede de balcões de atendimento (encerramento de uns e abertura de outros).

Transferência de técnicos de atendimento entre balcões.

Recurso a parceiros especializados no fornecimento temporário de recursos, para fazer face a picos.

Revisão dos horários de atendimento em função das necessidades da população alvo.

Melhoria da sinalética dos postos de atendimento.

Optimização da gestão de filas de espera nos locais de atendimento.

C) Implementação de unidades de serviços partilhados

Objectivos

A implementação de unidades autónomas de serviços partilhados, sob a responsabilidade directa das secretarias-gerais, traduz o reconhecimento dos benefícios associados a este modelo, designadamente no que respeita à racionalização de custos e ao aumento da eficácia no desempenho das respectivas funções. Esta iniciativa visa a criação de unidades de serviços partilhadas no âmbito dos ministérios para aquelas funções que, pela sua natureza comum e com benefício, possam ter concentradas numa única UO a sua execução, numa lógica pura de prestação de serviços.

Como proceder à implementação de unidades de serviço partilhados? As principais actividades a desenvolver no âmbito da criação das unidades de serviços partilhados prendem-se com os seguintes aspectos:

Identificação e selecção das áreas candidatas à implementação de serviços partilhados, considerando a natureza das funções a realizar;

Elaboração de uma análise custo/benefício do modelo de serviços partilhados;

Planeamento da implementação das unidades de serviços partilhados, considerando as orientações relativas aos modelos organizacional e de funcionamento a implementar e as questões relacionadas com a transição de recursos humanos;

Transição do modelo actual para o modelo de serviços partilhados, de acordo com o planeamento realizado;

Acompanhamento e controlo do desempenho das unidades de serviços partilhados.

Áreas para reflexão

Que funções de suporte administrativo com características de serviço semelhantes se encontram actualmente sobrepostas ao longo de diversos organismos do sector?

Que barreiras existem à sua concentração numa unidade de serviços partilhados?

Como podem ser eliminadas essas barreiras?

Que vantagens financeiras e operacionais se retiram da concentração dessas funções nas unidades de serviços partilhados?

Qual o impacte da concentração dessas funções na actual estrutura orgânica dos diversos «organismos cliente»?

Qual o impacte da concentração dessas funções na actual estrutura de recursos humanos desses «organismos cliente»?

Como irão ser reafectos os recursos humanos que actualmente desempenham aquelas funções?

Exemplos de iniciativas

Implementação de unidades de serviços partilhados para as seguintes áreas de suporte administrativo:

Gestão de recursos humanos;
Contabilidade e gestão financeira;
Logística;
Aquisições.

RESOLUÇÃO DO CONSELHO DE MINISTROS N.º 95/2003, DE 30 DE JULHO LINHAS DE ORIENTAÇÃO DA REFORMA DA ADMINISTRAÇÃO PÚBLICA

Resolução do Conselho de Ministros n.º 95/2003
de 30 de Julho

A reforma da Administração Pública tem sido unanimemente perspectivada, ao longo dos últimos anos, como uma exigência indispensável ao desenvolvimento sócio-económico, devendo constituir-se como vector de competitividade e dinamismo numa sociedade moderna.

Tradicionalmente assente numa estrutura burocrática e de pendor centralista, a Administração Pública Portuguesa não tem conseguido fazer face, de uma forma adequada e eficaz, às necessidades dos cidadãos e das empresas.

A falta de coerência do modelo de organização global, a morosidade e complexidade dos processos de decisão e o consequente clima de desconfiança em matéria de transparência e de legalidade administrativas, bem como a desmotivação dos funcionários e a desvalorização do próprio conceito de missão de serviço público, são factores que urge corrigir.

Apesar da evidência do diagnóstico e dos muitos estudos elaborados, faltou, até agora, o enquadramento geral de uma reforma articulada e coerente, capaz de responder tanto à satisfação das necessidades colectivas públicas como à criação de condições motivadoras de quantos trabalham na Administração.

Além disso, não sendo embora a vertente financeira a razão primeira e fundamental desta iniciativa, Portugal é dos países da União Europeia que mais recursos aplica na sua Administração Pública, sem que sejam visíveis, em termos de eficiência e eficácia, os resultados correspondentes.

Uma administração pública com qualidade e em condições de gerar competitividade deve orientar-se pelo primado da cidadania, servindo o cidadão, apresentando resultados e mobilizando energias e capacidades e deve aprofundar uma cultura de ética e de serviço público, apostando no mérito e na responsabilidade na prossecussão dos objectivos.

406 Sistema Integrado da Avaliação do Desempenho da Administração Pública

A reforma da Administração Pública assumirá como princípios essenciais:

A protecção e garantia dos direitos dos cidadãos;

A promoção da igualdade de oportunidades e da igualdade perante a lei;

O combate ao desperdício de recursos públicos;

A transparência, a responsabilidade e o acesso à informação;

O estímulo ao investimento nacional e estrangeiro, promovendo a excelência e orientando a sua actividade para os resultados.

A reforma da Administração Pública influenciará, directa ou indirectamente, muitas outras reformas sectoriais, a propor ou em curso, das quais o País também carece, pelo que constituirá a grande prioridade da acção reformadora do Governo.

A presente resolução condensa e aprova o conjunto das grandes linhas de orientação que presidirão à reforma da Administração Pública, necessariamente gradual e evolutiva, calendarizando a execução da sua primeira fase de desenvolvimento e garantindo o seu progresso firme e coerente.

Finalmente, uma vez fixadas as linhas básicas de execução da reforma, importa, face à envergadura das tarefas correspondentes, assegurar a existência de uma estrutura de acompanhamento adequada.

Assim:

Nos termos das alíneas e) e g) do artigo 199.° da Constituição, o Conselho de Ministros resolve:

1 – Aprovar as linhas de orientação da reforma da Administração Pública, que terá os seguintes objectivos gerais:

a) Prestigiar a missão da Administração Pública e os seus agentes na busca da exigência e da excelência;

b) Delimitar as funções que o Estado deve assumir directamente daquelas que, com vantagem para o cidadão, melhor podem ser prosseguidas de forma diferente;

c) Promover a modernização dos organismos, qualificando e estimulando os funcionários, inovando processos e introduzindo novas práticas de gestão;

d) Introduzir uma nova ideia de avaliação dos desempenhos, seja dos serviços, seja dos funcionários;

e) Apostar na formação e na valorização dos nossos funcionários públicos.

Resolução de Conselho de Ministros n.º 95/2003, de 30 de Julho 407

2 – A concretização destes objectivos será prosseguida de forma gradual e consistente, desenvolvendo-se em torno dos seguintes eixos prioritários:

    a) Organização do Estado e da Administração;

    b) Liderança e responsabilidade;

    c) Mérito e qualificação.

3 – No quadro da organização do Estado, serão avaliadas as funções do Estado de modo a identificar o seu núcleo essencial de atribuições, tendo como referência a missão e funções que justificam a sua intervenção, bem como as aptidões e recursos de que carece para as prosseguir, de acordo com as seguintes linhas de actuação:

    a) Deverão distinguir-se as funções essenciais, que só ao Estado compete desenvolver e assegurar, das funções acessórias, que podem ser prestadas por outras entidades, e ainda as funções que deixaram de ter sentido útil;

    b) A avaliação deverá ter presente a importância das funções de regulação e que a descentralização, a desconcentração e a colaboração da sociedade civil, nomeadamente através de parcerias ou contratos de gestão privada, são cada vez mais um factor de progresso e de melhoria de qualidade dos serviços.

4 – No quadro da organização da Administração Pública:

4.1 – Será estabelecido um novo quadro legal para a organização administrativa, que deverá traduzir-se na redução dos níveis hierárquicos, na promoção da desburocratização dos circuitos de decisão, na melhoria dos processos, na colaboração entre serviços, na partilha de conhecimentos e numa correcta gestão da informação, de acordo com as seguintes linhas de actuação:

    a) Simplificação das formalidades legais relativas à criação e alteração das estruturas dos serviços, agilizando a organização interna de cada serviço;

    b) Definição de normas objectivas que disciplinem a criação de institutos públicos e entidades independentes, por forma a evitar a proliferação de organismos, a duplicação de competências e a criação de regimes de excepção;

    c) Aprovação dos diplomas legais que delimitam os três tipos de modelo organizacional e de funcionamento da Administração Pública:

408 *Sistema Integrado da Avaliação do Desempenho da Administração Pública*

O dos serviços directos, aproximando-os, tanto quanto possível, da filosofia do modelo empresarial;

O dos institutos públicos, definindo graus de autonomia, mecanismos de tutela e regras de funcionamento e controlo;

O dos organismos independentes, cujo desempenho é essencial à afirmação clara e transparente do Estado regulador.

4.2 – Será regulamentado o regime do contrato individual de trabalho na Administração Pública, conciliando empregador público com regime laboral privado, devendo a intervenção neste domínio ser concretizada de forma gradual e selectiva, tendo em atenção, designadamente, as prioridades da reforma, as especificidades das várias áreas da Administração Pública e as necessidades mais prementes que importa satisfazer, de acordo com as seguintes linhas de actuação:

a) Aprovação da legislação enquadradora do regime do contrato individual de trabalho na Administração Pública, adaptando-a às particularidades existentes;

b) Enquadramento das situações em que existam serviços com regimes laborais distintos;

c) Definição das condições de expansão do contrato individual de trabalho como instrumento essencial a uma nova administração, tendo em conta, designadamente, as especificidades das várias áreas da Administração e as necessidades que importa satisfazer.

5 – No âmbito da liderança e da responsabilidade deverá promover-se a revisão do Estatuto dos Dirigentes da Administração Pública, assente nos princípios da moderna gestão pública, designadamente na capacidade de liderança, na definição de responsabilidades e funções a cada nível hierárquico e nos mecanismos de prestação de contas e avaliação de resultados, de acordo com as seguintes linhas de actuação:

a) Redefinição das funções dirigentes tendo em vista a gestão por objectivos;

b) Consagração legal de reais competências de gestão aos dirigentes dos serviços;

c) Criação de cursos de formação específica para dirigentes, como condição obrigatória para o exercício do cargo;

d) Definição de um novo modelo de recrutamento, eliminando os concursos burocratizados e promovendo, em alternativa, um processo de selecção simples, mas que assegure a isenção e a transparência na escolha e a constituição de equipas coesas e responsáveis;

Resolução de Conselho de Ministros n.º 95/2003, de 30 de Julho   409

e) Avaliação do desempenho dos dirigentes em função dos resultados obtidos, dela dependendo a renovação das respectivas comissões de serviço;

f) Aproximação do Estatuto dos Dirigentes ao Estatuto do Gestor Público;

g) Previsão da diferenciação, por níveis, das diversas direcções-gerais, designadamente em razão da sua complexidade e responsabilidade.

6 – No âmbito da promoção do mérito e da qualificação deverão instituir-se mecanismos credíveis de estímulo ao mérito e de avaliação do desempenho, quer dos serviços quer individuais, associando estes últimos ao desenvolvimento das carreiras dos funcionários, de acordo com as seguintes linhas de actuação:

a) Criação de um sistema integrado de avaliação do desempenho que envolva a avaliação individual dos funcionários dos dirigentes e dos organismos e serviços;

b) Definição do regime de avaliação de desempenho dos funcionários, que levará em conta os méritos individuais e o grau de realização dos objectivos da sua função;

c) A avaliação deverá constituir um factor de combate ao absentismo, à indisciplina e à falta de rigor no cumprimento dos respectivos deveres profissionais;

d) A avaliação deverá promover a diferenciação pelo mérito, reflectindo-se na concretização do direito às promoções e progressões em função da classificação individual e do contributo para o bom funcionamento do serviço;

e) Serão previstas quotas de mérito para as classificações resultantes das avaliações, por forma a reforçar a exigência e a garantir a equidade do sistema;

f) Introdução de um novo mecanismo de avaliação dos organismos e serviços, por recurso, designadamente, a entidades externas, nacionais ou internacionais;

g) Incentivo à competição entre serviços, de modo a promover a qualidade, a rentabilidade e a excelência;

h) Definição de regras e critérios de avaliação que garantam coerência e equidade na gestão do sistema;

i) A implementação de mecanismos de controlo do sistema de avaliação garantindo o seu cumprimento, coerência e aperfeiçoamento sistemático.

410 *Sistema Integrado da Avaliação do Desempenho da Administração Pública*

7 – No âmbito do mérito e da qualificação será atribuída prioridade às vertentes da valorização e formação profissionais, reconhecidas como factores essenciais para o empenho e motivação dos funcionários e para a obtenção de ganhos de produtividade dos serviços, dinamizando-se a aplicação dos normativos vigentes, de acordo com as seguintes linhas de actuação:

a) A forte dinamização da formação profissional dos funcionários públicos;

b) A inclusão obrigatória dos planos de formação profissional dos funcionários nos planos de actividades dos serviços;

c) A valorização da polivalência e da disponibilidade para a mobilidade funcional;

d) A intensificação da oferta de cursos de formação de carácter transversal, bem como de cursos específicos que correspondam às necessidades dos serviços;

e) A atribuição ao Instituto Nacional de Administração (INA) de papel de especial relevo nesta matéria, nomeadamente assegurando a cooperação com universidades e ou com outras entidades credenciadas nas áreas da formação.

8 – A consolidação de uma cultura de serviço de qualidade e de aproximação da Administração ao cidadão deve ser assumida, no quadro desta reforma, também por um conjunto de medidas que reforcem esses objectivos, descentralizando os centros de decisão, simplificando procedimentos e formalidades e assegurando o princípio da transparência e da responsabilidade do Estado e da Administração, de acordo com as seguintes linhas de actuação:

a) A aprovação de um novo conjunto de medidas descentralizadoras, destinadas a aproximar os órgãos de decisão das pessoas;

b) A aprovação de um programa de desburocratização e simplificação legislativa que, designadamente, concretize a eliminação de formalidades inúteis e de exigências desproporcionadas, encurte tempos de resposta e imponha o cumprimento dos prazos legalmente previstos;

c) A aprovação de uma nova lei de responsabilidade civil extracontratual do Estado, revogatória da actual lei, já com décadas de existência, e manifestamente desajustada da realidade presente;

d) A revisão do Código do Procedimento Administrativo, simplificando, actualizando e reforçando, também nesta sede, a relação da Administração com os cidadãos;

Resolução de Conselho de Ministros n.º 95/2003, de 30 de Julho 411

e) A criação da obrigação de os serviços divulgarem publicamente, de preferência nos órgãos de comunicação social, os relatórios e contas da sua actividade e bem assim os relatórios de avaliação do seu desempenho.

9 – Transversal a todo o processo da reforma é a ampla e racional utilização das tecnologias de informação, como forte impulsionador para colocar o sector público entre os melhores prestadores de serviços no País, devendo ser prosseguidas, em estreita articulação com as orientações ora definidas, as acções e projectos já calendarizados para a estratégia do «Governo electrónico».

10 – A concretização das medidas enunciadas, que consubstanciam a primeira fase da reforma, deverá obedecer à seguinte calendarização:

a) Até 15 de Setembro – apresentação à Assembleia da República das propostas de lei relativas à organização da administração directa do Estado, aos institutos públicos, ao Estatuto dos Dirigentes e à responsabilidade civil extracontratual do Estado;

b) Até 15 de Outubro – apresentação à Assembleia da República das propostas de lei relativas à avaliação do desempenho e ao contrato individual de trabalho;

c) Até 31 de Dezembro – aprovação pelo Governo dos decretos-leis que regularão as matérias da sua competência;

d) Até ao final do corrente ano – serão desencadeadas as iniciativas legislativas relativas às demais matérias, nomeadamente as atinentes à revisão do Código do Procedimento Administrativo e aos programas de descentralização.

Presidência do Conselho de Ministros, 10 de Julho de 2003. – O Primeiro-Ministro, JOSÉ MANUEL DURÃO BARROSO.

DECRETO LEGISLATIVO REGIONAL N.º 11/2005/M, DE 29 DE JUNHO
REGULAMENTO DA AVALIAÇÃO DO DESEMPENHO DOS TRABALHADORES E DIRIGENTES INTERMÉDIOS DOS SERVIÇOS DA ADMINISTRAÇÃO REGIONAL AUTÓNOMA DA MADEIRA

Decreto Legislativo Regional n.° 11/2005/M,
de 29 de Junho

Aprova o regulamento da avaliação do desempenho dos trabalhadores e dirigentes intermédios dos serviços da administração regional autónoma da Madeira

A avaliação do desempenho dos profissionais da Administração Pública constitui um importante instrumento de valorização dos contributos individuais nas respectivas equipas de trabalho e na organização, proporcionando o diagnóstico de oportunidades de melhoria do capital humano com vista a potenciar mais e melhores resultados.

Desde há algum tempo que o sistema de classificação de serviço, constante na Região, do Decreto Regulamentar Regional n.° 23/83/M, de 4 de Outubro, era tido como ultrapassado, por práticas que se demonstraram incapazes de reflectir o real desempenho daqueles que laboram na Administração Pública. Com a clara intenção de mudança ao nível do sistema de avaliação dos profissionais da Administração Pública, surgiu a Lei n.° 10/2004, de 22 de Março. Tal diploma foi regulamentado para os trabalhadores dos serviços da administração directa do Estado, pelo Decreto Regulamentar n.° 19-A/2004, de 14 de Maio.

No que se refere à administração regional autónoma da Madeira, há que definir a regulamentação necessária para que os serviços procedam à avaliação dos seus recursos humanos.

Porém, reclamam a prudência e o bom senso que se tenha em consideração o tempo necessário para que, após a entrada em vigor do presente diploma, os serviços se preparem para a sua aplicação, sem perder de vista que o novel sistema de avaliação do desempenho é complexo e requer o necessário conhecimento da regulamentação regional da Lei n.° 10/2004, de 22 de Março. Daí que tenha de haver a preocupação de, por um lado, vincular os serviços à aplicação do novo sistema

416 *Sistema Integrado da Avaliação do Desempenho da Administração Pública*

integrado de avaliação do desempenho na Administração Pública – SIADAP – e, por outro, prever uma margem de tempo suficiente para que, com credibilidade, se institua essa mesma aplicação. A tal desiderato se corresponde prevendo o início da aplicação do SIADAP relativamente ao desempenho de 2005 e a revogação do Decreto Regulamentar Regional n.º 23/83/M, de 4 de Outubro, com a entrada em vigor do presente diploma.

Aparte o referido, cumpre ainda salientar que o regime regulamentar do SIADAP ora instituído para a administração regional autónoma da Madeira procura moldar-se à realidade dos serviços da Região, cuja menor dimensão justifica alguns acertos, designadamente o aumento das percentagens máximas para a atribuição das menções de mérito e excelência, a composição do conselho de coordenação da avaliação, bem como a diferenciação a nível de algumas competências dos intervenientes no processo de avaliação. De resto, há que contar com as inevitáveis diferenças decorrentes da organização e competências próprias dos serviços e organismos regionais.

Foram observados os procedimentos decorrentes da Lei n.º 23/98, de 26 de Maio.

Assim:

A Assembleia Legislativa da Região Autónoma da Madeira decreta, ao abrigo da alínea d) do n.º 1 do artigo 227.º e do n.º 1 do artigo 232.º da Constituição da República Portuguesa, do artigo 39.º e do n.º 1 do artigo 41.º da Lei n.º 13/91, de 5 de Junho, alterada pela Lei n.º 130/99, de 21 de Agosto, e pela Lei n.º 12/2000, de 21 de Junho, e ainda do n.º 3 do artigo 2.º e do artigo 22.º, ambos da Lei n.º 10/2004, de 22 de Março, o seguinte:

CAPÍTULO I
Objecto e âmbito de aplicação

ARTIGO 1.º
Objecto e âmbito de aplicação

1 – O presente diploma regulamenta a Lei n.º 10/2004, de 22 de Março, no que se refere ao sistema de avaliação do desempenho dos funcionários e agentes, bem como dos dirigentes de nível intermédio, dos serviços e organismos da administração regional autónoma da Madeira.

Decreto-Legislativo Regional n.° 11/2005/M, de 29 de Junho 417

2 – A aplicação do presente diploma abrange ainda os demais trabalhadores da administração regional autónoma, independentemente do título jurídico da relação de trabalho, desde que o respectivo contrato seja por prazo superior a seis meses.

3 – A aplicação do presente diploma aos institutos públicos faz-se sem prejuízo das adaptações necessárias.

CAPÍTULO II
Estrutura e conteúdo do sistema de avaliação de desempenho

SECÇÃO I
Componentes para a avaliação

ARTIGO 2.°
Componentes para a avaliação

A avaliação de desempenho na administração pública da Região Autónoma da Madeira integra as seguintes componentes:
a) Objectivos;
b) Competências comportamentais;
c) Atitude pessoal.

ARTIGO 3.°
Objectivos

1 – A avaliação dos objectivos visa comprometer os trabalhadores com os objectivos estratégicos da organização e responsabilizar pelos resultados, promovendo uma cultura de qualidade, responsabilização e optimização de resultados, de acordo com as seguintes regras:
a) O processo de definição de objectivos e indicadores de medida, para os diferentes trabalhadores, é da responsabilidade de cada organismo;
b) Os objectivos devem ser acordados entre avaliador e avaliado no início do período da avaliação, prevalecendo, em caso de discor-

dância, a posição do avaliador, sem prejuízo do disposto na alínea f) do n.º 2 do artigo 14.º;

c) A definição dos objectivos deve ser clara e dirigida aos principais resultados a obter pelo colaborador no âmbito do plano de actividades do respectivo serviço;

d) Os objectivos a fixar devem ser no máximo cinco e no mínimo três, dos quais pelo menos um é de responsabilidade partilhada;

e) São objectivos de responsabilidade partilhada os que implicam o desenvolvimento de um trabalho em equipa ou esforço convergente para uma finalidade determinada;

f) Os objectivos devem ser sujeitos a ponderação, não podendo cada um deles ter valor inferior a 15% ou a 20%, consoante tenham sido fixados, respectivamente, em cinco ou menos objectivos.

2 – De acordo com os indicadores de medida de concretização previamente estabelecidos, cada objectivo é aferido em três níveis:

Nível 5 – Superou claramente o objectivo;

Nível 3 – Cumpriu o objectivo;

Nível 1 – Não cumpriu o objectivo.

3 – A avaliação desta componente será objecto de ponderação específica, de acordo com o previsto no artigo 7.º

ARTIGO 4.º
Competências comportamentais

1 – A avaliação das competências comportamentais visa promover o desenvolvimento e qualificação dos dirigentes e trabalhadores, maximizar o seu desempenho e promover uma cultura de excelência e qualidade, de acordo com as seguintes regras:

a) As competências são definidas em função dos diferentes grupos profissionais de forma a garantir uma melhor adequação dos factores de avaliação às exigências específicas de cada realidade;

b) O avaliado deve ter conhecimento, no início do período de avaliação, das competências exigidas para a respectiva função, assim como da sua ponderação;

c) O número de competências deve ser no mínimo de quatro e no máximo de seis;

d) A ponderação de cada competência não pode ser inferior a 10%.

2 – A avaliação desta componente será objecto de ponderação específica, de acordo com o previsto no artigo 7.º

ARTIGO 5.º
Atitude pessoal

A avaliação da atitude pessoal visa a apreciação geral da forma como a actividade foi desempenhada pelo avaliado, incluindo aspectos como o esforço realizado, o interesse e a motivação demonstrados.

SECÇÃO II
Sistema de classificação

ARTIGO 6.º
Escala de avaliação

1 – A avaliação de cada uma das componentes do sistema de avaliação de desempenho é feita numa escala de 1 a 5, devendo a classificação ser atribuída pelo avaliador em números inteiros.

2 – O resultado global da avaliação de cada uma das componentes do sistema de avaliação de desempenho é expresso na escala de 1 a 5 correspondente às seguintes menções qualitativas:

Excelente – de 4,5 a 5 valores;

Muito bom – de 4 a 4,4 valores;

Bom – de 3 a 3,9 valores;

Necessita de desenvolvimento – de 2 a 2,9 valores;

Insuficiente – de 1 a 1,9 valores.

ARTIGO 7.º
Sistema de classificação

1 – A classificação final é determinada pela soma da avaliação de cada uma das suas componentes, à qual será aplicada a seguinte ponderação:

Grupos de pessoal	Objectivos	Competências	Atitude pessoal
Técnico superior e técnico	60	30	10
Técnico-profissional e administrativo	50	40	10
Operário	40	50	10
Auxiliar	20	60	20

2 – A adaptação desta escala a corpos especiais e carreiras de regime especial não pode prever ponderação inferior a 40%, no caso dos objectivos, ou inferior a 30%, no caso das competências.

ARTIGO 8.º
Expressão da avaliação final

1 – A avaliação global resulta das pontuações obtidas em cada uma das componentes do sistema de avaliação ponderadas nos termos do artigo anterior e expressa através da classificação qualitativa e quantitativa constante da escala de avaliação referida no n.º 2 do artigo 6.º

2 – Para os efeitos dos n.os 1 a 3 do artigo 7.º da Lei n.º 10/2004, de 22 de Março, os anos relevantes são seguidos, admitindo-se um único ano interpolado com avaliação inferior à legalmente requerida, desde que não seja o da última menção atribuída.

ARTIGO 9.º
Diferenciação de mérito e excelência

1 – A diferenciação dos desempenhos de mérito e excelência é garantida pela fixação de percentagens máximas para as classificações de Muito bom e Excelente, respectivamente de 30% e 10%, numa perspectiva de maximização da qualidade do serviço.

2 – Quando da regra referida no número anterior não resultar um número inteiro, deverá fazer-se o arredondamento para a unidade superior seguinte.

3 – As classificações de Muito bom e de Excelente poderão, excepcionalmente, ser atribuídas para além dos limites percentuais

referidos no n.° 1 do presente artigo, devendo, para tal, obter-se a aprovação das mesmas por unanimidade dos membros do conselho coordenador da avaliação.

4 – O sistema de percentagens previsto no n.° 1 deve ser aplicado por serviço ou organismo e de modo equitativo aos diferentes grupos profissionais, os quais podem ser agregados para esse efeito nos serviços ou organismos em que o número de avaliados por cada um dos grupos profissionais seja inferior a cinco.

5 – A atribuição de percentagens máximas deve ser do conhecimento de todos os avaliados.

6 – A atribuição da classificação de Muito bom implica fundamentação que evidencie os factores que contribuíram para o resultado final.

7 – A atribuição da classificação de Excelente deve ainda identificar os contributos relevantes para o serviço.

8 – A aplicação do sistema de percentagens a cada serviço ou organismo é da exclusiva responsabilidade dos seus dirigentes, cabendo ao dirigente máximo assegurar o seu estrito cumprimento.

ARTIGO 10.°
Fichas de avaliação

1 – Os modelos de impressos a utilizar na avaliação do desempenho são os constantes da Portaria n.° 509-A/2004, de 14 de Maio, reportando-se as referências a ministérios aos correspondentes departamentos do Governo Regional.

2 – Os modelos referidos no número anterior serão disponibilizados na página electrónica da Direcção Regional da Administração Pública e Local.

CAPÍTULO III
Competência para avaliar e homologar

ARTIGO 11.º
Intervenientes no processo de avaliação

Intervêm no processo de avaliação do desempenho no âmbito de cada organismo:
a) Os avaliadores;
b) O conselho de coordenação da avaliação;
c) O dirigente máximo do respectivo serviço ou organismo.

ARTIGO 12.º
Avaliadores

1 – A avaliação é da competência do superior hierárquico imediato ou do funcionário que possua responsabilidades de coordenação sobre o avaliado, cabendo ao avaliador:
a) Definir objectivos dos seus colaboradores directos de acordo com os objectivos fixados para o organismo e para a respectiva unidade orgânica;
b) Avaliar anualmente os seus colaboradores directos, cumprindo o calendário de avaliação;
c) Assegurar a correcta aplicação dos princípios integrantes da avaliação;
d) Ponderar as expectativas dos trabalhadores no processo de identificação das respectivas necessidades de desenvolvimento.

2 – A avaliação a que se refere o número anterior só poderá efectuar-se desde que o avaliador reúna, no decurso do ano a que se refere a avaliação, o mínimo de seis meses de contacto funcional com o avaliado.

3 – Nos casos em que não estejam reunidas as condições previstas no número anterior, é avaliador o superior hierárquico de nível seguinte ou, na ausência deste, o conselho de coordenação da avaliação.

ARTIGO 13.º
Conselho de coordenação da avaliação

1 – Em cada serviço ou organismo funciona um conselho de coordenação da avaliação, ao qual compete:
a) Aprovar as avaliações finais iguais ou superiores a Muito bom;
b) Emitir parecer sobre as reclamações dos avaliados;
c) Proceder à avaliação de desempenho nos casos de ausência de superior hierárquico e ainda nos casos em que o avaliado dependa directamente do dirigente máximo do serviço;
d) Propor a adopção de sistemas específicos de avaliação nos termos previstos na Lei n.º 10/2004, de 22 de Março.

2 – O conselho de coordenação da avaliação é presidido pelo dirigente máximo do organismo e integra todos os dirigentes de nível superior e todos ou alguns dirigentes de nível intermédio de 1.º grau, conforme o que for determinado por despacho do dirigente máximo do organismo, incluindo obrigatoriamente o responsável pela área dos recursos humanos, não podendo ter um número inferior a três elementos.

3 – Nos casos de impossibilidade de constituição do conselho de coordenação da avaliação nos termos referidos no número anterior, será o mesmo presidido pelo dirigente máximo do serviço e integrará outros dirigentes independentemente do respectivo nível e grau dos mesmos e, na falta destes, funcionários com responsabilidades de coordenação de pessoal, em qualquer dos casos designados internamente por despacho do dirigente máximo do organismo.

4 – Em casos excepcionais e fundamentados, designadamente na estrutura orgânica dos serviços envolvidos, poderá constituir-se, por despacho do membro do Governo Regional respectivo, um conselho de coordenação da avaliação comum a esses serviços.

5 – Às reuniões do conselho de coordenação da avaliação aplicam-se as disposições do Código do Procedimento Administrativo relativas às garantias de imparcialidade, nomeadamente o disposto no seu artigo 44.º

ARTIGO 14.º
Dirigente máximo do serviço

1 – Para efeitos de aplicação do presente diploma, considera-se dirigente máximo do serviço o titular do cargo de direcção superior de

424 *Sistema Integrado da Avaliação do Desempenho da Administração Pública*

1.º grau ou outro dirigente responsável pelo serviço ou organismo directamente dependente do membro do Governo Regional.

2 – Compete ao dirigente máximo do serviço:

a) Garantir a adequação do sistema de avaliação do desempenho às realidades específicas do serviço ou organismo;

b) Coordenar e controlar o processo de avaliação anual de acordo com os princípios e regras definidos no presente diploma;

c) Homologar as avaliações anuais;

d) Decidir das reclamações dos avaliados, após parecer do conselho de coordenação da avaliação;

e) Assegurar a elaboração do relatório anual da avaliação do desempenho;

f) Intervir, querendo, na definição das componentes de avaliação do respectivo pessoal, bem como na ponderação das mesmas, até ao início do período de avaliação.

CAPÍTULO IV
Processo de avaliação do desempenho

SECÇÃO I
Modalidades

ARTIGO 15.º
Avaliação ordinária

A avaliação ordinária respeita aos trabalhadores que contem, no ano civil anterior, mais de seis meses de serviço efectivo prestado em contacto funcional com o respectivo avaliador e reporta-se ao tempo de serviço prestado naquele ano e não avaliado.

ARTIGO 16.º
Avaliação extraordinária

1 – São avaliados extraordinariamente os trabalhadores não abrangidos no artigo anterior que só venham a reunir o requisito de seis

Decreto-Legislativo Regional n.° 11/2005/M, de 29 de Junho 425

meses de contacto funcional com o avaliador competente durante o ano em que é feita a avaliação e até 30 de Junho, devendo o interessado solicitá-la por escrito ao dirigente máximo do serviço no decurso do mês de Junho.

2 – A avaliação extraordinária obedece à tramitação prevista para a avaliação ordinária, salvo no que diz respeito às datas fixadas, sem prejuízo da observância dos intervalos temporais entre cada uma das fases do processo.

ARTIGO 17.°
Casos especiais

Aos trabalhadores que exerçam cargo ou funções de reconhecido interesse público, bem como actividade sindical, a classificação obtida no último ano imediatamente anterior ao exercício dessas funções ou actividades reporta-se, igualmente, aos anos seguintes relevantes para efeitos de promoção e progressão.

ARTIGO 18.°
Suprimento da avaliação

1 – Quando o trabalhador permanecer em situação que inviabilize a atribuição de avaliação ordinária ou extraordinária e não lhe for aplicável o disposto no artigo anterior, terá lugar adequada ponderação do currículo profissional relativamente ao período que não foi objecto de avaliação, para efeitos de apresentação a concurso de promoção ou progressão nos escalões.

2 – O suprimento previsto no número anterior será requerido ao júri do concurso, no momento da apresentação da candidatura, nos termos previstos no respectivo aviso de abertura, ou ao dirigente máximo do serviço, quando se complete o tempo necessário para a progressão.

3 – A ponderação curricular só é relevante para fins de admissão a concurso e não prejudica, em caso de deliberação favorável do respectivo júri, nova apreciação curricular para efeitos de ordenação dos candidatos.

426 *Sistema Integrado da Avaliação do Desempenho da Administração Pública*

ARTIGO 19.º
Ponderação curricular

1 – Na ponderação do currículo profissional, para efeitos do artigo anterior, são tidos em linha de conta:
a) As habilitações académicas e profissionais do interessado;
b) As acções de formação e aperfeiçoamento profissional que tenha frequentado, com relevância para as funções que exerce;
c) O conteúdo funcional da respectiva categoria e, bem assim, de outros cargos que tenha exercido e as avaliações de desempenho que neles tenha obtido;
d) A experiência profissional em áreas de actividade de interesse para as funções actuais.

2 – A ponderação curricular será expressa através de uma valoração que respeite a escala de avaliação quantitativa e qualitativa a que se refere o artigo 6.º

3 – Nos casos de atribuição de classificação igual ou superior a Muito bom, há lugar a fundamentação da mesma, nos termos previstos no artigo 9.º

SECÇÃO II
Do processo

ARTIGO 20.º
Periodicidade

A avaliação do desempenho é anual e o respectivo processo terá lugar nos meses de Janeiro a Março, sem prejuízo do disposto no presente diploma para a avaliação extraordinária.

ARTIGO 21.º
Confidencialidade

1 – O processo da avaliação do desempenho tem carácter confidencial, devendo os instrumentos de avaliação de cada trabalhador ser arquivados no respectivo processo individual.

Decreto-Legislativo Regional n.° 11/2005/M, de 29 de Junho   427

2 – Todos os intervenientes no processo, excepto o avaliado, ficam obrigados ao dever de sigilo sobre a matéria.

3 – Sem prejuízo do disposto nos números anteriores, é divulgado no organismo o resultado global da avaliação, contendo o número das menções qualitativas atribuídas por grupo profissional, bem como o número de casos em que se verificou avaliação extraordinária ou supri-mento de avaliação.

SECÇÃO III
Fases do processo

ARTIGO 22.°
Fases do processo

O processo de avaliação comporta as seguintes fases:
a) Auto-avaliação;
b) Avaliação prévia;
c) Harmonização das avaliações de desempenho;
d) Entrevista com o avaliado;
e) Homologação;
f) Reclamação para o dirigente máximo do serviço;
g) Recurso hierárquico.

ARTIGO 23.°
Auto-avaliação

1 – A auto-avaliação tem como objectivo envolver o avaliado no processo de avaliação e fomentar o relacionamento com o superior hierárquico de modo a identificar oportunidades de desenvolvimento profissional.

2 – A auto-avaliação tem carácter preparatório da entrevista de avaliação, não constituindo componente vinculativa da avaliação de desempenho.

3 – A auto-avaliação concretiza-se através de preenchimento de ficha própria a partir de 5 de Janeiro, devendo esta ser presente ao avaliador no momento da entrevista.

428 Sistema Integrado da Avaliação do Desempenho da Administração Pública

4 – Nos processos de avaliação extraordinária, o preenchimento da ficha de auto-avaliação será feito pelo avaliado nos primeiros cinco dias úteis do mês de Julho.

ARTIGO 24.º
Avaliação prévia

A avaliação prévia consiste no preenchimento das fichas de avaliação do desempenho pelo avaliador, a realizar entre 5 e 20 de Janeiro, sendo as mesmas apresentadas ao conselho de coordenação da avaliação sempre que seja proposta a atribuição de menção igual ou superior a Muito bom e, em geral, por solicitação daquele conselho.

ARTIGO 25.º
Harmonização das avaliações

1 – Entre 21 e 31 de Janeiro realizam-se as reuniões do conselho coordenador da avaliação tendo em vista a harmonização das avaliações e a aprovação das propostas de avaliação final correspondentes às percentagens máximas de mérito e excelência.

2 – A aprovação das propostas de avaliação final correspondentes às percentagens máximas de mérito e excelência consta de deliberação tomada por maioria dos membros do conselho reunidos, tendo o presidente voto de desempate, sem prejuízo do disposto no n.º 3 do artigo 9.º do presente diploma.

3 – A aprovação a que se refere o número anterior implica declaração formal de que foram observadas as regras de atribuição das menções de mérito e excelência.

ARTIGO 26.º
Entrevista de avaliação

1 – Durante o mês de Fevereiro realizam-se as entrevistas individuais dos avaliadores com os respectivos avaliados, com o objectivo de analisar a auto-avaliação do avaliado e dar conhecimento da avaliação feita pelo avaliador.

Decreto-Legislativo Regional n.° 11/2005/M, de 29 de Junho

2 – Na entrevista serão definidos pelo avaliador, juntamente com o avaliado, os objectivos a prosseguir por este último nesse ano, prevalecendo a posição do avaliador na falta de acordo de ambos, sem prejuízo do disposto na alínea f) do n.° 2 do artigo 14.°

ARTIGO 27.°
Homologação

As avaliações de desempenho ordinárias devem ser homologadas até 15 de Março.

ARTIGO 28.°
Reclamação

1 – Após tomar conhecimento da homologação da sua avaliação, o avaliado pode apresentar reclamação por escrito, no prazo de cinco dias úteis, para o dirigente máximo do serviço.

2 – A decisão sobre a reclamação será proferida no prazo máximo de 15 dias úteis, dependendo de parecer prévio do conselho de coordenação da avaliação.

3 – O conselho de coordenação da avaliação pode solicitar, por escrito, a avaliadores e avaliados, os elementos que julgar convenientes.

ARTIGO 29.°
Recurso

1 – Da decisão final sobre a reclamação cabe recurso hierárquico para o membro do Governo Regional, a interpor no prazo de cinco dias úteis contado do seu conhecimento.

2 – O recurso deverá ser instruído com todos os documentos que deram origem à avaliação, bem como da reclamação, decisão que sobre a mesma recaiu e parecer a que se refere o n.° 2 do artigo anterior.

3 – A decisão deverá ser proferida no prazo de 10 dias úteis contados da data de interposição de recurso, devendo o processo de avaliação encerrar-se a 30 de Abril.

4 – O recurso não pode fundamentar-se na comparação entre resultados de avaliações.

430 *Sistema Integrado da Avaliação do Desempenho da Administração Pública*

5 – Da homologação da avaliação pelo membro do Governo Regional, nos casos previstos no n.º 3 do artigo 36.º, cabe recurso nos termos do regime geral do contencioso administrativo.

CAPÍTULO V
Formação

ARTIGO 30.º
Necessidades de formação

1 – Devem ser identificados no final da avaliação um máximo de três tipos de acções de formação de suporte ao desenvolvimento do trabalhador.

2 – A identificação das necessidades de formação deve associar as necessidades prioritárias dos funcionários à exigência das funções que lhes estão atribuídas, tendo em conta os recursos disponíveis para esse efeito.

CAPÍTULO VI
Avaliação dos dirigentes

ARTIGO 31.º
Regime especial

A avaliação dos dirigentes visa promover o reforço e desenvolvimento das competências de gestão e comportamentos de liderança, devendo adequar-se à diferenciação da função, de acordo com as especialidades constantes do presente capítulo.

ARTIGO 32.º
Componentes da avaliação

1 – A ponderação dos objectivos na avaliação dos dirigentes deve ser de 75%, em reforço da responsabilidade partilhada pelo cumprimento dos objectivos do organismo.

Decreto-Legislativo Regional n.° 11/2005/M, de 29 de Junho 431

2 – A ponderação das competências deve ser de 25%, devendo o respectivo modelo ser diferenciado dos restantes grupos profissionais ao nível dos factores de avaliação.

3 – A garantia de diferenciação dos desempenhos é da responsabilidade do dirigente máximo do organismo, a quem cabe garantir a harmonização das avaliações, não estando, contudo, vinculado às regras constantes do artigo 9.°

ARTIGO 33.°
Avaliadores

1 – A competência para avaliar cabe ao superior hierárquico imediato.

2 – Nas situações em que o superior hierárquico imediato seja o dirigente máximo do serviço a competência para avaliar cabe ao conselho de coordenação da avaliação, com excepção da avaliação dos dirigentes de nível intermédio de grau 1 e daqueles que lhes sejam equiparados desde que não dependam directamente do membro do Governo Regional, cuja avaliação cabe, em qualquer caso, ao superior hierárquico imediato.

3 – Nos casos de ser avaliador o conselho de coordenação da avaliação, nos termos previstos no número anterior, bem como nas situações de apreciação das reclamações da avaliação dos dirigentes, aquele conselho tem uma composição restrita que abrange os dirigentes de nível superior do organismo e o dirigente máximo responsável pela organização e recursos humanos, desde que este não tenha categoria inferior à do avaliado ou reclamante.

4 – Na impossibilidade de composição do conselho de coordenação da avaliação nos termos previstos no número anterior, será o mesmo constituído pelos dirigentes máximos dos organismos dependentes do respectivo departamento do Governo Regional.

5 – Em caso de impedimento do avaliador, a competência para avaliar cabe ao superior hierárquico seguinte, sem prejuízo do disposto no n.° 2.

6 – Para os efeitos do disposto no presente capítulo, o conselho coordenador da avaliação intervém apenas como órgão de avaliação e de apreciação das reclamações.

432 *Sistema Integrado da Avaliação do Desempenho da Administração Pública*

ARTIGO 34.º
Início da avaliação

No 2.º ano da comissão de serviço, a avaliação ordinária só terá lugar quando o início de funções ocorra antes de 1 de Junho, não havendo recurso a avaliação extraordinária.

ARTIGO 35.º
Efeitos da avaliação

1 – A renovação da comissão de serviço depende da classificação mínima de Bom no último ano da respectiva comissão de serviço.

2 – Os resultados da avaliação de desempenho contam para a evolução na carreira de origem, de acordo com as regras e os critérios de promoção e progressão aplicáveis, sem prejuízo de outros direitos especialmente previstos no Estatuto dos Dirigentes da Administração Pública.

ARTIGO 36.º
Homologação

1 – Compete ao dirigente máximo do serviço homologar as avaliações do pessoal dirigente, sem prejuízo do disposto no número seguinte.

2 – A intervenção como notador do dirigente máximo do serviço não prejudica a posterior homologação pelo mesmo dirigente da classificação atribuída.

3 – No caso de dirigentes directamente dependentes de membro do Governo Regional cabe a este a competência para homologar a classificação.

CAPÍTULO VII
Gestão e acompanhamento
do sistema de avaliação do desempenho

ARTIGO 37.º
Monitorização e controlo

1 – No final do período de avaliação, cada organismo deve apresentar ao membro do Governo Regional da tutela o relatório anual dos resultados da avaliação do desempenho, sem referências nominativas, que evidencie o cumprimento das regras estabelecidas no presente diploma, nomeadamente através da indicação das classificações atribuídas pelos diferentes grupos profissionais.

2 – O relatório referido no número anterior será divulgado nos respectivos serviços.

3 – Através dos gabinetes dos membros do Governo Regional será elaborado um relatório síntese da forma como o sistema de avaliação foi aplicado no âmbito do respectivo departamento governamental, o qual deverá ser enviado em suporte informático à Direcção Regional da Administração Pública e Local.

4 – Será aprovado por portaria do membro do Governo Regional responsável pela Administração Pública o modelo a que obedecerá a estrutura e o conteúdo relativos à elaboração do relatório síntese referido no número anterior.

5 – Os dados globais da aplicação do SIADAP são publicitados externamente pela Direcção Regional da Administração Pública e Local através de página electrónica.

ARTIGO 38.º
Acompanhamento do sistema de avaliação

Cabe à Direcção Regional da Administração Pública e Local acompanhar a aplicação do SIADAP e formular, designadamente, recomendações e ou propostas aos serviços e organismos da administração regional autónoma, bem como solicitar os elementos que entenda necessários, com vista a uma correcta aplicação dos princípios e normas do sistema de avaliação do desempenho.

434 *Sistema Integrado da Avaliação do Desempenho da Administração Pública*

CAPÍTULO VIII
Disposições finais e transitórias

ARTIGO 39.º
Avaliação do desempenho de 2003 e 2004

A avaliação do desempenho referente aos anos de 2003 e 2004 efectua-se de acordo com o sistema de classificação constante do Decreto Regulamentar Regional n.º 23/83/M, de 4 de Outubro.

ARTIGO 40.º
Avaliação do desempenho relativo ao ano de 2005

1 – O processo de avaliação do desempenho relativo ao ano de 2005, a efectuar em 2006, inicia-se com a fixação dos factores componentes da avaliação.

2 – Os factores componentes da avaliação a fixar nos termos do número anterior reportam-se ao 2.º semestre de 2005.

3 – O disposto nos números anteriores é aplicável aos trabalhadores que, até 30 de Junho de 2005, venham a reunir o requisito de seis meses de contacto funcional com o respectivo avaliador, não havendo lugar a avaliação extraordinária.

4 – A avaliação do desempenho efectuada nos termos dos números anteriores abrange todo o serviço prestado no ano de 2005, assim como o serviço prestado e não classificado de 2004.

5 – A avaliação de desempenho referente ao ano de 2005 nos serviços que disponham de um sistema de avaliação de desempenho específico efectua-se de acordo com o estabelecido no artigo 39.º do presente diploma, devendo a adaptação prevista no artigo 21.º da Lei n.º 10/2004, de 22 de Março, entrar em vigor até ao final do ano de 2005.

ARTIGO 41.º
Revogação

O Decreto Regulamentar Regional n.º 23/83/M, de 4 de Outubro, é revogado aquando do início da aplicação da avaliação do desempenho dos trabalhadores e dirigentes intermédios da administração regional autónoma da Madeira, nos termos previstos no presente diploma.

ARTIGO 42.º
Entrada em vigor

O presente diploma entra em vigor no dia seguinte ao da sua publicação.

Aprovado em sessão plenária da Assembleia Legislativa da Região Autónoma da Madeira em 18 de Maio de 2005.

O Presidente da Assembleia Legislativa, JOSÉ MIGUEL JARDIM D'OLIVAL MENDONÇA.

RESOLUÇÃO DA ASSEMBLEIA DA REPÚBLICA N.º 83/2004, DE 29 DE DEZEMBRO REGULAMENTO DO SISTEMA DE AVALIAÇÃO DE DESEMPENHO DA ASSEMBLEIA DA REPÚBLICA (SIADAR)

Resolução da Assembleia da República n.º 83/2004, de 29 de Dezembro

Regulamento do Sistema de Avaliação de Desempenho da Assembleia da República (SIADAR)

A Assembleia da República resolve, nos termos do n.º 5 do artigo 166.º da Constituição, de acordo com a alínea a) do n.º 1 do artigo 15.º da Lei de Organização e Funcionamento dos Serviços da Assembleia da República (LOFAR), na redacção que lhe é dada pela Lei n.º 28/2003, de 30 de Julho, e em execução do n.º 1 do artigo 30.º da mesma lei, o seguinte:

ARTIGO 1.º
Âmbito de aplicação

O sistema de avaliação do desempenho dos funcionários, agentes e demais trabalhadores e chefes de divisão e equiparados da Assembleia da República rege-se pelo presente Regulamento.

ARTIGO 2.º
Princípios

O sistema de avaliação de desempenho da Assembleia da República (SIADAR) rege-se pelos seguintes princípios:

a) Orientação para os resultados, promovendo a excelência e a qualidade dos serviços;

b) Reconhecimento e motivação, desenvolvendo as competências e valorizando o mérito;

c) Coerência e integração, suportando uma gestão integrada de recursos humanos, em articulação com as políticas de recrutamento e selecção, formação profissional e desenvolvimento de carreira;

440 *Sistema Integrado da Avaliação do Desempenho da Administração Pública*

d) Transparência e simplicidade, evitando rotinas e procedimentos que não contribuam para os resultados de desenvolvimento de competências e capacidades e motivando os dirigentes para a obtenção de resultados e demonstração de competências.

ARTIGO 3.º
Consideração do SIADAR

1 – A avaliação de desempenho é obrigatoriamente considerada para efeitos de:
a) Promoção e progressão nas carreiras e categorias;
b) Renovação de contratos.

2 – Para efeitos do número anterior, é exigida no mínimo a classificação de Bom.

3 – A conversão de nomeação provisória em definitiva está sujeita à avaliação prevista no Regulamento de Estágios da Assembleia da República.

ARTIGO 4.º
Modalidades

1 – No SIADAR há lugar à avaliação ordinária e extraordinária.

2 – Os modelos a utilizar na avaliação ordinária e extraordinária são aprovados por despacho do Presidente da Assembleia da República, sob proposta do Secretário-Geral, ouvido o Conselho de Administração.

ARTIGO 5.º
Avaliação ordinária

1 – A avaliação ordinária concretiza-se através de:
a) Definição bilateral entre avaliador e avaliado do seu plano de desenvolvimento pessoal e dos objectivos e metas que o avaliado se propõe atingir;
b) Realização anual de entrevista para avaliação da concretização do plano, dos objectivos e metas, dos pontos fortes e fracos a registar e das condições para o desenvolvimento de competências;
c) Produção de relatório conforme modelo a definir nos termos do n.º 2 do artigo 4.º

Resolução da A. da República n.º 83/2004, de 29 de Dezembro　　441

2 – O avaliado toma conhecimento da avaliação ordinária após a realização da entrevista sobre o relatório produzido, nos termos do modelo da avaliação ordinária.

ARTIGO 6.º
Avaliação extraordinária

1 – A avaliação extraordinária concretiza-se através da iniciativa do avaliador, conforme modelo a definir nos termos do n.º 2 do artigo 4.º, nos casos de excepcional desempenho do cargo ou de insuficiente desempenho.

2 – A avaliação extraordinária fundamenta-se na identificação dos contributos relevantes para o serviço, no caso de desempenho excepcional, ou dos erros ou omissões, no caso de insuficiente desempenho.

3 – A realização da avaliação extraordinária pode ainda ter lugar a solicitação do avaliado, dirigida ao Conselho Coordenador de Avaliação até 15 de Abril, invocando os contributos relevantes para o serviço no caso de desempenho excepcional, mediante parecer favorável daquele Conselho, havendo posteriormente lugar a avaliação de acordo com o modelo da avaliação extraordinária.

4 – O avaliado toma conhecimento da avaliação extraordinária, conforme previsto no modelo da avaliação extraordinária.

ARTIGO 7.º
Menções qualitativas

1 – O resultado global da avaliação corresponde às seguintes menções qualitativas:

a) Muito bom;
b) Bom;
c) Insuficiente.

2 – Em todos os casos em que haja lugar a avaliação ordinária considera-se que a classificação do funcionário ou agente para efeitos de progressão e promoção na carreira é de Bom.

3 – As menções qualitativas de Muito bom e Insuficiente são atribuídas através da avaliação extraordinária, no primeiro caso quando se regista excelente desempenho e no segundo caso quanto se regista insuficiente desempenho.

442 *Sistema Integrado da Avaliação do Desempenho da Administração Pública*

4 – A atribuição da menção de Muito bom reduz em seis meses o tempo mínimo de serviço exigido para promoção e progressão, nos termos da Resolução da Assembleia da República n.º 82/2004, de 27 de Dezembro.

5 – Quando o avaliado recebe uma avaliação de Muito bom pode o avaliador propor a atribuição de menção de mérito excepcional, acompanhada de uma proposta concreta de reconhecimento de tal mérito, a qual pode contemplar as iniciativas previstas nas alíneas a) e b) do n.º 3 do artigo 15.º da Lei n.º 10/2004, de 22 de Março:

a) Redução de um ano em tempo de serviço para efeitos de promoção nas carreiras verticais ou de progressão nas carreiras horizontais;

b) Promoção nas respectivas carreiras independentemente de concurso, caso esteja a decorrer o último ano do período de tempo necessário à promoção.

6 – Os efeitos previstos nos n.ᵒˢ 4 e 5 relativamente à redução do tempo de serviço não são cumulativos com outras reduções de tempo previstas na regulamentação de carreiras da Assembleia da República, prevalecendo porém sobre esta regulamentação.

7 – Nos casos em que o funcionário esteja em condições que inviabilizem a avaliação ordinária ou extraordinária, o suprimento da avaliação faz-se nos termos dos artigos 17.º, 18.º e 19.º do Decreto Regulamentar n.º 19-A/2004, de 14 de Maio.

ARTIGO 8.º
Diferenciação de mérito e menção de mérito excepcional

As medidas gestionárias decorrentes da diferenciação de desempenhos de Muito bom e da atribuição da menção de mérito excepcional obedecem aos limites orçamentais da Assembleia da República, conforme proposta ao Conselho de Administração.

ARTIGO 9.º
Diplomas por mérito excepcional

1 – O Conselho Coordenador de Avaliação, nos casos de classificação de Muito bom a que corresponda também a proposta de atribuição

Resolução da A. da República n.º 83/2004, de 29 de Dezembro   443

da menção de mérito excepcional, pode propor a atribuição de um diploma de mérito excepcional.

2 – A proposta do Conselho Coordenador de Avaliação tem de obter parecer favorável do Conselho de Administração e de ser submetida à aprovação do Presidente da Assembleia da República, que fará a entrega dos diplomas em cerimónia pública a realizar para o efeito.

ARTIGO 10.º
Avaliação dos dirigentes

1 – A avaliação dos chefes de divisão e equiparados segue as regras gerais de avaliação do presente Regulamento, competindo conjuntamente ao Secretário-Geral e ao director de serviços da respectiva área.

2 – O Secretário-Geral pode delegar nos adjuntos do Secretário--Geral a competência prevista no número anterior.

3 – Na avaliação dos chefes de divisão não há lugar à intervenção do Conselho Coordenador de Avaliação, salvo em caso de reclamação.

4 – A composição do Conselho Coordenador de Avaliação será revista nesse caso, devendo ser apenas composto para o efeito pelos dirigentes de nível hierárquico superior ao avaliado e ainda pelo chefe de divisão de Recursos Humanos.

5 – A renovação da comissão de serviço depende da atribuição da menção de Bom, nos termos do presente Regulamento.

6 – As classificações obtidas contam para a evolução na carreira de origem, de acordo com as regras e critérios de promoção e progressão aplicáveis, sem prejuízo de outros direitos eventualmente previstos no estatuto dos dirigentes da Administração Pública.

ARTIGO 11.º
Intervenientes

Intervêm no SIADAR:
a) Os avaliadores;
b) Os avaliados;
c) O Conselho Coordenador de Avaliação;
d) O Secretário-Geral.

ARTIGO 12.º
Avaliadores

1 – A avaliação é da competência do superior hierárquico imediato ou do funcionário que possua responsabilidade de coordenação sobre o avaliado.

2 – Só pode ser avaliador o superior hierárquico imediato ou o funcionário com responsabilidades de coordenação sobre o avaliado que no decurso do período a que se refere a avaliação reúna, no mínimo, seis meses de contacto funcional com o avaliado.

3 – Nos casos em que não estejam reunidas as condições previstas no número anterior, é avaliador o superior hierárquico de nível seguinte ou, na ausência deste, o Conselho Coordenador de Avaliação.

ARTIGO 13.º
Avaliados

O avaliado colabora no SIADAR em especial na definição do seu plano de desenvolvimento pessoal em conjunto com o avaliador.

ARTIGO 14.º
Conselho Coordenador de Avaliação

1 – Junto ao Secretário-Geral funciona o Conselho Coordenador de Avaliação (CCA) ao qual compete:
- *a*) Garantir a selectividade do SIADAR através da fixação anual de critérios, prévios à avaliação, competindo-lhe ainda validar as avaliações extraordinárias de Muito bom ou Insuficiente;
- *b*) Proceder à avaliação do desempenho nos casos de ausência do superior hierárquico;
- *c*) Propor ao Secretário-Geral as medidas de reconhecimento e compensação pelo desempenho que receba a menção de mérito excepcional e de acompanhamento e correcção do desempenho insuficiente;
- *d*) Dar parecer sobre as reclamações da avaliação.

2 – O CCA é presidido pelo Secretário-Geral e integra os adjuntos do Secretário-Geral, os directores de serviços, o chefe de divisão de Recursos Humanos e os dirigentes que reportam directamente ao

Secretário-Geral, bem como um representante do Sindicato dos Funcionários Parlamentares.

ARTIGO 15.º
Competência do Secretário-Geral no SIADAR

1 – Compete ao Secretário-Geral da Assembleia da República:
a) Garantir a permanente adequação do SIADAR às especificidades da Assembleia da República;
b) Coordenar e controlar o processo de avaliação de acordo com os princípios e regras definidos no presente Regulamento;
c) Homologar as avaliações ordinárias e extraordinárias;
d) Decidir das reclamações dos avaliados após parecer do CCA.

2 – Quando o Secretário-Geral não homologar as avaliações atribuídas deverá ele próprio, mediante despacho fundamentado, estabelecer nova avaliação.

ARTIGO 16.º
Periodicidade

1 – A avaliação de desempenho reporta sempre ao ano anterior.

2 – A avaliação de desempenho ordinária é anual e terá lugar até 31 de Março de cada ano.

3 – A avaliação de desempenho extraordinária não tem carácter de periodicidade e realiza-se por iniciativa do avaliador até à mesma data.

ARTIGO 17.º
Homologação

1 – As avaliações ordinárias são homologadas pelo Secretário-Geral até 30 de Abril.

2 – As avaliações extraordinárias são submetidas ao CCA até 30 de Abril e são homologadas pelo Secretário-Geral até 30 de Maio, acompanhadas do parecer do CCA.

446 *Sistema Integrado da Avaliação do Desempenho da Administração Pública*

ARTIGO 18.º
Reclamação

1 – Após tomar conhecimento da homologação da sua avaliação, o avaliado pode apresentar reclamação escrita, no prazo de cinco dias úteis, para o Secretário-Geral.

2 – A decisão da reclamação será proferida no prazo máximo de 20 dias úteis.

3 – O CCA pode solicitar por escrito, ao avaliador e ao avaliado, os elementos que julgue convenientes.

ARTIGO 19.º
Recurso

1 – Da decisão final cabe recurso hierárquico para o Presidente da Assembleia da República, a interpor no prazo de 10 dias úteis contado do seu conhecimento.

2 – A decisão deverá ser proferida no prazo de 15 dias úteis contado da data de interposição de recurso, devendo o processo de avaliação estar finalizado até final de Julho de cada ano.

ARTIGO 20.º
Confidencialidade

1 – Sem prejuízo das regras de publicidade previstas no presente Regulamento, o SIADAR tem carácter confidencial, devendo os instrumentos de avaliação de cada trabalhador ser arquivados no respectivo processo individual.

2 – Todos os intervenientes neste processo, à excepção do avaliado, ficam obrigados ao dever de sigilo sobre a matéria.

3 – Anualmente, após a conclusão do processo, será afixada a lista com as classificações atribuídas.

ARTIGO 21.º
Avaliação de desempenho de 2004

1 – Em Janeiro de 2005 iniciar-se-á o processo de avaliação de desempenho de 2004, conforme as regras previstas no presente Regulamento.

2 – Em 2005 a avaliação terá lugar até final de Julho.

ARTIGO 22.º
Consideração da avaliação de desempenho de anos anteriores a 2004

1 – Todas as promoções e progressões nas carreiras e categorias a partir de Janeiro de 2005 ficam condicionadas ao sistema de avaliação de desempenho do presente Regulamento, sem prejuízo de serem consideradas as classificações dos anos imediatamente anteriores, desde que necessárias para completar os módulos de tempo respectivos.

2 – No caso de os funcionários não disporem de avaliação em anos relevantes para a promoção, anteriores a 2004, releva a última classificação atribuída ou, na sua ausência, a que resulta de ponderação curricular nos termos dos artigos 18.º e 19.º do Decreto Regulamentar n.º 19-A/2004, de 14 de Maio.

ARTIGO 23.º
Entrada em vigor

O presente Regulamento entra em vigor no dia imediato ao da sua publicação.

**DESPACHO NORMATIVO N.º 13/2005,
DE 21 DE FEVEREIRO
REGULAMENTO DAS CARREIRAS DA UMIC**

Despacho Normativo n.º 13/2005, de 21 de Fevereiro

Pelo Decreto-Lei n.º 16/2005, de 18 de Janeiro, foi aprovada a criação da UMIC – Agência para a Sociedade do Conhecimento, I. P., instituto público que tem por missão o planeamento, a gestão, a coordenação e o desenvolvimento de projectos nas áreas da sociedade da informação e governo electrónico.

O presente despacho normativo aprova o seu regulamento de carreiras, nos termos do n.º 1 do artigo 12.º da Lei n.º 3/2004, de 15 de Janeiro (lei quadro dos institutos públicos).

Assim:

Manda o Governo, pelos Ministros de Estado e da Presidência e das Finanças e da Administração Pública, o seguinte:

1 – É aprovado o regulamento de carreiras da UMIC – Agência para a Sociedade do Conhecimento, I. P., publicado em anexo ao presente despacho normativo e que dele faz parte integrante.

2 – O presente despacho normativo entra em vigor no dia seguinte ao da sua publicação.

Presidência do Conselho de Ministros e Ministério das Finanças e da Administração Pública, 11 de Fevereiro de 2005. – O Ministro de Estado e da Presidência, NUNO ALBUQUERQUE MORAIS SARMENTO – O Ministro das Finanças e da Administração Pública, ANTÓNIO JOSÉ DE CASTRO BAGÃO FÉLIX.

452 *Sistema Integrado da Avaliação do Desempenho da Administração Pública*

ANEXO

REGULAMENTO DE CARREIRAS DA UMIC –
AGÊNCIA PARA A SOCIEDADE DO CONHECIMENTO, I. P.

CAPÍTULO I
Objecto, âmbito e princípios gerais

ARTIGO 1.º
Objecto

O presente regulamento define, nos termos do artigo 11.º da Lei n.º 23/2004, de 22 de Junho, do artigo 2.º do Decreto-Lei n.º 16/2005, de 18 de Janeiro, e do n.º 1 do artigo 12.º da Lei n.º 3/2004, de 15 de Janeiro, as regras a observar na admissão e desenvolvimento profissional do pessoal da UMIC – Agência para a Sociedade do Conhecimento, I. P., e bem assim o respectivo quadro de pessoal e níveis remuneratórios.

ARTIGO 2.º
Âmbito

O presente regulamento aplica-se ao pessoal sujeito ao regime de contrato individual de trabalho e ao pessoal com vínculo à função pública que se encontre a exercer funções na UMIC, mediante acordo de cedência especial e cedência ocasional, nos termos do artigo 23.º da Lei n.º 23/2004, de 22 de Junho, e das disposições aplicáveis do Código do Trabalho.

ARTIGO 3.º
Princípios gerais

1 – A gestão do pessoal da UMIC assenta num modelo orientado para resultados, adoptando os mecanismos de flexibilização de meios adequados à transversalidade dos projectos desenvolvidos no seu âmbito, e promovendo o desenvolvimento e valorização profissionais de acordo com as especiais exigências da sua missão.

2 – A celebração do contrato de trabalho pressupõe a adesão do trabalhador a toda a regulamentação interna da UMIC, de que previamente lhe será dado conhecimento.

3 – Pode o conselho directivo celebrar contratos de trabalho a termo, nos termos previstos na lei.

CAPÍTULO II
Enquadramento e desenvolvimento profissional

ARTIGO 4.º
Grupos profissionais

1 – O pessoal integra-se em grupos profissionais especificamente vocacionados para o exercício de funções no âmbito das áreas de actuação estabelecidas no artigo 16.º dos Estatutos da UMIC.

2 – São grupos profissionais do pessoal da UMIC:
a) Grupo profissional de gestão e acompanhamento de projectos;
b) Grupo profissional de tecnologia;
c) Grupo profissional de apoio especializado;
d) Grupo profissional de administração geral.

ARTIGO 5.º
Actividades

1 – Os grupos profissionais referidos no número anterior enquadram as actividades objecto de contrato, de acordo com o quadro de pessoal constante do anexo I do presente regulamento.

454 *Sistema Integrado da Avaliação do Desempenho da Administração Pública*

2 – A caracterização das funções exercidas no âmbito de cada actividade e respectivas exigências constam do anexo II do presente regulamento.

ARTIGO 6.º
Admissão

1 – A admissão do pessoal para o quadro da UMIC obedece às regras constantes do presente regulamento, observando-se o seguinte:
   a) O candidato tem de deter o perfil, as qualificações e a experiência adequados à função e à natureza do trabalho a desenvolver;
   b) A admissão pode fazer-se para escalões superiores da actividade contratada, mediante decisão do conselho directivo, de acordo com as exigências fixadas na respectiva oferta de trabalho.

2 – Com o início da vigência do contrato de trabalho decorrerá o período experimental nos termos da lei.

ARTIGO 7.º
Processo de recrutamento e selecção

1 – A selecção do pessoal faz-se mediante processo de recrutamento adequado à função e obedece à definição prévia da área de actuação a que se destina, da actividade a contratar, dos requisitos exigidos e dos métodos e critérios objectivos a aplicar.

2 – O processo de recrutamento inicia-se com a publicitação da oferta de emprego em jornal de expansão regional e nacional e divulgação na bolsa de emprego público.

3 – Para a selecção dos candidatos podem ser utilizados, isolada ou conjuntamente, os seguintes métodos:
   a) Avaliação curricular;
   b) Entrevista profissional;
   c) Prova de conhecimentos.

4 – Cabe ao conselho directivo determinar, de forma fundamentada e de acordo com as exigências da actividade a contratar, quais os métodos de selecção adequados.

ARTIGO 8.º
Comissão de selecção de pessoal

O conselho directivo procede, previamente ao início do processo de recrutamento, à constituição da comissão de selecção de pessoal, à qual incumbe a aplicação dos métodos e critérios de selecção, podendo contratar, para o efeito, entidade especializada na área do recrutamento, nos termos da lei.

ARTIGO 9.º
Evolução na carreira

1 – A evolução profissional dentro de cada actividade depende do mérito determinado pelo resultado da avaliação anual do desempenho.

2 – A evolução profissional faz-se mediante progressão a escalão superior da escala remuneratória fixada, para cada actividade, no quadro de pessoal constante do anexo I do presente regulamento.

ARTIGO 10.º
Progressão

1 – A progressão está condicionada à posse de:
a) Avaliação de desempenho de pelo menos Bom durante três anos consecutivos;
b) Avaliação de desempenho de pelo menos Muito bom durante dois anos consecutivos;
c) Avaliação de desempenho de Excelente.

2 – O conselho directivo pode determinar, nos termos do n.º 2 do artigo 15.º da Lei n.º 10/2004, de 22 de Março, e do n.º 2 do artigo 261.º do Código do Trabalho, a atribuição, no final de cada ano económico, de outros benefícios ou formas de reconhecimento do mérito profissional, designadamente através da deliberação de uma política de prémios, a constar de regulamento interno, aprovado pelos Ministros das Finanças e da Administração Pública e da tutela, aplicável aos trabalhadores com avaliação de desempenho no mínimo de Muito bom.

3 – Competem ao conselho directivo a verificação dos requisitos previstos nos números anteriores e a produção dos actos necessários à

456 *Sistema Integrado da Avaliação do Desempenho da Administração Pública*

concretização dos efeitos deles decorrentes em conformidade com os resultados dos relatórios da avaliação e desempenho.

CAPÍTULO III
Director administrativo e financeiro

ARTIGO 11.º
Requisitos e forma de exercício

1 – O recrutamento para o cargo de director administrativo e financeiro faz-se de entre indivíduos detentores de curso superior conferente dos graus de licenciatura ou bacharelato nas áreas de Gestão, Economia ou Contabilidade com experiência profissional relevante e comprovada de, no mínimo, cinco anos.

2 – O cargo de director administrativo e financeiro é exercido em regime de comissão de serviço nos termos do Código do Trabalho.

ARTIGO 12.º
Remuneração

A remuneração do cargo de director administrativo e financeiro consta do anexo I do presente regulamento.

ANEXO I – Quadro de pessoal da UMIC

Grupo	Actividade	Número de postos de trabalho		Escalão	Vencimentos (euros)
Gestão e acompanhamento de projectos	Consultor	10	1	A	3375
			2	B	3038
			3	C	2734
			4	D	2460
	Assessor	11	5	A	2153
			6	B	1938
			7	C	1744
			8	D	1569
	Especialista	12	9	A	1373
			10	B	1236
			11	C	1112
			12	D	1001
Tecnologia	Consultor	5	1	A	3375
			2	B	3038
			3	C	2734
			4	D	2460
	Assessor	4	5	A	2153
			6	B	1938
			7	C	1744
			8	D	1569
	Especialista	3	9	A	1373
			10	B	1236
			11	C	1112
			12	D	1001
Apoio especializado	Técnico de *marketing* e comunicação	2	13	A	2460
			14	B	2153
			15	C	1938
			16	D	1744

Grupo	Actividade	Número de postos de trabalho		Escalão	Vencimentos (euros)
Administração geral	Técnico de relações internacionais ...	2	17	E	1569
			18	F	1236
			13	A	2460
			14	B	2153
			15	C	1938
			16	D	1744
			17	E	1569
			18	F	1236
	Técnico de apoio jurídico	3	13	A	2460
			14	B	2153
			15	C	1938
			16	D	1744
			17	E	1569
			18	F	1236
	Técnico de contabilidade	1	19	A	1650
			20	B	1485
			21	C	1337
	Técnico de gestão financeira.............	1	22	A	1650
			23	B	1485
			24	C	1337
	Técnico de apoio financeiro.............	1	25	A	1403
			26	B	1262
			27	C	1136
	Secretariado......................................	2	28	A	1117
			29	B	1005
			30	C	905
	Administrativo	1	33	A	1046
			34	B	941
			35	C	618
	Motorista	2	36	A	723
		60			

Subsídio de refeição – € 7,5.
Vencimento do director administrativo e financeiro, nomeado em regime de comissão de serviço – € 3000.

ANEXO II

CARACTERIZAÇÃO DAS ACTIVIDADES CONTRATADAS NA UMIC

A) Grupo profissional de gestão e acompanhamento de projectos

1 – Consultor de gestão e acompanhamento de projectos

Natureza do trabalho – coordenação de projectos; desenvolvimento de projectos e estudos de grande complexidade; aplicação de métodos de gestão e investigação operacional.

Grau de autonomia e responsabilidade – coordenação de equipas de projecto; emissão de pareceres e recomendações que fundamentam as decisões do conselho directivo.

Exigências – licenciatura; formação académica complementar em áreas relacionadas com a temática da sociedade da informação como factor preferencial; experiência comprovada de gestão de equipas; mínimo de seis anos de experiência profissional ou de cinco anos de experiência profissional em áreas relacionadas com a temática da sociedade da informação.

2 – Assessor de gestão e acompanhamento de projectos

Natureza do trabalho – desenvolvimento de projectos e estudos de grande complexidade; aplicação de métodos de gestão e investigação operacional.

Grau de autonomia e responsabilidade – enquadramento do trabalho desenvolvido por especialistas; colaboração com consultores na emissão de pareceres e recomendações que fundamentam as decisões do conselho directivo.

Exigências – licenciatura ou bacharelato; formação académica complementar em áreas relacionadas com a temática da sociedade da

460 Sistema Integrado da Avaliação do Desempenho da Administração Pública

informação como factor preferencial; experiência em gestão de equipas; mínimo de três anos de experiência profissional em áreas relacionadas com a temática da sociedade da informação.

3 – Especialista de gestão e acompanhamento de projectos

Natureza do trabalho – execução de trabalhos especializados para resolução de problemas; desenvolvimento de estudos, ensaios ou cálculos em projectos de menor complexidade.

Grau de autonomia e responsabilidade – utilização de metodologias de trabalho recomendadas por assessores e consultores; apresentação de trabalhos para revisão de especialistas e consultores.

Exigências – licenciatura ou bacharelato; formação académica complementar ou experiência profissional em áreas relacionadas com a temática da sociedade da informação como factores preferenciais.

B) Grupo profissional de tecnologia

1 – Consultor de tecnologia

Natureza do trabalho – coordenação e desenvolvimento de projectos e estudos que podem envolver conhecimentos em mais de um sector de actividade na área dos sistemas de informação e comunicação, tanto ao nível aplicacional como de infra-estruturas; aplicação de metodologias de análise, investigação e decisão aplicadas.

Grau de autonomia e responsabilidade – coordenação de equipas de projecto; emissão de pareceres e recomendações que fundamentam as decisões do conselho directivo.

Exigências – licenciatura nas áreas da informática, sistemas de informação e telecomunicações; formação académica complementar em áreas relacionadas com a temática da sociedade da informação como factor preferencial; experiência comprovada de gestão de equipas; mínimo de seis anos de experiência profissional ou de cinco anos de experiência profissional em áreas relacionadas com a temática da sociedade da informação.

2 – Assessor de tecnologia

Natureza do trabalho – desenvolvimento de projectos e estudos que podem envolver conhecimentos em mais de um sector de actividade na área dos sistemas de informação e comunicação, tanto ao nível aplicacional como de infra-estruturas; aplicação de metodologias de análise, investigação e decisão aplicadas.

Grau de autonomia e responsabilidade – enquadramento do trabalho desenvolvido por especialistas; colaboração com consultores na emissão de pareceres e recomendações que fundamentam as decisões do conselho directivo.

Exigências – licenciatura ou bacharelato nas áreas da informática, sistemas de informação e telecomunicações; formação académica complementar em áreas relacionadas com a temática da sociedade da informação como factor preferencial; experiência de gestão de equipas; mínimo de três anos de experiência profissional em áreas relacionadas com a temática da sociedade da informação.

3 – Especialista de tecnologia

Natureza do trabalho – execução de trabalhos especializados para resolução de problemas na área dos sistemas de informação e comunicação, tanto ao nível aplicacional como de infra-estruturas; desenvolvimento de estudos, ensaios ou cálculos em projectos de menor complexidade.

Grau de autonomia e responsabilidade – utilização de metodologias de trabalho recomendadas por assessores e consultores; apresentação de trabalhos para revisão de especialistas e consultores.

Exigências – licenciatura ou bacharelato nas áreas da informática, sistemas de informação e telecomunicações; formação académica complementar ou experiência profissional em áreas relacionadas com a temática da sociedade da informação como factores preferenciais.

C) Grupo profissional de apoio especializado

1 – Técnico de *marketing* e comunicação

Natureza do trabalho – implementação das iniciativas de marketing e comunicação definidas pelo conselho directivo, nomeadamente publicidade corporativa e divulgação de projectos da UMIC; divulgação das actividades desenvolvidas no âmbito da sociedade da informação; participação nas acções de comunicação junto da imprensa, mediante preparação de press releases e relacionamento com os meios de comunicação.

462 *Sistema Integrado da Avaliação do Desempenho da Administração Pública*

Grau de autonomia e responsabilidade – desenvolvimento de iniciativas sob coordenação e supervisão do conselho directivo.

Exigências – licenciatura ou bacharelato em áreas relacionadas com marketing e comunicação; experiência profissional relevante.

2 – Técnico de relações internacionais

Natureza do trabalho – desenvolvimento de contactos regulares com instituições e organismos nacionais e internacionais congéneres, ou que desenvolvam acções em áreas relacionadas com a temática da sociedade da informação; operacionalização do processo de representação em fóruns nacionais e internacionais e sistematização do conhecimento destes decorrente.

Grau de autonomia e responsabilidade – desenvolvimento de iniciativas sob coordenação e supervisão do conselho directivo.

Exigências – licenciatura; formação específica em Relações Internacionais ou experiência profissional relevante como factores preferenciais.

3 – Técnico de assessoria jurídica

Natureza do trabalho – acompanhamento de iniciativas e desenvolvimento de propostas legislativas em áreas relacionadas com a temática da sociedade da informação; apoio técnico-jurídico aos projectos e estudos desenvolvidos pela UMIC e a toda a sua actividade interna.

Grau de autonomia e responsabilidade – desenvolvimento de iniciativas sob coordenação e supervisão do conselho directivo.

Exigências – licenciatura em Direito; formação académica complementar ou experiência profissional relevante como factores preferenciais.

D) Grupo profissional de administração geral

1 – Técnico de contabilidade

Natureza do trabalho – desenvolvimento de operações de gestão de tesouraria, pagamentos da UMIC e interligação com os demais organismos oficiais relevantes neste âmbito.

Grau de autonomia e responsabilidade – desenvolvimento de tarefas sob a supervisão e coordenação do director administrativo e financeiro.

Exigências – curso superior nas áreas de gestão ou contabilidade; experiência profissional relevante.

2 – Técnico de gestão financeira

Natureza do trabalho – desenvolvimento de tarefas relacionadas com a componente orçamental da programação e execução dos projectos, em articulação com as equipas de projectos; acompanhamento das responsabilidades decorrentes da coordenação de programas orçamentais transversais.

Grau de autonomia e responsabilidade – desenvolvimento de tarefas sob a supervisão e coordenação do director administrativo e financeiro.

Exigências – licenciatura ou bacharelato nas áreas de gestão, economia ou contabilidade; experiência profissional relevante.

3 – Técnico de apoio informático

Natureza do trabalho – acompanhamento regular do parque informático e de comunicações existente na UMIC e desenvolvimento das correspondentes tarefas de manutenção.

Grau de autonomia e responsabilidade – desenvolvimento de tarefas sob a supervisão e coordenação do director administrativo e financeiro.

Exigências – 12.º ano completo; formação profissional em informática na óptica do utilizador; experiência profissional relevante como factor preferencial.

4 – Secretariado

Natureza do trabalho – estabelecimento de contactos com entidades externas; agendamento de reuniões; tratamento de correspondência e prestação de apoio administrativo ao conselho directivo.

Grau de autonomia e responsabilidade – desenvolvimento de tarefas sob a supervisão e coordenação do conselho directivo.

Exigências – 12.º ano completo; domínio escrito e falado de línguas estrangeiras; conhecimentos de informática na óptica do utilizador; experiência profissional relevante como factor preferencial.

5 – Administrativo

Natureza do trabalho – execução das tarefas administrativas de apoio ao funcionamento da UMIC, relativas ao expediente, contabilidade, aprovisionamento, património e pessoal.

464 *Sistema Integrado da Avaliação do Desempenho da Administração Pública*

Grau de autonomia e responsabilidade – desenvolvimento de tarefas sob a supervisão e coordenação do director administrativo e financeiro.

Exigências – 12.º ano de escolaridade; conhecimentos de informática na óptica do utilizador.

6 – Motorista

Natureza do trabalho – condução de veículos na deslocação dos membros do conselho directivo e restantes trabalhadores; realização das tarefas de manutenção da frota de veículos da UMIC.

Grau de autonomia e responsabilidade – desenvolvimento de tarefas sob a supervisão e coordenação do director administrativo e financeiro.

Exigências – escolaridade mínima obrigatória; carta de condução de veículos ligeiros; experiência profissional.

DECRETO REGULAMENTAR N.° 10/2005, DE 12 DE SETEMBRO
ADAPTAÇÃO DO SISTEMA INTEGRADO DE AVALIAÇÃO DO DESEMPENHO AO PESSOAL DA CARREIRA TÉCNICA SUPERIOR DE INSPECÇÃO DA INSPECÇÃO-GERAL DE EDUCAÇÃO

Decreto Regulamentar n.º 10/2005
de 12 de Setembro

O sistema integrado de avaliação do desempenho da Administração Pública (SIADAP), criado pela Lei n.º 10/2004, de 22 de Março, e regulamentado pelo Decreto Regulamentar n.º 19-A/2004, de 14 de Maio, visa a adopção de um sistema credível e motivador de avaliação de dirigentes, funcionários, agentes e demais trabalhadores da administração directa do Estado.

Visa também, e sobretudo, forçar os diversos organismos públicos a reflectir sobre o interesse social da sua existência e actuação e a definir estratégias de aperfeiçoamento e desenvolvimento.

À Inspecção-Geral da Educação estão cometidas, através da sua Lei Orgânica (Decreto-Lei n.º 271/95, de 23 de Outubro) e da Lei Orgânica do Ministério da Educação (Decreto-Lei n.º 208/2002, de 17 de Outubro), importantes atribuições de regulação e de contribuição para a credibilização e melhoria do sistema educativo.

Para o cabal cumprimento dessas missões, conta, sobretudo, com os seus inspectores, destacando-se aqueles que, através do contacto presencial com as escolas, estão especialmente expostos, protagonizando assim um papel da maior relevância na instituição e no ministério que representam.

Considerou-se, deste modo, na adaptação do sistema integrado de avaliação de desempenho da Administração Pública a especificidade da carreira técnica superior de inspecção da Inspecção-Geral da Educação, encontrando-se um novo equilíbrio entre a ponderação de objectivos, competências comportamentais e atitude pessoal que não foi o adoptado para as restantes categorias de pessoal.

E assim, sem pôr em causa o importante contributo da avaliação por objectivos para a implementação das estratégias de aperfeiçoamento e desenvolvimento da Inspecção-Geral da Educação, optou-se por conferir

468 *Sistema Integrado da Avaliação do Desempenho da Administração Pública*

um pouco mais de ponderação nas competências comportamentais (mais 5%) do que aquela que se encontra estabelecida para a carreira do pessoal técnico superior.

Essa opção tornou-se clara após a realização de uma detalhada análise das competências comportamentais necessárias a um desempenho que se exige altamente qualificado em diversos planos – o do conhecimento científico, o da correcção dos procedimentos, o da eficácia, o da independência, o da equidade, o da dignidade de conduta.

Deste modo, procede-se, com o presente diploma, à necessária adaptação do sistema integrado de avaliação do desempenho da Administração Pública, aprovado pela Lei n.° 10/2004, de 22 de Março, e regulamentado pelo Decreto Regulamentar n.° 19-A/2004, de 14 de Maio, à especificidade da carreira superior de inspecção da Inspecção-Geral da Educação.

Foram observados os procedimentos decorrentes da Lei n.° 23/98, de 26 de Maio.

Assim:

Nos termos da alínea c) do artigo 199.° da Constituição, o Governo decreta o seguinte:

ARTIGO 1.°
Objecto e âmbito de aplicação

1 – O presente diploma adapta o sistema integrado de avaliação do desempenho da Administração Pública, aprovado pela Lei n.° 10/2004, de 22 de Março, e regulamentado pelo Decreto Regulamentar n.° 19-A/2004, de 14 de Maio, ao pessoal da carreira técnica superior de inspecção da Inspecção-Geral da Educação.

2 – Em tudo o que não seja exceptuado no presente diploma, é aplicável à avaliação do desempenho do pessoal da carreira técnica superior de inspecção da Inspecção-Geral da Educação o constante na Lei n.° 10/2004, de 22 de Março, e no Decreto Regulamentar n.° 19-A/2004, de 14 de Maio.

ARTIGO 2.°
Competências comportamentais

1 – O número de competências a avaliar é fixado em seis.

Decreto Regulamentar n.° 10/2005, de 12 de Setembro 469

2 – São definidas as seguintes competências comportamentais a avaliar:

a) Aptidões e conhecimentos específicos;
b) Capacidade de realização e orientação para os resultados;
c) Capacidade de adaptação e de melhoria contínua;
d) Capacidade de análise, de planeamento e de organização;
e) Espírito de equipa, capacidade de liderança e de coordenação;
f) Responsabilidade e compromisso com o serviço.

3 – As competências comportamentais «capacidade de realização e orientação para os resultados» e «responsabilidade e compromisso com o serviço» têm uma ponderação de 20%.

4 – As restantes competências comportamentais têm uma ponderação de 15%.

ARTIGO 3.°
Sistema de classificação

A classificação final é determinada pela média ponderada da avaliação de cada uma das suas componentes, de acordo com a seguinte ponderação:

Objectivos – 55;
Competências – 35;
Atitude pessoal – 10.

ARTIGO 4.°
Fichas de avaliação

As fichas de avaliação referentes à auto-avaliação e avaliação do pessoal da carreira técnica superior de inspecção da Inspecção-Geral da Educação, incluindo as respectivas instruções de preenchimento, são aprovadas por portaria conjunta do Ministro da Educação e do membro do Governo responsável pela Administração Pública.

ARTIGO 5.°
Revisão

O presente diploma de adaptação do sistema integrado de avaliação de desempenho da Administração Pública ao pessoal da carreira técnica superior de inspecção da Inspecção-Geral da Educação poderá ser revisto no prazo de um ano a contar da data da sua entrada em vigor, devendo ser recolhidos os elementos úteis resultantes da sua aplicação para introdução das alterações que se mostrem necessárias.

ARTIGO 6.°
Produção de efeitos

O presente diploma produz efeitos a 1 de Janeiro de 2006.

DESPACHO NORMATIVO N.º 42/2005, DE 18 DE AGOSTO
APLICAÇÃO DO SIADAP ÀS UNIDADES ORGÂNICAS DO MINISTÉRIO DOS NEGÓCIOS ESTRANGEIROS

Despacho Normativo n.° 42/2005, de 18 de Agosto

Considerando o disposto no Programa do Governo em matéria de reforma da Administração Pública;

Considerando a necessidade de modernizar a estrutura e o funcionamento das unidades orgânicas do Ministério dos Negócios Estrangeiros quer em Lisboa quer no estrangeiro;

Considerando que o primeiro passo para essa tarefa de modernização deve consistir, como em qualquer outra organização, na adopção plena do princípio da gestão por objectivos;

Considerando que só à luz desse princípio é possível programar adequadamente a acção de qualquer unidade orgânica em cada ano civil, orientar todos os esforços no sentido aprovado e controlar a posteriori o grau de consecução dos objectivos inicialmente definidos;

Tendo presente o quadro normativo consubstanciado na Lei n.° 10/2004, de 22 de Março, e no Decreto Regulamentar n.° 19-A/2004, de 14 de Maio:

O Ministro de Estado e dos Negócios Estrangeiros determina a todos os serviços internos do Ministério e a todas as representações diplomáticas bilaterais, missões permanentes junto de organismos internacionais e postos consulares portugueses o seguinte:

1.°

A partir da entrada em vigor do presente despacho normativo, todas as unidades orgânicas do Ministério se orientarão, efectivamente, pelo princípio da gestão por objectivos.

474 *Sistema Integrado da Avaliação do Desempenho da Administração Pública*

2.º

O principal dirigente responsável por cada uma das referidas unidades orgânicas deverá propor até 31 de Outubro de cada ano civil a definição dos objectivos a atingir no ano seguinte.

As propostas serão enviadas ao secretário-geral do Ministério e submetidas, com o seu parecer, a homologação ministerial.

3.º

Cada novo dirigente de qualquer unidade orgânica que iniciar funções receberá do Ministro de Estado e dos Negócios Estrangeiros, sob proposta do secretário-geral do Ministério, uma carta de missão em que, sem prejuízo dos objectivos definidos para a unidade orgânica em causa nos termos do presente despacho normativo, lhe serão determinados os objectivos prioritários a cumprir durante a sua comissão.

4.º

Os dirigentes das unidades orgânicas do Ministério dos Negócios Estrangeiros devem até ao fim de Fevereiro de cada ano elaborar o relatório anual das actividades desenvolvidas no ano anterior e enviá-lo ao secretário-geral do Ministério, que o submeterá, com o seu parecer, a homologação ministerial.

O relatório deverá fazer menção dos objectivos definidos, dos resultados alcançados e das razões pelas quais algum ou alguns dos objectivos não tenham sido alcançados no todo ou em parte, se for esse o caso.

5.º

Na sequência da homologação ministerial mencionada no n.º 4.º, o Ministro de Estado e dos Negócios Estrangeiros, ouvido o secretário-geral do Ministério, determinará as medidas que se revelarem necessárias, em cada caso, para melhorar a eficiência da unidade orgânica em causa.

6.º

Compete ao secretário-geral emanar as instruções que tiver por convenientes para o cumprimento integral do estabelecido no presente

Despacho normativo, acompanhar a respectiva execução e, de um modo geral, decidir ou propor tudo o que entenda adequado com vista à extracção de efeitos úteis do sistema ora instituído.

7.º

No que toca ao ano de 2005, a proposta de definição de objectivos referida no n.º 2.º será enviada ao secretário-geral do Ministério até 45 dias após a data deste despacho normativo.

RESOLUÇÃO DO CONSELHO DE MINISTROS N.º 17/2005, DE 19 DE JANEIRO INTERVENÇÃO OPERACIONAL DA ADMINISTRAÇÃO PÚBLICA (IOAP)

Resolução do Conselho de Ministros n.º 17/2005, de 19 Janeiro

Na sequência da reprogramação do Quadro Comunitário de Apoio 2000-2006, com a aprovação do Programa Operacional da Administração Pública, Portugal beneficiará de uma intervenção vocacionada especificamente para o sector da Administração Pública.

Uma vez concluído o processo de negociação com a Comissão Europeia e para garantir o arranque da nova Intervenção Operacional para a Administração Pública, torna-se urgente proceder à criação da sua estrutura de gestão, por forma a cumprir os prazos, muito curtos, estabelecidos para a definição e elaboração de todos os instrumentos de execução do Programa, optimizar a execução dos fundos disponibilizados no limitado período estabelecido e demonstrar o esforço e o empenho na rapidez, rigor e qualidade dos investimentos a apoiar.

O Regulamento (CE) n.º 1260/1999, do Conselho, de 21 de Junho, determina um conjunto de regras de gestão e de execução dos programas operacionais, assim como se impõe assegurar a existência dos instrumentos de execução do Programa em prazos muito curtos.

Prevê, designadamente, que o Estado membro deverá transmitir «o complemento de programação à Comissão num documento único para informação, num prazo máximo de três meses a contar da decisão da Comissão que aprova um programa operacional».

A criação deste novo Programa Operacional resulta, essencialmente, das recomendações decorrentes do exercício de avaliação intercalar do Programa Operacional Emprego, Formação e Desenvolvimento Social (POEFDS), que apontavam para a supressão do eixo n.º 3, «Qualificar para modernizar a Administração Pública», e para a sua eventual integração num corpo coerente de intervenção destinado a apoiar a modernização da Administração Pública.

480 *Sistema Integrado da Avaliação do Desempenho da Administração Pública*

Existindo projectos em curso no âmbito do eixo n.° 3 do POEFDS, as necessárias funções de acompanhamento e fecho até à data de encerramento dos mesmos serão asseguradas pela estrutura de apoio técnico do POEFDS.

Adicionalmente, e apesar de largamente discutida no País ao longo dos últimos anos, a reforma da Administração Pública só teve início instrumental com a publicação da Resolução do Conselho de Ministros n.° 95/2003, de 30 de Julho, na qual são definidas e aprovadas as suas grandes linhas de orientação e os seus objectivos gerais, pelo que a criação deste novo Programa Operacional está também directamente associada ao compromisso de mudança e modernização, representando um dos instrumentos de execução operacional da mesma.

Os recursos financeiros afectos ao Programa Operacional da Administração Pública foram determinados na sequência da última reprogramação do III Quadro Comunitário de Apoio (QCA III), sendo provenientes da transferência de verbas inicialmente atribuídas ao eixo n.° 3 do POEFDS para o período de 2004 a 2006, acrescidas dos valores disponibilizados ao abrigo das reservas de eficiência e de programação.

A aplicação rigorosa das verbas comunitárias e nacionais em investimentos produtivos e qualificadores é indispensável, quer para garantir o cumprimento dos novos e exigentes regulamentos comunitários em matéria de execução de fundos quer para assegurar a realização efectiva da reforma da Administração Pública.

Considerando os imperativos determinados pela regulamentação europeia nesta matéria, com prazos claramente definidos, e a necessidade urgente e inadiável de assegurar a gestão desta nova intervenção comunitária, impõe-se a criação da estrutura de gestão do Programa Operacional da Administração Pública.

Assim:

Ao abrigo do n.° 1 do artigo 28.° da Lei n.° 4/2004, de 15 de Janeiro, e nos termos das alíneas d) e g) do artigo 199.° da Constituição, o Conselho de Ministros resolve:

1 – Criar uma estrutura de missão, na dependência do Ministro das Finanças e da Administração Pública, designada «Intervenção Operacional da Administração Pública» (IOAP), incluída no âmbito da execução do III Quadro Comunitário de Apoio, nos termos do artigo 28.° da Lei n.° 4/2004, de 15 de Janeiro, e do Decreto-Lei n.° 54-A/2000, de 7 de Abril.

2 – Estabelecer que a IOAP visa a promoção da modernização e da qualidade na Administração Pública Portuguesa, ao nível da inovação

Resolução do Conselho de Ministros n.° 17/2005, de 19 de Janeiro   481

organizacional, com a simplificação e flexibilização dos procedimentos e com a qualificação dos serviços prestados, e da formação dos activos da administração pública central.

3 – Determinar que a IOAP irá contribuir para a prossecução dos seguintes objectivos estratégicos:

a) Prestigiar a missão da Administração Pública e os seus agentes na busca da exigência e da excelência;

b) Promover a modernização dos organismos, qualificando e estimulando os funcionários, inovando processos e aplicando novas práticas de gestão;

c) Introduzir uma nova cultura de avaliação dos desempenhos, seja dos serviços seja dos funcionários;

d) Apostar na motivação, na formação e na valorização dos funcionários públicos;

e) Fomentar a qualidade do serviço público, medindo e monitorizando o nível do serviço prestado e o grau de satisfação dos utentes.

4 – Nomear como gestora da IOAP a mestre Maria Tereza da Costa Cavaco Guerreiro Valério para proceder à gestão técnica, administrativa e financeira, com a remuneração correspondente a presidente de conselho de administração de empresa pública do grupo B, nível 1.

5 – Determinar que a gestora da IOAP é coadjuvada por um gestor para os eixos prioritários «Promoção da modernização e da qualidade na Administração Pública» e «Qualificação e valorização dos recursos humanos», nomeado por despacho do Ministro das Finanças e da Administração Pública, equiparado, para os devidos efeitos, a vice-presidente de conselho de administração de empresa pública do grupo B, nível 1.

6 – Criar, nos termos dos artigos 34.° e 46.° do Decreto-Lei n.° 54-A/2000, de 7 de Abril, e do artigo 28.° da Lei n.° 4/2004, de 15 de Janeiro, a estrutura de apoio técnico à gestora e à estrutura de missão, designada por Gabinete de Gestão do Programa Operacional da Administração Pública (GGPOAP).

7 – Determinar que o exercício de funções dos membros do GGPOAP poderá fazer-se mediante recurso a qualquer dos regimes previstos no n.° 2 do artigo 46.° do Decreto-Lei n.° 54-A/2000, de 7 de Abril, e na alínea i) do artigo 9.° da Lei n.° 23/2004, de 22 de Junho.

8 – Estabelecer que o GGPOAP funciona na directa dependência da gestora e integra um número máximo de 15 elementos.

9 – Determinar que os membros do GGPOAP que sejam contratados a termo vencem uma remuneração de base mensal fixada por referência às

482 *Sistema Integrado da Avaliação do Desempenho da Administração Pública*

escalas salariais das carreiras e categorias da Administração Pública, correspondentes às funções que vão desempenhar, definindo-se contratualmente os escalões e índices em que se integrarão.

10 – Atribuir ao GGPOAP as seguintes competências:

a) Prestar apoio à realização e acompanhamento das acções de divulgação;

b) Preparar as reuniões e deliberações do gestor e da unidade de gestão;

c) Organizar os processos relativos a cada projecto de acordo com as normas usuais estabelecidas, com as adaptações e especificidades próprias da Intervenção Operacional;

d) Instruir e apreciar as candidaturas de projectos, verificando, designadamente, o seu enquadramento na Intervenção Operacional e o cumprimento das condições de acesso previstas;

e) Formular pareceres técnicos sobre a viabilidade dos projectos que permitam ao gestor fundamentar as suas decisões;

f) Garantir que a programação financeira apresentada na candidatura de cada projecto corresponda a uma estimativa dos pagamentos a efectuar pela entidade executora durante os anos indicados;

g) Organizar o ficheiro informático necessário ao controlo da execução da Intervenção Operacional;

h) Verificar os elementos de despesa relativos aos projectos e acções aprovados;

i) Recolher e tratar a informação relativa aos indicadores de acompanhamento físico e financeiro da Intervenção Operacional;

j) Preparar os pedidos de pagamento das contribuições comunitária e nacional;

l) Efectuar o processamento dos pagamentos aos beneficiários;

m) Prestar apoio à preparação dos relatórios de execução da Intervenção Operacional.

11 – Considerar as despesas inerentes à instalação e funcionamento da IOAP elegíveis a financiamento comunitário, asseguradas pela assistência técnica relativa à Intervenção Operacional, sendo as restantes despesas suportadas pela Secretaria-Geral do Ministério das Finanças e da Administração Pública, e contempladas no programa n.º 01, «Sociedade de informação e governo electrónico», medida n.º 3, «Serviços públicos orientados para o cidadão e Administração», projecto n.º 4164, «Reforma da Administração Pública».

Resolução do Conselho de Ministros n.º 17/2005, de 19 de Janeiro   483

12 – Estabelecer que os encargos com a instalação e funcionamento da IOAP:

a) Em 2005 ascenderão a (euro) 1543208,85, dos quais (euro) 809448,61 estão afectos a despesas com o pessoal, (euro) 547760,24 estão afectos à aquisição de bens e serviços e (euro) 186000 estão afectos à aquisição de bens de capital;

b) Em 2006 não devem ultrapassar (euro) 1600000.

13 – Determinar que a IOAP envolve o montante de (euro) 139300000.

14 – Estabelecer que a estrutura da missão vigora, durante o período de vigência da respectiva IOAP, até 31 de Dezembro de 2006.

15 – Permitir a prorrogação do prazo referido no número anterior por períodos de seis meses até ao encerramento definitivo de contas e à apresentação do relatório final.

16 – Fixar o início da produção de efeitos do presente diploma à data da sua aprovação.

Presidência do Conselho de Ministros, 23 de Dezembro de 2004. – O Primeiro-Ministro, *Pedro Miguel de Santana Lopes.*

RESOLUÇÃO DO CONSELHO DE MINISTROS N.º 102/2005, DE 24 DE JUNHO REESTRUTURAÇÃO DA ADMINISTRAÇÃO PÚBLICA

Resolução do Conselho de Ministros n.º 102/2005, de 24 de Junho

Considerando que o Governo assumiu a transparência das contas públicas e o falar verdade sobre a situação orçamental como elemento fundamental de um novo contrato entre o Estado e os cidadãos, na medida em que, se pagar impostos é um dever de cidadania, conhecer a verdade da situação orçamental é um direito de qualquer cidadão;

Considerando que o primeiro passo na prossecução desse objectivo consiste no conhecimento da actual situação orçamental e que o Governo nomeou uma comissão, presidida pelo Governador do Banco de Portugal, para apurar o valor do défice estimado para 2005, se não se introduzirem quaisquer alterações ao Orçamento do Estado em vigor;

Considerando, ainda, que a comissão concluiu os seus trabalhos, tendo entregue ao Governo o seu relatório no qual se estima em 6,83% do produto interno bruto (PIB) o valor do défice esperado para o corrente ano, valor muito superior ao das estimativas mais pessimistas quando o Governo foi empossado;

Considerando que sem finanças públicas controladas nenhum crescimento será sustentável e que sem crescimento económico não será possível reequilibrar as contas públicas:

Urge, agora, iniciar o processo de correcção deste desequilíbrio, tomando as medidas necessárias no sentido de serem dados passos consistentes para a consolidação das contas públicas, que é uma das condições indispensáveis para o aumento da competitividade do País e para um crescimento económico que permita a convergência com os países mais desenvolvidos da União Europeia.

De entre as medidas possíveis para iniciar o processo de reestruturação orçamental, o Governo optou por aquelas que pudessem ter um efeito positivo no crescimento económico. Considerou, ainda, como factor

488 *Sistema Integrado da Avaliação do Desempenho da Administração Pública*

a ponderar na selecção, a sua contribuição para a prossecução dos diversos objectivos do seu Programa, nomeadamente:

O combate à fraude e à evasão fiscais;

A requalificação dos benefícios fiscais;

A equidade e sustentabilidade da segurança social;

A reestruturação da Administração Pública;

A sustentabilidade dos serviços públicos, com especial relevo para os sectores da saúde e da educação e ensino superior;

Assim:

Nos termos da alínea g) do artigo 199.° da Constituição, o Conselho de Ministros resolve:

Aprovar um conjunto de medidas tendentes à correcção do desequilíbrio das contas públicas, que implicam alterações legislativas e que incidem, em especial, nas seguintes áreas:

1 – Combate à fraude e evasão fiscais. – A solidariedade entre todos os Portugueses, para colocar o País de novo na senda do crescimento económico e implementar as medidas necessárias para a consolidação das contas públicas, impõe um combate sem tréguas à fuga a um dos deveres básicos de cidadania: o pagamento de impostos.

O Governo pretende prosseguir, e aprofundar, o desenvolvimento dos mecanismos legais, administrativos e de gestão necessários a esse combate. Assim, vai implementar, ou está em vias de implementar, as seguintes medidas:

a) Revisão da isenção de IVA, a aprovar com o Orçamento do Estado para 2006, no contexto de reestruturação dos grupos do sector financeiro, alterando o regime actual que tem vindo a ser utilizado na montagem de operações complexas de planeamento fiscal para diminuir o IVA a entregar ao Estado ou mesmo para obter reembolsos;

b) Criação, com o Orçamento do Estado Rectificativo para 2005, de mecanismos efectivos que evitem a «lavagem» de dividendos por via de quaisquer operações, negócios ou actos jurídicos tendo por objecto participações sociais, ou direitos conexos com essas mesmas participações, celebrados por entidades que estejam sujeitas a imposto e entidades que, a qualquer título, não estejam sujeitas a imposto, beneficiem de um regime de isenção ou de um regime fiscal mais favorável;

c) Reposição da tributação em imposto do selo das doações de valores monetários, visando fazer face às escapatórias abertas

Resolução do Conselho de Ministros n.º 102/2005, de 24 Junho   489

com a não sujeição a imposto destas situações e evitar situações de fraude fiscal, de acordo com legislação a aprovar no prazo de 90 dias contados da publicação da presente resolução;

d) Apresentação de proposta à Assembleia da República, no prazo de 120 dias contados da publicação da presente resolução, de um normativo legal visando a divulgação de empresas com dívidas em mora, de natureza fiscal ou contributiva e de montantes mais elevados, bem como a divulgação periódica das empresas com maior volume de impostos e contribuições efectivamente pagos;

e) Apresentação de proposta à Assembleia da República, até ao final do ano de 2005, de um normativo legal que possibilite a divulgação dos rendimentos ilíquidos obtidos anualmente pelas pessoas singulares;

f) Utilização selectiva e eficaz do acesso à informação bancária para efeitos fiscais, concentrado em situações de particular risco, cujos resultados serão objecto de relatório anual a apresentar à Assembleia da República até ao final do 1.º trimestre do ano subsequente;

g) Aprofundamento do cruzamento de dados entre a administração tributária e outros organismos, nomeadamente a segurança social, Ministério da Justiça, Instituto Nacional de Intervenção e Garantia Agrícola, serviços municipalizados e notários;

h) Implementação de um plano de acção com vista a minorar o risco de prescrição das dívidas fiscais;

i) Fomento do cumprimento voluntário pelos cidadãos das suas obrigações fiscais através de actuação persuasiva, designadamente pelo envio de avisos personalizados aos contribuintes com dívidas fiscais e bens penhoráveis;

j) Aceleração do processo de avaliação de imóveis;

l) Implementação do sistema informático de liquidações oficiosas por falta de entrega da declaração de IRC e de IRS;

m) Introdução da compensação de reembolsos com dívidas fiscais de outros impostos.

2 – Equidade fiscal, requalificação dos benefícios fiscais e outras medidas de natureza fiscal para a sustentabilidade das políticas públicas:

2.1 – Um critério mais exigente de equidade fiscal aconselha a introdução de medidas mais selectivas com vista à melhor distribuição da carga fiscal exigível aos cidadãos em função dos seus rendimentos.

490 *Sistema Integrado da Avaliação do Desempenho da Administração Pública*

Assim, tomam-se desde já duas iniciativas no Orçamento do Estado para 2006:

a) Apresentação à Assembleia da República de uma proposta visando a introdução de um novo escalão do IRS para rendimentos anuais superiores a (euro) 60000, cuja taxa será de 42%;

b) Aproximação gradual, para efeitos de IRS, da dedução específica das pensões (categoria H) à dedução específica da categoria A.

2.2 – A actual proliferação de benefícios fiscais impõe uma avaliação dos mesmos, sendo certo que alguns não têm justificação, quer por entretanto se terem alterado as circunstâncias que motivaram a sua criação quer em razão da sua utilização abusiva.

Acresce que algumas alterações recentes, em particular a extinção dos benefícios à poupança, têm enviado sinais errados aos agentes económicos.

Assim, entende-se promover as seguintes medidas:

a) Limitação dos benefícios fiscais em sede de IRC no Orçamento do Estado para 2006;

b) Supressão do n.º 4 do artigo 33.º-A do Estatuto dos Benefícios Fiscais, relativo ao lucro tributável das operações realizadas no âmbito das Zonas Francas da Madeira e da Ilha de Santa Maria, com o Orçamento do Estado para 2006;

c) Revisão das regras de dedução parcial do IVA, delimitando, de forma inequívoca e consentânea com a jurisprudência do Tribunal de Justiça das Comunidades Europeias e com as decisões da Comissão Europeia, as condições em que os denominados sujeitos passivos mistos, que praticam em simultâneo operações sujeitas e isentas, podem deduzir o IVA por eles suportado, pondo fim a dúvidas e práticas lesivas da receita cobrada, através de proposta de lei a aprovar no prazo de 90 dias a contar da publicação da presente resolução;

d) Revisão do regime dos benefícios fiscais à reestruturação de empresas, previstos no Decreto-Lei n.º 404/90, de 21 de Dezembro, no sentido de introduzir acrescidas exigências à sua concessão, com o Orçamento do Estado para 2006;

e) Criação no Orçamento do Estado para 2006 de modalidades de incentivo à poupança que venham não só superar o vazio decorrente da revogação dos benefícios fiscais prevista no Orçamento do Estado para 2005 mas também estabelecer soluções de rigor, compatíveis com os objectivos da consolidação orçamental;

Resolução do Conselho de Ministros n.° 102/2005, de 24 Junho 491

f) Apresentação imediata da proposta de lei de limitação do âmbito de aplicação do artigo 69.° do CIRC relativo à transmissibilidade de prejuízos.

2.3 – A sustentabilidade das políticas públicas, a defesa do Estado social e a promoção da coesão social e territorial do País, tal como resultam dos compromissos assumidos no Programa do XVII Governo Constitucional, impõem a tomada das seguintes medidas:

a) Apresentação à Assembleia da República de proposta de aumento da taxa máxima do IVA, em 2 pontos percentuais, de 19% para 21%, e afectação da sua receita à segurança social e à Caixa Geral de Aposentações (CGA), por forma a garantir, em complemento com as demais medidas da presente resolução, a sustentabilidade do Estado social;

b) Ajustamento imediato, por portaria, do imposto sobre os produtos petrolíferos, em função da inflação, e apresentação de proposta de lei à Assembleia da República, com o Orçamento do Estado para 2006, no sentido do aumento da respectiva taxa a partir de 2006 e até 2008, correspondendo aproximadamente a um aumento anual de (euro) 0,025 por litro;

c) Apresentação à Assembleia da República, no prazo de 90 dias a contar da publicação da presente resolução, de proposta de lei no sentido do aumento até 15% do imposto médio sobre o tabaco, em cada ano, de 2006 a 2009.

3 – Equidade e sustentabilidade da segurança social. – Na medida em que o Governo elegeu, como a primeira das preocupações da sua política da protecção social, a promoção de um sistema de segurança social sustentável a longo prazo e simultaneamente mais justo e equitativo, o Governo irá iniciar os processos legislativos conducentes à:

a) Eliminação de taxas reduzidas das contribuições patronais para a CGA, face à existência de diversos organismos e instituições com trabalhadores inscritos na CGA, cuja taxa das contribuições patronais é inferior a 20%, a aprovar com o Orçamento do Estado para 2006;

b) Convergência, equidade e eficácia nos regimes de protecção social, nomeadamente da CGA e do regime jurídico da segurança social, incluindo os regimes especiais de aposentação, nos termos de resoluções e iniciativas legislativas específicas sobre a matéria;

c) Elevação para 1,5 vezes o salário mínimo nacional do salário convencional mínimo de desconto dos trabalhadores indepen-

492 *Sistema Integrado da Avaliação do Desempenho da Administração Pública*

dentes como passo intermédio na aproximação que se pretende das remunerações convencionais de desconto às remunerações reais, devendo salvaguardar-se a possibilidade de os trabalhadores poderem continuar a descontar por um valor inferior, designadamente os agrícolas e aqueles que façam prova de que as suas remunerações reais são inferiores;

d) Adopção de medidas com vista à promoção do envelhecimento activo, designadamente através da suspensão com vista à futura revisão do regime de reformas antecipadas, introduzido com o Decreto-Lei n.° 9/99, de 8 de Janeiro, e revogação do regime de excepção previsto no Programa de Emprego e Protecção Social (PEPS).

4 – Reestruturação da Administração Pública e eliminação de privilégios estatutários. – A reestruturação da Administração Pública e a eliminação de privilégios estatutários exigem a adopção das seguintes medidas:

a) Redimensionamento da Administração Pública – o Programa de Governo consagra como um dos seus objectivos tornar a Administração Pública amiga da economia, reestruturando-a e modernizando-a de forma a contribuir para o crescimento do País. Define, ainda, a necessidade de redução da administração central, visando diminuir o número de unidades orgânicas de nível central, por descentralização, desconcentração, fusão ou extinção. Contudo, este processo de redimensionamento não deve ser realizado através de medidas de aplicação generalizada que, pelo seu carácter cego, não levam em conta as especificidades das diferentes unidades orgânicas. Neste sentido, o Governo aprova uma resolução do Conselho de Ministros especificando a correspondente metodologia;

b) Reestruturação dos subsistemas de saúde – razões de equidade exigem a uniformização dos subsistemas de saúde pública e a sua aproximação ao regime da ADSE, enquanto razões de economia e eficiência na utilização de recursos aconselham a fusão faseada das respectivas entidades gestoras. Do mesmo modo, importa perspectivar soluções de gestão harmonizada das unidades de saúde que integram os vários subsectores;

c) Revisão do sistema de carreiras e remunerações – a reestruturação e o redimensionamento da Administração Pública vão implicar a necessidade de revisão do actual sistema de carreiras e remunerações. Para proceder a esta revisão será constituída uma

Resolução do Conselho de Ministros n.° 102/2005, de 24 Junho   493

comissão que deve preparar toda a legislação, nos termos da metodologia imediatamente definida em resolução específica do Conselho de Ministros, para que o novo sistema entre em vigor em 1 de Janeiro de 2007. Através de proposta de lei a apresentar à Assembleia da República, tomar-se-ão medidas relativas ao sistema integrado de avaliação do desempenho da Administração Pública, em articulação com a revisão do sistema de carreiras;

d) Congelamento das progressões e suplementos – a imperiosa necessidade de controlar a aumento da despesa pública obriga o Governo a consagrar, a título meramente excepcional e temporário, medidas de congelamento das progressões na carreira e dos suplementos remuneratórios que se manterão nos seus valores actuais. Esta situação excepcional manter-se-á até 31 de Dezembro de 2006, data em que deverá entrar em vigor a revisão do sistema de carreiras e remunerações;

e) Regime de funcionários supranumerários – uma vez que a reestruturação e redimensionamento da Administração Pública podem conduzir à constituição de contingentes de pessoal supranumerário, o Governo apresentará à Assembleia da República uma proposta que agilize o regime de afectação e desvinculação aos quadros de supranumerários, reformule o elenco dos direitos e deveres dos funcionários neles colocados e consagre soluções de formação e reconversão profissional e de apoio ao reinício de actividade noutros sectores;

f) Controlo de admissões na Administração Pública – reforço dos mecanismos de controlo de admissão de funcionários e agentes nas administrações públicas, com respeito por princípios de transparência e promoção de mais elevados níveis de qualificação;

g) Limitações às remunerações no sector público empresarial e nos institutos públicos – definição de limitações às contrapartidas retributivas dos administradores de entidades públicas empresariais e de empresas de capitais exclusiva e maioritariamente públicos e membros dos conselhos directivos dos institutos públicos de regime geral ou especial, nomeadamente a não actualização dos vencimentos, a não atribuição do prémio de gestão anual, a restrição ao exercício de opção de aquisição de viatura de serviço e a limitação à acumulação de vencimentos;

494 *Sistema Integrado da Avaliação do Desempenho da Administração Pública*

h) Alteração dos regimes de subvenção e dos regimes especiais de aposentação dos titulares de cargos políticos, mediante proposta de lei a apresentar à Assembleia da República;

i) Revisão do estatuto remuneratório dos titulares dos órgãos executivos das autarquias locais com relação ao exercício de funções em órgãos sociais de empresas do sector público empresarial, nomeadamente do sector municipal, de forma a corrigir casos inaceitáveis de acumulação de vencimentos, hoje em dia verificáveis em diversas situações;

j) Revisão do regime legal aplicável ao exercício excepcional de funções por parte de funcionários, agentes ou outros servidores do Estado, aposentados ou reservistas, ou em situação equiparada, de forma a impedir injustificadas e desproporcionadas situações de acumulação remuneratória;

l) Revisão do regime geral aplicável a funcionários e agentes da Administração Pública em matéria de acumulações entre actividades públicas e entre estas e actividades particulares, no sentido da sua moralização e transparência, até ao final do ano de 2005.

5 – A sustentabilidade do Serviço Nacional de Saúde (SNS). – Considerando as prioridades estabelecidas no Programa do Governo para a área da saúde e tendo em atenção a necessidade de prosseguir o objectivo de sustentabilidade financeira do SNS, o Governo tomará as iniciativas necessárias aos seguintes objectivos em matéria de redução da despesa pública em medicamentos, combate à fraude, despesas com pessoal, reorganização de serviços e investimentos:

a) Extinção da bonificação de 10% na comparticipação de medicamentos genéricos, através de alteração ao Decreto-Lei n.° 118/92, de 25 de Junho, a efectuar durante o mês de Junho de 2005;

b) Revisão do escalão A de comparticipação de medicamentos com passagem de 100% a 95% e com reembolso a doentes crónicos com prova de meios nas situações com rendimentos iguais ou inferiores ao salário mínimo nacional;

c) Revisão em baixa dos preços de medicamentos comparticipados pelo SNS em 3%, através de alteração, a efectuar durante o mês de Junho de 2005, à Portaria n.° 29/90, de 13 de Janeiro;

d) Revisão em baixa das margens de comercialização, por grosso e em retalho, de medicamentos, reduzindo 3 pontos percentuais, mediante alteração à Portaria n.° 29/90, de 13 de Janeiro, a efectuar durante o mês de Junho de 2005;

Resolução do Conselho de Ministros n.º 102/2005, de 24 Junho 495

e) Restrição à introdução de medicamentos inovadores em todos os hospitais do SNS, fixando tectos máximos associados à avaliação do desempenho das administrações hospitalares, a estabelecer por despacho do Ministro da Saúde, em Junho de 2005;

f) Promoção de um novo sistema de conferência de facturas de fornecedores externos ao SNS, que permita combater eficazmente desperdícios e fraudes e que deverá estar em execução em 2006;

g) Combate à fraude e à utilização abusiva da comparticipação acrescida em medicamentos no apoio a pensionistas de rendimento inferior ao salário mínimo nacional, alterando-se, em conformidade, o Decreto-Lei n.º 118/92, de 25 de Junho, durante o mês de Junho de 2005;

h) Fixação de objectivos para redução da despesa inscrita em orçamento económico e ou negociada em sede de contrato-programa dos hospitais, incluindo os que actualmente assumem a natureza jurídica e a designação de hospitais sociedades anónimas, cativando, em 2005, 5% da despesa prevista para além da despesa com pessoal, mediante despacho do Ministro da Saúde, a emitir em Junho de 2005;

i) Revogação do Decreto-Lei n.º 92/2001, de 23 de Março, relativo à remuneração dos médicos que trabalham em urgências hospitalares e em centros de saúde, substituindo-o por um regime remuneratório, incluindo trabalho extraordinário, semelhante ao estabelecido pelo Decreto-Lei n.º 117/98, de 5 de Maio (regime remuneratório experimental), a aprovar até ao final de 2005;

j) Extinção progressiva, até ao final de 2006, das sub-regiões de saúde com a próxima reformulação de funções das administrações regionais de saúde e dos centros de saúde, bem como a criação de unidades locais de saúde onde existam condições para a imediata integração dos cuidados de saúde primários com os cuidados hospitalares, acompanhadas de formação intensiva e reorientação dos excedentes de pessoal gerados pela reorganização dos serviços;

l) Identificação e avaliação do património do sector da saúde, com propostas de rentabilização, alienação e outras que permitam utilização mais eficiente do imobilizado, até ao final de 2006;

m) Análise, revisão e eventual reformulação dos acordos e convenções com os sectores social e privado, até ao final de 2005.

496 *Sistema Integrado da Avaliação do Desempenho da Administração Pública*

6 – A sustentabilidade do sector da educação e ensino superior:

6.1 – Impõe-se, desde já, tomar medidas excepcionais de contenção da despesa pública no sector da educação, nomeadamente:

a) Alteração do artigo 80.° do Estatuto da Carreira Docente, passando a prever-se que o docente que desempenhe cargos de natureza pedagógica beneficie da redução da componente lectiva, excepto se já beneficiar da mesma nos termos do artigo 79.° daquele Estatuto;

b) Redução do período de tempo máximo de recuperação do docente, incapacitado ou diminuído para o cumprimento integral do exercício de funções, previsto na alínea d) do n.° 1 do artigo 81.° do Estatuto da Carreira Docente, enquanto condição de dispensa da componente lectiva, consagrando-se a aplicação de medidas de requalificação profissional do docente por iniciativa da Administração;

c) Revogação do artigo 121.° do Estatuto da Carreira Docente, que permite a dispensa da actividade lectiva no ano escolar em que o docente atinja o limite de idade ou pretenda aposentar-se de forma voluntária;

d) Passagem dos estágios pedagógicos do ramo educacional e das licenciaturas em ensino a modalidades de prática pedagógica supervisionada, não dando lugar a atribuição de turma aos alunos estagiários, nem ao direito a retribuição.

6.2 – Pretende-se ainda que o reforço de qualidade e relevância do ensino superior português no espaço europeu acompanhe a sua racionalização, de forma a maximizar a eficiência dos níveis actuais de financiamento público.

As exigências acrescidas induzidas pelo Processo de Bolonha e pela criação de uma agência nacional de acreditação reconhecida internacionalmente serão cobertas por ganhos de eficiência conquistados especialmente através da reorganização da rede de cursos e de estabelecimentos, sustentada em avaliações internacionais independentes.

No mesmo sentido, reafirmando o cumprimento do seu Programa, e concentrando-se na reorientação mais eficiente dos recursos disponíveis no sentido da qualificação crescente do sistema de ensino superior em Portugal, o Governo, durante a presente legislatura, compromete-se a:

a) Combater o insucesso escolar no ensino superior;

b) Concentrar a actual multiplicidade de cursos de baixa frequência;

c) Não criar qualquer nova escola superior;

Resolução do Conselho de Ministros n.° 102/2005, de 24 Junho 497

d) Avaliar criteriosa e selectivamente a necessidade excepcional de novas infra-estruturas;

e) Rever os estatutos das carreiras docentes;

f) Reforçar as condições de governo de universidades e politécnicos, com acompanhamento externo.

7 – Na data de aprovação da presente resolução são aprovadas:

a) Na generalidade, as iniciativas legislativas relativas às medidas previstas nas alíneas b), c) e d) do n.° 3, nas alíneas b), c), d), h), i) e j) do n.° 4 e no n.° 6.1;

b) A iniciativa legislativa relativa à medida prevista na alínea a) do n.° 2.3;

c) As resoluções previstas nas alíneas a), c), e), f) e g) do n.° 4;

d) A resolução do Conselho de Ministros que incumbe o Ministro de Estado e das Finanças de conduzir o processo de avaliação dos regimes especiais que consagram, para determinados grupos de subscritores da CGA, desvios às regras do Estatuto da Aposentação, por forma a convergirem com o regime geral, nos termos da alínea b) do n.° 3;

e) A resolução do Conselho de Ministros que aprova as orientações e medidas necessárias para reforçar a convergência e a equidade entre os pensionistas da CGA e os da segurança social e a garantir a sustentabilidade dos sistemas de protecção social, bem como medidas tendentes a reforçar a equidade e eficácia do sistema do regime geral de segurança social, nos termos da alínea b) do n.° 3.

8 – São de execução imediata as medidas de natureza administrativa previstas nas alíneas f) a m) do n.° 1.

Presidência do Conselho de Ministros, 2 de Junho de 2005. – O Primeiro-Ministro, *José Sócrates Carvalho Pinto de Sousa.*

RESOLUÇÃO DO CONSELHO DE MINISTROS N.º 109/2005, DE 30 DE JUNHO GESTÃO DA FUNÇÃO PÚBLICA

Resolução do Conselho de Ministros n.° 109/2005, de 30 de Junho

A modernização da Administração Pública é uma componente essencial da estratégia de desenvolvimento para o País que o Governo está a conduzir.

Não se trata de fazer uma mítica «grande reforma da Administração Pública», mas de conduzir um processo reformador feito de passos positivos, firmes e consequentes para alcançar uma Administração eficaz que sirva bem os cidadãos, as comunidades e as empresas, à altura do que se espera de um Estado moderno.

Nesse processo reformador, desempenham um papel essencial os funcionários públicos. Sem eles ou sem a sua cooperação empenhada, a Administração não evoluirá num sentido de melhor e mais eficiente serviço ao País.

Por outro lado, o Governo tem plena consciência da gravidade da situação em matéria de finanças públicas. E é inquestionável que tal situação exige a tomada de medidas urgentes de contenção da despesa no âmbito da Administração Pública.

Na presente resolução adopta-se um conjunto de medidas em domínios como a revisão do sistema de carreiras e remunerações, o sistema de avaliação de desempenho, o controlo de novas admissões, o regime de supranumerários e o regime de aposentação, sem excluir o domínio das subvenções a titulares de cargos políticos.

O actual sistema de carreiras e de remunerações revela sinais de desadequação face às necessidades impostas por uma moderna gestão de recursos humanos, designadamente excessivas complexidade e rigidez e insuficiente articulação com a avaliação e o reconhecimento do mérito. Impõe-se, pois, proceder à sua avaliação e revisão.

A imperiosa necessidade de reduzir o volume da despesa pública corrente obriga o Governo a consagrar, a título marcadamente excepcional

502   *Sistema Integrado da Avaliação do Desempenho da Administração Pública*

e temporário, enquanto se procede à revisão do sistema de carreiras e remunerações, medidas de congelamento das progressões na carreira e dos suplementos remuneratórios, que se mantêm nos seus valores actuais.

Consciente da importância fundamental que um sistema integrado de avaliação dos trabalhadores e dos serviços ocupa no processo de reforma das metodologias de trabalho da Administração Pública, mas conhecendo as dificuldades de aplicação que o sistema recentemente instituído tem vindo a encontrar, reafirma-se a sua imprescindibilidade, ao mesmo tempo que se estabelecem os mecanismos necessários à regularização da sua aplicação relativamente aos anos 2004 e 2005.

No quadro das medidas para a função pública, destacam-se igualmente as relativas ao regime da segurança social dos funcionários e agentes da administração pública central, regional e local e dos demais servidores do Estado, designadamente no domínio da aposentação, marcados fundamentalmente por uma filosofia de convergência e de aplicação dos regimes gerais da segurança social.

Como sinal de que o Governo quer apoiar e estimular o papel da função pública no momento de modernização da Administração, é definido o enquadramento do regime de protecção social de todo o pessoal da Administração Pública, o que é feito pela primeira vez.

Com a aprovação deste regime procede-se, igualmente, à harmonização gradual do regime de protecção social dos funcionários e agentes da administração pública central, regional e local e dos demais servidores do Estado com o regime de segurança social, nomeadamente em matéria de doença, maternidade, paternidade e adopção.

Por outro lado, o reconhecimento generalizado do excessivo peso estrutural da Administração Pública implica a adopção de um ambicioso plano de reavaliação da sua dimensão que passa pela extinção, fusão e reestruturação de serviços e organismos.

A concretização daquele plano conduzirá à constituição de contingentes de pessoal supranumerário, impondo-se também nesta área consagrar soluções que contribuam para a redução global de efectivos da Administração Pública, para o apoio aos funcionários nessa situação e para a sua requalificação e reconversão profissionais. Impõe-se igualmente preparar medidas mais rigorosas de controlo de efectivos, nomeadamente através da avaliação das situações actualmente excepcionadas da regra geral de congelamento de admissões na Administração Pública.

Também na vertente da formação serão tomadas medidas de reforço da qualificação dos recursos humanos da Administração Pública, apos-

Resolução do Conselho de Ministros n.º 109/2005, de 30 de Junho   503

tando-se fortemente na formação de titulares de cargos de direcção superior e intermédia e na formação de requalificação tendo em vista a reafectação no âmbito da Administração Pública e a reconversão profissional dos funcionários supranumerários.

Assim:

Nos termos das alíneas d) e g) do artigo 199.º da Constituição, o Conselho de Ministros resolve:

1 – Determinar a revisão do sistema de carreiras e remunerações dos funcionários públicos e dos demais servidores do Estado, subordinada aos seguintes princípios:

   a) Avaliar o sistema actual, as distorções existentes e o impacte que tem tido na evolução da despesa pública;

   b) Associar a evolução profissional dos funcionários e as correspondentes remunerações fundamentalmente à avaliação do desempenho, ao mérito demonstrado, aos resultados obtidos individualmente e aos resultados obtidos pelos serviços, de forma a estimular o espírito de pertença às organizações públicas, o trabalho de equipa e as funções de liderança;

   c) Reforçar as condições de mobilidade de trabalhadores entre o sector público e o sector privado;

   d) Diminuir o número de carreiras;

   e) Assegurar a articulação com a revisão do sistema de avaliação de desempenho e a concepção do sistema de avaliação dos serviços;

   f) Permitir a evolução de um sistema fundamentalmente apoiado numa concepção de carreira para um sistema fundamentalmente apoiado numa concepção de emprego com regime aproximado ao regime geral de trabalho;

   g) Reservar tendencialmente o regime público de carreira para as funções relacionadas com o exercício de poderes soberanos e de poderes de autoridade;

   h) Criar alternativas aos mecanismos automáticos de evolução profissional e remuneratória que permitam uma rigorosa planificação da evolução orçamental em matéria de despesas de pessoal;

   i) Ponderar a introdução de prémios, designadamente de natureza pecuniária, em articulação com os desempenhos demonstrados;

   j) Articular a revisão de carreiras e remunerações com as condições de trabalho, designadamente as relativas ao horário de trabalho.

2 – Constituir uma comissão encarregada de proceder à revisão refe-

504 *Sistema Integrado da Avaliação do Desempenho da Administração Pública*

rida no número anterior, nomeada por despacho conjunto do Primeiro-
-Ministro e do Ministro de Estado e das Finanças, que:

a) Proceda à avaliação da situação actual e desenvolva os princípios a que deve subordinar-se o novo sistema até 30 de Novembro de 2005;

b) Prepare toda a legislação necessária à revisão do sistema de carreiras e remunerações até 30 de Abril de 2006;

c) Acompanhe o processo de aprovação e entrada em vigor do novo sistema até 31 de Dezembro de 2006.

3 – Determinar que a comissão funcione com o apoio técnico da Direcção-Geral da Administração Pública e com o apoio logístico da Secretaria-Geral do Ministério das Finanças, que, para o efeito, pode solicitar as informações e toda a colaboração necessária a outros serviços públicos.

4 – Determinar a apresentação de proposta de lei à Assembleia da República contendo medidas excepcionais de natureza remuneratória a aplicar no âmbito da administração pública central, regional e local e abrangendo os demais servidores do Estado, no sentido de:

a) Proceder à não contagem do tempo de serviço prestado entre a data da entrada em vigor da lei e 31 de Dezembro de 2006 para efeitos de progressão em todas as carreiras, cargos e categorias, incluindo as integradas em corpos especiais;

b) Proceder ao congelamento no montante vigente à data de entrada em vigor da lei e até 31 de Dezembro de 2006 de todos os suplementos remuneratórios, designadamente despesas de representação, subsídios de alojamento, de residência e de fixação e por risco, penosidade, insalubridade e perigosidade, gratificações, participações emolumentares e outros tipos de remunerações que não constituam a remuneração de base.

5 – Determinar a apresentação de proposta de lei à Assembleia da República relativa ao sistema integrado de avaliação do desempenho na Administração Pública (SIADAP) subordinada aos seguintes princípios:

a) Programação da revisão do SIADAP durante 2006, após dois anos de aplicação, e sua entrada em vigor a partir de 1 de Janeiro de 2007 com a reforma do sistema de carreiras e remunerações e com a concepção de sistemas de avaliação dos serviços;

b) Programação da concepção de um sistema de avaliação de serviços em 2006 para entrar em vigor a partir de 1 de Janeiro de 2007;

Resolução do Conselho de Ministros n.º 109/2005, de 30 de Junho   505

c) Reafirmação da gestão por objectivos como uma das características fundamentais da modernização da Administração Pública;

d) Reafirmação da validade dos princípios fundamentais do SIADAP, sobretudo o de reconhecimento e motivação, garantindo a diferenciação de desempenhos e promovendo uma gestão baseada na valorização das competências e do mérito;

e) Resolução da situação de deficiente aplicação do SIADAP em 2004 e garantia de que em 2005 o desempenho tenha avaliações diferenciadoras e respeite princípios de igualdade;

f) Criação de condições para a vigência plena do SIADAP em 2006 em regime de normalidade, seja por aplicação directa seja com as adaptações necessárias entretanto efectuadas.

6 – Proceder à revisão dos regimes de férias e de horários de trabalho, designadamente, aumentando o número de dias de férias a pessoal com mais de 60 anos e alargando as possibilidades de horários a tempo parcial.

7 – Determinar a apresentação de proposta de lei à Assembleia da República fixando o regime de enquadramento da protecção social na Administração Pública.

8 – Determinar a preparação de proposta de lei à Assembleia da República que agilize o regime de afectação e de desvinculação dos funcionários e agentes da Administração Pública aos quadros de supranumerários, reformule o elenco dos respectivos direitos e deveres e consagre soluções de formação e reconversão profissional e de apoio ao reinício de actividade noutros sectores.

9 – Determinar a preparação de medidas mais rigorosas de controlo de admissões para as administrações públicas.

10 – O cumprimento do disposto nos n.ᵒˢ 8 e 9 deve contribuir para o objectivo fixado pelo Governo de assegurar a regra de entrada de um elemento do exterior por cada duas saídas para aposentação ou outra forma de desvinculação.

11 – Dar prioridade ao relançamento do Programa Operacional da Administração Pública, para apoio às acções de modernização dos serviços públicos e de aumento da qualificação profissional de funcionários e agentes.

Presidência do Conselho de Ministros, 2 de Junho de 2005. – O Primeiro-Ministro, *José Sócrates Carvalho Pinto de Sousa.*

LEI N.º 2/2004, DE 15 DE JANEIRO, NA REDACÇÃO DADA PELA LEI N.º 51/2005, DE 30 DE AGOSTO

ESTATUTO DO PESSOAL DIRIGENTE

Lei n.º 2/2004, de 15 de Janeiro

Aprova o estatuto do pessoal dirigente dos serviços e organismos da administração central, regional e local do Estado

A Assembleia da República decreta, nos termos da alínea c) do artigo 161.º da Constituição, para valer como lei geral da República, o seguinte:

CAPÍTULO I
Princípios gerais

SECÇÃO I
Objecto e âmbito de aplicação

ARTIGO 1.º
Objecto e âmbito

1 – A presente lei estabelece o estatuto do pessoal dirigente dos serviços e organismos da administração central, local e regional do Estado.

2 – A presente lei é aplicável aos institutos públicos, salvo no que respeita às matérias específicas reguladas pela respectiva lei quadro.

3 – A aplicação do regime previsto na presente lei nas Regiões Autónomas dos Açores e da Madeira não prejudica a publicação de diploma legislativo regional que o adapte às especificidades orgânicas do pessoal dirigente da respectiva administração regional.

4 – A presente lei será aplicada, com as necessárias adaptações, à administração local mediante decreto-lei.

510 *Sistema Integrado da Avaliação do Desempenho da Administração Pública*

5 – A presente lei não se aplica aos cargos dirigentes:

a) Dos órgãos e serviços de apoio ao Presidente da República, à Assembleia da República e aos tribunais;

b) Das Forças Armadas e das forças de segurança, tal como estas são definidas na Lei de Segurança Interna, bem como do Sistema de Informações da República Portuguesa;

c) Dos órgãos de gestão dos estabelecimentos de ensino;

d) Dos órgãos de gestão dos estabelecimentos do sector público administrativo de saúde;

e) Do Ministério dos Negócios Estrangeiros que, por força de disposição legal própria, tenham de ser providos por pessoal da carreira diplomática;

f) Integrados em carreiras.

ARTIGO 2.º
Cargos dirigentes

1 – São cargos dirigentes os cargos de direcção, gestão, coordenação e controlo dos serviços e organismos públicos abrangidos pela presente lei.

2 – Os cargos dirigentes qualificam-se em cargos de direcção superior e cargos de direcção intermédia e subdividem-se, respectivamente, em dois graus, em função do nível hierárquico, das competências e das responsabilidades que lhes estão cometidas.

3 – São, designadamente, cargos de direcção superior do 1.º grau os de director-geral, secretário-geral, inspector-geral e presidente e do 2.º grau os de subdirector-geral, adjunto do secretário-geral, subinspector--geral, vice-presidente e vogal de direcção.

4 – São, designadamente, cargos de direcção intermédia do 1.º grau o de director de serviços e do 2.º grau o de chefe de divisão.

5 – (Revogado).

6 – Os diplomas orgânicos ou estatutários dos serviços e organismos referidos nos n.ºs 1 e 2 do artigo anterior deverão estabelecer expressamente a qualificação e o grau dos respectivos cargos dirigentes de acordo com o n.º 2 do presente artigo, bem como a sua designação.

SECÇÃO II
Princípios de actuação

ARTIGO 3.º
Missão

É missão do pessoal dirigente garantir a prossecução das atribuições cometidas ao respectivo serviço, assegurando o seu bom desempenho através da optimização dos recursos humanos, financeiros e materiais e promovendo a satisfação dos destinatários da sua actividade, de acordo com a lei, as orientações contidas no Programa do Governo e as determinações recebidas do respectivo membro do Governo.

ARTIGO 4.º
Princípios gerais de ética

Os titulares dos cargos dirigentes estão exclusivamente ao serviço do interesse público, devendo observar, no desempenho das suas funções, os valores fundamentais e princípios da actividade administrativa consagrados na Constituição e na lei, designadamente os da legalidade, justiça e imparcialidade, competência, responsabilidade, proporcionalidade, transparência e boa fé, por forma a assegurar o respeito e confiança dos funcionários e da sociedade na Administração Pública.

ARTIGO 5.º
Princípios de gestão

1 – Os titulares dos cargos dirigentes devem promover uma gestão orientada para resultados, de acordo com os objectivos anuais a atingir, definindo os recursos a utilizar e os programas a desenvolver, aplicando de forma sistemática mecanismos de controlo e avaliação dos resultados.

2 – A actuação dos titulares de cargos dirigentes deve ser orientada por critérios de qualidade, eficácia e eficiência, simplificação de procedimentos, cooperação, comunicação eficaz e aproximação ao cidadão.

3 – Na sua actuação, o pessoal dirigente deve liderar, motivar e empenhar os seus funcionários para o esforço conjunto de melhorar e assegurar o bom desempenho e imagem do serviço.

512 *Sistema Integrado da Avaliação do Desempenho da Administração Pública*

4 – Os titulares dos cargos dirigentes devem adoptar uma política de formação que contribua para a valorização profissional dos funcionários e para o reforço da eficiência no exercício das competências dos serviços no quadro das suas atribuições.

SECÇÃO III
Competências do pessoal dirigente

ARTIGO 6.º
Competências

1 – O pessoal dirigente exerce as suas competências no âmbito da unidade orgânica em que se integra e desenvolve a sua actividade de harmonia com os princípios enunciados na presente lei, sem prejuízo dos casos em que as respectivas leis orgânicas lhe atribuam competência hierárquica sobre outros serviços ou organismos.

2 – O pessoal dirigente exerce ainda todas as competências específicas que lhe forem conferidas por lei, respectivas leis orgânicas ou estatutos, assim como as que lhe forem delegadas e subdelegadas pelo membro do Governo ou superior hierárquico respectivo.

ARTIGO 7.º
Competências dos titulares dos cargos de direcção superior

1 – Compete aos titulares dos cargos de direcção superior do 1.º grau, no âmbito da gestão geral do respectivo serviço ou organismo:

a) Elaborar os planos anuais e plurianuais de actividades, com identificação dos objectivos a atingir pelos serviços, os quais devem contemplar medidas de desburocratização, qualidade e inovação;

b) Assegurar, controlar e avaliar a execução dos planos de actividades e a concretização dos objectivos propostos;

c) Elaborar os relatórios de actividades com indicação dos resultados atingidos face aos objectivos definidos, bem como o balanço social, nos termos da lei aplicável;

d) Praticar todos os actos necessários ao normal funcionamento dos serviços e organismos no âmbito da gestão dos recursos humanos, financeiros, materiais e patrimoniais, designadamente os mencionados no anexo I, que é parte integrante da presente lei, tendo em conta os limites previstos nos respectivos regimes legais, desde que tal competência não se encontre expressamente cometida a outra entidade e sem prejuízo dos poderes de direcção, superintendência ou tutela do membro do Governo respectivo;

e) Propor ao membro do Governo competente a prática dos actos de gestão do serviço ou organismo para os quais não tenha competência própria ou delegada, assim como as medidas que considere mais aconselháveis para se atingirem os objectivos e metas consagrados na lei e no Programa do Governo;

f) Organizar a estrutura interna do serviço ou organismo, designadamente através da criação, modificação ou extinção de unidades orgânicas flexíveis, e definir as regras necessárias ao seu funcionamento, articulação e, quando existam, formas de partilha de funções comuns;

g) Garantir a efectiva participação dos funcionários na preparação dos planos e relatórios de actividades e proceder à sua divulgação e publicitação;

h) Proceder à difusão interna das missões e objectivos do serviço, das competências das unidades orgânicas e das formas de articulação entre elas, desenvolvendo formas de coordenação e comunicação entre as unidades orgânicas e respectivos funcionários;

i) Acompanhar e avaliar sistematicamente a actividade do serviço, responsabilizando os diferentes sectores pela utilização dos meios postos à sua disposição e pelos resultados atingidos, nomeadamente em termos de impacte da actividade e da qualidade dos serviços prestados;

j) Elaborar planos de acção que visem o aperfeiçoamento e a qualidade dos serviços, nomeadamente através de cartas de qualidade, definindo metodologias de melhores práticas de gestão e de sistemas de garantia de conformidade face aos objectivos exigidos;

l) Propor a adequação de disposições legais ou regulamentares desactualizadas e a racionalização e simplificação de procedimentos;

m) Representar o serviço ou organismo que dirige, assim como estabelecer as ligações externas, ao seu nível, com outros serviços e organismos da Administração Pública e com outras entidades congéneres, nacionais, internacionais e estrangeiras.

514 *Sistema Integrado da Avaliação do Desempenho da Administração Pública*

2 – No âmbito da gestão dos recursos humanos, compete aos titulares dos cargos de direcção superior do 1.º grau, designadamente:

a) Dinamizar e acompanhar o processo de avaliação do mérito dos funcionários, garantindo a aplicação uniforme do regime de avaliação no âmbito do respectivo serviço ou organismo;

b) Garantir a elaboração e actualização do diagnóstico de necessidades de formação do serviço ou organismo e, com base neste, a elaboração do respectivo plano de formação, individual ou em grupo, bem como efectuar a avaliação dos efeitos da formação ministrada ao nível da eficácia do serviço e do impacte do investimento efectuado;

c) Adoptar os horários de trabalho mais adequados ao funcionamento dos serviços, observados os condicionalismos legais, bem como estabelecer os instrumentos e práticas que garantam o controlo efectivo da assiduidade;

d) Autorizar a acumulação de actividades ou funções, públicas ou privadas, nos termos da lei;

e) Exercer a competência em matéria disciplinar prevista na lei.

3 – No âmbito da gestão orçamental e realização de despesas, compete aos titulares dos cargos de direcção superior do 1.º grau, designadamente:

a) Elaborar os projectos de orçamento de funcionamento e de investimento, tendo em conta os planos de actividades e os programas aprovados;

b) Executar o orçamento de acordo com uma rigorosa gestão dos recursos disponíveis, adoptando as medidas necessárias à correcção de eventuais desvios ou propondo as que ultrapassem a sua competência;

c) Elaborar e aprovar a conta de gerência;

d) Assegurar as condições necessárias ao exercício do controlo financeiro e orçamental pelas entidades legalmente competentes;

e) Autorizar a realização de despesas públicas com obras e aquisição de bens e serviços, dentro dos limites estabelecidos por lei;

f) Autorizar a prestação de serviços e a venda de produtos próprios, fixando os respectivos preços.

4 – No âmbito da gestão de instalações e equipamentos, compete aos titulares dos cargos de direcção superior do 1.º grau, designadamente:

a) Superintender na utilização racional das instalações afectas ao respectivo serviço ou organismo, bem como na sua manutenção e conservação e beneficiação;

Lei n.º 2/2004, de 15 de Janeiro 515

b) Promover a melhoria de equipamentos que constituam infra-
-estruturas ao atendimento;
c) Velar pela existência de condições de saúde, higiene e segurança
no trabalho, garantindo, designadamente, a avaliação e registo
actualizado dos factores de risco, planificação e orçamentação das
acções conducentes ao seu efectivo controlo;
d) Gerir de forma eficaz e eficiente a utilização, manutenção e
conservação dos equipamentos afectos ao respectivo serviço ou
organismo.

5 – As competências dos titulares dos cargos de direcção superior do
1.º grau em matéria de gestão de recursos humanos não prejudicam as
competências dos dirigentes dos serviços e organismos responsáveis pela
gestão centralizada de recursos humanos de cada ministério.

ARTIGO 8.º
Competência dos titulares dos cargos de direcção intermédia

1 – Compete aos titulares de cargos de direcção intermédia do 1.º grau:
a) Definir os objectivos de actuação da unidade orgânica que dirigem, tendo em conta os objectivos gerais estabelecidos;
b) Orientar, controlar e avaliar o desempenho e a eficiência dos
serviços dependentes, com vista à execução dos planos de actividades e à prossecução dos resultados obtidos e a alcançar;
c) Garantir a coordenação das actividades e a qualidade técnica da
prestação dos serviços na sua dependência;
d) Gerir com rigor e eficiência os recursos humanos, patrimoniais
e tecnológicos afectos à sua unidade orgânica, optimizando os
meios e adoptando medidas que permitam simplificar e acelerar
procedimentos e promover a aproximação à sociedade e a outros
serviços públicos;
e) Praticar os actos previstos no anexo II, que é parte integrante
da presente lei.

2 – Compete aos titulares dos cargos de direcção intermédia do
2.º grau:
a) Assegurar a qualidade técnica do trabalho produzido na sua
unidade orgânica e garantir o cumprimento dos prazos adequados
à eficaz prestação do serviço, tendo em conta a satisfação do interesse dos destinatários;

516 *Sistema Integrado da Avaliação do Desempenho da Administração Pública*

b) Efectuar o acompanhamento profissional no local de trabalho, apoiando e motivando os funcionários e proporcionando-lhes os adequados conhecimentos e aptidões profissionais necessários ao exercício do respectivo posto de trabalho, bem como os procedimentos mais adequados ao incremento da qualidade do serviço a prestar;

c) Divulgar junto dos funcionários os documentos internos e as normas de procedimento a adoptar pelo serviço, bem como debater e esclarecer as acções a desenvolver para cumprimento dos objectivos do serviço, de forma a garantir o empenho e a assunção de responsabilidades por parte dos funcionários;

d) Proceder de forma objectiva à avaliação do mérito dos funcionários, em função dos resultados individuais e de grupo e à forma como cada um se empenha na prossecução dos objectivos e no espírito de equipa;

e) Identificar as necessidades de formação específica dos funcionários da sua unidade orgânica e propor a frequência das acções de formação consideradas adequadas ao suprimento das referidas necessidades, sem prejuízo do direito à autoformação;

f) Proceder ao controlo efectivo da assiduidade, pontualidade e cumprimento do período normal de trabalho por parte dos funcionários da sua unidade orgânica;

g) Autorizar a passagem de certidões de documentos arquivados na respectiva unidade orgânica, excepto quando contenham matéria confidencial ou reservada, bem como a restituição de documentos aos interessados;

h) Praticar os actos previstos no anexo II, que é parte integrante da presente lei, quando não se encontrem directamente dependentes dos titulares dos cargos dirigentes referidos no n.º 1.

ARTIGO 9.º
Delegação de competências

1 – Os membros do Governo podem delegar nos titulares dos cargos de direcção superior do 1.º grau as competências relativas às atribuições dos respectivos serviços e organismos.

2 – Os titulares dos cargos de direcção superior do 1.º grau podem delegar em todos os níveis e graus de pessoal dirigente as suas competências próprias.

Lei n.º 2/2004, de 15 de Janeiro 517

3 – A delegação de assinatura da correspondência ou de expediente necessário à mera instrução dos processos é possível em qualquer funcionário.

4 – A delegação e a subdelegação de competências constituem instrumentos privilegiados de gestão, cabendo aos titulares dos cargos de direcção superior do 1.º grau a promoção da sua adopção, enquanto meios que propiciam a redução de circuitos de decisão e uma gestão mais célere e desburocratizada.

ARTIGO 10.º
(Revogado).

SECÇÃO IV
Qualificação e formação

ARTIGO 11.º
Qualificação e formação

1 – O exercício da função dirigente está dependente da posse de perfil, experiência e conhecimentos adequados para o desempenho do respectivo cargo, bem como da formação profissional específica definida na presente lei.

2 – A permanente actualização no domínio das técnicas de gestão e desenvolvimento das competências do pessoal dirigente é garantida através do sistema de formação profissional.

3 – Para além das acções decorrentes do disposto no número anterior, a formação dos dirigentes pode ser actualizada pela participação em congressos, seminários, colóquios e palestras.

ARTIGO 12.º
Formação profissional específica

1 – O exercício de funções dirigentes implica o aproveitamento em cursos específicos para alta direcção em Administração Pública, diferenciados, se necessário, em função do nível, grau e conteúdo funcional dos cargos dirigentes.

518 *Sistema Integrado da Avaliação do Desempenho da Administração Pública*

2 – A formação profissional específica incluirá necessariamente as seguintes áreas de competências:

a) Organização e actividade administrativa;

b) Gestão de pessoas e liderança;

c) Gestão de recursos humanos, orçamentais, materiais e tecnológicos;

d) Informação e conhecimento;

e) Qualidade, inovação e modernização;

f) Internacionalização e assuntos comunitários.

3 – Os cursos adequados à formação profissional específica a que se refere o presente artigo, qualquer que seja a sua designação e duração, são assegurados, no âmbito da Administração Pública, pelo Instituto Nacional de Administração (INA), devendo os respectivos regulamentos e condições de acesso ser objecto de portaria do membro do Governo responsável pela área da Administração Pública.

4 – A formação específica acima referida pode igualmente ser garantida por instituições de ensino superior, em termos fixados em diploma regulamentar que consagre a intervenção no procedimento respectivo de um júri constituído por personalidades independentes.

5 – Os titulares dos cargos dirigentes frequentam um dos cursos a que se refere o n.º 1 durante os dois primeiros anos de exercício de funções ou, em caso de impossibilidade por causa que não lhes seja imputável, no mais breve prazo.

SECÇÃO V
Exercício de funções

ARTIGO 13.º
Horário de trabalho

O pessoal dirigente está isento de horário de trabalho, não lhe sendo, por isso, devida qualquer remuneração por trabalho prestado fora do período normal de trabalho.

ARTIGO 14.º
Avaliação

1 – O pessoal dirigente será avaliado em termos a definir em diploma próprio, tendo como objectivo a apreciação do desempenho nos respectivos domínios de responsabilidade.

2 – Os titulares dos cargos de direcção superior do 1.º grau são avaliados em função do nível de cumprimento dos objectivos fixados na carta de missão a que se refere o artigo 19.º-A.

ARTIGO 15.º
Responsabilidade

No exercício das suas funções, os titulares de cargos dirigentes são responsáveis civil, criminal, disciplinar e financeiramente, nos termos da lei.

ARTIGO 16.º
Exclusividade e acumulação de funções

1 – O exercício de cargos dirigentes é feito em regime de exclusividade.

2 – O regime de exclusividade implica a renúncia ao exercício de quaisquer outras actividades ou funções de natureza profissional, públicas ou privadas, exercidas com carácter regular ou não, e independentemente da respectiva remuneração, sem prejuízo do disposto nos números seguintes.

3 – São cumuláveis com o exercício de cargos dirigentes:

a) As actividades exercidas por inerência, bem como as resultantes de representação de departamentos ministeriais ou de serviços públicos;

b) A participação em comissões ou grupos de trabalho;

c) A participação em conselhos consultivos, comissões de fiscalização ou outros organismos colegiais, quando previstos na lei ou no exercício de fiscalização ou controlo de dinheiros públicos;

d) As actividades de docência no ensino superior, bem como as actividades de investigação, não podendo o horário em tempo

520 Sistema Integrado da Avaliação do Desempenho da Administração Pública

parcial ultrapassar o limite a fixar por despacho conjunto dos membros do Governo responsáveis pelas áreas da Administração Pública, da ciência e do ensino superior;

e) A actividade de criação artística e literária, bem como quaisquer outras de que resulte a percepção de remunerações provenientes de direitos de autor;

f) A realização de conferências, palestras, acções de formação de curta duração e outras actividades de idêntica natureza;

g) As actividades ao abrigo do artigo 32.° do Decreto-Lei n.° 73/90, de 6 de Março, do artigo 1.° do Decreto Regulamentar n.° 18/94, de 2 de Agosto, e do Decreto-Lei n.° 206/2003, de 12 de Setembro.

4 – Os titulares dos cargos de direcção intermédia podem ainda exercer outras actividades privadas, nos termos da lei.

5 – Pode haver acumulação de cargos dirigentes do mesmo nível e grau, sem direito a acumulação das remunerações base.

6 – O pessoal dirigente está sujeito ao regime de autorização para acumulação de actividades ou funções previsto no Decreto-Lei n.° 413/93, de 23 de Dezembro.

7 – A violação do disposto no presente artigo constitui fundamento para dar por finda a comissão de serviço.

ARTIGO 17.°
Incompatibilidades, impedimentos e inibições

1 – A participação dos titulares dos cargos de direcção superior em órgãos sociais de pessoas colectivas só é permitida, nos termos da lei, quando se trate de funções não executivas ou de pessoas colectivas sem fins lucrativos.

2 – O pessoal dirigente está sujeito ao regime de incompatibilidades, impedimentos e inibições previstos nas disposições reguladoras de conflitos de interesses resultantes do exercício de funções públicas, designadamente nas constantes do Decreto-Lei n.° 413/93, de 23 de Dezembro, e nas dos artigos 44.° a 51.° do Código do Procedimento Administrativo.

3 – Aos titulares dos cargos de direcção superior são ainda aplicáveis, com as necessárias adaptações, os artigos 5.°, 9.°, 9.°-A, 11.°, 12.° e 14.° e o n.° 4 do artigo 13.° da Lei n.° 64/93, de 26 de Agosto.

Lei n.º 2/2004, de 15 de Janeiro

4 – Os titulares de cargos de direcção superior da Administração Pública e os membros dos gabinetes governamentais não podem desempenhar, pelo período de três anos contados da cessação dos respectivos cargos, as funções de inspector-geral e subinspector-geral, ou a estas expressamente equiparadas, no sector específico em que exerceram actividade dirigente ou prestaram funções de assessoria.

5 – Exceptua-se do disposto no número anterior o regresso à actividade exercida à data da investidura no cargo, sem prejuízo da aplicação das disposições relativas a impedimentos constantes dos artigos 44.º a 51.º do Código do Procedimento Administrativo.

6 – A violação do disposto no presente artigo constitui fundamento para dar por finda a comissão de serviço.

CAPÍTULO II
Recrutamento, provimento e cessação de funções

SECÇÃO I
Recrutamento e provimento dos cargos de direcção superior

ARTIGO 18.º
Recrutamento para os cargos de direcção superior

1 – Os titulares dos cargos de direcção superior são recrutados, por escolha, de entre indivíduos licenciados, vinculados ou não à Administração Pública, que possuam competência técnica, aptidão, experiência profissional e formação adequadas ao exercício das respectivas funções.

2 – No caso das secretarias-gerais ou dos serviços e organismos equiparados nos respectivos diplomas orgânicos ou estatutários, os titulares dos cargos de direcção superior são recrutados de entre:

a) Assessores e assessores principais da carreira técnica superior;
b) Titulares das categorias de topo das restantes carreiras da Administração Pública para cujo ingresso seja legalmente exigida uma licenciatura; ou
c) De entre quem seja titular de adequado curso específico a que se refere o n.º 1 do artigo 12.º

522 *Sistema Integrado da Avaliação do Desempenho da Administração Pública*

3 – Os diplomas orgânicos ou estatutários dos serviços e organismos que usem da faculdade prevista no n.° 4 do artigo 25.° fixam a área de recrutamento específica para os respectivos titulares dos cargos de direcção superior.

4 – Quando as leis orgânicas expressamente o prevejam, o recrutamento para os cargos de direcção superior pode também ser feito de entre os funcionários integrados em carreiras específicas dos respectivos serviços ou organismos, ainda que não possuidores de licenciatura.

ARTIGO 19.°
Provimento nos cargos de direcção superior

1 – Os cargos de direcção superior do 1.° grau são providos por despacho conjunto do Primeiro-Ministro e do membro do Governo competente, em regime de comissão de serviço, por períodos de três anos.

2 – A duração da comissão de serviço e das respectivas renovações não pode exceder, na globalidade, 12 anos consecutivos, não podendo o dirigente ser provido no mesmo cargo do respectivo serviço antes de decorridos 3 anos.

3 – Os cargos de direcção superior do 2.° grau são providos por despacho do membro do Governo competente, em regime de comissão de serviço, por um período de três anos, renovável por iguais períodos.

4 – O provimento nos cargos de direcção superior produz efeitos à data do despacho de nomeação, salvo se outra data for expressamente fixada.

5 – O despacho de nomeação, devidamente fundamentado, é publicado no Diário da República, juntamente com uma nota relativa ao currículo académico e profissional do nomeado, no prazo máximo de 30 dias após a respectiva data, sob pena de nulidade e de impossibilidade da sua repetição.

6 – São nulos os despachos de nomeação para cargos de direcção superior proferidos entre a convocação de eleições para a Assembleia da República e a investidura parlamentar do Governo recém-nomeado.

7 – Em caso de antecipação de eleições para a Assembleia da República, são nulos os despachos de nomeação para cargos de direcção superior proferidos entre a demissão do Governo ou a convocação das eleições e a investidura parlamentar do Governo recém-nomeado.

8 – Exceptuam-se do disposto nos n.ºs 6 e 7 as nomeações em regime de substituição, nos termos do artigo 27.° da presente lei.

ARTIGO 19.°-A
Carta de missão

1 – No momento do provimento, o membro do Governo competente e o titular do cargo de direcção superior do 1.° grau assinam uma carta de missão, que constitui um compromisso de gestão onde, de forma explícita, são definidos os objectivos, devidamente quantificados e calendarizados, a atingir no decurso do exercício de funções.

2 – A carta de missão pode ainda prever, em termos a regulamentar, a atribuição de prémios de gestão para o serviço ou organismo e ou para o titular do cargo, em função do progressivo cumprimento dos objectivos definidos.

SECÇÃO II
Recrutamento, selecção e provimento dos cargos de direcção intermédia

ARTIGO 20.°
Área de recrutamento dos cargos de direcção intermédia

1 – Os titulares dos cargos de direcção intermédia são recrutados, por procedimento concursal, nos termos do artigo 21.°, de entre funcionários licenciados dotados de competência técnica e aptidão para o exercício de funções de direcção, coordenação e controlo que reúnam seis ou quatro anos de experiência profissional em funções, cargos, carreiras ou categorias para cujo exercício ou provimento seja exigível uma licenciatura, consoante se trate de cargos de direcção intermédia do 1.° ou do 2.° grau, respectivamente.

2 – Sem prejuízo do disposto no número anterior, a área de recrutamento para os cargos de direcção intermédia de unidades orgânicas cujas funções sejam essencialmente asseguradas por pessoal integrado nas carreiras técnicas é alargada a pessoal destas carreiras, ainda que não possuidor de licenciatura.

3 – Quando as leis orgânicas expressamente o prevejam, o recrutamento para os cargos de direcção intermédia pode também ser feito de entre funcionários integrados em carreiras específicas dos respectivos serviços ou organismos, ainda que não possuidores de curso superior.

524 *Sistema Integrado da Avaliação do Desempenho da Administração Pública*

4 – Nos casos em que o procedimento concursal fique deserto ou em que nenhum dos candidatos reúna condições para ser nomeado, nos termos do n.º 6 do artigo 21.º, os titulares dos cargos de direcção intermédia podem igualmente ser recrutados, em subsequente procedimento concursal, de entre indivíduos licenciados sem vínculo à Administração Pública que reúnam os requisitos previstos no n.º 1 e desde que:
  a) O serviço ou organismo interessado o tenha solicitado, em proposta fundamentada, ao Ministro das Finanças;
  b) O recrutamento caiba dentro da quota anualmente fixada para o efeito por aquele Ministro;
  c) O Ministro das Finanças o tenha autorizado.

ARTIGO 21.º
Selecção e provimento dos cargos de direcção intermédia

1 – O procedimento concursal é publicitado na bolsa de emprego público durante 10 dias, com a indicação dos requisitos formais de provimento, do perfil exigido, da composição do júri e dos métodos de selecção, que incluem, necessariamente, a realização de uma fase final de entrevistas públicas.

2 – A publicitação referida no número anterior é precedida de aviso a publicar em órgão de imprensa de expansão nacional e na 2.ª série do Diário da República, em local especialmente dedicado a concursos para cargos dirigentes, com a indicação do cargo a prover e do dia daquela publicitação.

3 – O júri é constituído:
  a) Pelo titular do cargo de direcção superior do 1.º grau do serviço ou organismo em cujo quadro se encontre o cargo a prover ou por quem ele designe, que preside;
  b) Por dirigente de nível e grau igual ou superior ao do cargo a prover em exercício de funções em diferente serviço ou organismo, designado pelo respectivo dirigente máximo; e
  c) Por indivíduo de reconhecida competência na área funcional respectiva, designado por estabelecimento de ensino de nível superior ou por associação pública representativa de profissão correspondente.

4 – Ao elemento do júri referido na alínea c) do número anterior que não seja vinculado à Administração Pública é devida remuneração nos

termos fixados pelo Ministro das Finanças e pelo membro do Governo que tenha a seu cargo a Administração Pública.

5 – O júri, findo o procedimento concursal, elabora a proposta de nomeação, com a indicação das razões por que a escolha recaiu no candidato proposto, abstendo-se de ordenar os restantes candidatos.

6 – O júri pode considerar que nenhum dos candidatos reúne condições para ser nomeado.

7 – A pedido do serviço ou organismo interessado, o procedimento concursal é assegurado por entidade pública competente, integrada em diferente ministério, com dispensa de constituição de júri mas com intervenção do indivíduo previsto na alínea c) do n.º 3, sendo, nesse caso, aplicável, com as devidas adaptações, o disposto nos n.ºs 1, 2, 4, 5 e 6.

8 – Os titulares dos cargos de direcção intermédia são providos por despacho do dirigente máximo do serviço ou organismo, em comissão de serviço, pelo período de três anos, renovável por iguais períodos de tempo.

9 – O provimento nos cargos de direcção intermédia produz efeitos à data do despacho de nomeação, salvo se outra data for expressamente fixada.

10 – O despacho de nomeação, devidamente fundamentado, é publicado no Diário da República juntamente com uma nota relativa ao currículo académico e profissional do nomeado.

11 – O procedimento concursal é urgente e de interesse público, não havendo lugar a audiência de interessados.

12 – Não há efeito suspensivo do recurso administrativo interposto do despacho de nomeação ou de qualquer outro acto praticado no decurso do procedimento.

13 – A propositura de providência cautelar de suspensão da eficácia de um acto administrativo praticado no procedimento não tem por efeito a proibição da execução desse acto.

14 – Em caso de suspensão judicial da eficácia do despacho de nomeação, é aplicável o disposto no artigo 27.º

SECÇÃO III
Renovação da comissão de serviço

ARTIGO 22.º
**Renovação da comissão de serviço dos titulares
dos cargos de direcção superior**

1 – Para efeitos de eventual renovação da comissão de serviço, os titulares dos cargos de direcção superior darão conhecimento do termo da respectiva comissão de serviço ao membro do Governo competente, com a antecedência mínima de 90 dias.

2 – A comunicação referida no número anterior será acompanhada de relatório dos resultados obtidos durante o exercício do cargo, tendo como referência, quando seja o caso, a carta de missão e os planos e relatórios de actividades, bem como de uma síntese da aplicação do sistema de avaliação do respectivo serviço.

3 – A renovação da comissão de serviço depende dos resultados evidenciados no respectivo exercício.

ARTIGO 23.º
**Renovação da comissão de serviço dos titulares
dos cargos de direcção intermédia**

1 – Para efeitos de eventual renovação da comissão de serviço, os titulares dos cargos de direcção intermédia darão conhecimento do termo da respectiva comissão de serviço ao dirigente máximo do serviço, com a antecedência mínima de 90 dias.

2 – A renovação da comissão de serviço dependerá da análise circunstanciada do respectivo desempenho e dos resultados obtidos, a qual terá como referência o processo de avaliação do dirigente cessante, assim como de relatório de demonstração das actividades prosseguidas e dos resultados obtidos.

3 – No caso da renovação da comissão de serviço de titulares de cargos de direcção intermédia do 2.º grau, a informação a apresentar deverá ser confirmada pelo respectivo superior hierárquico.

Lei n.º 2/2004, de 15 de Janeiro 527

ARTIGO 24.º
Procedimento

1 – A decisão sobre a renovação da comissão de serviço a que se referem os artigos anteriores é comunicada por escrito aos interessados até 60 dias antes do seu termo, sendo acompanhada de determinação para abertura do correspondente procedimento concursal quando aquela não tenha sido renovada relativamente a cargos de direcção intermédia.

2 – A renovação da comissão de serviço dos titulares dos cargos de direcção superior que cesse automaticamente pela mudança de Governo, nos termos da alínea h) do n.º 1 do artigo 25.º, tem lugar, por confirmação, no prazo máximo de 45 dias após a posse do membro do Governo competente e faz-se pelo período de tempo que faltar para o cumprimento do triénio que se encontre a decorrer.

3 – Em caso de não renovação da comissão de serviço, as funções são asseguradas em regime de gestão corrente até à nomeação de novo titular.

4 – O exercício de funções em regime de gestão corrente não poderá exceder o prazo máximo de 90 dias.

SECÇÃO IV
Cessação da comissão de serviço

ARTIGO 25.º
Cessação

1 – A comissão de serviço dos titulares dos cargos dirigentes cessa:

a) Pelo seu termo, nos casos do n.º 1 do artigo anterior;

b) Pela tomada de posse seguida de exercício, a qualquer título, de outro cargo ou função, salvo nos casos e durante o tempo em que haja lugar a suspensão ou em que seja permitida a acumulação nos termos da presente lei;

c) Por extinção ou reorganização da unidade orgânica, salvo se for expressamente mantida a comissão de serviço no cargo dirigente do mesmo nível que lhe suceda;

d) Nos casos do n.º 7 do artigo 16.º e do n.º 6 do artigo 17.º da presente lei e do n.º 6 do a go 7.º e do n.º 4 do artigo 11.º do Decreto-Lei n.º 413/93, de 2. de Dezembro;

528 *Sistema Integrado da Avaliação do Desempenho da Administração Pública*

e) Por despacho fundamentado numa das seguintes situações:
  i) Não realização dos objectivos previstos, designadamente dos constantes da carta de missão;
  ii) Falta de prestação de informações ou prestação deficiente das mesmas, quando consideradas essenciais para o cumprimento da política global do Governo;
  iii) Não comprovação superveniente da capacidade adequada a garantir a observação das orientações superiormente fixadas;
  iv) Necessidade de imprimir nova orientação à gestão dos serviços;
f) Na sequência de procedimento disciplinar em que se tenha concluído pela aplicação de sanção disciplinar;
g) Pela não frequência, por causa que lhes seja imputável, ou pelo não aproveitamento em curso a que se refere o n.º 1 do artigo 12.º;
h) Pela mudança de Governo;
i) A requerimento do interessado, apresentado nos serviços com a antecedência mínima de 60 dias, e que se considerará deferido se no prazo de 30 dias a contar da data da sua entrada sobre ele não recair despacho de indeferimento.

2 – A cessação da comissão de serviço com fundamento na alínea e) do número anterior pressupõe a prévia audição do dirigente sobre as razões invocadas, independentemente da organização de qualquer processo.

3 – A cessação da comissão de serviço com fundamento na alínea h) do n.º 1 não é aplicável a qualquer titular de cargo de direcção intermédia, bem como aos titulares dos cargos de direcção superior em secretarias-gerais ou inspecções-gerais ou em serviços e organismos equiparados nos respectivos diplomas orgânicos ou estatutários.

4 – A cessação da comissão de serviço com fundamento na alínea h) do n.º 1 pode não ser aplicável aos titulares dos cargos de direcção superior em outros serviços e organismos cujas atribuições sejam predominantemente técnicas, desde que assim seja determinado no respectivo diploma orgânico ou estatutário.

ARTIGO 26.º
Indemnização

1 – Quando a cessação da comissão de serviço se fundamente na extinção ou reorganização da unidade orgânica ou na necessidade de

Lei n.º 2/2004, de 15 de Janeiro 529

imprimir nova orientação à gestão dos serviços, os dirigentes têm direito a uma indemnização desde que contem, pelo menos, 12 meses seguidos de exercício de funções.

2 – A indemnização referida no número anterior será calculada em função do tempo que faltar para o termo da comissão de serviço e no montante que resultar da diferença entre a remuneração base do cargo dirigente cessante e a remuneração da respectiva categoria de origem.

3 – O montante da indemnização tem como limite máximo o valor correspondente à diferença anual das remunerações, nelas se incluindo os subsídios de férias e de Natal.

4 – O direito à indemnização prevista nos números anteriores só é reconhecido nos casos em que à cessação da comissão de serviço não se siga imediatamente novo exercício de funções dirigentes em cargo de nível igual ou superior ou o exercício de outro cargo público com nível remuneratório igual ou superior.

5 – O exercício das funções referidas no número anterior, no período a que se reporta a indemnização, determina a obrigatoriedade da reposição da importância correspondente à diferença entre o número de meses a que respeite a indemnização percebida e o número de meses que mediar até à nova nomeação.

6 – Para efeitos do disposto no número anterior, a nova nomeação será acompanhada de declaração escrita do interessado de que não recebeu ou de que irá proceder à reposição da indemnização recebida, a qual será comunicada aos serviços processadores.

ARTIGO 26.º-A
Suspensão

1 – A comissão de serviço dos titulares dos cargos de direcção superior do 2.º grau e de direcção intermédia suspende-se quando sejam nomeados para cargos dirigentes cuja comissão de serviço possa cessar pela mudança de Governo, para gabinetes de membros do Governo ou equiparados ou em regime de substituição.

2 – A comissão de serviço suspende-se por quatro anos ou enquanto durar o exercício do cargo ou função, se este tiver duração inferior, sendo as funções de origem asseguradas em regime de substituição.

3 – O período de suspensão conta, para todos os efeitos legais, como tempo de serviço prestado no cargo de origem.

530 *Sistema Integrado da Avaliação do Desempenho da Administração Pública*

SECÇÃO V
Substituição

ARTIGO 27.º
Nomeação em substituição

1 – Os cargos dirigentes podem ser exercidos em regime de substituição nos casos de ausência ou impedimento do respectivo titular quando se preveja que estes condicionalismos persistam por mais de 60 dias ou em caso de vacatura do lugar.

2 – A nomeação em regime de substituição é feita pela entidade competente, devendo ser observados todos os requisitos legais exigidos para o provimento do cargo.

3 – A substituição cessa na data em que o titular retome funções ou passados 60 dias sobre a data da vacatura do lugar, salvo se estiver em curso procedimento tendente à nomeação de novo titular.

4 – A substituição pode ainda cessar, a qualquer momento, por decisão da entidade competente ou a pedido do substituto, logo que deferido.

5 – O período de substituição conta, para todos os efeitos legais, como tempo de serviço prestado no cargo anteriormente ocupado, bem como no lugar de origem.

6 – O substituto tem direito à totalidade das remunerações e demais abonos e regalias atribuídos pelo exercício do cargo do substituído, independentemente da libertação das respectivas verbas por este, sendo os encargos suportados pelas correspondentes dotações orçamentais.

CAPÍTULO III
Direitos e deveres

SECÇÃO I
Direitos

ARTIGO 28.º
Salvaguarda de direitos

1 – Os titulares de cargos dirigentes gozam, independentemente do

seu vínculo de origem, dos direitos gerais reconhecidos aos funcionários do serviço ou organismo em que exerçam funções.

2 – O pessoal dirigente conserva o direito ao lugar de origem e ao regime de segurança social por que está abrangido, não podendo ser prejudicado na sua carreira profissional por causa do exercício daquelas funções, relevando para todos os efeitos no lugar de origem o tempo de serviço prestado naquele cargo.

ARTIGO 29.º
Direito de acesso na carreira

1 – O tempo de serviço prestado no exercício de cargos dirigentes conta, para todos os efeitos legais, como prestado no lugar de origem, designadamente para promoção e progressão na carreira e na categoria em que o funcionário se encontra integrado.

2 – Quando o tempo de serviço prestado em funções dirigentes corresponda ao módulo de tempo necessário à promoção na carreira, o funcionário tem direito, findo o exercício de funções dirigentes, ao provimento em categoria superior com dispensa de concurso, a atribuir em função do número de anos de exercício continuado naquelas funções.

3 – A aplicação do disposto no número anterior aos titulares de cargos dirigentes integrados em corpos especiais ou em carreiras de regime especial depende da verificação de todos os requisitos fixados nas respectivas leis reguladoras para o acesso na carreira.

4 – O tempo de serviço prestado em regime de substituição e de gestão corrente, nos termos da presente lei, conta para efeitos do disposto no n.º 2.

5 – No caso de ter ocorrido mudança de categoria ou de carreira na pendência do exercício do cargo dirigente, para efeitos do cômputo do tempo de serviço referido no n.º 2 não releva o tempo prestado em funções dirigentes que tenha sido contado no procedimento que gerou a mudança de categoria ou de carreira.

6 – Os funcionários que beneficiem do disposto no n.º 2 têm direito à remuneração pela nova categoria e escalão desde a data da cessação do exercício de funções dirigentes.

532 *Sistema Integrado da Avaliação do Desempenho da Administração Pública*

ARTIGO 30.º
Efectivação do direito de acesso na carreira

1 – O acesso na carreira a que se refere o n.º 2 do artigo anterior efectiva-se mediante despacho do dirigente máximo do serviço ou organismo de origem, precedido de confirmação dos respectivos pressupostos pela secretaria-geral ou pelo serviço central competente em matéria de recursos humanos do respectivo ministério.

2 – A aplicação do disposto no número anterior a funcionários não integrados em carreira com dotação global ou nos casos em que, por acordo dos interessados, a promoção seja feita em quadro diverso do de origem faz-se por provimento em lugar vago ou, se necessário, em lugar a aditar automaticamente ao quadro de pessoal, a extinguir quando vagar.

3 – O estabelecido nos números anteriores pode ter lugar, a requerimento do interessado, independentemente da cessação do exercício de funções dirigentes, quando se trate da categoria mais elevada da carreira.

ARTIGO 31.º
Estatuto remuneratório

1 – A remuneração do pessoal dirigente é estabelecida em diploma próprio, o qual poderá determinar níveis diferenciados de remuneração em função do tipo de serviço ou organismo em que exerce funções.

2 – Ao pessoal dirigente são abonadas despesas de representação de montante fixado em despacho conjunto do Primeiro-Ministro, do Ministro das Finanças e do membro do Governo que tenha a seu cargo a Administração Pública.

3 – O pessoal dirigente pode, mediante autorização expressa no despacho de nomeação, optar pelo vencimento ou retribuição base da sua função, cargo ou categoria de origem, não podendo, todavia, exceder, em caso algum, o vencimento base do Primeiro-Ministro.

4 – Os titulares dos cargos de direcção intermédia que não tenham vínculo à Administração Pública não podem optar pelo vencimento ou retribuição base da sua função, cargo ou categoria de origem.

5 – Para efeitos do disposto no n.º 3, é adoptado como referência o vencimento ou retribuição base médio efectivamente percebido durante o ano anterior à data do despacho de nomeação.

ARTIGO 32.º
Regime de direito privado

Aos dirigentes que sejam titulares de um vínculo regulado pela lei geral do trabalho são aplicáveis, finda a comissão de serviço, as correspondentes disposições.

ARTIGO 33.º
Apoio judiciário

Aos titulares dos cargos dirigentes é aplicável o regime de assistência e patrocínio judiciário previsto no Decreto-Lei n.º 148/2000, de 19 de Julho.

SECÇÃO II
Deveres

ARTIGO 34.º
Deveres específicos

Para além dos deveres gerais dos funcionários do serviço e organismo em que exercem funções, o pessoal dirigente está sujeito aos seguintes deveres específicos:

a) Dever de manter informado o Governo, através da via hierárquica competente, sobre todas as questões relevantes referentes aos serviços;

b) Dever de assegurar a conformidade dos actos praticados pelo pessoal do respectivo serviço com o estatuído na lei e com os legítimos interesses dos cidadãos;

c) Dever geral de assiduidade e cumprimento do período normal de trabalho, assim como o dever de a qualquer momento comparecer ao serviço quando chamado.

ARTIGO 35.º

(Revogado).

CAPÍTULO IV
Disposições finais e transitórias

ARTIGO 36.º
Prevalência

1 – A presente lei prevalece sobre quaisquer disposições gerais ou especiais relativas aos diversos serviços ou organismos.

2 – (Revogado).

ARTIGO 37.º
Normas transitórias

1 – A entrada em vigor da presente lei não prejudica as nomeações do pessoal dirigente existentes àquela data nem a contagem dos respectivos prazos.

2 – A suspensão das comissões de serviço ao abrigo do disposto no artigo 19.º da Lei n.º 49/99, de 22 de Junho, mantém-se até ao termo dos mandatos que lhes deram origem.

3 – As equiparações dos cargos dirigentes feitas antes da entrada em vigor da presente lei consideram-se eficazes para efeitos do disposto nos n.os 3 e 4 do artigo 2.º da mesma.

4 – Mantêm-se válidos os concursos cujos avisos de abertura se encontrem publicados à data de entrada em vigor da presente lei, os quais deverão prosseguir os seus termos ao abrigo da legislação em vigor à data da sua abertura.

5 – Mantém-se em vigor o disposto no artigo 3.º do Decreto--Lei n.º 34/93, de 13 de Fevereiro.

6 – O disposto no artigo 33.º da Lei n.º 49/99, de 22 de Junho, aplica-se aos dirigentes que se encontrem em funções à data da entrada em vigor da presente lei e que preencham os requisitos nele previstos até à cessação da respectiva comissão de serviço.

ARTIGO 38.º
Norma revogatória

São revogadas as Leis n.ᵒˢ 12/96, de 18 de Abril, e 49/99, de 22 de Junho.

ARTIGO 39.º
Entrada em vigor

A presente lei entra em vigor no dia 1 do mês seguinte ao da sua publicação.

ANEXO I

Autorizar a abertura de concursos e praticar todos os actos subsequentes, nomear e exonerar o pessoal do quadro e determinar a conversão da nomeação provisória em definitiva, bem como autorizar destacamentos, requisições, transferências, permutas e comissões de serviço.

Celebrar, renovar e rescindir contratos de pessoal.

Autorizar a prestação de trabalho extraordinário, nocturno, em dias de descanso e em feriados.

Assinar os termos de aceitação e conferir a posse ao pessoal.

Autorizar a aceitação ou posse em local diferente daquele em que o pessoal foi colocado, prorrogar o respectivo prazo, solicitar que aquelas sejam autorizadas ou conferidas pela autoridade administrativa ou por agente diplomático ou consular e conceder ao pessoal dos serviços externos o direito ao vencimento a partir da data da aceitação ou da posse, independentemente da entrada em exercício das novas funções.

Autorizar a atribuição dos abonos e regalias a que os funcionários ou agentes tenham direito, nos termos da lei.

Autorizar a inscrição e participação do pessoal em congressos, reuniões, seminários, colóquios, cursos de formação ou outras iniciativas semelhantes que decorram em território nacional quando importem custos para o serviço, bem como a inscrição e participação em estágios.

Praticar todos os actos relativos à aposentação do pessoal, salvo no caso de aposentação compulsiva, e, em geral, todos os actos respeitantes ao regime de segurança social, incluindo os referentes a acidentes em serviço.

536 *Sistema Integrado da Avaliação do Desempenho da Administração Pública*

Praticar os actos da competência dos titulares dos cargos de direcção intermédia relativamente a dirigentes e a pessoal que se encontrem na sua dependência.

Autorizar, dentro dos limites estabelecidos pelo respectivo orçamento anual, transferências de verbas subordinadas à mesma classificação orgânica e a antecipação até dois duodécimos por rubrica, com limites anualmente fixados pelo Ministério das Finanças.

Autorizar a constituição de fundos permanentes das dotações do respectivo orçamento, com excepção das rubricas referentes a pessoal, até ao limite de um duodécimo.

Celebrar contratos de seguro e de arrendamento e autorizar a respectiva actualização, sempre que resulte de imposição legal.

Autorizar deslocações em serviço, qualquer que seja o meio de transporte, bem como o processamento dos correspondentes abonos ou despesas com a aquisição de bilhetes ou títulos de transporte e de ajudas de custo, antecipadas ou não.

Autorizar as despesas resultantes de indemnizações a terceiros ou da recuperação de bens afectos ao serviço danificados por acidentes com intervenção de terceiros.

Autorizar despesas eventuais de representação dos serviços, bem como as de carácter excepcional.

Qualificar como acidente em serviço os sofridos pelo pessoal e autorizar o processamento das respectivas despesas.

Autorizar o processamento de despesas cujas facturas, por motivo justificado, dêem entrada nos serviços para além do prazo regulamentar.

ANEXO II

Autorizar o exercício de funções a tempo parcial.

Justificar ou injustificar faltas.

Conceder licenças e autorizar o regresso à actividade, com excepção da licença sem vencimento por um ano por motivo de interesse público e da licença de longa duração.

Autorizar o gozo e a acumulação de férias e aprovar o respectivo plano anual.

Autorizar o abono do vencimento de exercício perdido por motivo de doença.

Autorizar a inscrição e participação do pessoal em congressos, reuniões, seminários, colóquios, cursos de formação em regime de auto-formação ou outras iniciativas semelhantes que decorram em território nacional quando não importem custos para o serviço.

Autorizar o pessoal a comparecer em juízo quando requisitado nos termos da lei de processo.

DECRETO-LEI N.º 93/2004, DE 20 DE ABRIL, ADAPTAÇÃO DO ESTATUTO DO PESSOAL DIRIGENTE À ADMINISTRAÇÃO LOCAL

Decreto-Lei n.º 93/2004, de 20 de Abril

O estatuto do pessoal dirigente dos serviços e organismos da administração central, regional e local do Estado, aprovado pela Lei n.º 2/2004, de 15 de Janeiro, prevê a sua aplicação, com as necessárias adaptações, à administração local mediante decreto-lei.

O presente diploma visa proceder à adaptação daquele regime às especificidades da administração local autárquica. Os aspectos que não se encontram regulados neste diploma e que não se encontram excepcionados no n.º 1 do artigo 1.º regem-se pelos normativos da Lei n.º 2/2004, de 15 de Janeiro.

Nos termos da lei, foram ouvidas a Associação Nacional de Municípios Portugueses e as associações sindicais representativas dos trabalhadores da administração local.

Assim:

Nos termos da alínea a) do n.º 1 do artigo 198.º da Constituição, o Governo decreta o seguinte:

ARTIGO 1.º
Objecto e âmbito de aplicação

1 – A Lei n.º 2/2004, de 15 de Janeiro, com excepção da secção III do capítulo I, aplica-se ao pessoal dirigente das câmaras municipais e dos serviços municipalizados, com as adaptações constantes do presente diploma.

2 – O presente diploma aplica-se nas Regiões Autónomas, sem prejuízo da publicação de diploma regional adequado que o adapte às especificidades orgânicas do pessoal dirigente da respectiva administração local.

3 – O estatuto do pessoal dirigente de outras entidades autárquicas ou equiparadas é regulado por legislação especial.

542 *Sistema Integrado da Avaliação do Desempenho da Administração Pública*

ARTIGO 2.º
Cargos dirigentes das câmaras municipais

1 – Os cargos dirigentes das câmaras municipais são os seguintes:
a) Director municipal, que corresponde a cargo de direcção superior do 1.º grau;
b) Director de departamento municipal, que corresponde a cargo de direcção intermédia do 1.º grau;
c) Chefe de divisão municipal, que corresponde a cargo de direcção intermédia do 2.º grau;
d) Director de projecto municipal, que corresponde a cargo de direcção intermédia do 1.º ou do 2.º grau, por deliberação da câmara municipal, sob proposta do respectivo presidente, e que será exercido em comissão de serviço pelo tempo de duração do projecto.

2 – O cargo de director municipal apenas pode ser criado nos municípios com uma participação no montante total do Fundo Geral Municipal igual ou superior a 6%, e o de director de departamento municipal apenas pode ser criado nos municípios com uma participação no montante total do Fundo Geral Municipal igual ou superior a 1,78% ou em municípios com 10000 ou mais habitantes.

3 – O disposto no número anterior não prejudica os lugares criados ao abrigo de legislação anterior.

ARTIGO 3.º
Cargos dirigentes dos serviços municipalizados

1 – Os cargos dirigentes dos serviços municipalizados são os seguintes:
a) Director-delegado;
b) Director de departamento municipal;
c) Chefe de divisão municipal.

2 – O cargo de director-delegado é equiparado a cargo de direcção superior do 1.º grau ou a cargo de direcção intermédia do 1.º grau, por deliberação da câmara municipal, sob proposta do conselho de administração.

3 – Só pode ser criado o cargo de director de departamento municipal quando o cargo de director-delegado for equiparado a cargo de direcção superior do 1.º grau.

ARTIGO 4.º
Competências do pessoal dirigente

1 – Os titulares dos cargos de direcção exercem, na respectiva unidade orgânica, as seguintes competências:

a) Submeter a despacho do presidente da câmara ou a deliberação do conselho de administração dos serviços municipalizados, devidamente instruídos e informados, os assuntos que dependam da sua resolução;

b) Receber e fazer distribuir pelos serviços da unidade orgânica a correspondência a eles referente;

c) Propor ao presidente da câmara municipal ou ao conselho de administração dos serviços municipalizados tudo o que seja do interesse dos órgãos referidos;

d) Colaborar na elaboração dos instrumentos de gestão previsional e dos relatórios e contas;

e) Estudar os problemas de que sejam encarregados pelo presidente dos órgãos executivos e propor as soluções adequadas;

f) Promover a execução das decisões do presidente e das deliberações dos órgãos executivos nas matérias que interessam à respectiva unidade orgânica que dirige.

2 – Compete ainda aos titulares de cargos de direcção:

a) Definir os objectivos de actuação da unidade orgânica que dirigem, tendo em conta os objectivos gerais estabelecidos;

b) Orientar, controlar e avaliar o desempenho e a eficiência dos serviços dependentes, com vista à execução dos planos de actividades e à prossecução dos resultados obtidos e a alcançar;

c) Garantir a coordenação das actividades e a qualidade técnica da prestação dos serviços na sua dependência;

d) Gerir com rigor e eficiência os recursos humanos, patrimoniais e tecnológicos afectos à sua unidade orgânica, optimizando os meios e adoptando medidas que permitam simplificar e acelerar procedimentos e promover a aproximação à sociedade e a outros serviços públicos;

e) Assegurar a qualidade técnica do trabalho produzido na sua unidade orgânica e garantir o cumprimento dos prazos adequados à eficaz prestação do serviço, tendo em conta a satisfação do interesse dos destinatários;

544 *Sistema Integrado da Avaliação do Desempenho da Administração Pública*

f) Efectuar o acompanhamento profissional no local de trabalho, apoiando e motivando os funcionários e proporcionando-lhes os adequados conhecimentos e aptidões profissionais necessários ao exercício do respectivo posto de trabalho, bem como os procedimentos mais adequados ao incremento da qualidade do serviço a prestar;

g) Divulgar junto dos funcionários os documentos internos e as normas de procedimento a adoptar pelo serviço, bem como debater e esclarecer as acções a desenvolver para o cumprimento dos objectivos do serviço, de forma a garantir o empenho e a assunção de responsabilidades por parte dos funcionários;

h) Proceder de forma objectiva à avaliação do mérito dos funcionários, em função dos resultados individuais e de grupo e à forma como cada um se empenha na prossecução dos objectivos e no espírito de equipa;

i) Identificar as necessidades de formação específica dos funcionários da sua unidade orgânica e propor a frequência das acções de formação consideradas adequadas ao suprimento das referidas necessidades, sem prejuízo do direito à autoformação;

j) Proceder ao controlo efectivo da assiduidade, pontualidade e cumprimento do período normal de trabalho por parte dos funcionários da sua unidade orgânica;

l) Autorizar a passagem de certidões de documentos arquivados na respectiva unidade orgânica, excepto quando contenham matéria confidencial ou reservada, bem como a restituição de documentos aos interessados.

ARTIGO 5.º
Delegação de competências

1 – Os titulares de cargos de direcção exercem também as competências que neles forem delegadas ou subdelegadas, nos termos da lei.

2 – Os titulares de cargos de direcção podem delegar ou subdelegar nos titulares de cargos de direcção de nível e grau inferior as competências que neles tenham sido delegadas ou subdelegadas, com a faculdade de subdelegação, e desde que exista a correspondente autorização do delegante ou subdelegante.

3 – A delegação de assinatura da correspondência ou do expediente necessário à mera instrução dos processos é possível em qualquer funcionário.

Decreto-Lei n.º 93/2004, de 20 de Abril

4 – A delegação e subdelegação de competências constituem instrumentos privilegiados de gestão, cabendo aos titulares dos cargos de direcção a promoção da sua adopção, enquanto meios que propiciam a redução de circuitos de decisão e uma gestão mais célere e desburocratizada.

ARTIGO 6.º
Delegação de competências no substituto

O exercício de funções em regime de substituição abrange os poderes delegados e subdelegados no substituído, salvo se o despacho de delegação ou de subdelegação ou o que determina a substituição expressamente dispuser em contrário.

ARTIGO 7.º
Formação profissional e específica

1 – O exercício de funções dirigentes de nível intermédio implica o prévio aproveitamento em curso específico para alta direcção em Administração Pública ou administração autárquica.

2 – Sem prejuízo da definição de conteúdos próprios da administração local, a formação profissional específica incluirá necessariamente as seguintes áreas de competência:

a) Organização e actividade administrativa;
b) Gestão de pessoas e liderança;
c) Gestão de recursos humanos, orçamentais, materiais e tecnológicos;
d) Informação e conhecimento;
e) Qualidade, inovação e modernização;
f) Internacionalização e assuntos comunitários.

3 – O curso adequado à formação profissional específica a que se refere o presente artigo será assegurado, no âmbito da administração local, pelo Centro de Estudos e Formação Autárquica (CEFA), devendo o respectivo regulamento e as condições de acesso ser objecto de portaria conjunta dos membros do Governo que tutelam as áreas da administração local e da Administração Pública.

4 – A formação específica acima referida poderá igualmente ser garantida por instituição do ensino superior ou outras entidades

546 *Sistema Integrado da Avaliação do Desempenho da Administração Pública*

formadoras, cabendo ao CEFA assegurar, através da celebração de protocolos, o reconhecimento da identidade dos conteúdos e a adequação dos programas de formação, bem como o acompanhamento da sua execução e a sua avaliação.

5 – O processo de equivalência referido no número anterior será objecto de regulamento, a aprovar por despacho conjunto dos membros do Governo que tutelam as áreas da administração local e da Administração Pública, sob proposta do presidente do conselho directivo do CEFA.

6 – A habilitação conferida por esta formação específica só será reconhecida quando comprovado o respectivo aproveitamento.

7 – O disposto nos números anteriores far-se-á sem prejuízo das normas vigentes reguladoras da actividade das entidades formadoras.

ARTIGO 8.º
Recrutamento para os cargos de direcção superior do 1.º grau

1 – O recrutamento para os cargos de direcção superior do 1.º grau é feito nos termos do artigo 18.º da Lei n.º 2/2004, de 15 de Janeiro.

2 – O recrutamento para os cargos referidos no número anterior, de entre indivíduos licenciados não vinculados à Administração Pública, fica sujeito a aprovação prévia da câmara municipal, sob proposta do respectivo presidente.

ARTIGO 9.º
Recrutamento para os cargos de direcção intermédia dos 1.º e 2.º graus

1 – O recrutamento para os cargos de direcção intermédia dos 1.º e 2.º graus é feito nos termos previstos nos n.ºs 1 e 2 do artigo 20.º da Lei n.º 2/2004, de 15 de Janeiro.

2 – O recrutamento para os cargos de direcção intermédia dos serviços de apoio instrumental pode ainda ser feito:

a) Cargos de direcção intermédia do 1.º grau – de entre assessores autárquicos de município urbano de 1.ª ordem, urbano de 2.ª ordem e rural de 1.ª ordem e de assembleia distrital e assessores autárquicos de município rural de 2.ª ordem, com o curso de administração autárquica ministrado pelo CEFA e classificação final não inferior a 14 valores;

b) Cargos de direcção intermédia do 2.º grau – de entre funcionários detentores das categorias referidas na alínea a), assessores autárquicos de município rural de 2.ª ordem e chefes de repartição com, pelo menos, três anos de serviço na categoria, bem como assessores autárquicos de município rural de 3.ª ordem com o curso de administração autárquica ministrado pelo CEFA e classificação final não inferior a 14 valores.

3 – Os titulares dos cargos de direcção intermédia do 2.º grau que se enquadrem na área de recrutamento referida na alínea b) do número anterior e, bem assim, os que se encontrem em exercício de funções sem recurso a portaria de alargamento, quer quanto a dispensa de vínculo à Administração Pública quer quanto à posse das habilitações literárias normalmente exigíveis, são recrutáveis para cargos de direcção intermédia do 1.º grau dos serviços de apoio instrumental ou equiparado.

4 – O recrutamento para os cargos de direcção intermédia dos 1.º e 2.º graus dos serviços de apoio instrumental pode ainda ser feito de entre chefes de repartição habilitados com licenciatura adequada.

5 – Os chefes de repartição que estejam no desempenho de funções dirigentes, bem como os que foram reclassificados nos termos do n.º 6 do artigo 18.º do Decreto-Lei n.º 404-A/98, de 18 de Dezembro, podem ser recrutados para cargos dirigentes, nos termos da lei, durante o período de três anos a contar a partir da data da cessação das respectivas comissões de serviço.

6 – A confirmação de que as funções da unidade orgânica a que se refere o n.º 2 do artigo 20.º da Lei n.º 2/2004, de 15 de Janeiro, são essencialmente asseguradas por pessoal da carreira técnica depende de aprovação prévia da câmara municipal, sob proposta do respectivo presidente.

ARTIGO 10.º
Substituição

1 – A substituição a que se refere o artigo 27.º da Lei n.º 2/2004, de 15 de Janeiro, defere-se pela seguinte ordem:

a) Titular de cargo dirigente de grau e nível imediatamente inferior na escala hierárquica;

548 *Sistema Integrado da Avaliação do Desempenho da Administração Pública*

b) Funcionário que reúna as condições legais de recrutamento para o cargo dirigente a substituir.

2 – Nos casos referidos na alínea b) do número anterior, pode ser dispensado o requisito do módulo de tempo de experiência profissional legalmente exigido, em caso de manifesta inexistência de funcionário que reúna todos as requisitos legais para o provimento do cargo.

ARTIGO 11.º
Nomeação para o exercício de cargo dirigente em quadro de pessoal diferente

A nomeação para o exercício de cargos dirigentes de funcionário que pertença a quadro de pessoal diferente depende de autorização do serviço de origem.

ARTIGO 12.º
Regime de exclusividade

A exclusividade do exercício de funções dirigentes estabelecida nos artigos 16.º e 17.º da Lei n.º 2/2004, de 15 de Janeiro, não prejudica o disposto no n.º 1 do artigo 58.º do Decreto-Lei n.º 247/87, de 17 de Junho.

ARTIGO 13.º
Publicitações

Reportam-se à 3.ª série do Diário da República as referências feitas ao Diário da República na Lei n.º 2/2004, de 15 de Janeiro.

ARTIGO 14.º
Violação de normas

Para além da responsabilidade civil, financeira e disciplinar que ao caso couber, o pessoal que receba indevidamente remuneração e demais abonos inerentes a lugar dirigente fica obrigado à reposição das quantias recebidas, sendo solidariamente responsável pela referida reposição aquele que informe favoravelmente ou omita informação relativa ao provimento ou permanência de pessoal dirigente em contravenção com o presente diploma.

ARTIGO 15.º
Competências

Consideram-se reportadas ao presidente da câmara municipal ou ao conselho de administração dos serviços municipalizados as referências feitas aos membros do Governo e aos dirigentes máximos nos artigos 3.º, 16.º, 19.º, 21.º, 22.º, 23.º e 30.º da Lei n.º 2/2004, de 15 de Janeiro.

ARTIGO 16.º
Formação específica supletiva

1 – Quando não seja exigível a posse da formação profissional específica a que se refere o artigo 12.º da Lei n.º 2/2004, de 15 de Janeiro, ou o artigo 7.º do presente diploma, é obrigatória a frequência, após o início da respectiva comissão de serviço, do seminário da alta direcção, a realizar pelo CEFA ou por entidades com as quais este celebre protocolo para o efeito.

2 – A organização do seminário a que se refere o número anterior pode prever conteúdos diferenciados em função do nível de direcção dos destinatários.

3 – Fica dispensado da frequência do seminário previsto nos números anteriores quem tenha frequentado o seminário a que se reporta o artigo 35.º da Lei n.º 2/2004, de 15 de Janeiro.

4 – O requisito de formação específica previsto no artigo 12.º da Lei n.º 2/2004, de 15 de Janeiro, não constitui requisito de recrutamento para cargos do mesmo nível e grau aos exercidos:

a) Pelos actuais dirigentes;

b) Por funcionários que até à data da entrada em vigor do presente diploma tenham exercido cargo dirigente durante, pelo menos, três anos seguidos.

5 – O pessoal referido no número anterior e aqueles que sejam nomeados em cargo dirigente após a entrada em vigor da presente lei são

550   *Sistema Integrado da Avaliação do Desempenho da Administração Pública*

candidatos obrigatórios ao seminário referido no n.º 1, até à sua efectiva frequência.

6 – Durante o período transitório de três anos, a posse da formação profissional específica prevista no artigo 7.º não constitui requisito de recrutamento obrigatório.

ARTIGO 17.º
Norma revogatória

1 – É revogado o Decreto-Lei n.º 514/99, de 24 de Novembro.

2 – O disposto no número anterior não prejudica o exercício dos direitos assegurados no n.º 4 do artigo 9.º e no artigo 13.º do Decreto-Lei n.º 198/91, de 29 de Maio.

Visto e aprovado em Conselho de Ministros de 11 de Março de 2004. *– José Manuel Durão Barroso – Maria Manuela Dias Ferreira Leite – Amílcar Augusto Contel Martins Theias.*

Promulgado em 5 de Abril de 2004. Publique-se.

O Presidente da República, JORGE SAMPAIO.

Referendado em 7 de Abril de 2004.

O Primeiro-Ministro, *José Manuel Durão Barroso.*

LEI N.º 3/2004, DE 15 DE JANEIRO, NA REDACÇÃO DADA PELA LEI N.º 51/2005, DE 30 DE AGOSTO LEI QUADRO DOS INSTITUTOS PÚBLICOS

Lei n.º 3/2004, de 15 de Janeiro

Aprova a lei quadro dos institutos públicos

A Assembleia da República decreta, nos termos da alínea c) do artigo 161.º da Constituição, para valer como lei geral da República, o seguinte:

TÍTULO I
Objecto e âmbito de aplicação

ARTIGO 1.º
Objecto

1 – A presente lei estabelece os princípios e as normas por que se regem os institutos públicos.

2 – As normas constantes da presente lei são de aplicação imperativa e prevalecem sobre as normas especiais actualmente em vigor, salvo na medida em que o contrário resulte expressamente da presente lei.

ARTIGO 2.º
Âmbito de aplicação

1 – Os institutos públicos integram a administração indirecta do Estado e das Regiões Autónomas.

2 – A presente lei é aplicável aos institutos públicos da Administração do Estado e será aplicável aos institutos públicos das Regiões Autónomas dos Açores e da Madeira, com as necessárias adaptações estabelecidas em decreto legislativo regional.

ARTIGO 3.°
Tipologia

1 – Para efeitos da presente lei, consideram-se institutos públicos, independentemente da sua designação, os serviços e fundos das entidades referidas no artigo 2.°, quando dotados de personalidade jurídica.

2 – Quer os serviços personalizados, quer os fundos personalizados, também designados como fundações públicas, podem organizar-se em um ou mais estabelecimentos, como tal se designando as universalidades compostas por pessoal, bens, direitos e obrigações e posições contratuais do instituto afectos em determinado local à produção de bens ou à prestação de serviços no quadro das atribuições do instituto.

3 – Não se consideram abrangidas nesta lei as entidades públicas empresariais previstas no Decreto-Lei n.° 558/99, de 17 de Dezembro.

4 – As sociedades e as associações ou fundações criadas como pessoas colectivas de direito privado pelo Estado, Regiões Autónomas ou autarquias locais não são abrangidas por esta lei, devendo essa criação ser sempre autorizada por diploma legal.

TÍTULO II
Princípios fundamentais

ARTIGO 4.°
Conceito

1 – Os institutos públicos são pessoas colectivas de direito público, dotadas de órgãos e património próprio.

2 – Os institutos públicos devem em regra preencher os requisitos de que depende a autonomia administrativa e financeira.

3 – Em casos excepcionais devidamente fundamentados, podem ser criados institutos públicos apenas dotados de autonomia administrativa.

ARTIGO 5.º
Princípios de gestão

1 – Os institutos públicos devem observar os seguintes princípios de gestão:
a) Prestação de um serviço aos cidadãos com a qualidade exigida por lei;
b) Garantia de eficiência económica nos custos suportados e nas soluções adoptadas para prestar esse serviço;
c) Gestão por objectivos devidamente quantificados e avaliação periódica em função dos resultados;
d) Observância dos princípios gerais da actividade administrativa, quando estiver em causa a gestão pública.

2 – Os órgãos de direcção dos institutos públicos devem assegurar que os recursos públicos de que dispõem são administrados de uma forma eficiente e sem desperdícios, devendo sempre adoptar ou propor as soluções organizativas e os métodos de actuação que representem o menor custo na prossecução eficaz das atribuições públicas a seu cargo.

ARTIGO 6.º
Regime jurídico

1 – Os institutos públicos regem-se pelas normas constantes da presente lei e demais legislação aplicável às pessoas colectivas públicas, em geral, e aos institutos públicos, em especial, bem como pelos respectivos estatutos e regulamentos internos.

2 – São, designadamente, aplicáveis aos institutos públicos, quaisquer que sejam as particularidades dos seus estatutos e do seu regime de gestão, mas com as ressalvas estabelecidas no título IV da presente lei:
a) O Código do Procedimento Administrativo, no que respeita à actividade de gestão pública, envolvendo o exercício de poderes de autoridade, a gestão da função pública ou do domínio público, ou a aplicação de outros regimes jurídico-administrativos;
b) O regime jurídico da função pública ou o do contrato individual de trabalho, de acordo com o regime de pessoal aplicável;
c) O regime da administração financeira e patrimonial do Estado;
d) O regime das empreitadas de obras públicas;

556　*Sistema Integrado da Avaliação do Desempenho da Administração Pública*

e) O regime da realização de despesas públicas e da contratação pública;
f) O regime das incompatibilidades de cargos públicos;
g) O regime da responsabilidade civil do Estado;
h) As leis do contencioso administrativo, quando estejam em causa actos e contratos de natureza administrativa;
i) O regime de jurisdição e controlo financeiro do Tribunal de Contas.

ARTIGO 7.º
Ministério da tutela

1 – Cada instituto está adstrito a um departamento ministerial, abreviadamente designado como ministério da tutela, em cuja lei orgânica deve ser mencionado.

2 – No caso de a tutela sobre um determinado instituto público ser repartida ou partilhada por mais de um ministro, aquele considera-se adstrito ao ministério cujo membro do Governo sobre ele exerça poderes de superintendência.

ARTIGO 8.º
Fins

1 – Os institutos públicos só podem ser criados para o desenvolvimento de atribuições que recomendem, face à especificidade técnica da actividade desenvolvida, designadamente no domínio da produção de bens e da prestação de serviços, a necessidade de uma gestão não submetida à direcção do Governo.

2 – Os institutos públicos não podem ser criados para:
a) Desenvolver actividades que nos termos da Constituição devam ser desempenhadas por organismos da administração directa do Estado;
b) Personificar serviços de estudo e concepção ou serviços de coordenação, apoio e controlo de outros serviços administrativos.

3 – Cada instituto público só pode prosseguir os fins específicos que justificaram a sua criação.

Lei n.° 3/2004, de 15 de Janeiro 557

ARTIGO 9.°
Formas de criação

1 – Os institutos públicos são criados por acto legislativo.

2 – O diploma que proceder à criação de um instituto ou lei orgânica define a sua designação, sede e jurisdição territorial, fins ou atribuições, ministro da tutela, a opção do regime de pessoal, os meios patrimoniais e financeiros atribuídos e incluirá as disposições legais de carácter especial que se revelem necessárias, em especial sobre matérias não reguladas nesta lei quadro e nos diplomas legais genericamente aplicáveis ao novo instituto.

3 – Os institutos públicos podem iniciar o seu funcionamento em regime de instalação, nos termos da lei geral.

ARTIGO 10.°
Requisitos e processos de criação

1 – A criação de institutos públicos obedece cumulativamente à verificação dos seguintes requisitos:
   a) Necessidade de criação de um novo organismo para consecução dos objectivos visados;
   b) Necessidade da personalidade jurídica, e da consequente ausência de poder de direcção do Governo, para a prossecução das atribuições em causa;
   c) Condições financeiras próprias dos serviços e fundos autónomos, sempre que disponha de autonomia financeira;
   d) Se for caso disso, condições estabelecidas para a categoria específica de institutos em que se integra o novo organismo.

2 – A criação de um instituto público será sempre precedida de um estudo sobre a sua necessidade e implicações financeiras e sobre os seus efeitos relativamente ao sector em que vai exercer a sua actividade.

ARTIGO 11.°
Avaliação

Para além das medidas previstas na lei de enquadramento orçamental referentes ao controlo da despesa pública, pode ser determinada, por des-

558 *Sistema Integrado da Avaliação do Desempenho da Administração Pública*

pacho conjunto dos Ministros das Finanças e da tutela, uma avaliação do grau de cumprimento da missão e dos objectivos de cada instituto público, a realizar por auditores externos ou por órgãos de controlo oficiais.

ARTIGO 12.º
Estatutos

1 – As disposições relativas à estrutura e organização dos institutos públicos que devam ser objecto de regulamentação constam dos estatutos, aprovados por portaria conjunta dos Ministros das Finanças e da tutela, e, em tudo o mais, de regulamentos internos, propostos pelos órgãos do instituto e aprovados por despacho normativo dos Ministros das Finanças e da tutela.

2 – Nos casos de autonomia estatutária, nos termos da Constituição ou de lei especial, os estatutos são elaborados pelo próprio instituto, ainda que sujeitos a aprovação ou homologação governamental, a qual revestirá a forma de despacho normativo.

ARTIGO 13.º
Criação ou participação em entidades de direito privado

1 – Os institutos públicos não podem criar entes de direito privado ou participar na sua criação nem adquirir participações em tais entidades, excepto quando esteja previsto na lei ou nos estatutos e se mostrar impres- cindível para a prossecução das respectivas atribuições, casos em que é necessária a autorização prévia dos Ministros das Finanças e da tutela, anualmente renovada.

2 – O disposto no número anterior não impede que os institutos públicos autorizados por lei a exercer actividades de gestão financeira de fundos realizem, no quadro normal dessa actividade, aplicações em títulos.

ARTIGO 14.º
Princípio da especialidade

1 – Sem prejuízo da observância do princípio da legalidade no domínio da gestão pública, e salvo disposição expressa em contrário, a

Lei n.° 3/2004, de 15 de Janeiro 559

capacidade jurídica dos institutos públicos abrange a prática de todos os actos jurídicos, o gozo de todos os direitos e a sujeição a todas as obrigações necessárias à prossecução do seu objecto.

2 – Os institutos públicos não podem exercer actividade ou usar os seus poderes fora das suas atribuições nem dedicar os seus recursos a finalidades diversas das que lhes tenham sido cometidas.

3 – Em especial, os institutos públicos não podem garantir a terceiros o cumprimento de obrigações de outras pessoas jurídicas, públicas ou privadas, salvo se a lei o autorizar expressamente.

ARTIGO 15.°
Organização territorial

1 – Ressalvada a esfera própria da Administração Regional Autónoma, os institutos públicos estaduais têm âmbito nacional, com excepção dos casos previstos na lei ou nos estatutos.

2 – Os institutos públicos podem dispor de serviços territorialmente desconcentrados, nos termos previstos ou autorizados nos respectivos estatutos.

3 – A circunscrição territorial dos serviços desconcentrados deverá, sempre que possível, corresponder à dos serviços periféricos do correspondente ministério.

ARTIGO 16.°
Reestruturação, fusão e extinção

1 – Os diplomas que procedam à reestruturação, fusão ou extinção de institutos públicos regularão igualmente os termos da liquidação e o destino do seu pessoal.

2 – Os institutos públicos devem ser extintos:

a) Quando tenha decorrido o prazo pelo qual tenham sido criados;

b) Quando tenham sido alcançados os fins para os quais tenham sido criados, ou se tenha tornado impossível a sua prossecução;

c) Quando se verifique não subsistirem as razões que ditaram a personificação do serviço ou fundo em causa;

d) Quando o Estado tiver de cumprir obrigações assumidas pelos órgãos do instituto para as quais o respectivo património se revele insuficiente.

560 *Sistema Integrado da Avaliação do Desempenho da Administração Pública*

3 – A reestruturação, fusão ou extinção de institutos públicos são objecto de diploma de valor igual ou superior ao da sua criação.

TÍTULO III
Regime comum

CAPÍTULO I
Organização

SECÇÃO I
Órgãos

ARTIGO 17.º
Órgãos necessários

1 – São órgãos necessários dos institutos públicos, sem prejuízo do disposto no artigo 45.º:
a) O conselho directivo;
b) O fiscal único.
2 – Os estatutos podem prever outros órgãos, nomeadamente de natureza consultiva ou de participação dos destinatários da respectiva actividade.

SECÇÃO II
Conselho directivo

ARTIGO 18.º
Função

O conselho directivo é o órgão colegial responsável pela definição da actuação do instituto, bem como pela direcção dos respectivos serviços, em conformidade com a lei e com as orientações governamentais.

ARTIGO 19.º
Composição e nomeação

1 – O conselho directivo é um órgão colegial composto por um presidente e dois a quatro vogais, podendo ter também um vice-presidente em vez de um dos vogais.

2 – O presidente é substituído, nas faltas e impedimentos, pelo vice-presidente, se o houver, ou pelo vogal que ele indicar, e na sua falta pelo vogal mais antigo.

3 – Os membros do conselho directivo são nomeados por despacho conjunto do Primeiro-Ministro e do ministro da tutela, sob proposta deste.

4 – A nomeação é acompanhada da publicação de uma nota sobre o currículo académico e profissional dos nomeados.

5 – Não pode haver nomeação de membros do conselho directivo depois da demissão do Governo ou da convocação de eleições para a Assembleia da República, nem antes da confirmação parlamentar do Governo recém-nomeado.

ARTIGO 20.º
Duração e cessação do mandato

1 – O mandato dos membros do conselho directivo tem a duração de três anos, sendo renovável por iguais períodos.

2 – O mandato do presidente do conselho directivo terá como limite máximo três renovações, não podendo este ser provido no mesmo cargo do respectivo instituto antes de decorridos três anos.

3 – Os membros do conselho directivo podem ser livremente exonerados por quem os nomeou, podendo a exoneração fundar-se em mera conveniência de serviço.

4 – A exoneração dá lugar, sempre que não se fundamente no decurso do prazo, em motivo justificado ou na dissolução do órgão de direcção e quando não se siga imediatamente novo exercício de funções dirigentes do mesmo nível ou superior, ao pagamento de uma indemnização de valor correspondente à remuneração base ou equivalente vincenda até ao termo do mandato, com o limite máximo de 12 meses.

5 – A indemnização eventualmente devida é reduzida ao montante da diferença entre a remuneração base ou equivalente como membro do conselho directivo e a remuneração base do lugar de origem à data da cessação de funções directivas.

562 Sistema Integrado da Avaliação do Desempenho da Administração Pública

6 – Considera-se motivo justificado para efeitos do disposto no n.º 3:
a) A falta grave de observância da lei ou dos estatutos do instituto;
b) A violação grave dos deveres que lhe foram cometidos como membro do conselho directivo.

7 – O apuramento do motivo justificado pressupõe a prévia audiência do membro do conselho sobre as razões invocadas, mas não implica o estabelecimento ou organização de qualquer processo.

8 – O conselho directivo pode ser dissolvido mediante despacho fundamentado dos membros do Governo competentes para a nomeação, por motivo justificado, nomeadamente:
a) O incumprimento das orientações, recomendações ou directivas ministeriais no âmbito do poder de superintendência;
b) O incumprimento dos objectivos definidos no plano de actividades aprovado ou desvio substancial entre o orçamento e a sua execução, salvo por razões não imputáveis ao órgão;
c) A prática de infracções graves ou reiteradas às normas que regem o instituto;
d) A inobservância dos princípios de gestão fixados nesta lei;
e) O incumprimento de obrigações legais que, nos termos da lei, constituam fundamento de destituição dos seus órgãos.

9 – A dissolução implica a cessação do mandato de todos os membros do conselho directivo.

10 – No caso de cessação do mandato, os membros do conselho directivo mantêm-se no exercício das suas funções até à efectiva substituição, mas podem renunciar ao mandato com a antecedência mínima de três meses sobre a data em que se propõem cessar funções.

ARTIGO 21.º
Competência

1 – Compete ao conselho directivo, no âmbito da orientação e gestão do instituto:
a) Dirigir a respectiva actividade;
b) Elaborar os planos anuais e plurianuais de actividades e assegurar a respectiva execução;
c) Acompanhar e avaliar sistematicamente a actividade desenvolvida, designadamente responsabilizando os diferentes serviços pela utilização dos meios postos à sua disposição e pelos resultados atingidos;

Lei n.º 3/2004, de 15 de Janeiro 563

d) Elaborar o relatório de actividades;
e) Elaborar o balanço social, nos termos da lei aplicável;
f) Exercer os poderes de direcção, gestão e disciplina do pessoal;
g) Praticar actos respeitantes ao pessoal previstos na lei e nos estatutos;
h) Aprovar os projectos dos regulamentos previstos nos estatutos e os que sejam necessários ao desempenho das atribuições do instituto;
i) Praticar os demais actos de gestão decorrentes da aplicação dos estatutos e necessários ao bom funcionamento dos serviços;
j) Nomear os representantes do instituto em organismos exteriores;
l) Exercer os poderes que lhe tenham sido delegados;
m) Elaborar pareceres, estudos e informações que lhe sejam solicitados pelo membro do Governo da tutela;
n) Constituir mandatários do instituto, em juízo e fora dele, incluindo com o poder de substabelecer;
o) Designar um secretário a quem caberá certificar os actos e deliberações.

2 – Compete ao conselho directivo, no domínio da gestão financeira e patrimonial:

a) Elaborar o orçamento anual e assegurar a respectiva execução;
b) Arrecadar e gerir as receitas e autorizar as despesas;
c) Elaborar a conta de gerência;
d) Gerir o património;
e) Aceitar doações, heranças ou legados;
f) Assegurar as condições necessárias ao exercício do controlo financeiro e orçamental pelas entidades legalmente competentes;
g) Exercer os demais poderes previstos nos estatutos e que não estejam atribuídos a outro órgão.

3 – Os institutos públicos são representados, designadamente, em juízo ou na prática de actos jurídicos, pelo presidente do conselho directivo, por dois dos seus membros, ou por mandatários especialmente designados.

4 – Sem prejuízo do disposto na alínea n) do n.º 1, o conselho directivo pode sempre optar por solicitar o apoio e a representação em juízo por parte do Ministério Público, ao qual competirá, nesse caso, defender os interesses do instituto.

5 – Os actos administrativos da autoria do conselho directivo são impugnáveis junto dos tribunais administrativos, nos termos das leis do processo administrativo.

ARTIGO 22.º
Funcionamento

1 – O conselho directivo reúne uma vez por semana e extraordinariamente sempre que o presidente o convoque, por sua iniciativa ou a solicitação da maioria dos seus membros.

2 – Nas votações não há abstenções, mas podem ser proferidas declarações de voto.

3 – A acta das reuniões deve ser aprovada e assinada por todos os membros presentes, mas os membros discordantes do teor da acta poderão nela exarar as respectivas declarações de voto.

ARTIGO 23.º
Competência do presidente

1 – Compete, em especial, ao presidente do conselho directivo:

a) Presidir às reuniões, orientar os seus trabalhos e assegurar o cumprimento das respectivas deliberações;

b) Assegurar as relações com os órgãos de tutela e com os demais organismos públicos;

c) Solicitar pareceres ao órgão de fiscalização e ao conselho consultivo, quando exista;

d) Exercer as competências que lhe sejam delegadas pelo conselho directivo.

2 – O presidente pode delegar, ou subdelegar, competências no vice--presidente, quando exista, ou nos vogais.

ARTIGO 24.º
Responsabilidade dos membros

1 – Os membros do conselho directivo são solidariamente responsáveis pelos actos praticados no exercício das suas funções.

2 – São isentos de responsabilidade os membros que, tendo estado presentes na reunião em que foi tomada a deliberação, tiverem manifestado o seu desacordo, em declaração registada na respectiva acta, bem como os membros ausentes que tenham declarado por escrito o seu desacordo, que igualmente será registado na acta.

Lei n.º 3/2004, de 15 de Janeiro

ARTIGO 25.º
Estatuto dos membros

1 – Aos membros do conselho directivo é aplicável o regime definido na presente lei e, subsidiariamente, o fixado no estatuto do pessoal dirigente da Administração Pública.

2 – O estatuto remuneratório dos membros do conselho directivo consta de diploma próprio, o qual pode estabelecer diferenciações entre diferentes tipos de institutos, tendo em conta, nomeadamente, os sectores de actividade e a complexidade da gestão.

SECÇÃO III
Órgão de fiscalização

ARTIGO 26.º
Função

O fiscal único é o órgão responsável pelo controlo da legalidade, da regularidade e da boa gestão financeira e patrimonial do instituto.

ARTIGO 27.º
Designação, mandato e remuneração

1 – O fiscal único é nomeado por despacho conjunto dos Ministros das Finanças e da tutela obrigatoriamente de entre revisores oficiais de contas ou sociedades de revisores oficiais de contas.

2 – O mandato tem a duração de três anos e é renovável uma única vez mediante despacho conjunto dos ministros referidos no número anterior.

3 – No caso de cessação do mandato, o fiscal único mantém-se no exercício de funções até à efectiva substituição ou à declaração ministerial de cessação de funções.

4 – A remuneração do fiscal único é aprovada por despacho conjunto dos Ministros das Finanças e da tutela, publicado no Diário da República.

ARTIGO 28.º
Competências

1 – Compete ao fiscal único:

a) Acompanhar e controlar com regularidade o cumprimento das leis e regulamentos aplicáveis, a execução orçamental, a situação económica, financeira e patrimonial e analisar a contabilidade;

b) Dar parecer sobre o orçamento e suas revisões e alterações, bem como sobre o plano de actividades na perspectiva da sua cobertura orçamental;

c) Dar parecer sobre o relatório de gestão de exercício e contas de gerência, incluindo documentos de certificação legal de contas;

d) Dar parecer sobre a aquisição, arrendamento, alienação e oneração de bens imóveis;

e) Dar parecer sobre a aceitação de doações, heranças ou legados;

f) Dar parecer sobre a contratação de empréstimos, quando o instituto esteja habilitado a fazê-lo;

g) Manter o conselho directivo informado sobre os resultados das verificações e exames a que proceda;

h) Elaborar relatórios da sua acção fiscalizadora, incluindo um relatório anual global;

i) Propor ao ministro da tutela ou ao conselho directivo a realização de auditorias externas, quando isso se revelar necessário ou conveniente;

j) Pronunciar-se sobre os assuntos que lhe sejam submetidos pelo conselho directivo, pelo Tribunal de Contas e pelas entidades que integram o controlo estratégico do sistema de controlo interno da administração financeira do Estado.

2 – O prazo para elaboração dos pareceres referidos no número anterior é de 15 dias a contar da recepção dos documentos a que respeitam.

3 – Para exercício da sua competência, o fiscal único tem direito a:

a) Obter do conselho directivo as informações e os esclarecimentos que repute necessários;

b) Ter livre acesso a todos os serviços e à documentação do instituto, podendo requisitar a presença dos respectivos responsáveis, e solicitar os esclarecimentos que considere necessários;

c) Tomar ou propor as demais providências que considere indispensáveis.

Lei n.º 3/2004, de 15 de Janeiro 567

4 – O fiscal único não pode ter exercido actividades remuneradas no instituto nos últimos três anos antes do início das suas funções e não poderá exercer actividades remuneradas no instituto público fiscalizado durante os três anos que se seguirem ao termo das suas funções.

SECÇÃO IV
Conselho consultivo

ARTIGO 29.º
Função

O conselho consultivo, quando exista, é o órgão de consulta, apoio e participação na definição das linhas gerais de actuação do instituto e nas tomadas de decisão do conselho directivo.

ARTIGO 30.º
Composição

1 – O conselho consultivo é composto nomeadamente por representantes das entidades ou organizações representativas dos interessados na actividade do instituto, por representantes de outros organismos públicos, bem como por técnicos e especialistas independentes, nos termos previstos nos estatutos.

2 – O conselho consultivo pode incluir representantes respectivamente dos beneficiários e dos utentes das actividades ou serviços em causa, cabendo ao ministro de tutela definir as modalidades dessa representação.

3 – O presidente do conselho consultivo é indicado nos estatutos, designado nos termos neles previstos, ou nomeado por despacho do ministro da tutela.

4 – O exercício dos cargos do conselho consultivo não é remunerado, sem prejuízo do pagamento de ajudas de custo, quando a tal houver lugar.

568 *Sistema Integrado da Avaliação do Desempenho da Administração Pública*

ARTIGO 31.º
Competência

1 – Compete ao conselho consultivo dar parecer sobre:
a) Os planos anuais e plurianuais de actividades e o relatório de actividades;
b) Os regulamentos internos do instituto.

2 – Compete ainda ao conselho consultivo pronunciar-se sobre as questões que lhe sejam submetidas pelo conselho directivo ou pelo respectivo presidente.

3 – O conselho consultivo pode receber reclamações ou queixas do público sobre a organização e funcionamento em geral do instituto e apresentar ao conselho directivo sugestões ou propostas destinadas a fomentar ou aperfeiçoar as actividades do instituto.

ARTIGO 32.º
Funcionamento

1 – O conselho consultivo reúne ordinariamente pelo menos duas vezes por ano e extraordinariamente sempre que convocado pelo seu presidente, por sua iniciativa, ou por solicitação do conselho directivo, ou a pedido de um terço dos seus membros.

2 – Podem participar nas reuniões, sem direito a voto, por convocação do respectivo presidente, mediante proposta do conselho directivo, quaisquer pessoas ou entidades cuja presença seja considerada necessária para esclarecimento dos assuntos em apreciação.

3 – O conselho consultivo pode funcionar por secções.

CAPÍTULO II
Serviços e pessoal

ARTIGO 33.º
Serviços

1 – Os institutos públicos dispõem dos serviços indispensáveis à efectivação das suas atribuições, sendo a respectiva organização e funcionamento fixados em regulamento interno.

Lei n.º 3/2004, de 15 de Janeiro 569

2 – A organização interna adoptada deve possuir uma estrutura pouco hierarquizada e flexível, privilegiando as estruturas matriciais.

3 – Os institutos públicos deverão recorrer à contratação de serviços externos para o desenvolvimento das actividades a seu cargo, sempre que tal método assegure um controlo mais eficiente dos custos e da qualidade do serviço prestado.

ARTIGO 34.º
Pessoal

1 – Os institutos públicos podem adoptar o regime do contrato individual de trabalho em relação à totalidade ou parte do respectivo pessoal, sem prejuízo de, quando tal se justificar, adoptarem o regime jurídico da função pública.

2 – O pessoal dos institutos públicos estabelece uma relação jurídica de emprego com o respectivo instituto.

3 – O recrutamento do pessoal deve, em qualquer caso, observar os seguintes princípios:

a) Publicitação da oferta de emprego pelos meios mais adequados;

b) Igualdade de condições e de oportunidades dos candidatos;

c) Fundamentação da decisão tomada.

4 – Nos termos do artigo 269.º da Constituição, a adopção do regime da relação individual de trabalho não dispensa os requisitos e limitações decorrentes da prossecução do interesse público, nomeadamente respeitantes a acumulações e incompatibilidades legalmente estabelecidas para os funcionários e agentes administrativos.

5 – Os institutos públicos dispõem de mapas de pessoal aprovados por despacho conjunto dos Ministros das Finanças e da tutela, publicado no Diário da República, dos quais constarão os postos de trabalho com as respectivas especificações e níveis de vencimentos, sendo nula a relação de trabalho ou de emprego público estabelecida com violação dos limites neles impostos.

6 – Os órgãos de direcção do instituto devem propor os ajustamentos nos mapas de pessoal necessários para que o mesmo esteja sempre em condições de cumprir as suas obrigações com o pessoal, face aos recursos disponíveis e às atribuições cuja prossecução lhe cabe assegurar.

CAPÍTULO III
Gestão económico-financeira e patrimonial

ARTIGO 35.º
Regime orçamental e financeiro

1 – Os institutos públicos encontram-se sujeitos ao regime orçamental e financeiro dos serviços e fundos autónomos, à excepção dos institutos públicos desprovidos de autonomia financeira, aos quais são aplicáveis as normas financeiras dos serviços com autonomia administrativa, sem prejuízo das especificidades constantes da presente lei.

2 – Anualmente será fixada, no decreto de execução orçamental, a lista de organismos em que o regime de autonomia administrativa e financeira, ou de mera autonomia administrativa, deva sofrer alteração.

ARTIGO 36.º
Património

1 – O património próprio dos institutos públicos que disponham de autonomia patrimonial é constituído pelos bens, direitos e obrigações de conteúdo económico, submetidos ao comércio jurídico privado, transferidos pelo Estado ao instituto quando da sua criação, ou que mais tarde sejam adquiridos pelos seus órgãos, e ainda pelo direito ao uso e fruição dos bens do património do Estado que lhes sejam afectos.

2 – Os institutos públicos podem adquirir bens do património do Estado que por portaria do Ministro das Finanças lhes sejam cedidos para fins de interesse público.

3 – Podem ser afectos, por despacho do Ministro das Finanças, à administração dos institutos públicos os bens do domínio público consignados a fins de interesse público que se enquadrem nas respectivas atribuições e ainda os bens do património do Estado que devam ser sujeitos aos seu uso e fruição, podendo essa afectação cessar a qualquer momento por despacho do membro do Governo.

4 – Os bens dos institutos públicos que se revelarem desnecessários ou inadequados ao cumprimento das suas atribuições são incorporados no património do Estado, salvo quando devam ser alienados, sendo essa

Lei n.º 3/2004, de 15 de Janeiro 571

incorporação determinada por despacho conjunto dos Ministros das Finanças e da tutela.

5 – Os institutos públicos elaboram e mantêm actualizados, anualmente, com referência a 31 de Dezembro, o inventário de bens e direitos, tanto os próprios como os do Estado que lhes estejam afectos, e prepararão o balanço.

6 – Pelas obrigações do instituto responde apenas o seu património, mas os credores, uma vez executada a integralidade do património do mesmo ou extinto o instituto público, poderão demandar o Estado para satisfação dos seus créditos.

7 – Em caso de extinção, o património dos institutos públicos e os bens dominiais sujeitos à sua administração revertem para o Estado, salvo quando se tratar de fusão ou reestruturação, caso em que o património e os bens dominiais podem reverter para o novo instituto ou ser-lhe afectos, desde que tal possibilidade esteja expressamente prevista no diploma legal que proceder à fusão ou reestruturação.

ARTIGO 37.º
Receitas

1 – Os institutos públicos dispõem dos tipos de receitas previstos na legislação aplicável aos serviços e fundos autónomos e, se for caso disso, na legislação da segurança social, com excepção daqueles que apenas possuam autonomia administrativa.

2 – Em casos devidamente fundamentados, e mediante portaria conjunta dos Ministros das Finanças e da tutela, podem ser atribuídas receitas consignadas aos institutos públicos que não disponham de autonomia financeira.

3 – Os institutos públicos não podem recorrer ao crédito, salvo em circunstâncias excepcionais expressamente previstas na lei de enquadramento orçamental.

ARTIGO 38.º
Despesas

1 – Constituem despesas dos institutos públicos as que resultem de encargos decorrentes da prossecução das respectivas atribuições.

572 *Sistema Integrado da Avaliação do Desempenho da Administração Pública*

2 – Em matéria de autorização de despesas, o conselho directivo tem a competência atribuída na lei aos titulares dos órgãos máximos dos organismos dotados de autonomia administrativa e financeira, ainda que o instituto público apenas possua autonomia administrativa, bem como a que lhe for delegada pelo ministro da tutela.

3 – Considera-se delegada nos conselhos directivos dos institutos públicos dotados de autonomia financeira a competência para autorização de despesas que, nos termos da lei, só possam ser autorizadas pelo ministro, sem prejuízo de este poder, a qualquer momento, revogar ou limitar tal delegação de poderes.

ARTIGO 39.º
Contabilidade, contas e tesouraria

1 – Os institutos públicos aplicam o Plano Oficial de Contabilidade Pública, devendo essa aplicação ser complementada por uma contabilidade analítica, com vista ao apuramento de resultados por actividades.

2 – A prestação de contas rege-se, fundamentalmente, pelo disposto nos seguintes instrumentos legais e regulamentares:

a) Lei de enquadramento orçamental;

b) Regime de administração financeira do Estado;

c) Lei de Organização e Processo do Tribunal de Contas;

d) Instruções emanadas pelo Tribunal de Contas;

e) Diplomas anuais de execução orçamental.

3 – É aplicável aos institutos públicos o regime da Tesouraria do Estado e, em particular, o princípio e as regras da unidade de tesouraria.

4 – O instituto prepara um balanço anual do seu património, devendo figurar em anotação ao balanço a lista dos bens dominiais sujeitos à sua administração.

5 – Sempre que o instituto detenha participações em outras pessoas colectivas deve anexar as contas dessas participadas e apresentar contas consolidadas com as entidades por si controladas directa ou indirectamente.

ARTIGO 40.º
Sistema de indicadores de desempenho

1 – Os institutos públicos devem utilizar um sistema coerente de indicadores de desempenho, o qual deverá reflectir o conjunto das actividades prosseguidas e dos resultados obtidos.

2 – O sistema deve englobar indicadores de economia, eficiência, eficácia e também de qualidade, caso prestem serviços directamente ao público.

3 – Compete aos órgãos de controlo sectorial respectivos aferir a qualidade desses sistemas, bem como avaliar, anualmente, os resultados obtidos pelos institutos públicos em função dos meios disponíveis, cujas conclusões são reportadas ao ministro da tutela.

CAPÍTULO IV
Tutela, superintendência e responsabilidade

ARTIGO 41.º
Tutela

1 – Os institutos públicos encontram-se sujeitos a tutela governamental.

2 – Carecem de aprovação do ministro da tutela:

a) O plano de actividades, o orçamento, o relatório de actividades e as contas;

b) Os demais actos previstos na lei e nos estatutos.

3 – Carecem de autorização prévia do ministro da tutela:

a) A aceitação de doações, heranças ou legados;

b) A criação de delegações territorialmente desconcentradas;

c) Outros actos previstos na lei ou nos estatutos.

4 – Carecem de aprovação dos Ministros das Finanças e da tutela:

a) Os regulamentos internos;

b) Os mapas de pessoal;

c) Outros actos previstos na lei ou nos estatutos.

5 – Carecem de autorização prévia dos Ministros das Finanças e da tutela:

a) A negociação de acordos e convenções colectivas de trabalho;

574 *Sistema Integrado da Avaliação do Desempenho da Administração Pública*

b) A criação de entes de direito privado, a participação na sua criação, a aquisição de participações em tais entidades, quando esteja previsto na lei ou nos estatutos e se mostrar imprescindível para a prossecução das respectivas atribuições;
c) Outros actos previstos na lei ou nos estatutos.

6 – A lei ou os estatutos podem fazer depender certos actos de autorização ou aprovação de outros órgãos, diferentes dos indicados.

7 – A falta de autorização prévia ou de aprovação determina a ineficácia jurídica dos actos sujeitos a aprovação.

8 – No domínio disciplinar, compete ao ministro da tutela:
a) Exercer acção disciplinar sobre os membros dos órgãos dirigentes;
b) Ordenar inquéritos ou sindicâncias aos serviços do instituto.

9 – O ministro da tutela goza de tutela substitutiva na prática de actos legalmente devidos, em caso de inércia grave do órgão responsável.

ARTIGO 42.º
Superintendência

1 – O ministro da tutela pode dirigir orientações, emitir directivas ou solicitar informações aos órgãos dirigentes dos institutos públicos sobre os objectivos a atingir na gestão do instituto e sobre as prioridades a adoptar na respectiva prossecução.

2 – Além da superintendência do ministro da tutela, os institutos públicos devem observar as orientações governamentais estabelecidas pelo Ministro das Finanças e pelo membro do Governo responsável pela Administração Pública, respectivamente em matéria de finanças e pessoal.

3 – Compete ao ministro da tutela proceder ao controlo do desempenho dos institutos públicos, em especial quanto ao cumprimento dos fins e dos objectivos estabelecidos e quanto à utilização dos recursos pessoais e materiais postos à sua disposição.

ARTIGO 43.º
Responsabilidade

1 – Os titulares dos órgãos dos institutos públicos e os seus funcionários, agentes e trabalhadores respondem civil, criminal, disci-

Lei n.º 3/2004, de 15 de Janeiro

plinar e financeiramente pelos actos e omissões que pratiquem no exercício das suas funções, nos termos da Constituição e demais legislação aplicável.

2 – A responsabilidade financeira é efectivada pelo Tribunal de Contas, nos termos da respectiva legislação.

ARTIGO 44.º
Página electrónica

Os institutos públicos devem disponibilizar uma página electrónica, com todos os dados relevantes, nomeadamente:

a) Os diplomas legislativos que os regulam, os estatutos e regulamentos internos;

b) A composição dos corpos gerentes, incluindo os elementos biográficos mencionados no n.º 4 do artigo 19.º;

c) Os planos de actividades e os relatórios de actividades dos últimos três anos;

d) Os orçamentos e as contas dos últimos três anos, incluindo os respectivos balanços;

e) O mapa de pessoal.

TÍTULO IV
Regimes especiais

ARTIGO 45.º
Institutos com organização simplificada

1 – Os institutos cuja menor complexidade justifique uma organização simplificada têm como único órgão de direcção um director, eventualmente um subdirector, e um conselho administrativo.

2 – O director e o conselho administrativo dispõem dos poderes definidos no regime geral de administração dos fundos e serviços autónomos e dos que estiverem definidos na lei orgânica e nos estatutos.

ARTIGO 46.º
Regime jurídico da função pública

1 – Nos casos em que a especificidade do organismo ou dos postos de trabalho o justifiquem, o diploma instituidor dos institutos públicos pode adoptar em relação à totalidade ou parte do respectivo pessoal o regime da função pública.

2 – No caso de o regime da função pública ser adoptado como regime transitório, o mesmo apenas poderá ser aplicado ao pessoal que se encontrava em funções nesse regime à data dessa adopção.

ARTIGO 47.º
Institutos de gestão participada

Nos institutos públicos em que, por determinação constitucional ou legislativa, deva haver participação de terceiros na sua gestão, a respectiva organização pode contemplar as especificidades necessárias para esse efeito, nomeadamente no que respeita à composição do órgão directivo.

ARTIGO 48.º
Institutos de regime especial

1 – Gozam de regime especial, com derrogação do regime comum na estrita medida necessária à sua especificidade, os seguintes tipos de institutos públicos:

a) As universidades e escolas de ensino superior politécnico;

b) As instituições públicas de solidariedade e segurança social;

c) Os estabelecimentos do Serviço Nacional de Saúde;

d) As regiões de turismo;

e) O Banco de Portugal e os fundos que funcionam junto dele;

f) As entidades administrativas independentes.

2 – Cada uma destas categorias de institutos públicos pode ser regulada por uma lei específica.

3 – Goza ainda de regime especial, com derrogação do regime comum na estrita medida necessária à sua especificidade, o Instituto de Gestão do Crédito Público.

TÍTULO V
Disposições finais e transitórias

ARTIGO 49.º
Base de dados sobre os institutos públicos

1 – Junto da Direcção-Geral da Administração Pública é organizada uma base de dados informatizada sobre os institutos públicos, a qual contém para cada um deles, entre outros, os seguintes elementos: designação, diploma ou diplomas reguladores, data de criação e de eventual reestruturação e composição dos corpos gerentes.

2 – A base de dados referida no número anterior é disponibilizada em linha na página electrónica da Direcção-Geral da Administração Pública, incluindo conexões para a página electrónica de cada instituto referida no artigo 44.º

ARTIGO 50.º
Revisão dos institutos públicos existentes

1 – A presente lei aplica-se apenas para o futuro, com excepção do disposto nos artigos 20.º, 24.º, 41.º, 42.º, 43.º, 44.º, 46.º, n.º 2, e 52.º a 54.º, que se aplicam a partir da data da sua entrada em vigor.

2 – Todos os institutos existentes à data da entrada em vigor da presente lei serão objecto de uma análise à luz dos requisitos nela estabelecidos, para efeitos de eventual reestruturação, fusão ou extinção.

3 – Para efeitos do disposto no número anterior será incumbida uma comissão, que funcionará na dependência do Ministro das Finanças e do membro do Governo que tiver a seu cargo a Administração Pública, constituída do seguinte modo:

a) Dois representantes do Ministro das Finanças e do membro do Governo que tiver a seu cargo a Administração Pública, para as áreas orçamental e financeira e de administração pública;

b) Um representante de cada um dos ministros, com participação limitada à análise dos institutos públicos sob sua tutela.

4 – Cada um dos institutos públicos existentes apresentará à referida comissão um relatório sobre a sua justificação, bem como sobre as alterações a introduzir para o conformar com o regime previsto na presente lei.

578 *Sistema Integrado da Avaliação do Desempenho da Administração Pública*

5 – No prazo que lhe for determinado a comissão apresentará ao Ministro das Finanças e aos demais membros do Governo referidos no n.º 3 um relatório e uma proposta relativa a cada um dos institutos públicos existentes.

ARTIGO 51.º
Uso da designação «Instituto, IP» ou «Fundação, IP»

1 – No âmbito da administração central os institutos públicos, abrangidos pela presente lei, utilizam a designação «Instituto, IP» ou «Fundação, IP».

2 – A designação «Fundação, IP» só pode ser usada quando se trate de institutos públicos com finalidades de interesse social e dotados de um património cujos rendimentos constituam parte considerável das suas receitas.

ARTIGO 52.º
Estabelecimentos

1 – No caso de o instituto dispor de um ou mais estabelecimentos deverá o seu órgão de direcção especificar, em aviso publicado na 2.ª série do Diário da República, qual o pessoal que se encontra afecto ao estabelecimento e qual o regime jurídico em que o mesmo presta funções.

2 – Pode o órgão de direcção do instituto, mediante prévia autorização dos Ministros das Finanças e da tutela, que desafecte o estabelecimento da prestação de serviço público, transmitir, ou ceder temporariamente a terceiros, a exploração de estabelecimentos que integrem o seu património.

3 – A transmissão ou cessão de exploração será titulada por contrato escrito, em que ficarão consignados todos os direitos e obrigações assumidos quanto à exploração do estabelecimento, devendo a escolha do adquirente ou cessionário ficar sujeita às mesmas formalidades que regulam a realização de despesas públicas de valor equivalente ao da receita obtida.

4 – No caso de transmissão ou cessão de exploração do estabelecimento serão transferidos para o adquirente, salvo acordo em contrário entre transmitente e adquirente, a posição jurídica de entidade patronal e

os direitos e obrigações do instituto relativos ao pessoal afecto ao estabelecimento, em regime de direito público ou privado, sem alteração do respectivo conteúdo e natureza.

ARTIGO 53.º
Concessões

1 – Os órgãos de direcção do instituto podem, mediante prévia autorização do ministro da tutela, conceder a entidades privadas, por prazo determinado e mediante uma contrapartida ou uma renda periódica, a prossecução por conta e risco próprio de algumas das suas atribuições, e nelas delegar os poderes necessários para o efeito.

2 – Os termos e condições da concessão constarão de contrato administrativo, publicado no Diário da República, sendo a escolha do concessionário precedida das mesmas formalidades que regulam o estabelecimento de parcerias público-privadas na Administração Pública.

3 – No caso de a concessão ser acompanhada pela cessão da exploração de estabelecimento do instituto aplicar-se-ão as correspondentes disposições.

ARTIGO 54.º
Delegações de serviço público

1 – Os órgãos de direcção do instituto podem, mediante prévia autorização do ministro da tutela, delegar em entidades privadas, por prazo determinado, e com ou sem remuneração, a prossecução de algumas das suas atribuições e os poderes necessários para o efeito, assumindo o delegado a obrigação de prosseguir essas atribuições ou colaborar na sua prossecução sob orientação do instituto.

2 – Os termos e condições de delegação de serviço público constarão de contrato administrativo publicado no Diário da República, sendo a escolha do delegado precedido das mesmas formalidades que regulam o estabelecimento de parcerias público-privadas na Administração Pública.

3 – No caso de a delegação ser acompanhada pela cessão de exploração de estabelecimento do instituto, aplicar-se-ão as correspondentes disposições.

ARTIGO 55.º
Entrada em vigor

A presente lei entra em vigor no dia 1 do mês seguinte ao da sua publicação.

LEI N.º 4/2004, DE 15 DE JANEIRO, NA REDACÇÃO DADA PELA LEI N.º 51/2005, DE 30 DE AGOSTO ORGANIZAÇÃO DA ADMINISTRAÇÃO DIRECTA DO ESTADO

Lei n.° 4/2004, de 15 de Janeiro

Estabelece os princípios e normas a que deve obedecer a organização da administração directa do Estado

A Assembleia da República decreta, nos termos da alínea c) do artigo 161.° da Constituição, para valer como lei geral da República, o seguinte:

CAPÍTULO I
Princípios gerais

ARTIGO 1.°
Objecto

A presente lei estabelece os princípios e normas a que obedece a organização da administração directa do Estado.

ARTIGO 2.°
Âmbito

1 – Integram a administração directa do Estado os serviços centrais e periféricos que, pela natureza das suas competências e funções, devam estar sujeitos ao poder de direcção do respectivo membro do Governo.

2 – Incluem-se no disposto no número anterior os serviços de cujas atribuições decorra, designadamente, o exercício de poderes de soberania,

584 *Sistema Integrado da Avaliação do Desempenho da Administração Pública*

autoridade e representação política do Estado ou o estudo e concepção, coordenação, apoio e controlo ou fiscalização de outros serviços administrativos.

3 – A aplicação da presente lei às Forças Armadas, às forças militarizadas e aos serviços do Sistema de Informações da República Portuguesa faz-se sem prejuízo das necessárias adaptações constantes das respectivas leis orgânicas.

ARTIGO 3.º
Princípios

1 – A organização, a estrutura e o funcionamento da Administração Pública devem orientar-se pelos princípios da unidade e eficácia da acção da Administração Pública, da aproximação dos serviços às populações, da desburocratização, da racionalização de meios, da eficiência na afectação de recursos públicos, na melhoria quantitativa e qualitativa do serviço prestado e da garantia de participação dos cidadãos, bem como pelos demais princípios constitucionais da actividade administrativa acolhidos pelo Código do Procedimento Administrativo.

2 – O princípio da unidade e eficácia da acção da Administração Pública consubstancia-se no exercício de poderes hierárquicos, nomeadamente os poderes de direcção, substituição e revogação e nas inerentes garantias dos destinatários dos actos praticados no âmbito destes poderes.

3 – Em obediência ao princípio da aproximação dos serviços às populações, as funções de cada serviço devem ser exercidas no nível territorial mais próximo possível dos respectivos destinatários.

4 – A desburocratização deve traduzir-se numa clara definição de atribuições, competências e funções, numa simplificação das estruturas orgânicas existentes e na redução dos níveis hierárquicos de decisão.

5 – Em cumprimento do princípio da racionalização, devem ser prosseguidas a economia de meios e a eficácia da actuação administrativa, evitando-se a criação de novos serviços e a dispersão de funções ou competências por pequenas unidades orgânicas.

6 – Tendo em vista o acréscimo da eficiência na afectação de recursos públicos e a melhoria quantitativa e qualitativa do serviço prestado

ao cidadão pode, desde que no respeito pela Constituição e em termos e condições a fixar em diploma próprio, ser objecto de delegação ou concessão a entidades privadas, por prazo determinado, a prossecução de algumas das funções de serviços da administração directa do Estado.

7 – No respeito pelo princípio da participação dos administrados, a administração directa do Estado deve assegurar a interacção e a complementaridade da sua actuação com os respectivos destinatários, bem como com entidades representativas dos interesses económicos e sociais.

8 – Norteados pela prossecução do interesse público, os órgãos e serviços da administração directa do Estado devem observar ainda os princípios gerais referidos nos números anteriores mediante o incremento, na sua actuação:

  a) Da prestação de serviços orientados para os cidadãos;

  b) Da imparcialidade na actividade administrativa;

  c) Da responsabilização a todos os níveis pela gestão pública;

  d) Da racionalidade e celeridade nos procedimentos administrativos;

  e) Da eficácia na prossecução dos objectivos fixados e controlo de resultados obtidos;

  f) Da eficiência na utilização dos recursos públicos;

  g) Da permanente abertura e adequação às potencialidades das tecnologias da informação e comunicações;

  h) Do recurso a modelos flexíveis de funcionamento em função dos objectivos, recursos e tecnologias disponíveis.

CAPÍTULO II
Ministérios

ARTIGO 4.º
Ministérios

A lei orgânica de cada ministério define as respectivas atribuições, bem como a estrutura orgânica necessária ao seu funcionamento, distinguindo os serviços e organismos que pertencem à administração directa dos da administração indirecta.

ARTIGO 5.º
Princípios de organização

Na organização de cada ministério devem respeitar-se os seguintes princípios:

a) Adequar a estrutura à missão, garantindo a justa proporção entre a estrutura operativa e a estrutura de apoio;

b) Assegurar um equilíbrio adequado entre serviços centrais e periféricos, visando a prestação de um serviço de qualidade;

c) Agregar as funções homogéneas do ministério por serviços preferencialmente de média ou grande dimensão, com competências bem definidas, de acordo com o princípio da segregação de funções, com vista à responsabilidade pelos resultados;

d) Assegurar a existência de circuitos de informação e comunicação simples e coerentes, tendencialmente agregando num mesmo sistema centralizado a informação de utilização comum, tanto no seio de cada ministério como no âmbito da prossecução de finalidades interministeriais;

e) Garantir que o desempenho das funções comuns, previstas no artigo seguinte, seja atribuído a serviços já existentes em cada ministério, não determinando a criação de novos serviços;

f) Reduzir o número de níveis hierárquicos de decisão ao mínimo indispensável à adequada prossecução dos objectivos do serviço;

g) Privilegiar, face à emergência de novas atribuições, a reestruturação dos serviços existentes em prejuízo da criação de novos.

ARTIGO 6.º
Funções comuns

1 – São funções comuns dos ministérios, designadamente:

a) Elaboração e acompanhamento da execução do orçamento de funcionamento;

b) Planeamento do investimento público e correspondente elaboração e execução do seu orçamento;

c) Gestão de recursos humanos, organizacionais e modernização administrativa;

Lei n.º 4/2004, de 15 de Janeiro 587

d) Acompanhamento técnico da participação portuguesa nas instituições europeias e nas políticas comunitárias;
e) Relações internacionais no âmbito das suas atribuições.

2 – Às funções comuns dos ministérios correspondem funções a exercer por um ou mais serviços da administração directa do Estado dentro do mesmo ministério, devendo as referidas nas alíneas a), b) e c) do número anterior ser tendencialmente asseguradas pelas respectivas secretarias-gerais.

ARTIGO 7.º
Órgãos consultivos

1 – Os órgãos consultivos apoiam a formulação e acompanhamento de políticas públicas da responsabilidade do Governo, através da cooperação entre a Administração Pública, individualidades de reconhecido mérito e representantes dos interesses económicos e sociais.

2 – Os órgãos consultivos apreciam e emitem pareceres sobre as matérias que lhes forem submetidas pelos membros do Governo.

3 – Os órgãos consultivos são centrais e funcionam na dependência directa do membro do Governo junto do qual são criados, competindo a serviços do respectivo ministério o apoio logístico, administrativo e financeiro necessário ao seu funcionamento.

4 – Os órgãos consultivos são criados por decreto regulamentar que definirá as regras necessárias ao seu funcionamento.

CAPÍTULO III
Modelos de funcionamento

ARTIGO 8.º
Partilha de actividades comuns

1 – Deve ser promovida a partilha de actividades comuns entre os serviços integrantes de um mesmo ministério ou de vários ministérios para optimização dos recursos.

2 – A partilha de actividades comuns não prejudica as competências próprias ou delegadas dos respectivos dirigentes máximos, podendo o seu

588 *Sistema Integrado da Avaliação do Desempenho da Administração Pública*

funcionamento ser enquadrado por protocolos que estabelecerão as regras necessárias à clara actuação de cada uma das partes.

3 – Este modelo de funcionamento abrange especialmente actividades de natureza administrativa e logística, designadamente:

a) Negociação e aquisições de bens e serviços;

b) Sistemas de informação e comunicação;

c) Gestão de edifícios;

d) Serviços de segurança e de limpeza;

e) Gestão da frota automóvel;

f) Processamento de vencimentos e contabilidade.

4 – Num mesmo ministério podem ser propostos outros modelos de funcionamento que consubstanciem os princípios de partilha de serviços.

5 – Para efeito dos números anteriores pode ser concretizada a requisição ou transferência do pessoal anteriormente afecto à execução dessas actividades para o serviço prestador, sem prejuízo da manutenção de uma estrutura mínima que permita e facilite o diálogo com este serviço.

6 – Nos casos em que se verifique o recurso à transferência de funcionários, os respectivos lugares são aditados ao quadro de destino, se necessário, com a inerente extinção no quadro de origem.

ARTIGO 9.º
Funcionamento em rede

1 – O modelo de funcionamento em rede deve ser adoptado quando estejam em causa funções do Estado cuja completa e eficiente prossecução dependa de mais de um serviço ou organismo, independentemente do seu carácter intra ou interministerial.

2 – Este modelo de funcionamento determina, em todos os casos, a integração ou disponibilização da informação de utilização comum ou pertinente em formato electrónico.

3 – O funcionamento em rede deve ser considerado quando da fixação da estrutura interna dos serviços envolvidos.

Lei n.° 4/2004, de 15 de Janeiro 589

ARTIGO 10.°
Sistemas de informação

1 – A administração directa do Estado deve integrar um sistema de informação interna que permita:

a) A circulação da informação entre organismos por via electrónica, reduzindo tanto quanto possível o peso da informação em papel;

b) O fornecimento das informações necessárias à boa gestão dos recursos humanos, orçamentais e materiais;

c) A coordenação, o controlo e avaliação pelos organismos competentes da gestão dos recursos humanos, orçamentais e materiais.

2 – A administração directa do Estado deve potenciar a utilização dos instrumentos do governo electrónico na prestação de serviços directos aos cidadãos, comunidades e empresas, que permita:

a) Fornecer todos os dados e informações relevantes;

b) Facilitar o tratamento integrado das relações entre cidadão e Estado;

c) Melhorar a eficiência e a eficácia de contratação pública de empreitadas, bens e serviços;

d) Contribuir para melhorar o aproveitamento das oportunidades de desenvolvimento económico.

CAPÍTULO IV
Serviços da administração directa do Estado

SECÇÃO I
Regras gerais

ARTIGO 11.°
Tipologia dos serviços

1 – Para efeitos da presente lei, entende-se por missão a expressão sucinta das funções fundamentais e determinantes de cada serviço e objectivos essenciais a garantir.

590 *Sistema Integrado da Avaliação do Desempenho da Administração Pública*

2 – Os serviços da administração directa do Estado são definidos, de acordo com a sua função dominante, em:

a) Serviços executivos;

b) Serviços de controlo, auditoria e fiscalização;

c) Serviços de coordenação.

3 – A qualificação dos serviços pela sua função dominante não prejudica a atribuição de outras funções de diferente natureza, desde que associados ou complementares da sua função dominante.

4 – Os serviços da administração directa do Estado podem ser centrais ou periféricos, sendo que:

a) São serviços centrais os que exercem competência extensiva a todo o território nacional, independentemente de possuírem, ou não, unidades orgânicas geograficamente desconcentradas;

b) São serviços periféricos os que dispõem de competência limitada a uma área territorial restrita, funcionando sob a direcção do membro do Governo competente.

5 – Os serviços periféricos externos exercem os seus poderes fora do território nacional, podendo a sua estrutura interna ser definida de acordo com as suas especificidades, sem prejuízo dos princípios gerais contidos na presente lei.

ARTIGO 12.º
Regime financeiro

Os serviços da administração directa do Estado dispõem, em regra, de autonomia administrativa para actos de gestão corrente.

SECÇÃO II
Serviços executivos

ARTIGO 13.º
Objectivos

Os serviços executivos da administração directa do Estado garantem a prossecução das políticas públicas da responsabilidade de cada ministério, prestando serviços no âmbito das suas atribuições ou exercendo funções de apoio técnico aos respectivos membros do Governo, nos seguintes domínios:

a) Concretização das políticas públicas definidas pelo Governo;
b) Estudos e concepção ou planeamento;
c) Gestão de recursos organizacionais;
d) Relações com a União Europeia;
e) Relações internacionais.

ARTIGO 14.º
Tipos funcionais

1 – Os serviços executivos de políticas públicas designam-se direcções-gerais ou direcções regionais, quando periféricos.

2 – Os serviços cuja missão dominante consiste no desenvolvimento de actividades de apoio técnico nos domínios previstos no artigo anterior são centrais e designam-se gabinetes ou secretarias-gerais.

SECÇÃO III
Serviços de controlo, auditoria e fiscalização

ARTIGO 15.º
Objectivos

Os serviços de controlo, auditoria e fiscalização exercem funções permanentes de acompanhamento e de avaliação da execução de políticas públicas, podendo integrar funções inspectivas ou de auditoria.

ARTIGO 16.º
Tipos funcionais

Quando a função dominante seja a inspectiva, os serviços de controlo, auditoria e fiscalização designam-se inspecções-gerais ou inspecções regionais, quando se trate, respectivamente, de serviços centrais ou periféricos.

592 *Sistema Integrado da Avaliação do Desempenho da Administração Pública*

SECÇÃO IV
Serviços de coordenação

ARTIGO 17.º
Objectivos

1 – Os serviços de coordenação promovem a articulação em domínios onde esta necessidade seja permanente.

2 – Para efeito do disposto no número anterior, os serviços de coordenação:

a) Harmonizam a formulação e execução de políticas públicas da responsabilidade do Governo;

b) Asseguram a utilização racional, conjugada e eficiente, de recursos na Administração Pública;

c) Emitem pareceres sobre as matérias que, no âmbito da sua acção coordenadora, lhes forem submetidas pelos membros do Governo.

ARTIGO 18.º
Dependência hierárquica

1 – Os serviços de coordenação podem ser intra ou interministeriais, devendo o diploma que os cria especificar qual o membro do Governo de que directamente dependem, no caso de terem natureza interministerial.

2 – O diploma que cria o serviço deve especificar o nível de direcção a que corresponde o estatuto do respectivo coordenador.

ARTIGO 19.º
Apoio aos serviços de coordenação

Os serviços de coordenação são centrais, sendo determinado, por despacho do membro do Governo de que dependem, quais os serviços que asseguram o apoio logístico, administrativo e financeiro necessários ao seu funcionamento.

Lei n.º 4/2004, de 15 de Janeiro 593

CAPÍTULO V
Organização interna dos serviços

ARTIGO 20.º
Tipos de organização interna

1 – A organização interna dos serviços executivos e de controlo e fiscalização deve ser adequada às respectivas atribuições, obedecendo aos seguintes modelos:
   a) Estrutura hierarquizada;
   b) Estrutura matricial.

2 – Sempre que seja adoptado um modelo estrutural misto, o diploma de criação do serviço distinguirá as áreas de actividade por cada modelo adoptado.

3 – Quando seja exclusivamente adoptada a estrutura hierarquizada, e desde que se justifique, com vista a aumentar a flexibilidade e eficácia na gestão, podem ser criadas, por despacho do respectivo dirigente máximo, equipas de projecto temporárias e com objectivos especificados.

ARTIGO 21.º
Estrutura hierarquizada

1 – A estrutura interna hierarquizada é constituída por unidades orgânicas nucleares e flexíveis.

2 – A estrutura nuclear do serviço é composta pelas direcções de serviços, correspondendo a uma departamentalização fixa.

3 – A estrutura flexível é composta pelas divisões.

4 – A estrutura nuclear dos serviços, bem como a definição das atribuições e competências das respectivas unidades orgânicas, são aprovadas por portaria conjunta do membro do Governo competente, do Ministro das Finanças e do membro do Governo que tiver a seu cargo a Administração Pública.

5 – As unidades orgânicas flexíveis são criadas, alteradas ou extintas por despacho do dirigente máximo do serviço, que definirá as respectivas atribuições e competências, bem como a afectação ou reafectação do pessoal do respectivo quadro, no âmbito do limite máximo previamente fixado em portaria do membro do Governo competente.

594 *Sistema Integrado da Avaliação do Desempenho da Administração Pública*

6 – A criação, alteração ou extinção de unidades orgânicas no âmbito da estrutura flexível visa assegurar a permanente adequação do serviço às necessidades de funcionamento e de optimização dos recursos, tendo em conta uma programação e controlo criteriosos dos custos e resultados.

7 – Os despachos referidos no n.º 5 são publicados no Diário da República.

8 – Quando estejam em causa funções de carácter predominantemente administrativo, no âmbito das direcções de serviços ou das divisões, podem ser criadas secções.

9 – A organização por especialidade não deve prejudicar a mobilidade funcional dos dirigentes e do restante pessoal.

ARTIGO 22.º
Estrutura matricial

1 – A estrutura matricial é adoptada sempre que as áreas operativas do serviço possam desenvolver-se essencialmente por projectos, devendo agrupar-se por centros de competências ou de produto bem identificados, visando assegurar a constituição de equipas multidisciplinares com base na mobilidade funcional.

2 – A constituição das equipas multidisciplinares e a designação das suas chefias, de entre efectivos do serviço, é da responsabilidade do respectivo dirigente máximo.

3 – O estatuto remuneratório dos chefes de equipa consta do diploma de criação do serviço por equiparação ao estatuto remuneratório fixado para os directores de serviço ou chefes de divisão, sendo a dotação máxima de chefes de equipa fixada por portaria do membro do Governo respectivo.

ARTIGO 23.º
Cargos dirigentes

1 – Os dirigentes máximos dos serviços centrais executivos e de controlo e fiscalização ocupam cargos de direcção superior de grau 1 e são coadjuvados por dirigentes em cargos de direcção superior de grau 2, independentemente, em qualquer dos casos, da sua designação.

Lei n.º 4/2004, de 15 de Janeiro 595

2 – A qualificação do cargo de direcção dos dirigentes máximos dos serviços desconcentrados é definida no diploma que cria o serviço em função do nível de competências e responsabilidades que lhes sejam cometidas.

3 – Os directores de serviços e os chefes de divisão correspondem a cargos de direcção intermédia, de grau 1 e de grau 2, respectivamente.

4 – As direcções de serviços podem ser colocadas na dependência directa do director-geral ou equiparado, ou dos subdirectores-gerais ou equiparados, neste caso em termos a fixar por despacho do dirigente máximo.

5 – Podem existir divisões dependentes directamente do director--geral ou de um dos subdirectores-gerais.

CAPÍTULO VI
Da criação, reestruturação, fusão e extinção de serviços

ARTIGO 24.º
Natureza e conteúdo dos diplomas

1 – A criação, reestruturação, fusão e extinção dos serviços da administração directa do Estado são aprovadas por decreto regulamentar e devem conter:

a) A designação do novo serviço, dos serviços que lhe deram origem ou do serviço extinto, no caso, respectivamente, de criação, reestruturação ou fusão, ou extinção;

b) A definição da sua natureza funcional enquanto serviços executivos ou de controlo e de fiscalização, ou de coordenação;

c) A respectiva missão;

d) A identificação das respectivas atribuições;

e) A identificação do modelo de funcionamento e do tipo de organização interna;

f) A dotação de lugares de direcção superior e de direcção intermédia de grau 1;

g) O estatuto remuneratório dos chefes de equipa multidisciplinar, se aplicável.

596 *Sistema Integrado da Avaliação do Desempenho da Administração Pública*

2 – A aprovação e alteração dos quadros de pessoal são feitas por portaria conjunta do ministro da tutela, do Ministro das Finanças e do membro do Governo que tiver a seu cargo a Administração Pública.

ARTIGO 25.º
Reestruturação, extinção ou fusão de serviços

1 – Sempre que a finalidade de um serviço se encontre esgotada ou verificando-se que o mesmo prossegue missões complementares, paralelas ou sobrepostas às de outros serviços, deve o competente membro do Governo propor, consoante os casos, a sua extinção, reestruturação ou fusão.

2 – As propostas referidas no número anterior devem conter justificação objectiva e fundamentada das situações respeitantes ao esgotamento da finalidade do serviço em causa ou das relativas à prossecução de missões complementares, paralelas ou sobrepostas às de outros serviços.

3 – Os diplomas a que se refere o presente artigo devem prever as regras de sucessão de direitos e obrigações e determinar a reafectação dos correspondentes recursos financeiros e organizacionais, bem como a colocação e afectação dos recursos humanos, nos termos legais aplicáveis.

ARTIGO 26.º
Racionalização de serviços

1 – A criação de novos serviços implica a não existência de outros serviços que prossigam total ou parcialmente os mesmos fins, ou a extinção dos serviços que os prossigam, de forma a que resulte clara a responsabilidade pelas funções que determinam a criação de um novo serviço do Estado.

2 – Não podem ser criados novos serviços da administração directa do Estado cujas missões sejam ou possam ser prosseguidas por serviços existentes.

3 – As atribuições e competências dos diferentes serviços e seus departamentos devem permitir a identificação de responsabilidades pelos resultados nos vários níveis hierárquicos ou nas diferentes áreas de actividade.

Lei n.º 4/2004, de 15 de Janeiro 597

ARTIGO 27.º
Pareceres prévios

1 – A proposta relativa à criação, reestruturação, fusão ou extinção de serviços apenas pode ser presente a Conselho de Ministros desde que acompanhada de pareceres prévios dos serviços competentes dependentes do Ministro das Finanças e do membro do Governo que tiver a seu cargo a Administração Pública.

2 – Os pareceres referidos no número anterior incidem, nomeadamente, sobre a conformidade com:

a) A disciplina orçamental em vigor;

b) As orientações e regras definidas na presente lei, bem como sobre a eventual existência de serviços que prossigam missões complementares, paralelas ou sobrepostas.

3 – Para efeitos do número anterior, todos os projectos de diploma devem ser acompanhados de uma identificação das melhorias do processo de decisão, tendo em conta as funções essenciais do serviço.

4 – Quando for proposta a criação, reestruturação, fusão ou extinção de serviços da administração directa do Estado, pode o Ministro das Finanças ou o membro do Governo que tiver a seu cargo a Administração Pública, isolada ou conjuntamente, determinar que os serviços competentes efectuem as auditorias consideradas adequadas.

CAPÍTULO VII
Estruturas temporárias

ARTIGO 28.º
Estruturas de missão

1 – A prossecução de missões temporárias que não possam, fundamentadamente, ser desenvolvidas pelos serviços existentes pode ser cometida a estruturas de missão, criadas por resolução do Conselho de Ministros.

2 – As estruturas de missão têm uma duração temporal limitada e objectivos contratualizados e dependem do apoio logístico da secretaria--geral ou de outro serviço executivo.

598 *Sistema Integrado da Avaliação do Desempenho da Administração Pública*

3 – A resolução do Conselho de Ministros deve estabelecer obrigatoriamente:

a) A designação da estrutura de missão;

b) A identificação da missão;

c) Os termos e a duração do mandato, com a definição clara dos objectivos a alcançar;

d) O estatuto e a forma de nomeação do responsável e dos elementos que a compõem;

e) O estatuto do responsável e dos elementos que a compõem;

f) O número de elementos que deve integrar a estrutura e respectivas funções;

g) Os encargos orçamentais e respectivo cabimento orçamental.

4 – As estruturas de missão devem recorrer essencialmente à requisição e ao destacamento de pessoal pertencente aos quadros dos serviços e organismos da Administração Pública.

5 – Em casos excepcionais, devidamente fundamentados, podem ser celebrados contratos individuais de trabalho a termo, os quais cessam automaticamente no termo do prazo do mandato.

6 – A estrutura de missão considera-se automaticamente extinta uma vez decorrido o prazo pelo qual foi constituída, sem prejuízo de o respectivo mandato poder ser prorrogado por resolução do Conselho de Ministros, que deve fundamentar tal decisão referindo, designadamente, o grau de cumprimento dos objectivos iniciais.

7 – Findo o prazo da missão, o responsável elabora relatório da actividade desenvolvida e dos resultados alcançados, a publicar no site do Ministério, após aprovação do membro do Governo competente.

8 – A prossecução de missões temporárias que não possam, fundamentadamente, ser desenvolvidas pelos serviços existentes pode ainda ser cometida a comissões ou grupos de trabalho ou de projecto, criados por despacho conjunto do ministro ou ministros competentes e do Ministro das Finanças.

9 – É aplicável às comissões e aos grupos de trabalho e de projecto, com as necessárias adaptações, o disposto nos n.ºs 2 a 7.

10 – Os responsáveis das estruturas de missão, das comissões e dos grupos de trabalho ou de projecto são livremente nomeados e exonerados, sendo-lhes aplicável, com as necessárias adaptações, o disposto no n.º 2 do artigo 24.º e na alínea h) do n.º 1 do artigo 25.º da Lei n.º 2/2004, de 15 de Janeiro.

CAPÍTULO VIII
Disposições finais e transitórias

ARTIGO 29.°
Publicidade

1 – O ministério que tenha a seu cargo a Administração Pública é responsável pela criação e permanente actualização de uma base de dados dos serviços da Administração Pública, da sua estruturação por ministérios e, bem assim, pela sua divulgação através dos meios mais eficazes, designadamente o Portal do Cidadão.

2 – A divulgação referida no número anterior inclui os organogramas de cada ministério, bem como a referência às disposições orgânicas em vigor.

ARTIGO 30.°
Avaliação do desempenho dos serviços

Os serviços que integram a administração directa do Estado são objecto de avaliação da prossecução das suas funções e dos objectivos a que estão adstritos, determinada por despacho conjunto do Ministro das Finanças e do ministro da tutela e realizada por auditores externos ou por órgãos de controlo oficiais.

ARTIGO 31.°
Adaptação das secretarias-gerais

1 – Constituem atribuições das secretarias-gerais, sempre que as mesmas não se encontrem legalmente cometidas a outros serviços do respectivo ministério:

  a) Prestar aos membros do Governo em funções no ministério a assistência técnica e administrativa que lhe for solicitada e que não se inclua nas atribuições próprias dos demais serviços;

  b) Promover a aplicação das medidas de política de organização e de recursos humanos definidas para a Administração Pública,

600 *Sistema Integrado da Avaliação do Desempenho da Administração Pública*

coordenando e apoiando os serviços e organismos do ministério na respectiva implementação;

c) Emitir pareceres em matéria de organização, recursos humanos e criação ou alteração de quadros de pessoal;

d) Estudar, programar e coordenar a aplicação de medidas tendentes a promover, de forma permanente e sistemática, a inovação, modernização e a política de qualidade, no âmbito do ministério;

e) Assegurar a gestão das instalações que lhe estejam afectas, por lei ou determinação superior, designadamente no que se refere às necessidades de restauro e conservação;

f) Coordenar as acções referentes à organização e preservação do património e arquivo histórico;

g) Assegurar o normal funcionamento do ministério nas áreas que não sejam da competência específica de outros serviços.

2 – Para efeitos do disposto nas alíneas b), c) e d) do número anterior, as secretarias-gerais são entidades com uma relação preferencial com o ministério responsável pela Administração Pública, através do respectivo serviço competente.

3 – As leis orgânicas das secretarias-gerais que não contemplem as funções constantes dos números anteriores, desde que aquelas não estejam legalmente cometidas a outros serviços do respectivo ministério, deverão ser revistas no prazo máximo de um ano contado da entrada em vigor do presente diploma.

ARTIGO 32.°
Transição de regimes

1 – Todas as disposições legais constantes de diplomas orgânicos que criem unidades orgânicas caracterizadas na presente lei como unidades nucleares e flexíveis dos serviços passam a ter natureza regulamentar.

2 – Os serviços e organismos da administração directa do Estado devem promover a revisão das suas estruturas internas em obediência aos princípios previstos na presente lei no prazo de 180 dias a contar da sua entrada em vigor.

ARTIGO 33.º
Revogação

São revogados os Decretos-Leis n.os 26115, de 23 de Novembro de 1935, 59/76, de 23 de Janeiro, os artigos 2.º a 5.º e 10.º do Decreto-Lei n.º 41/84, de 3 de Fevereiro, e o Decreto-Lei n.º 100-A/85, de 8 de Abril.

ARTIGO 34.º
Entrada em vigor

A presente lei entra em vigor no dia 1 do mês seguinte ao da sua publicação.

RESOLUÇÃO DO CONSELHO DE MINISTROS N.º 199/2005, DE 29 DE DEZEMBRO PROCEDIMENTOS VISANDO GARANTIR A APLICAÇÃO DO SISTEMA INTEGRADO DA AVALIAÇÃO DO DESEMPENHO DA ADMINISTRAÇÃO PÚBLICA RELATIVAMENTE AO ANO DE 2006

Resolução do Conselho de Ministros n.º 199/2005, de 29 de Dezembro

O Sistema Integrado de Avaliação do Desempenho da Administração Pública (SIADAP), criado pela Lei n.º 10/2004, de 22 de Março, constitui um instrumento de desenvolvimento da estratégia das organizações públicas e uma das mais importantes ferramentas para a gestão dos recursos humanos.

O SIADAP assenta numa lógica de gestão por objectivos, exigindo a definição de objectivos individuais por desagregação em cascata dos objectivos organizacionais, desta forma garantindo a coerência entre os resultados individuais e os resultados da unidade orgânica, essenciais para assegurar o cumprimento dos objectivos da organização.

Trata-se de uma nova cultura de gestão ainda não suficientemente consolidada, o que permite compreender as dificuldades de implementação sentidas no primeiro ano e meio de vigência do sistema, bem como considerar a urgente necessidade de introduzir as correcções necessárias ao respectivo aperfeiçoamento.

Há, no entanto, que salientar que muitos organismos, alguns de grande dimensão e complexidade, levaram a bom termo a avaliação do desempenho dos seus trabalhadores, o que constitui factor de esperança e confiança nas qualidades do sistema.

Em 2006 entra-se, no entanto, no terceiro ano de aplicação do SIADAP, não havendo já razão para pensar que, no essencial, os conceitos, objectivos e procedimentos não estarão já interiorizados de forma a garantir que nos vários serviços e organismos seja iniciado atempada e correctamente o processo de avaliação dos seus trabalhadores e dirigentes.

Sendo consensual que a identificação dos objectivos globais dos organismos deve ser efectuada tendo em consideração a respectiva missão e as orientações específicas de acção para o ciclo de gestão anual a que a

606 *Sistema Integrado da Avaliação do Desempenho da Administração Pública*

avaliação se reporta, considera o Governo que deve intervir no processo, como responsável máximo da Administração Pública.

Neste contexto e sendo crucial que a avaliação do desempenho se desenvolva em 2006 com absoluto respeito pelos prazos prescritos, cada membro do Governo aprovará os objectivos globais a prosseguir em 2006 pelos organismos que estão na sua dependência hierárquica ou tutelar, para que seja possível proceder-se à implementação coerente do SIADAP.

Assim:

Nos termos das alíneas d) e g) do artigo 199.º da Constituição, o Conselho de Ministros resolve:

1 – Determinar que os órgãos máximos dos serviços e organismos da Administração directa do Estado e dos institutos públicos, independentemente de aos seus trabalhadores ser aplicável, directamente ou não, o SIADAP, devem propor ao membro do Governo de que dependem ou que os tutela três a cinco objectivos prioritários a alcançar pelos organismos, no ano de 2006, no quadro da legislação aplicável e das orientações políticas anteriormente transmitidas.

2 – Estabelecer que os objectivos devem estar em consonância com as orientações estratégicas para a respectiva área, com a missão do organismo, com o previsto na carta de missão do respectivo dirigente máximo e com os projectos de plano de actividades e de orçamento, devendo, sempre que possível, integrar metas quantificáveis.

3 – Determinar que, com base nos objectivos dos organismos, os dirigentes definam os objectivos a prosseguir pelas unidades orgânicas internas e respectivos dirigentes e por todos os trabalhadores nos termos da Lei n.º 10/2004, de 22 de Março, e do Decreto Regulamentar n.º 19-A/2004, de 14 de Maio.

4 – Fixar o prazo até ao dia 15 de Maio de 2006 para cada organismo proceder à elaboração e entrega, às respectivas tutela e Secretaria-Geral, do relatório previsto no n.º 1 do artigo 36.º do Decreto Regulamentar n.º 19-A/2004, de 14 de Maio.

5 – Determinar que o relatório síntese relativo a cada ministério, previsto no n.º 2 do referido artigo 36.º, deve conter, designadamente, os sistemas de avaliação aplicados, o número, total e por grupo profissional, dos trabalhadores do organismo, dos trabalhadores avaliados relativamente ao ano de 2005, das classificações atribuídas por menção qualitativa e dos funcionários a quem foram definidos os objectivos para 2006, devendo ser remetido pelas secretarias-gerais à Direcção-Geral da Administração Pública (DGAP) até 31 de Maio de 2006.

Resolução do Cons. de Ministros n.° 199/2005, de 29 de Dezembro 607

6 – Os relatórios previstos nos n.os 4 e 5 são gerados automaticamente nos casos de serviços e organismos que utilizem o sistema informático de apoio ao SIADAP disponibilizado pela DGAP.

7 – Os demais serviços e organismos terão, para a elaboração daqueles relatórios, acesso a um instrumento de recolha de dados a disponibilizar pela DGAP até 31 de Janeiro de 2006.

Presidência do Conselho de Ministros, 7 de Dezembro de 2005. – O Primeiro-Ministro, *José Sócrates Carvalho Pinto de Sousa.*